33.322

HISTOIRE
D'ELBEUF

par H. SAINT-DENIS

TOME III

(De 1630 à 1687)

ILLUSTRÉ DE 12 PLANCHES HORS TEXTE

PAR DÉLIBÉRATION DU CONSEIL MUNICIPAL D'ELBEUF,
EN DATE DU 9 MAI 1894

ELBEUF. — IMPRIMERIE H. SAINT-DENIS
1896

HISTOIRE D'ELBEUF

—

TOME III

LA RUE SAINT-JEAN avant la construction des aqueducs

HISTOIRE D'ELBEUF

par H. SAINT-DENIS

TOME III

(De 1630 à 1687)

ILLUSTRÉ DE 12 PLANCHES HORS TEXTE

PAR DÉLIBÉRATION DU CONSEIL MUNICIPAL D'ELBEUF,
EN DATE DU 9 MAI 1894

Elbeuf. — Imprimerie H. Saint-Denis

1896

HISTOIRE D'ELBEUF

Tome Troisième

CHAPITRE Ier

(1630-1632)

Charles II de Lorraine, (*suite*). — Les comptes de Me Bradechal. — Révolte des drapiers de Rouen et de Darnétal. — La misère du peuple. — Le duc d'Elbeuf, la reine-mère et Gaston d'Orléans contre Louis XIII. — Dégradation de Charles de Lorraine. — Les deux duchesses d'Elbeuf. — Le duc prend les armes contre le roi. — Sa fuite à l'étranger.

Un compte de cette année, rendu par Me Bradechal, receveur du duché, à la duchesse douairière d'Elbeuf, nous apprend que la ferme de la coutume et celle des moulins de notre bourg avaient été adjugées à Jean Delacroix pour quatre années finissant au 31 décembre 1629 ; mais qu'à cette date, la duchesse étant dans ses propriétés de Bourgogne et n'ayant donné ses pouvoirs à personne en Normandie, le procureur fiscal d'Elbeuf nomma Delacroix, « commissaire à l'approfictement desdits moulins, pour esviter au chommage ».

La duchesse fut avertie que la plupart de ses baux étaient arrivés à expiration ; elle envoya alors une procuration à Mª Barnabé, son avocat au Parlement de Paris, qui se rendit à Rouen en avril 1630, où il appela les fermiers de Madame d'Elbeuf.

Delacroix lui remontra que, pendant les dernières années, les moulins n'avaient pas été profitables, par suite de grosses eaux qui les avaient noyés durant quatre mois, pendant lesquels ils n'avaient pas travaillé, et qu'il avait fallu y faire ensuite de grandes réparations.

Le compte de Mᵉ Bradechal est très long, car il porte sur huit années, de 1624 à 1631 inclusivement, et s'étend sur les seigneuries de Brionne, de Boissey-le-Châtel, de Lillebonne, etc. Nous n'en releverons seulement que quelques articles ; les chiffres qui les suivent indiquent le prix de fermage de chacun d'eux pendant un an :

	livres	sols	deniers
La seigneurie de Caudebec.	950	»»	»»
Le pré de la foire d'Elbeuf.	73	10	»»
Les seigneuries de Saint-Gilles et de Cléon dites la Heuze.	322	17	10
L'île Le Comte	49	7	»»
La sieurie de Boscroger	346	10	»»
Les sieuries de Thuit-Signol, de Thuit-Anger et de Thuit-Agron.	294	»»	»»
La jauge d'Elbeuf	120	»»	»»

Année 1630

La « petite maison proche celle de Madame », à Elbeuf.	13	13	»»
La seigneurie de Criquebeuf-sur-Seine	210	»»	»»
La geole d'Elbeuf . . .	21	»»	»»
La voiture (le bateau) d'Elbeuf	718	»»	»»
La sergenterie royale d'Elbeuf	421	1	»»
Le « moulaige du plastre », et les carrières de Caudebec et d'Elbeuf	17	6	6
L'aunage, et le courtage des boissons	68	5	»»
La sieurie de la Saussaye.	410	»»	»»
Les bois d'Elbeuf . . .	9.000	»»	»»
Les terres Le Roy . . .	144	18	»»
Les prairies de Moulineaux.	273	»»	»»
Les rentes seigneuriales d'Elbeuf et de Caudebec, avec les amendes de la juridiction.	530	»»	»»
Le franc-bateau sur la Seine	4	9	4
La « maison de Madame ».	84	»»	»»
Le « languéage des porcs qui se vendent au marché d'Elbeuf ».	53	11	»»
Le jardin de la geole . .	42	»»	»»

Nous remarquerons le peu d'importance qu'avait encore à cette époque le manoir seigneurial du duché d'Elbeuf, puisque le prix de son loyer annuel ne figure dans ce compte que pour 84 livres et qu'il ne se trouve aucun autre article qui puisse s'y rattacher.

Les drapiers d'Elbeuf ne furent pas indifférents à une émeute qui se produisit à Rouen en juillet de cette année, et que M.-Floquet rapporte ainsi :

« Les drapiers donnaient aussi fort à faire au Parlement, souvent occupé à mettre le holà entre ceux de Rouen et de Darnétal, qui ne se pouvaient souffrir.

« Cette mésintelligence datait de bien loin. De Thou, qui n'a pas dédaigné d'en parler dans son *Histoire universelle*, la signalait, dès lors, comme très ancienne, l'expliquant par l'émulation jalouse des deux manufactures de draps, voisines et rivales ; et il paraît même que, de son temps, cette verte jalousie avait dégénéré en une implacable haine ».

Nous verrons plus tard qu'il en fut de même entre les drapiers d'Elbeuf et de Louviers, qui, après avoir anéanti les draperies de Rouen et de Darnétal par une meilleure fabrication, se livrèrent à une longue « lutte pour la vie » et même à des voies de fait.

Le Parlement n'aimait pas les drapiers de Darnétal, et disait tout haut que les habitants de cette ville « estoient gens difficiles à conduire ».

« Un jour, toutefois, ajoute M. Floquet, les drapiers de Rouen et de Darnétal s'attroupèrent à la Croix-de-Pierre, s'y recrutant des « purins » de Saint-Nicaise, poussant des cris et des menaces, unis, à cette fois, pour mal faire ; et l'on se prit alors à regretter les brouilleries passées.

« Un navire anglais, en station au port, chargé de draps d'Angleterre à bas prix, avait donné lieu à ce nouveau mouvement populaire. La paix, non moins funeste, pour ces malheureux, que la guerre, amenant parfois ainsi, à Rouen, des marchandises qui permettaient de se passer des nôtres, et jusqu'à des habits même confectionnés en Angleterre, tous

Année 1630

ces artisans sans ouvrage venaient de se mettre en colère.

« Une bande nombreuse s'était dirigée vers les quais, tandis qu'une autre se portait au palais, dont la cour fut pleine en un instant. Quelques députés de cette multitude, que le Parlement avait consenti à entendre, entrèrent dans la grand'chambre, précédés par le procureur Le Marchand et par Coquerel, l'avocat du peuple, qui se mit sur l'heure à exposer l'affaire. Elle était bien simple.

« Depuis la paix, dit-il, les Anglais apportaient sans cesse, à Rouen, des marchandises, tandis qu'en Angleterre on refusait et confisquait les nôtres. Ces fréquents apports de draps, d'un prix modique, « coupaient la gorge à nos ouvriers » qui, occupés autrefois, pendant la guerre, ne faisaient presque plus rien depuis la paix. Tout à l'heure encore venait d'arriver un navire qui en apportait pour plus de 100.000 livres ; comment voulait-on que le peuple pût vivre ?

« Après que le procureur général Bretignières eût vivement blâmé cette manière de demander justice, en venant ainsi par troupes et en tumulte, et leur détresse faisant pitié, un arrêt fut publié sur l'heure, pour défendre la vente de toutes marchandises étrangères, autres que celles dont l'apport avait été autorisé par les traités.

« Crié, affiché à la hâte, cet arrêt semblait devoir apaiser tout à fait le désordre ; d'autant que partout aussi en avait été, à grand bruit, publié un autre qui, sous peine de la vie, défendait tout rassemblement et tout murmure.

« Mais, soins superflus ! toute cette masse

de séditieux, de Rouen et de Darnétal, partie de la Croix-de-Pierre, laissant les plus modérés d'entre eux demander justice au Parlement et au bailliage, était allée se la faire elle-même sur le port, où, se ruant sur quelques ballots de draps, déjà déchargés du navire et apportés à « la romaine », ils en firent un grand feu. Après quoi, hommes, femmes, enfants, se jetant dans des barques et gagnant le navire anglais, firent main basse sur les draps dont il était plein, les déchirant, les mettant en pièces, et les jetant à la rivière, sans qu'aucun d'eux eût songé à s'en approprier un lambeau, ni à toucher au plomb, à l'étain, dont était aussi chargé ce navire ».

Le roi voulut sévir, mais le Parlement s'y opposa : « Si on veult procéder contre la généralité de tous ceulx qui se sont trouvez aux esmeutes, dit-il, il y aurait plus de 25 à 30.000 pauvres gens, tant du mestier de la draperie, que de papetier et cartier, ne vivant que de leur manufacture et travail, lesquelz, par une appréhension de la peine, pourront abandonner la ville, se refugier en pays étranger, y enseigner leur industrie et invention ; et par ce moyen, en faire transférer le traffic et commerce, au préjudice des droictz de S. M. et de la commodité de ses subjectz »...

Un seul émeutier, nommé Naudin, fut condamné à mort : il avait crié: « Au monopolier ! » plus haut que les autres ; mais au moment où il avait la corde au cou, deux cavaliers arrivèrent sur le lieu de supplice, avec des lettres de grâce. Quelque temps après, des lettres d'absolution furent données par le roi pour toutes les séditions arrivées à Rouen.

Une nouvelle émeute des drapiers de Rouen

se produisit deux ans après, parce que des marchands et des tailleurs de cette ville usaient de draps anglais.

Les ouvriers drapiers des fabriques de notre région n'avaient donc qu'un travail insuffisant; d'un autre côté, l'enlèvement des blés pour l'étranger et les mouvements de certains spéculateurs eurent pour effet de faire redoubler la famine qui sévissait depuis plusieurs années. La détresse fut telle, en 1630, « que des paysans estoient contrainctz de paistre l'herbe, et mener une vie qui ne ressentait rien moins que d'hommes ». Les doléances des Etats de Normandie remontrèrent que « la famine, peu s'en falloit, avoit exterminé le peuple, et l'avoit réduit au néant ».

Une lettre de Gaston, duc d'Orléans, frère de Louis XIII, adressée à ce monarque, porte ceci :

« Une partie de vos sujets, dans la campagne, meurt effectivement de faim, l'autre ne se substante que de gland, d'herbes et choses semblables, comme les bêtes ; et les moins à plaindre de ceux-ci ne mangent que du son et du sang, qu'ils ramassent dans les ruisseaux des boucheries. J'ai vu ces misères de mes yeux, en divers endroits, depuis mon partement de Paris ».

François Dupont fixe la construction de la rue dite côte de la Justice à l'année 1630; cependant il en est parlé, dans des abornements, dès 1521 : c'est que d'abord ce nom avait été donné, concurremment avec celui de sente aux Pendus, au chemin qui conduisait au gibet de la haute justice d'Elbeuf.

Ce fut vers cette même époque que l'on ouvrit la rue Traversière, afin de pouvoir communiquer des Echelettes à la côte de la Justice, quartier relativement plus populeux que de nos jours.

Un acte du 5 septembre 1630 mentionne un héritage assis « rue de la Barrière, le long de la rue Tourmentine, dite depuis la rue à l'Organiste » et qui au temps de François Dupont, en 1782, se nommait la rue des Champs vers Caudebec.

Louis Coquin, avocat à la Cour du Parlement de Rouen, demeurant à Elbeuf, avait pour frères Jean Coquin, homme d'armes de la compagnie du duc d'Orléans et gentilhomme ordinaire de sa chambre, demeurant à Barneville-sur-Seine, et Adrien Coquin, sieur du Sentier, demeurant à Rouen.

Les chanoines de la Saussaye n'étaient plus, une fois encore, payés de la rente qu'ils possédaient sur les moulins d'Elbeuf; une sentence du bailli ordonna que le chapitre serait payé, par privilège, sur les produits des moulins, coutume et prévoté d'Elbeuf.

Enfin, cette année-là encore, on lambrissa les murailles de l'église Saint-Etienne.

Gaston de France, duc d'Orléans, troisième des fils de Henri IV et Marie de Médicis, avait pris le titre de « Monsieur », et était alors en guerre ouverte contre son frère, le roi Louis XIII. Le duc d'Elbeuf se rangea à son parti dans les circonstances suivantes, rapportées par les *Mémoires* du duc d'Orléans :

Gaston était à Bellegarde, près de Dôle. Il y avait, paraît-il, « déjà quelque temps que le duc d'Elbeuf s'étoit retiré à Pagny, maison de Madame sa mère, en Bourgogne, pour n'être pas bien en cour. Il vint trouver Monsieur à Bellegarde pour suivre sa fortune, dont Son

Altesse témoigna lui savoir gré, encore qu'elle eût été auparavant mal satisfaite de ce duc ».

Nous verrons bientôt le rôle que joua le duc d'Elbeuf dans les entreprises du duc d'Orléans, mais notons que, déjà, les intrigues de la duchesse d'Elbeuf et de la princesse de Conti avaient de nouveau jeté la discorde entre Louis XIII et sa mère, à cause du cardinal de Richelieu. Le roi n'avait que deux moyens pour sortir des embarras que lui causait la situation : éloigner le cardinal ou se séparer de sa mère ; c'est à ce dernier parti qu'il s'arrêta.

Le 23 février 1631, le roi étant sorti de grand matin de Compiègne, avant que Marie de Médicis fut éveillée, il laissa près d'elle huit compagnies du régiment des Gardes et cinquante cavaliers, sous les ordres du maréchal d'Estrées, avec défense de laisser sortir la reine-mère du château.

Il envoya en même temps ordre à la princesse de Conti d'aller à Eu et aux duchesses d'Elbeuf et d'Ornano de se rendre dans leurs terres. Vautier et l'abbé de Foix, autres ennemis du cardinal, furent enfermés à la Bastille. Le maréchal de Bassompierre fut aussi arrêté, à cause de l'amitié qu'il avait pour la princesse de Conti.

Voici comment ce même événement est rapporté dans les *Mémoires* de Richelieu :

Le roi avait fait arrêter le maréchal Marillac et son frère parce qu'ils avaient animé l'esprit de la reine contre Richelieu, mais ils n'étaient pas les seuls. La princesse de Conti et les duchesses d'Orléans et d'Elbeuf, toutes trois de la maison de Lorraine, étaient aussi les ennemies du Cardinal : « Ces trois princesses, tiroient après elles plusieurs grands et galans de la Cour, les uns par amour, les autres par une prétention imaginaire qu'ils profitéroient des débris de fortune du Cardinal...; les trois princesses assiégeaient continuellement l'esprit de la Reine-mère..., elles ne perdoient jamais la Reine de vue et toujours quelqu'une d'elles la gardoit... »

Le 23 février, « on fit commandement à la princesse de Conti et aux duchesses d'Orléans, d'Elbeuf, et la connétable de Lesdiguières, de se retirer chacune en leur maison, et Vautier son médecin, le principal et le plus dangereux instrument de la faction, fut arrêté et envoyé à la Bastille, où fut aussi envoyé, le lendemain, le maréchal de Bassompierre, et l'abbé de Foix, qui faisoit métier d'être de toutes les intrigues de cour ».

Quelques jours après, le roi publia un édit par lequel tous ceux qui avaient suivi le duc d'Orléans étaient déclarés criminels de lèse-majesté. De ce nombre étaient le comte de Moret, fils naturel de Henri IV, les ducs d'Elbeuf, de Bellegarde, de Roannez, et autres, qui s'empressèrent de quitter la France.

Le 25 mars, Louis XIII, étant à Chanceaux, reçut une lettre que lui adressait Marguerite Chabot, duchesse douairière d'Elbeuf, et à laquelle le roi répondit par celle-ci :

« Ma cousine ; Vous avez raison d'avoir grand desplaisir de ce que le duc d'Elbeuf vostre fils a suivi mon frère, lequel s'en allant hors de mon royaume, poussé par les mauvais conseils de quelques personnes qui sont auprès de luy, on ne peult ignorer qu'il ne face chose qui m'est très désagréable.

« Ayant donné au duc d'Elbeuf, il y a quelque temps, le gouvernement d'une des plus considérables provinces de mon royaume, il estoit d'aultant plus obligé à la fidélité à laquelle ceux qui ne manquent point n'ont aucun subjet de crainte estant près de moy, où ils trouvent non seulement de la seureté, mais toute sorte de bon et favorable traitement.

« Je m'asseure que vous ne doutez pas vous-mesme qu'il ne l'eust tousjours receu tel, s'il eust continué dans l'affection qu'il debvoit pour mon service. S'en estant aujourd'huy departy, vous faictes office de bonne mère d'excuser le mieux que vous pouvez sa faute, dont, sçachant bien l'importance, je veux croire que vous en avez le sensible desplaisir que vous me témoignez, auquel je ne puis donner autre soulagement qu'en vous asseurant que je continueray de faire paroistre en la personne de mon cousin le comte d'Harcourt l'affection que j'ay pour vous et pour ce qui vous touche.

« Priant, sur ce, Dieu qu'il vous ait, ma cousine, en sa sainte garde. Escrit... »

Par acte du 31 du même mois, le roi déclara criminels de lèse-majesté le comte de Moret, les ducs d'Elbeuf, de Roannez et de Bellegarde, pour être sortis du royaume.

Le gouvernement de la Picardie fut retiré au duc d'Elbeuf, et le roi le destitua de tous ses autres emplois, charges et dignités, et enfin le dégrada de l'ordre royal, « cérémonie flétrissante, où fut tiré de son rang, traîné à terre et rompu le tableau de ses armes, sa personne étant proclamée infâme ».

C'est ainsi, dit M. Maille, que les princes lorrains, après avoir fait le malheur des deux derniers règnes, continuèrent à troubler celui de Louis XIII, car la princesse de Conti et le duc d'Elbeuf, principaux instigateurs des désordres qui l'agitèrent, étaient issus du sang lorrain.

Le duc Charles était parti en Lorraine, à la tête de 600 chevaux ; quant à sa femme, elle resta en France.

Sa belle-mère, Marguerite Chabot, arriva à Elbeuf en 1631, ainsi qu'en témoigne d'abord le registre capitulaire de la Saussaye :

« Annoncé par un des Messieurs que, revenant de Rouen par le bateau, il trouva, dans Elbeuf, un des gens de Madame, qui lui dit qu'il avait charge de madite Dame d'écrire à Messieurs du Chapitre, pour se trouver le lendemain après la messe pour parler à elle et recevoir ses commandements ».

C'est durant son séjour dans notre bourg que Marguerite apprit que son fils Charles avait été exilé chez elle, à Pagny, en Bourgogne, ainsi que l'établit une lettre qu'elle écrivit à Bradechal, procureur au Parlement de Rouen : « Monsieur Bradechal, vous pouvez juger avec quel déplaisir j'ai appris l'éloignement de mon fils ; il est tel qu'il ne se peut assez dire ; y s'en faut taire ».

C'est pendant ce temps d'infortune que Marguerite Chabot paraît avoir le plus habité Elbeuf, et fait, par un long séjour, donner à son vieux manoir de la place du Coq le surnom de Cour à Madame, où sa bru, Henriette d'Estrées, vint la rejoindre.

Le 26 septembre, le roi établit une chambre de justice, dont le premier acte fut de confisquer au profit du roi les biens du comte de Moret et ceux des ducs d'Elbeuf, de Bellegarde et de Roannez : « Le roi donna la confiscation des biens non-reversans à la couronne, à divers de ses serviteurs.

« La Reine-mère cependant se promenoit par la Flandre, où elle eut incontinent des nouvelles de Monsieur, et le comte de Moret et le duc d'Elbeuf, qui étoient les principaux des siens, la vinrent trouver...

« Le duc d'Elbeuf et Le Coigneux eurent quelques desseins sur Rue et sur Ardres, où ils envoyèrent La Louvière pour parler de la part de la Reine au sieur de Moncaurel qui en étoit gouverneur ; mais il l'arrêta et l'envoya au Roi, qui lui fit trancher la tête. Ils se vantoient d'avoir bientôt 6.000 chevaux pour ravager la France, disant que le Cardinal avoit tort de ne se raccommoder pas avec eux, et qu'il devoit considérer que le Roi étoit malsain et ne devoit pas vivre longtemps ».

« Ils envoyèrent aussi en Languedoc solliciter les peuples de prendre leur parti, et principalement les huguenots... »

Voici maintenant quelques notes, particulières à notre bourg, de cette même année 1631 :

Le 18 février, « noble homme Charles Léger, valet de chambre de Monseigneur le comte d'Harcourt, demeurant à Pagny en Bourgogne », tant en son nom que comme fondé de pouvoirs de « damoiselle Louise de Poiseau, veuve de feu noble homme Charles Léger, vivant controlleur de Madame la duchesse d'Elbeuf », passa un acte devant Adrian Carré et Jean Hamon, tabellions à Elbeuf.

Il y avait alors procès, devant le Parlement de Rouen, entre Antoine Lefebvre, receveur du marquisat de la Londe, et Richard Dugard, ci-devant receveur de la seigneurie de la Haie-du-Theil, appartenant au duc d'Elbeuf. Les parties signèrent une transaction, dans notre bourg, le 23 mars.

Le 24 avril, « Jean Patallier fils Simon fils Simon, d'Elbeuf, vendit à Simon Michel, également bourgeois de ce lieu, ung estre de logis en façon d'apentis et tout ce que en despend jusques à partie de plus grande masure où soulloit précédemment et auparavant la combustion du feu estre l'enseigne l'*Image Notre-Dame* assise au Neufbourg près l'église Saint-Paul... » — L'indication du père et de l'ayeul du vendeur était nécessaire, afin de le distinguer d'un autre Jean Patallier également fils Simon. Actuellement encore, surtout dans la presqu'île de Saint-Aubin, on est parfois obligé de recourir au même procédé, en ce qui concerne les membres de certaines familles.

Le 10 juin, Nicolas Maille fils Pierre acheta une « barguette » pour le service du passage d'Elbeuf à Saint-Aubin, construite et vendue par Guillaume et Mathurin Regnault, charpentiers de bateaux à Orival. Cette barque avait 14 pieds de longueur « en toize de fond » et 3 pieds 10 pouces de largeur revenant à 2 pieds et 6 pouces sur le derrière, 2 pieds 2 pouces de hauteur et un pouce de bordage. Le marché fut consenti pour le prix de 50 livres.

Un acte du 14 juin concerne une pièce de terre « au triage des Traistes, bornée d'un bout la sente des Traistes et d'autre bout le grand chemin tendant d'Elbeuf au Pont-dellarche ».

Le 20, Guillaume Tanquereul vendit à Nicolas Gemblet, « la moitié de certain droict de portage de grain au bourg d'Elbeuf, appartenant audict vendeur, tant par la succession de son père que par acquisition qu'il avait faicte, tant à charge par ledict acqueriteur de paier à l'advenir et mortir la rente deue à Madame la duchesse d'Elbeuf, qui est quarante sols de rente par an et paier sa part et portion de la rente qui peut estre deue à la confrairie de Monsieur saint Jehan Baptiste, que par le prix et somme de cent livres tournois franchement venant es mains dudict vendeur... »

Richard de Saint-Amand, l'un des principaux fabricants d'Elbeuf, avait épousé Suzanne Le Couturier. De ce mariage étaient nés deux fils, Jean et Michel, qui continuèrent l'industrie de leur père. Nous possédons le contrat de mariage de Michel, daté du 26 juillet 1631, qui épousa Anne Dugard, fille de François Dugard, en son vivant sergent à garde dans la forêt de Bord, et de Guillemette Le Blanc. Anne Dugard eut en mariage 350 livres tournois, plus divers meubles et effets d'habillement. Jean et Michel habitaient la paroisse Saint-Etienne ; ils avaient un autre frère, nommé Thomas, qui alla se fixer à Rouen.

Vers cette époque, s'éleva un gros différent entre François Roblastre, marchand demeurant à Mantes, et Jacques Bourdon, d'Elbeuf, au sujet d'un grand bateau « estant actuellement sur le quai de la Burgaudière, à Elbeuf ».

Au 5 septembre « noble homme Jean Laurens, sieur du Fresne, domestique de Madame la duchesse d'Elbeuf », était en notre bourg, à la suite de Marguerite Chabot. — Laurens ne savait pas signer.

Le 7, « noble homme Guillaume Valot, serviteur et premier valet de chambre de Monseigneur le comte de Harcourt, fils de Monseigneur le feu duc d'Elbeuf », était également dans notre localité.

Le 9, Me Mathieu Levavasseur, fils de Me Robert Levavasseur, demeurant paroisse St-Etienne, vendit une rente au trésor de cette église, représenté par Michel Bonamy, curé, et Jean Duguernier, trésorier.

Il y avait procès devant les maîtres des requêtes du Palais à Paris, entre le duc d'Elbeuf et Claude Le Painteur, sieur des Rufflets, vicomte d'Harcourt, héritier de feu Ymbert Le Painteur, en son vivant receveur du comté d'Harcourt : « Madame la duchesse d'Elbeuf, espouze de mondict seigneur, estant venue en son bourg d'Elbeuf, où led. Le Painteur, viconte, et Me Jean Le Painteur, son oncle, estaient venus la trouver », un arrangement eut lieu. Il s'agissait de diverses terres sises à Chrestienville, Calleville et Valleville, près Brionne, que réclamait le duc d'Elbeuf et que n'avait d'abord pas voulu rendre Claude Le Painteur.

Le 18 septembre, étant à Elbeuf, « tres haulte et puissante princesse Madame Catherine-Henriette légitimée de France, espouze de très hault... Monseigneur Charles de Lorraine » bailla à loyer ces mêmes terres à Helie Bigot, bourgeois de la paroisse Saint-Jean, moyennant 80 livres par an.

Le 12 octobre, Jacques Le Cerf, marchand, fit une donation au trésor de Saint-Etienne, pour la fondation d'un obit.

Le surlendemain, le même fit une autre donation à la Charité de Saint-Etienne, représentée par Nicolas Le Cerf, échevin, pour la fondation d'une vigile à la Toussaint.

Le 29 du même mois à Elbeuf, « Madame

Catherine-Henriette, légitimée de France, duchesse d'Elbeuf, comtesse de Harcourt, Lislebonne, Buzançois »... constitua pour son procureur général et spécial, Mᵉ Adrian Bradechal, procureur au Parlement de Rouen, notamment « pour présenter une requête aux tresoriers de France et generaux des finances de la province de Normandie, à nouveau estably aud. Rouen, tendant affin d'avoir main levée des saisies faictes faire par lesdicts sieurs tresoriers sur les terres et revenus de mond. seigneur le duc d'Elbeuf, son espoux, pour ses conventions matrimonialles portez par ses contract de mariage et aultres pappiers et obligations dudict seigneur... » Cette procutation eut pour témoins « Jean de Chabert, ecuyer, servant madicte dame, et noble homme Mᵉ Charles Regnard, controolleur de mad. dame ».

Un acte du 19 novembre a pour objet la vente « d'une place vuide et vague, rue de la Barrière, bournée d'un costé la sente tendant aux Trestes et à la prairie ».

Parmi les habitants de la paroisse Saint-Jean, cités en cette même année dans divers actes, nous trouvons :

Simon Pastallier fils Simon, épicier ; Nicolas Dupont fils Jean, drapier ; Jean Dupont, chirurgien ; Jean Tronel, couturier ; Jean Bocquet, maître maçon plâtrier ; Jean Lesage, serrurier ; Guillaume Saint-Ouen et André Pointel, menuisiers ; Charles Pollet, boucher ; Jean Regnault, trésorier de la paroisse ; Pierre Bénard, greffier des eaux et forêts du duché.

— « Damoiselle Louise Deschamps, veuve de Mᵉ Jacques Bardoul, escuyer », habitait la paroisse Saint-Etienne.

D'autres actes concernent Vincent Lefebvre, chantre, Louis Aillet, François Le Maistre et Beaucousin, tous chanoines de la Saussaye, et Jean Le Chartier, sieur de Saint-Pierre-des-Cercueils, y demeurant.

Deux obligations indiquent que Jacques Pollet l'aîné, procureur fiscal du duché d'Elbeuf ; Pierre Pollet, diacre, curé de Saint-Jean, et Jean Pollet aîné, avocat à la cour et lieutenant du duché étaient de la même famille.

Quatre ans auparavant, le cardinal de Richelieu avait fait acheter à Elbeuf le drap nécessaire à l'habillement de la compagnie écossaise des gardes du corps du roi, et il semble probable qu'une nouvelle commande fut faite, en 1631, aux fabricants de notre bourg, pour le même objet.

Le roi avait été gravement malade et l'on croyait qu'il ne se rétablirait pas. Le duc d'Elbeuf espérait même sa fin prochaine, et ce fut en prévision de cette éventualité qu'il servit Gaston, croyant en obtenir plus tard honneur et fortune.

« Sa Majesté eut beaucoup de déplaisir de voir que le duc d'Elbeuf et Puylaurens eussent assez de force et de malice pour porter Monsieur, frère du Roi, à mépriser les témoignages de la bienveillance qu'il avait pour lui, et jugea qu'il y avoit une partie liée entre la Reine sa mère et les Espagnols pour entreprendre quelque chose contre son État... »

« Si le duc d'Elbeuf et Puylaurens, et principalement le premier, qui n'espéroit pas rentrer en son gouvernement, persuada, pour son intérêt, à Monsieur de refuser les offres que le Roi lui faisoit par le duc de Lorraine, ce duc aussi n'y cheminoit pas d'un bon pied, d'autant qu'en même temps qu'il traitoit avec le Roi il faisoit le mariage de sa sœur avec Monsieur... »

Le mariage de Gaston, frère du roi, avec Marguerite de Vaudémont, parente du duc d'Elbeuf, fut célébré le 3 janvier 1632, à Nancy, par le frère Albin, porteur d'une procuration spéciale du cardinal de Lorraine. Les seuls témoins de la cérémonie furent Catherine de Lorraine, abbesse de Remiremont, le duc d'Elbeuf, Puylaurens et la dame Neuvelette.

Cependant Puylaurens, qui s'était engagé à révéler au cardinal de Richelieu tout ce qui s'était passé pendant le voyage de Monsieur, niait effrontément son mariage avec la princesse Marguerite, mais il fut trahi par les confidences intéressées du duc d'Elbeuf, qui, d'après les *Mémoires* de Richelieu, avoua « qu'il y avoit contract passé et qu'il les avoit vus couchés ensemble »

Dans une lettre du même jour 3 janvier, le cardinal, en racontant à Madame de Chevreuse les projets du duc de Lorraine, plaisante agréablement le duc d'Elbeuf et sa bravoure. Une note de M. Avenel mentionne que le mariage clandestin du duc d'Orléans avait divisé la cour de Lorraine et mis la discorde parmi ceux qui avaient suivi la fortune de Gaston

Quittons, un instant, les intrigues de la maison de Lorraine pour revenir à Elbeuf.

Le dernier jour de février 1632, Michel Le Cerf donna à loyer pour trois ans, à Michel Le Cornu, maître teinturier de Rouen, paroisse Saint-Vivien, un corps de logis avec pressoir, plus « deux cuves pour servir audit mestier de teinturier » situé en la paroisse Saint-Etienne d'Elbeuf près du vivier. Ce bail fut consenti moyennant la somme de 30 livres par an et à condition que Le Cornu « montrerait et aprendrait son dict mestier de tainturier, pendant lesd. trois ans, à Jehan Le Cerf, fils dud. Michel... »

Le 9 mars, Catherine-Henriette, duchesse d'Elbeuf, étant en notre bourg, fit remise de plusieurs parcelles de terres, sises à Quatremares, à Laurent et François Marsollet frères fils Richard, qu'ils avaient « clamées à droict de sang et raison de lignage ».

Le surlendemain, elle bailla à fieffe, à Nicolas Le Painteur, verdier d'Harcourt, six acres de terre en friche, sises à Harcourt.

Le 16, étant toujours à Elbeuf, Catherine-Henriette promit aux sieurs Guillot et Philippon, fermiers généraux de son comté de Buzançais, qu'au cas où ils seraient poursuivis par les trésoriers de France à Bourges et du receveur général de la province du Berry, de leur payer la somme de 3.000 livres et de les indemniser en telle manière qu'ils n'en auraient jamais aucune perte.

Un autre acte fut passé à Elbeuf, par la duchesse, le 20 du même mois.

Le 30, Guillaume Anffray, bourgeois de la paroisse Saint-Jean, vendit à Nicolas Apoil, marchand de Mantes, « ung grand basteau du port de douze cents muids de vin, avec flestes, barguettes, chantiers et autres choses », moyennant 3.630 livres tournois, payables par moitié au 12 avril suivant et le reste dans six mois. Témoins : Simon Flavigny, apothicaire, et un habitant du Gros Theil.

La duchesse Catherine-Henriette, étant à

Elbeuf, le 6 avril, bailla à ferme, pour six ans, à Réné Daniel le greffe du bailliage d'Harcourt, moyennant 200 livres tournois par an et diverses conditions.

Le 27 mai, « Madame Catherine-Henriette, légitimée de France », renonça, par acte passé au tabellionage du Bec-Thomas, à toute communauté de biens entre elle et son mari, Charles de Lorraine, duc d'Elbeuf, que le roi poursuivait dans ses possessions.

Cependant, le duc de Lorraine pressait Monsieur, duc d'Orléans, d'entrer en campagne contre Louis XIII. On était déjà au 18 mai. Trèves était le rendez-vous des troupes, composées de 4.000 chevaux comprenant dix régiments de cavalerie allemande, liégeoise et napolitaine, dont il y en avait trois ou quatre assez bons, dit Gaston d'Orléans dans ses *Mémoires* ; « le reste étoient voleurs et le rebut de l'armée espagnole, don Gonzalez les ayant livrés à Monsieur suivant l'ordre qu'il en avoit d'Espagne. Son Altesse y joignit encore des troupes de cavalerie française, outre lesquelles étaient les compagnies de gendarmes et de chevau-légers qui faisoient mille à douze cents chevaux, et donna la lieutenance générale de son armée à M. le duc d'Elbeuf ».

Le 4 juin, l'armée était en route ; elle causa les plus grands désordres partout où elle passa ; bientôt elle arriva en Auvergne. Les hommes demandaient souvent de l'argent, mais on ne leur en donnait pas, « M. d'Elbeuf savait si bien les amadouer qu'ils s'en retournaient toujours contents, les payant d'espérances et de belles paroles, dont il étoit fort libéral ».

M. Parfait Maille a résumé en quelques lignes les exploits du rebelle Charles de Lorraine, en 1632; nous le copions textuellement:

« Le duc d'Elbeuf avait d'abord voulu s'emparer par séduction des villes d'Ardres et de Rue, mais, loin de se laisser corrompre, le gouverneur s'était saisi de son agent qui avait été condamné à mort.

« Il ne fut pas plus heureux en Languedoc où tous les officiers de son parti, faits prisonniers, payèrent de leur vie la faute d'avoir embrassé sa cause et soutenu sa rébellion, sans que prières et menaces pussent les sauver.

« Envoyé par le duc d'Orléans vers Beaucaire, il tenta, sans plus de succès, de gagner le gouverneur de Montpellier, qui lui répondit: « Qu'il faisait plus d'état d'être homme de « bien et fidèle serviteur du roi à qui il devait « tout ce qu'il avait, que de toutes les charges « du royaume, acquises aux dépens de son « honneur ».

La duchesse Catherine-Henriette, étant à Elbeuf, fit rédiger plusieurs actes par les tabellions de notre bourg pendant le courant de mai ; nous en trouvons aux dates des 12 et 19. Le 31, elle donna procuration à François Gaulin, son procureur fiscal au comté de Buzançais, pour transiger dans un procès qu'elle avait contre Anne de Barathon et autres, au sujet des droits de fondation et de patronage en la chapelle Orthemalle au comté de Buzançais, du droit d'une paire de gants qu'elle avait à chaque mutation de vassal, etc.

Le 20 juin, Jean Duguernier, receveur des amendes des Eaux et forêts du duché d'Elbeuf, habitant la paroisse Saint-Jean, vendit à « Charles Carbon, escuyer, officier de Monseigneur frère unique du Roy, stipullé par Louise Roc, son espouze, femme de chambre de Madame la duchesse d'Elbeuf, une masure sise à Caudebec, au triage de l'Orme. Témoins : Jacques et Jean Pollet frères, avocats au Parlement, demeurant tous deux paroisse Saint-Jean, à Elbeuf ».

Au nombre des fabricants de draps elbeuviens de cette époque, nous citerons Georges, Marguerin et Jean Regnault frères, fils de feu Jean, également drapier, tous de la paroisse Saint-Étienne. Jean vendit à ses frères Marguerin et Georges une portion de maison et « ung ouvreur servant à drapperie » situés rue Meleuse, moyennant 236 livres 10 sols. — Les frères Regnault ne savaient pas écrire.

Le 22, les Bénédictines de Brionne rendirent aveu à Charles de Lorraine, duc d'Elbeuf, pour des terres qu'elles possédaient à Gros-Theil et pour une aînesse, le tout relevant de la prevôté du Theil et de la haute justice d'Elbeuf.

Le 17 juillet, Hélie Bigot fit une donation au trésor paroissial de Saint-Jean, représenté par Pierre Sanson, prêtre ; Pierre Pollet, curé ; Jean Regnault, Jean Capplet, Vincent Geuffroy et Nicolas Dupont, trésoriers. Cette donation fut faite en échange d'un obit à perpétuité, composé d'une haute messe et diverses oraisons.

Le 22, « Roger de Gaillarbois, sieur de Folleville, escuyer de Madame la duchesse d'Elbeuf, estant de present prez de madicte dame en ce bourg d'Elbeuf », donna ses pouvoirs pour poursuivre le recouvrement d'une somme de 6.000 livres, à lui transportée par « noble homme Jean Coquin, sieur du Perrez, gendharme de la compagnie de monseigneur le duc d'Orléans, à prendre sur noble homme Nicolas Hélie, sieur du Pin, lieutenant général au bailliage de Mauny... »

Le 30 juillet, le duc de Montmorency, étant à Lunel, tenta de gagner la ville d'Avignon au parti de Monsieur : « Il pria le vice-légat de trouver bon que M. d'Elbeuf y pût séjourner quelques jours, pour plusieurs raisons qui concernoient son service ». Le vice-légat refusa.

Alors, ils envoyèrent un nommé Laroche, gentilhomme de M. d'Elbeuf, vers le sieur de Fossé, gouverneur de Montpellier, pour essayer de le gagner par promesse et s'assurer de la place ». Malgré la charge de maréchal de France qui fut offerte au sieur de Fossé, il ne prêta pas l'oreille aux propositions de Laroche.

« Quelques jours après, le duc de Montmorency mena Monsieur, avec toutes ses troupes, vers Nîmes, dont il espéroit se pouvoir saisir », mais il dut abandonner ce projet devant l'attitude du maréchal de Laforce, et se contenter de Beaucaire, que Pérault, qui en était gouverneur, leur livra.

Le duc d'Elbeuf laissa Beaucaire lui échapper ; il ne sut se l'assurer, ni le secourir, pas même défendre les provisions qu'il lui destinait. En août, les troupes royales lui enlevèrent un convoi.

En septembre, le roi envoya le sieur d'Aiguebonne vers Monsieur, son frère, pour lui offrir la paix. Entre autres faveurs que le monarque accordait aux révoltés, il promettait de rétablir le duc d'Elbeuf dans ses biens, et qu'il ferait de même à tous ceux qui avaient pris les armes contre lui, à condition de rentrer dans l'obéissance.

Une lettre de Richelieu, datée du 16 septembre, adressée aux maréchaux de Vitry et de la Force, mentionne que le roi approuvait leur dessein de combattre l'infanterie que le duc d'Elbeuf avait laissée au-delà de Montpellier.

La paix se fit au commencement de l'automne. Le roi pardonna à son frère et au duc d'Elbeuf. Voici l'alinéa de l'accommodement spécial à celui-ci :

« Sa Majesté pardonne aussy pareillement au duc d'Elbeuf et le remet en ses biens, luy permettant de demeurer en telle de ses maisons que Sa Majesté aura plus agréable ».

Le duc d'Elbeuf refusa la grâce qui lui était offerte et partit en pays ennemi, avec les Espagnols. Laissons-le, et citons les noms de quelques Elbeuviens mentionnés dans des actes de cette année 1632 :

« Noble homme Antoine Routier, president et lieutenant criminel pour le roy en l'eslection de Pont-de-l'Arche » fut parrain à Saint-Etienne avec la fille de Jean Du Chesne, sieur des Chastelliers, bailli d'Elbeuf.

Me Pierre Sanson, dit François Dupont, résigna la cure de Saint-Jean une seconde fois, en 1632, en faveur de Pierre Pollet, curé de Caudebec.

Michel Dupont fils Pierre, du régiment des gardes, était frère de Pierre Dupont le jeune. — Jean Regnault était receveur général du duché d'Elbeuf ; Jean Hamon, contrôleur des titres de la vicomté de Pont-de-l'Arche, et Jacques Bénard, sergent de la partie de la Seine appartenant au duc Charles. Tous étaient de la paroisse Saint-Jean, ainsi que Simon Pastallier, épicier ; Jacques Boscguillaume, boulanger ; Simon Flavigny, apothicaire ; Ferey aîné et Jean Bucquet, bouchers. — Philippe Mouchard, serrurier, habitait celle de Saint-Etienne. — Un autre titre mentionne Mathieu Dupont, d'Elbeuf, avocat au Parlement, bailli de Brionne.

Lorraine, dès qu'il le vit disposé à traiter ; il alla même jusqu'à le trahir, en conseillant aux ministres d'Espagne de l'arrêter et de s'assurer de sa personne.

« Parmi les réfugiés de Bruxelles, il n'en était aucun plus hardi et qui osât publiquement parler plus indignement du roi qu'un des gentils hommes de la maison du duc d'Elbeuf ».

Nous revenons à Elbeuf, pour un instant.

La veuve et les enfants de Jacques Dupont, boucher, donnèrent au trésor de Saint-Jean, le 15 mars 1633, une rente de 4 livres à prendre sur Antoine Esloy, de Caudebec. — Cette donation fut revalidée devant le bailli d'Elbeuf, le 19 novembre 1665 et le 11 septembre 1781.

Le registre des baptêmes de la paroisse Saint-Jean mentionne, cette année-là: «Jacques Poullain, conseiller du roy et esleu», parrain avec Catherine de Plasnes, femme du bailli d'Elbeuf. — Le baptême « des Chastelliers, fille d'honneste et discrète personne Mr Jean, le parrain honneste homme François du Chesne, la marraine Elisabeth de Nollent. — Catherine de Marescot, femme de Mathieu Dupont, vicomte de Brionne. — Jean et Simon Flavigny, apothicaires.

Au commencement de mai 1634, Puylaurens, ancien ami du duc d'Elbeuf, reçut un coup de carabine ; deux seigneurs qui l'accompagnaient furent également blessés. On soupçonna de ce crime un sieur Clausel, «qui étoit de la faction du duc d'Elbeuf ; mais on en eut un plus fort indice sur ce que le manteau laissé par l'assassin se trouva tout parfumé, et que Clausel avoit accoutumé de mettre des senteurs à ses cheveux ».

Anquetil a rapporté cette affaire dans les termes suivants :

« Peu s'en fallut que, victime de la jalousie ou de la politique, Puylaurens ne finît ses jours d'une manière tragique à Bruxelles.

« Comme il montait le grand escalier du palais, un coup de carabine part, blesse deux personnes à ses côtés ; une balle l'effleure lui-même à la joue : l'assassin se sauve et laisse sa casaque, qui était de la livrée du duc d Elbeuf.

« En conséquence, les premiers soupçons tombent sur le duc qu'on savait être ennemi personnel de Puylaurens. Mais bientôt on trouva de l'affectation dans l'oubli de cette casaque, et les conjectures se tournèrent sur différentes personnes : sur la princesse de Phalsbourg et sur le Père Chantetoube... »

Puylaurens, seul, dit M. Maille, ne douta pas que Charles II de Lorraine fût coupable de l'attentat, et ne craignit pas de le lui reprocher hautement.

Le duc d'Elbeuf s'en défendit vivement ; il se plaignit au duc d'Orléans de souffrir que son favori osât lui attribuer une pareille indignité.

Mécontent de la réponse qu'il reçut, il porta le dépit jusqu'à refuser de revoir la France, jusqu'à se faire effacer du traité qui lui en ouvrait l'entrée.

Quittant Bruxelles, il suivit la reine-mère à Anvers, d'où il provoqua Puylaurens par une lettre assez drôlement conçue :

« Puisque vous m'imputez faussement, écri-« vait-il, le coup dont vous avez été en danger

« de perdre la vie, j'ai choisi un moyen sûr
« et honnête pour vous l'ôter de ma propre
« main.

« Trouvez-vous à, etc. ».

Le combat n'eut pas lieu.

Le duc d'Orléans et Marie de Médicis firent arrêter les deux champions et leur donnèrent des gardes.

Parmi les nobles de notre contrée qui combattirent contre la France à cette époque, nous citerons aussi Henri de Campion.

Après avoir porté le mousquet dans le régiment des gardes, Henri de Campion devint enseigne d'infanterie, puis déserta de Rocroi, en 1634, courut à Bruxelles pour s'offrir au duc d'Orléans et entra dans les rangs des Espagnols pour lutter contre son propre pays et son roi.

Deux ans après, il était rentré en France, car il prit part à la campagne de 1636 et combattit jusqu'en 1641, soit en Flandre, soit en Italie.

Henri de Campion a laissé de très curieux *Mémoires*, conservés par les Campion de Mont poignant, ses collatéraux, et malheureusement confiés par eux, en 1807, au général de Grimoard, qui, sous prétexte de les corriger, les a outrageusement mutilés en les publiant et en a laissé perdre le manuscrit original.

Une seconde édition, préparée avec goût et enrichie de notes par M. C. Moreau n'a pu réparer, mais a sensiblement atténué cette perte. Les dernières pages de ces *Mémoires* contiennent un tableau très expressif de la vie des champs, dans une époque si agitée. Un trait de prudence normande à recueillir pour l'histoire de nos contrées, c'est ce passage :

« Le comte d'Harcourt fit force gentilshommes prisonniers et en obligea plusieurs à prendre son parti, pillant le plat pays, particulièrement aux environs de ma maison, où je ne perdis pourtant rien, à cause que les sieurs de Montpoignant, mes cousins germains, étaient avec lui, et me sauvèrent de leur parti comme je les garantis du nôtre ».

Telle était alors la politique d'un grand nombre de familles considérables, dit M. Aug. Le Prévost.

Henri de Campion, en 1642, entra dans la conjuration de Cinq-Mars, et pour cela fut recherché. Il s'enfuit, gagna le château de Bosc-Ferrey, à Thuit-Signol, et de là atteignit la mer, puis l'Angleterre.

Revenu en France après la mort de Richelieu, en 1643, il se jeta dans un complot contre la vie du cardinal de Mazarin. Craignant d'être arrêté, il s'échappa à Jersey, revint en Normandie, s'en sauva de nouveau, passa en Suisse, visita l'Italie, rentra en France, retourna à Jersey, où il vécut dans l'incognito, et revint enfin dans notre pays, en 1648, pour se marier à Mlle de Martinville, belle-sœur de sa sœur Mme de Vascœuil.

A peine établi dans le château de Bosc-Ferrey qu'il venait d'acheter, il se lança dans les troubles de la Fronde, et ce fut de son manoir seigneurial à Thuit-Signol que, le 24 janvier 1649, le duc de Longueville, accompagné de trente gentilshommes, dont le comte de Fiesque et Alexandre de Campion, frère d'Henri, marcha hardiment sur Rouen, avec une escorte de trois à quatre cents chevaux, et déjoua par sa diligence les plans du comte d'Harcourt, frère du duc d'Elbeuf.

Plus tard, il leva un régiment d'infanterie, en fut nommé le commandant et fit, à sa tête, les guerres de 1652 et 1653, avec son cousin, le sieur de Thuit-Simer, capitaine sous ses ordres.

Henri de Campion, très connu des Elbeuviens, dont il était craint, mourut le 11 mai 1663.

Après cette digression, revenons à des petits faits concernant notre localité :

Un des registres du tabellionage d'Elbeuf, conservé aux archives de la Seine-Inférieure, nous fournira quelques actes passés devant le tabellion du duché pendant les années 1634, 1635 et 1636 :

« Je soubzsigné, recepveur général du duché d'Elbeuf, congnois et confesse avoir ce jourd'huy baillé en forme de fieffe saouf toutesfois le bon plaisir de Madame et de Messeigneurs et Princes ses enfants, à Michel Baudouin, recepveur par moy subranché de la sieurie, prevosté et domayne assis en la paroisse Sainct-Martin de la Corneille, c'est à scavoir : ... » Signé Pollet ; J. Regnault.

Le 20 avril, fut signé le contrat de mariage de Mᵉ Louis de Saint-Ouen, « sergent royal de la sergenterie noble du Bec-Thomas, fils de Louis de Saint-Ouen », avec Louise Pollet, fille de Pollet l'aîné, procureur fiscal au duché d'Elbeuf, demeurant paroisse Saint-Jean.

Le 27, « Caston Ferey, du mestier de passementerie » vendit une partie de masure, plantée en vignes et pruniers, située près l'église Saint-Etienne.

Les assises mercuriales du duché d'Elbeuf, tenues le 2 mai, furent présidées par Jean Pollet « licentié es lois, advocat à la court, lieutenant général de M. le bailly du duché » auquel le notaire de notre ville présenta son registre pour y faire apposer un *visa*.

Une fondation de messes et de prières fut faite, par acte notarié, le 20 du même mois, par Antoine Delacroix, moyennant une donation à la Charité de Saint-Jean, représentée par Pierre Pollet, curé, Jacques Cavé et Gillot Bourdon, échevin et prévôt.

Au 8 mai, Me Vincent Lefebvre, d'Elbeuf, « était chanouene de la Sausaie et curé de Pasquier ».

Dans un acte postérieur, il est qualifié de « chantre et channouene de la Chausaie » ; il reconnaît avoir reçu la somme de « 300 lyvres tournois en pistolles d'Espaigne, ducas, escus d'or, pièces de cinquante-huit sols, carts d'escus et autre monnoye de présent aiant cours au prix et ordonnance du Roy ».

Le 30 novembre, on baptisa, à St-Jean, François Duchesne, fils de Jean, sieur des Chastelliers, bailli d'Elbeuf. Le parrain fut le sieur de la Morandière et la marraine Marthe de Plasnes.

Marguerin Caben, prêtre, « prieur de la chapelle Saint-Hault et de Saint-Félix, demeurant au bourg d'Elbeuf » vendit une rente, le 19 décembre, à Ysabeau Hesbert, veuve de Jacques Pollet, ancien procureur fiscal du duché.

La condition du peuple, sous la dure administration du cardinal de Richelieu, ne faisait qu'empirer. Les plaintes des Etats de Normandie, en décembre 1634, ont une amertume qu'on ne leur avait encore jamais vue. Les députés s'expriment en ces termes :

« Nous frémissons d'horreur à l'aspect des

misères du pauvre paysan. Nous en avons veu quelques-uns, l'année précédente, se précipiter à la mort, par désespoir des charges qu'ils ne pouvoient porter. Les autres, que la patience retenoit plustost en la vie que le plaisir ou les moyens de la conserver, couplez au joug de la charrue, comme les bestes de harnois, labourer la terre, paistre l'herbe et vivre de racines, que cet élément sembloit avoir honte de leur desnier, ayant soustenu leur naissance.

« Plusieurs, refugiés aux pays étrangers ou provinces voisines, pour se soustraire à leurs imposts...; des paroisses abandonnées. Pour cela néanmoins, disent-ils, nos tailles n'ont point diminué, mais accreu jusques au poinct d'avoir tiré la chemise qui restoit à couvrir la nudité du corps, et empesché les femmes, en plusieurs lieux, par la confusion de leur propre vergongne, de se trouver aux églises et parmy les chrestiens ».

Pour punir les Etats de ce langage, ils ne furent point convoqués pendant trois ans. Richelieu ne disait-il pas que « si les peuples estoient trop à leur aise, il seroit impossible de les contenir dans les règles de leur devoir » ?

Un acte du 24 janvier 1635 est à peu près ainsi conçu : « Me Jean Regnault, receveur général du duché s'est submis vers le thrésor et fabrique de l'esglize paroissiale de Saint-Jean, stipulé par Me Pierre Pollet, curé, François Dulondel, Nicolas Dupont, Jean Pollet et autres thésoriers, faire abattre certaine closture menaçant ruyne qui sert de closture entre le cimetière de lad. esglize et la masure des représentants Hesbert, où demeuroit Me Guillaume Dugard, prêtre, et fera rebastir au lieu et place une muraille qui servira de closture, laquelle muraille sera fondée bien et deument d'un pied à toise dans terre, avec des bittes et continuez sur les fondements de huit pieds à toise de hauteur, dont il y aura quatre pieds en bas de pierre de taille dure de dix-sept pouces d'épaisseur... » Regnault s'engagea à faire cette reconstruction moyennant que des messes et des prières, dont le détail figure sur l'acte, seraient dites à son intention.

Il y eut, vers ce temps, une contestation entre Henri de Lorraine, comte d'Harcourt, et Marguerite Chabot, duchesse d'Elbeuf, relativement à l'exercice de droit de présentation à la cure de Quatremare ; mais ce fut le roi qui nomma le curé « à cause de la rebellion du duc d'Elbeuf, le patron d'icelle cure ».

Nous empruntons aux *Mémoires* d'Omer Talon, avocat général au Parlement de Paris, un passage intéressant à plusieurs titres, et ayant trait à un différend qui fit beaucoup parler à cette époque :

« ...Ensuite fut appelée devant le Roi, par le premier huissier du Parlement, une cause pour M. le comte d'Harcourt contre Madame la duchesse d'Elbeuf sa mère, en laquelle il s'agissoit de l'entérinement de certaines lettres patentes accordées audict sieur comte d'Harcourt pour lier les mains à Madame sa mère, lui interdire toutes sortes de dispositions de son bien à son préjudice.

« Ces lettres, octroyées du propre mouvement du Roi, contenoient les causes et raisons de cette interdiction, qui étoient que Madame d'Elbœuf aimoit avec passion et sans mesure M. d'Elbœuf son fils aîné, et qu'elle n'aimoit pas M. le comte d'Harcourt son puîné, dont le Roi disoit par ses lettres n'en pouvoir savoir la cause, sinon que l'un, savoir l'aîné, étoit dans la rebellion et la désobéissance, et l'autre dans le service actuel; voulant en cela arguër Madame la duchesse d'Elbœuf d'être complice de la faute et rebellion de son fils aîné.

« Ces lettres avoient été présentées au Parlement, et sur icelles la cause poursuivie en l'audience. J'avois porté la parole pour le Roi.

« Elle avait été appointée au conseil : le Roi, désirant que cette cause fût plaidée devant lui, avoit fait donner arrêt en son conseil, Sa Majesté y séant, le 14 décembre, par lequel, sans avoir égard à l'arrêt d'appointé au conseil rendu au Parlement, le Roi ordonnoit que les parties viendroient plaider devant lui au 20 du mois. Le premier huissier appela cette cause en ces termes : « Plaise au Roi, mon souverain seigneur, donner audience au sieur comte d'Harcourt, demandeur, contre la dame duchesse d'Elbœuf, etc. »

« Et d'autant qu'il ne se trouva procureur ni avocat pour défendre la cause de Madame d'Elbœuf, M. le Chancelier ordonna qu'elle seroit appelée et rapportée : ce qui fut fait à l'instant par le premier huissier. Et Gautier, avocat, ayant expliqué le fait de sa demande, et conclu à ce qu'il plût au Roi d'en adjuger le profit sur-le-champ, M. Bignon dit que les maximes de la justice, laquelle le Roi venoit exercer en ce lieu, nous apprenoient qu'un des principaux droits de propriété consistoit en la disposition de son bien, conformément à l'ordonnance des lois et à l'établissement des coutumes ; que cette règle générale étoit combattue de quelques exceptions : lorsque les particuliers étoient incapables de la disposition de leur bien par divers accidens, la loi les mettoit en interdiction ; ce qui se faisoit avec grande circonspection, et après plusieurs formalités désirées, lesquelles sembloient être supplées en cette affaire par le témoignage de la disposition de la volonté du Roi expliquée dans les lettres patentes; sur lesquelles la cour ayant délibéré, elle avoit appointé les parties au conseil, s'imaginant que le fils se reconcilieroit à sa mère, et que la mère auroit les tendresses nécessaires pour son fils ; ce que n'ayant pas été fait depuis tantôt six mois, le Roi ayant daigné prendre lui-même connoissance de la cause, et sa présence autorisant le contenu de ces lettres, Sa Majesté pouvoit, jugeant le profit du congé, ordonner que les lettres seroient enregistrées, si ce n'étoit que, donnant un autre délai pour contester, elle voulût différer à un autre jour le jugement et plaidoierie de la cause : sur quoi M. le Chancelier ayant été au conseil, il prononça que le Roi donneroit congé et défaut, et que, pour le profit d'icelui, les lettres seroient enregistrées, pour jouir par l'impétrant du contenu en icelles selon sa forme et teneur.

« Et d'autant que l'avocat de M. le comte d'Harcourt avoit fait une requête judiciaire pour avoir provision sur le bien de sa mère, il fut ordonné que sur cette requête les parties en auroient audience au premier jour en son Parlement.

« M. le comte d'Harcourt, fils puîné de Madame la duchesse d'Elbœuf, ayant obtenu les lettres ci-attachées, elles furent apportées à M. le procureur général, lequel ne voulut pas les présenter à la cour, comme n'étant pas une affaire du Roi, mais une affaire de particuliers. De sorte que M. le comte d'Harcourt les ayant présentées à la cour, et sur icelles ayant été ordonné qu'elle seroient communiquées à Madame la duchesse d'Elbœuf, et que les parties viendroient à l'audience, la cause plaidée par les avocats, je dis que le ministère des avocats sembloit inutile en une cause en laquelle il n'y avoit autre question à examiner, sinon d'apprendre les sentiments et les affections d'une mère, savoir si elle est préoccupée de passion envers l'un plus qu'envers l'autre de ses enfants ; en telle sorte que le Roi eut été obligé d'y apporter sa main puissante et son autorité souveraine, qui prend soin de la conservation des grandes familles de son État.

« La mère soutient qu'elle a toujours aimé ses enfans également, et que s'il y a eu de la prédilection, c'a été plutôt pour le plus jeune que pour son aîné ; et néanmoins qu'elle est mal récompensée de tous les bons offices qu'elle lui a rendus.....

« Le fils ne réplique qu'avec des paroles de respect : il demande à sa mère la conservation de l'être duquel elle lui a donné le principe ; et s'il osoit se plaindre, ce seroit du peu de soin et d'affection de sa mère en son endroit, laquelle a porté toute son amitié à M. le duc d'Elbeuf son aîné ».

Après avoir cité Jacob et Tobie, saint Paul et Œcumenius, l'avocat général Talon continue ainsi :

« Mes conclusions furent, auparavant que faire droit, que, par devant deux de ces messieurs, les parties fussent ouïes, toutes choses demeurant en surséance. La cour ordonna qu'il en seroit délibéré sur le registre à la

huitaine, auquel jour les parties se trouve-
roient.

« Ce qui fut exécuté ; et madame d'Elbœuf
n'ayant rien voulu promettre à son fils, la
cour appointa les parties au conseil. Depuis,
et au mois de décembre, le Roi ayant résolu
de venir au Parlement... ordonna que, sans
avoir égard à l'arrêt d'appointé rendu au Parlement entre parties, elles viendroient plaider
devant lui en son lit de justice.

« Dont ayant eu avis, et croyant que peut-
être M. Bignon n'y voudroit pas parler, je me
préparai à ce que j'aurois à dire devant le Roi;
ce qui fut inutile, parce que Madame d'Elbœuf
fut conseillée de ne pas comparoir, et de laisser donner défaut contre elle, pour le jugement duquel défaut et du profit d'icelui M.
Bignon se leva, et dit peu de chose ».

Voici le texte des lettres patentes du roi,
dont nous parlons ci-dessus, elles furent données à Saint-Germain, le 22 janvier 1635 :

« Louis, par la grâce de Dieu roi de France
et de Navarre, à nos amés et féaux conseillers
les gens tenant nos cours de Parlement de
Paris, Rouen, Dijon, et autres nos officiers et
justiciers qu'il appartiendra, salut.

« Dieu nous ayant par son infinie bonté
établi sur nos sujets, non seulement pour leur
commander comme leur roi et souverain seigneur, mais aussi pour prendre le soin de leurs
familles comme leur père commun, et principalement des grandes et principales maisons
de notre royaume, à la conservation desquelles
nous et nos prédécesseurs avons toujours eu
très-grand égard, nous croyons qu'il est de
notre devoir d'empescher les désordres et les
injustices qui bien souvent se commettent

dans lesdites familles par les passions déréglées des parens envers leurs enfans, dont quelquefois les plus affectionnés à notre service, et contre lesquels ils n'ont aucun juste sujet de mauvaise volonté, en éprouvent la rigueur et leur indignation, et qu'au contraire ceux qui se sont portés contre notre service en ressentent la douceur et les bienfaits, comme pour recompense de leurs crimes et de leurs rebellions ;

« Ce qui nous auroit depuis peu clairement apparu en la mauvaise volonté que la duchesse douairière d'Elbeuf nous a témoignée contre notre très-cher et bien amé cousin le comte d'Harcourt son fils ; car l'ayant nous-même exhortée, et priée de vive voix et par écrit, et fait à diverses fois avertir par personnes que nous lui aurions envoyées, d'assurer à sondit fils la part des biens qui lui pourroit être acquise, elle prédécédant sans tester, afin qu'il pût s'établir par un mariage sortable à sa condition, comme aussi de lui accorder une pension modérée pour lui aider à subsister dans la dépense qu'il lui convient faire auprès de notre personne et aux occasions dont nous aurions besoin de son service, elle n'auroit néanmoins eu aucun égard à nosdites prières et exhortations ; ce qui nous auroit fait juger une telle opiniâtreté ne pouvoir procéder que d'une mauvaise intention et volonté contre nous et notre service, et de l'amour aveugle qu'elle porte à son fils aîné le duc d'Elbeuf, qu'elle voudroit avantager de sesdits biens par voies indirectes, nonobstant les condamnations par lui encourues pour sa rebellion contre nous, au lieu de le priver de ses bonnes grâces et de sa succession pour en revêtir notredit cousin le comte d'Harcourt son second fils, qui nous a toujours très fidèlement et constamment servi, et ne s'est jamais départi envers elle des respects et de l'obéissance d'un bon fils, afin qu'elle fît voir par là que les fautes de l'un lui sont autant odieuses que les devoirs de l'autre lui sont agréables.

« Mais, bien loin de là, nous avons vu que, comme en haine de l'affection que nous avons témoignée pour sondit fils le comte d'Harcourt à cause de sa fidélité à notre service, elle l'a encore plus rigoureusement traité que devant que nous ne lui eussions recommandé. Or, prévoyant que son mauvais naturel s'irritera plutôt de notre clémence que de se réduire au devoir d'une bonne mère, et sachant d'ailleurs que notredit cousin n'a jamais voulu avoir recours aux remèdes ordinaires, ni se pourvoir par les voies de justice contre elle pour l'empescher de le frustrer de ce que les lois et le droit du sang lui donnent, nous avons estimé être obligé et nécessité, et comme roi et comme père, de veiller à la conservation de son bien, et empêcher que sadite mère ne le puisse exhéréder, et lui ôter ce qui lui doit appartenir, selon les lois et coutumes de notre royaume, *ab intestat*.

« Pour ces causes et autres bonnes et importantes considérations à ce nous mouvant, nous, de notre pleine puissance et autorité royale, avons interdit, prohibé et défendu, prohibons, défendons et interdisons, à ladite duchesse douairière d'Elbœuf, la disposition et aliénation de sesdits biens par vente, obligation, donation entre-vifs, testamentaire ou autrement, directement ou indirectement, et en quelque sorte et manière que ce soit.

« Et d'autant qu'il y a déjà trop longtemps qu'elle entretient sa mauvaise volonté contre sondit fils le comte d'Harcourt, et qu'elle pourroit avoir fait quelques dispositions, ventes, aliénations, promesses ou obligations pour le frustrer, nous avons dès à présent cassé, révoqué et annulé, cassons, révoquons et annulons, toutes dispositions entre-vifs ou pour cause de mort qu'elle pourroit avoir faites jusques à présent au préjudice de notredit cousin le comte d'Harcourt, et par lesquelles il se trouveroit en quelque façon que ce fût davantage. Voulons et entendons que sondit fils le comte d'Harcourt demeure dès maintenant assuré du parti et portions que lui peuvent compéter et appartenir en tous les biens meubles et immeubles, noms et actions, qui appartiennent à présent à ladite Dame sa mère, nonobstant que par la coutume des lieux, ladite mère pût disposer autrement, et restreindre et retrancher quelque chose de ce que sondit fils pourroit avoir d'elle *ab intestat* ; à laquelle liberté de pouvoir ainsi retrancher à sondit fils nous avons dérogé et dérogeons par cette déclaration, et pour cette fois seulement, en faveur de notredit cousin le comte d'Harcourt.

« Si vous mandons qu'ayez à faire publier et registrer ces présentes, et du contenu en icelles faire jouir notredit cousin le comte d'Harcourt sans aucun trouble ni empêchement, nonobstant tous édits, ordonnances, réglemens, arrestés, us, coutumes et autres choses et lettres à ce contraire, auxquels, et aux dérogatoires y contenus, nous avons dérogé et dérogeons par cesdites présentes ; car tel est votre plaisir ». — Suivent la signature du roi et, plus bas, celle du sieur Loménie. Cette pièce était « scellée, sur simple queue, du grand sceau de cire jaune ».

Inutile de dire que cette ordonnance royale irrita vivement la duchesse Marguerite Chabot et encore plus son fils Charles, qui, déjà, n'avait que peu de ressources pour vivre dans l'exil, où il s'était volontairement jeté.

La haine que le duc d'Elbeuf ressentait pour Louis XIII augmenta donc, et nous le verrons, par la suite, prendre de nouveau les armes contre son pays et son propre frère, le roi de France.

CHAPITRE III
(1635-1638)

Charles II de Lorraine a l'étranger (*suite*). — Exploits de son frère le comte d'Harcourt. — Une pluie de sang a Elbeuf. — Nouvelle épidémie. — Création de l'octroi. — Fondation d'un couvent de Bénédictines. — Hostilité des Elbeuviens contre ces religieuses. — La duchesse douairière d'Elbeuf, le comte d'Harcourt et Richelieu. — Acquisitions par les Bénédictines.

Le 13 janvier 1635, Marguerite Chabot pourvut de l'office de lieutenant à la verderie d'Elbeuf Mᵉ Michel Baudouin fils Michel, qui avait lui-même rempli cette charge depuis le 18 janvier 1620.

Un acte du 10 février 1635 mentionne deux pièces de terre sises au triage de la Brigaudière, paroisse Saint-Etienne, « une contenant trois vergées ou environ, vulgairement appelée la Rochelle, bornée d'un bout des sentes ou chemins et d'autre bout le no du moulin Saint-Jean ; la seconde, contenant une acre et demye vergée, bornée d'un costé la rue Nostre-Dame ou sente des Mallades allant à la rivière de Sayne, d'autre costé la terre de la chapelle de Saincte Marguerite, d'un bout les représentans de la Fosse, d'autre bout la rivière de Sayne ou sente estant sur le bord de lad. rivière ».

Nicolas Lemonnier, marchand drapier de la paroisse Saint-Etienne, reçut de « M° Louis Coquin, advocat à la court, demeurant à Elbeuf », une somme qu'il lui devait. — Sur la quittance, datée du 2 juin, Georges de Saint-Gilles et Jeanne Bostguillaume, sa femme, sont mentionnés. Coquin avait épousé une fille de feu Jacques Pollet, procureur fiscal.—

Cette année-là, « damoiselle Catherine de Plasnes », fille du bailli d'Elbeuf, fut marraine à Saint-Jean. — Charles Dupont, chanoine de la Saussaye ; Jacques Pollet, procureur fiscal du duché, et Mathieu Le Vavasseur, receveur du bourg d'Elbeuf, le furent à Saint-Etienne.

Le registre de Tourolles, directeur des domaines, conservé aux Archives départementales, porte cette note : « Les quatrièmes et menus boires d'Elbeuf, d'Evreux et Pont-Audemer, adjugés par revente outre l'ancien engagement, le 9 mai 1635, à Daniel Ensereau, moyennant 100.000 livres ».

Charles de Lorraine était toujours en campagne contre l'armée française.

Une lettre du Cardinal adressée à Bouthillier, secrétaire d'Etat et surintendant des finances, le 5 septembre, contient l'alinéa suivant :

« Il y a grande apparence que M. d'Elbeuf se fortifiera. Je croy que le roy pourroit donner un pouvoir de général d'armée à M* le Comte (de Soissons), en la Champagne, pour s'opposer au dict s^r d'Elbeuf et à ce qui pourroit venir du Luxembourg. L'estendue de son pouvoir seroit depuis Rocroy jusqu'à Toul, Cette pensée mérite que le roy la considère, mais je l'estime importante, et, s'il la faut résoudre, il vaut mieux que ce soit plus tost que plus tard ; M^r d'Elbeuf est son ennemy... »

Le roi écrivit en marge de cette note : « M^r d'Elbeuf n'y est pas ».

Dans une autre lettre de Richelieu à Bouthillier, datée du 7 du même mois, le Cardinal parle « de la puissance de M^r d'Elbeuf à Saint-Mihel, et des grosses troupes qu'on disoit estre dans le Luxembourg ».

En décembre, le duc d'Elbeuf se trouvait à Bruxelles, avec le cardinal Infant, frère du roi d'Espagne et de la reine de France, le prince Thomas de Savoie, plusieurs gentilshommes lorrains, proscrits de leur pays, comme le duc d'Elbeuf, lequel avait un commandement dans l'armée lorraine, mais qui était alors inactive par suite de la mauvaise saison,

A la fin de l'année 1635, François du Chesne n'était plus bailli d'Elbeuf. Il avait cédé son office à son fils Jean du Chesne, écuyer, sieur des Chastelliers, avocat au Parlement de Normandie et intendant des maisons et jardins de Monsieur, frère unique du roi. François du Chesne s'était retiré dans sa terre des Monts, paroisse de Saint-Denis-du-Bosguerard, où il possédait un manoir seigneurial.

Par acte passé devant le tabellion du duché, le 22 avril 1636, Jean Regnault, receveur, constitua pour son procureur spécial le sieur Masly, procureur au Parlement de Paris, auquel il donna pouvoir « de passer condamnation au profit du duc de Vendosme de la somme de 1.027 livres 8 sols 13 deniers portée par l'exploict de saisie du 11 du même mois, en le faisant dire, avec Madame d'Elbeuf, partie principale, et déduction faite des frais, saisie et arrest et généralement faire pour ledit constituant tout ce qui sera nécessaire pour le subject... »

Un passage des *Mémoires* de Montglat nous fait connaître où étaient, au printemps de 1636, les principaux membres de la maison de Lorraine :

Le roi ayant entrepris de faire réoccuper les îles de Lerins en Provence, cela l'obligea à établir une armée navale au comte d'Harcourt, qui n'avait jamais eu d'emploi, « et il sembloit que, dans le temps qui couroit, il en devoit moins espérer que jamais, durant la disgrâce de sa maison, dont il étoit le cadet.

« Son aîné, le duc de Lorraine, dépouillé de ses Etats, étoit au service de l'Empereur, aussi bien que le duc François, son frère. Le marquis de Mouy étoit dans sa maison, qui ne se mêloit de rien ; mais son frère, l'évêque de Verdun, nommé le prince François, commandoit des troupes pour l'Empereur. Le duc de Guise étoit retiré à Florence avec ses enfans, par l'ordre du Roi. Le duc de Chevreuse étoit fort âgé, qui ne songeoit qu'à ses plaisirs ; et le duc d'Elbœuf, son frère aîné, étoit en Flandre, au service des Espagnols. Ainsi lui, qui étoit le dernier de tous, n'espéroit aucun avancement... »

Le comte d'Harcourt, frère du duc d'Elbeuf, alors âgé de 36 ans, fut appelé à un commandement en chef, en 1636. Il en reçut l'ordre par le cardinal de Richelieu d'une façon assez singulière.

Deux ans auparavant, les Espagnols s'étaient emparés des îles de Lerins et tenaient garnison dans le fort de l'île Sainte-Marguerite, d'où Louis XIII voulait les déloger. A cet effet, il équipa une flotte considérable, et comme le comte d'Harcourt avait fait preuve de valeur en plusieurs circonstances, il résolut de le nommer général de l'expédition.

Jusque-là, Henri de Lorraine n'avait eu aucun poste officiel, et, par suite de la disgrâce dans laquelle était tombée sa famille et particulièrement le duc d'Elbeuf, son frère aîné, qui était alors à la solde des Espagnols, le comte d'Harcourt semblait n'en devoir jamais espérer du roi de France. Au contraire, il devait redouter de se voir compris, d'un moment à l'autre, dans la haine que la cour de France avait vouée à sa famille, dont le chef, le duc de Lorraine, conspirait ouvertement contre notre pays avec l'empereur, chez lequel il avait pris du service.

Un matin, il apprit que le cardinal voulait lui parler. Henri se rendit en tremblant au rendez-vous que lui avait fixé Richelieu.

Il fut accueilli très froidement, avec humeur, et la terrible Eminence en arriva à lui dire que le roi avait ordonné son éloignement du royaume. Les craintes du comte étaient donc justifiées ; cependant il objecta que, lui, personnellement, n'avait jamais rien fait pour exciter la colère royale, mais qu'il obéirait aux ordres de Sa Majesté.

Richelieu lui répliqua qu'il eût à se préparer à partir au plus vite, parce que le roi le mettait à la tête de son armée navale, en considération de sa valeur et du zèle qu'il avait apporté pour soutenir les intérêts de la France, malgré les tentatives faites par ses parents pour l'en détourner.

Le comte d'Harcourt tomba des nues, à ce discours. Il se jeta aux pieds du cardinal, lui embrassa les genoux et protesta de son attachement inaltérable à la cause du roi.

En sortant de là, il se rendit auprès de Louis XIII, puis alla s'embarquer à la Rochelle, où il mit à la voile le 4 mai, doubla Gibraltar, descendit en Sardaigne et enfin s'approcha des îles de Lérins qu'il reprit sur les Espagnols, malgré les travaux de défense qu'ils avaient ajoutés depuis deux ans à ceux existant avant leur arrivée.

Les talents militaires et la bravoure que le comte d'Harcourt montra pendant cette campagne confirmèrent la haute réputation dont il jouissait déjà, et dont se montrèrent jaloux l'archevêque de Bordeaux et le maréchal de Vitry, commandants des forces navales du Ponant et du Levant.

La duchesse douairière d'Elbeuf éprouva de grandes pertes pendant la guerre qui sévissait alors en Bourgogne, où elle possédait plusieurs seigneuries importantes. Une lettre adressée de Conflans, le 13 juin, par le cardinal de Richelieu au prince de Condé, nous fait connaître quelques détails à ce sujet : « Toutes choses iront mieux maintenant que la plupart des officiers et prevost sont arrivés à l'armée, écrit l'Eminence grise... Trois chasteaux et cinq villages de madame d'Elbeuf ont esté bruslés. Conserver ce qu'elle a encore de delà ».

Pendant tout le temps que Charles II de Lorraine, traître à son pays, servit la cause de l'Espagne, Henriette d'Estrées, sa femme, resta confinée au château d'Harcourt.

Le 16 juin, suivant M. Guilmeth, il tomba à Elbeuf, à Rouen, à Quevilly, à Pont-de-l'Arche et aux Andelys « une de ces pluies de sang si communes dans les fastes de l'histoire, c'est-à-dire un de ces brouillards dont chaque gouttelette, rougie au vif par les animalcules qu'elle contient, offre réellement aux yeux ignorants du vulgaire une frappante analogie avec du sang.

« Suivant ce qui arrive ordinairement, la pluie du 16 juin 1636 fut peu abondante ; il n'en tomba, pour ainsi dire, que quelques gouttes, mais assez néanmoins pour teindre les pierres et les murs d'une effrayante matière rouge. On conclut de là que le pays aurait bientôt à subir quelque grand malheur.

« Effectivement, ajoute notre auteur, la peste, qui, depuis plusieurs années, ne cessait de désoler la haute Normandie, la Picardie et l'Isle-de-France, reparut tout à coup avec une nouvelle intensité ».

En juillet, Me Pierre Noiron, vicaire de Saint-Jean, baptisa un nouvel enfant du bailli d'Elbeuf, en présence de Me Guillaume Dugard, prêtre clerc de la paroisse, et de Me Pierre Fauvel, également prêtre, « et le dimanche suivant l'enfant fut nommé Pierre, par Monsr Dery, conseiller au Parlement, son parrain ; la marraine Catherine de Plasnes, veufve d'honneste homme Clément, greffier des consignations ».

Le mois suivant « Noble homme Jean Baptiste Taupin, sieur de Beauficel, lieutenant aux Eaux et forests en la viconté de Rouen », fut parrain à Saint-Jean, avec Marguerite Pollet, femme de Louis Duperré, avocat à la cour et bailli de La Londe.

A cette époque, François Hamon était curé de Girocourt, Nicolas Hamon organiste à Saint-Jean, Nicolas Hamon receveur des chanoines de la Saussaye et Jacques Hamon chanoine à la collégiale de Saint-Louis.

Nous trouvons également Jean Regnault, receveur général du duché d'Elbeuf ; André Dupont, prieur de la chapelle Sainte Marguerite d'Orival-Elbeuf ; Pierre Flavigny, curé de Chrestienville.

François Dupont nous a laissé quelques notes sur l'épidémie « annoncée par la pluie de sang » dont nous venons de parler et qui désola notre localité :

« En 1636, une maladie contagieuse fit de terribles ravages, non seulement dans Elbeuf, mais dans Rouen et toute la province.

« Le mal etoit si contagieux que M. le bailli crut devoir defendre aux freres de la Charité d'inhumer les corps morts de la maladie contagieuse (sans doute qu'il entendoit que les parents des defunts prissent ce soin) ; mais en la presence de Mᵉ Pierre Pollet, curé de la paroisse de Saint-Jean, il fut deliberé que non obstant l'ordonnance de Mʳ le bailli, du 23 septembre 1636, les frères continueroient de faire le service ; mais que par precaution, ils prendroient des casaques, chaperons et toques de toile gommée, qu'ils deposeroient sous les galleries du cimetière après l'inhumation faite, et qu'ensuite les frères passeroient dans les flammes d'un feu qui seroit fait exprès dans une cuisine du cimetière, pour après vaquer à leurs affaires.

« Cet evenement est rapporté dans le registre de la Charité aux pages 363 et 364. Voilà un acte de zèle et de charité bien distingué de la part de cette confrerie et qui merite la reconnoissance de la posterité ».

Les registres paroissiaux de Saint-Jean mentionnent en cette année-là un accouchement fait à l'hôtel-Dieu d'Elbeuf.

La personne du duc d'Elbeuf causa des embarras à Richelieu pour traiter de la paix projetée avec l'Espagne. Le cardinal craignit que cette nation ne réclamât des faveurs pour la reine-mère, les ducs de Lorraine et d'Elbeuf qui, objecta le ministre « ne peuvent être compris dans le traité d'une paix générale, pour beaucoup de considérations très justes qu'on expliquera en temps et lieu ».

L'année suivante, la reine-mère s'adressa au roi d'Angleterre ; elle lui fit entendre qu'elle désirait se réconcilier avec son fils. Le roi d'Angleterre se rendit à son désir d'ouvrir des négociations avec Louis XIII ou plutôt avec le cardinal de Richelieu. La reine-mère sollicitait « l'abolition » pour ses partisans, notamment pour le duc d'Elbeuf, le marquis de la Vieuville, Sourdéac, le président Le Coigneux, Saint-Germain, etc. On lui répondit que « l'accommodement avec Sa Majesté étoit une affaire domestique, de laquelle il sembloit qu'il n'étoit pas bienséant qu'aucun s'entremît pour elle ; que lorsqu'elle se soumettroit au Roi son fils comme elle le devoit, elle trouveroit qu'il auroit toujours les bras ouverts... »

Voici un extrait des registres des baptêmes de la paroisse Saint-Jean : « Le 14 juin 1637, a esté baptisé Joseph-Marie de la Houssaye, fils Jacques, escuyer, sieur de Rougemontiers ; le parrain Henry de Lorraine, la marraine Madame d'Elbeuf sa sœur, enfants de Monsr le duc d'Elbeuf ».

Charles Carbon était « contrôleur de Mme d'Elbeuf ; Jacques Portrait, officier de madite dame ; Jacques Boucher, postillon ; Mollet, garde des forests ; Benjamin Gouzé, sommelier ; Denis Boudier, serviteur de madite dame ». A l'exception de Mollet, toute la domesticité de la duchesse habitait alors les dépendances du manoir ducal de la place du Coq.

C'est à 1637 que remonte l'origine de l'octroi à Elbeuf. En cette année, Louis XIII demanda aux villes et bourgs du royaume un « don gratuit ». Elbeuf fut taxé à la somme de 10.000 livres. Pour faciliter au bourg l'emprunt de cette somme, le roi lui accorda un octroi à percevoir sur les boissons vendues en détail :

« Louis par la grace de Dieu Roy de France et de Navarre, à nos amés et féaux conseillers les gens de nos comptes, cour des aides, présidents, trésoriers généraux de France à Rouen, salut ;

« Par l'arrêt dont l'extrait est cy attaché sous le contre scel de notre chancellerie, ce jourd'hui donné en notre Conseil d'Etat, nous avons permis et permettons aux échevins et habitants de la ville d'Elbeuf de prendre et lever six deniers pour pot de vin qui sera vendu et consommé en la ville et fauxbourgs par les taverniers ou en détail seulement par les particuliers, trois deniers pour pot de cidre et deux deniers pour pot de poiré et bierre qui sera vendu et consommé en ladite ville et fauxbourgs par les taverniers ou en détail seulement par les particuliers, et dix sols sur chacun poinçon de vin entrant et qui sera encavé et consommé en ladite ville et fauxbourgs d'Elbeuf, et ce outre et par dessus les anciennes impositions qui se lèvent en ladite ville.

« Lesquelles nouvelles impositions nous avons permis aux dits habitants de vendre ou aliéner pour le remboursement des sommes qui leur seront fournies pour le payement de l'Emprunt, sans qu'à cause des dites nouvelles impositions le fermier du quatrième puisse prétendre plus grand droit que celui qu'il levoit auparavant, attendu que ce sont impositions que lesdits habitants mettent sur eux pour payer leur cottité dudit emprunt, ordonné par nos lettres de déclaration du 18 décembre dernier.

« A ces causes, nous vous mandons et ordonnons, chacun en droit soi, de faire jouir les suppliants de l'effet de notre dit arrêt plainement et paisiblement, contraignant et faisant contraindre les reffusants et redevables desdits droits par toutes voyes duës et raisonnables, nonobstant oppositions et appellations quelconques, par le premier huissier ou sergeant sur ce requis, auquel commandons de faire tous actes, commandements, sommations, deffences et autres actes et exploits nécessaires, sans demander autre permission ; car tel est notre plaisir...

« Donné à Paris le 23ᵉ jour de juillet l'an de grace 1637, et de notre règne le 28ᵉ ».

La Chambre des Comptes enregistra cet arrêt le 26 août suivant. Elle stipule que les nobles, ecclésiastiques et autres privilégiés seront soumis, comme les non exempts, à cet impôt, et que les deniers qui en proviendront seront employés au remboursement de l'emprunt de 10.000 livres nécessaire au payement de l'imposition de pareille somme mise par le roi sur la communauté des habitants d'Elbeuf, conformément à la délibération prise par l'assemblée en état de commun desdits habitants, le 16 juin précédent.

Les habitants du bourg firent aussitôt la cession de cet octroi à la duchesse d'Elbeuf, sous la condition d'acquitter la somme de 10.000 livres au trésor royal.

Peu de jours après la cession, la duchesse fit don aux habitants d'une rente de 600 livres à prendre sur cet octroi, pour être employée à l'embellissement du bourg. Comme cette rente équivalait au revenu entier de l'octroi, la communauté des habitants en eut une pleine et entière jouissance et en jouit effectivement jusqu'en 1707.

Farin rapporte que les religieuses du Val-de-Grâce, de l'ordre de saint Benoît, s'établirent au faubourg Bouvreuil en 1646 : « Elles étoient auparavant à Elbeuf, dans l'hôtel de Saint-Etienne, qui leur avoit été donné par madame la duchesse d'Elbeuf, leur fondatrice. Elles portent le nom de Religieuses du Val-de Grâce, à cause d'Anne d'Autriche, reine de France et femme de Louis XIII, laquelle ayant fondé le beau monastère du Val de Grâce de Paris honora de sa protection les Religieuses dont je parle et leur en donna aussi le nom ».

L'historien de Rouen ne se trompe pas. L'acte suivant est le titre de fondation des religieuses Bénédictines d'Elbeuf :

« Par devant Charles de Hénaut et Liger Guenichot, notaires et garde-notes du roi notre sire en son Châtelet de Paris soussignés.

« Furent présents en leur personne tres haute et illustre princesse Madame Marguerite

Chabot, duchesse d'Elbeuf, veuve de tres haut et tres puissant prince Monseigneur de Lorraine, duc d'Elbeuf, pair de France, etc..., demeurant à Paris en son hostel sis rue Saint Antoine, paroisse Saint Paul, d'une part.

« Et noble homme M⁰ Jean Cousin, sieur de Martot et de la Feugère, lieutenant general des Eaux et forests en la vicomté de Pont de l'Arche, demeurant ordinairement en son manoir de Martot, vicomté de Pont de l'Arche en Normandie, estant de présent en cette ville de Paris, logé rue Saint Antoine, en la maison où est pour enseigne l'image de saint Jacques, paroisse de Saint Germain de l'Auxerrois, au nom et comme procureur de sœur Marthe Cousin dite de sainte Scolastique, sa fille, et de defunte Laurence Vangner, jadis femme dudit sieur de Martot ; ladite Marthe Cousin à present religieuse professe au couvent du prieuré Saint Antoine dudit Pont de l'Arche, ordre de saint Benoit selon la reforme ; fondé de sa procuration, passée par devant Louis Heurtematte et Guillaume Foucaut, son adjoint, tabellions royaux de ladite ville et vicomté du Pont de l'Arche... etc.

« Disant lesdites parties et mesme madite dame duchesse d'Elbeuf que, meue d'un saint desir, afin de remedier aux desordres qui se sont pu commettre par ci devant en l'hospital fondé par feux messeigneurs d'Elbeuf, audit bourg d'Elbeuf, sis en la vicomté de Pont de l'Arche, diocèse de Rouen, elle aurait dès longtemps, a eu et a encore à présent volonté et intention d'y eriger et fonder, sous le bon plaisir de Monseigneur l'illustrissime et reverendissime archevesque de Rouen, un prieuré et monastère conventuel de filles religieuses, pour la gloire de Dieu et de la bienheureuse Vierge sa mère, sous l'invocation du bienheureux saint Joseph et sainte Marguerite, sous la règle du patriarche saint Benoist, et sous la direction dudit seigneur archevesque de Rouen, icelle dame duchesse d'Elbeuf a, de son bon gré et bonne volonté, reconnu et confessé avoir donné, cedé, quitté, transporté par ces presentes, en tout dès maintenant, à toujours et par donation irrevocable faite entre vifs, sans de la pouvoir revoquer ni venir au contraire, audit couvent et prieuré conventuel qui sera establi audit bourg d'Elbeuf, audit hospital, ce acceptant par ledit sieur de Martot audit nom ;

« Ledit hospital à present vacant par la mort du dernier paisible possesseur d'icelui, avec les maisons, terres, rentes, fruits, revenus et autres choses generalement quelconques qui appartiennent aud. hospital, sans aucune chose en reserver, retenir ni reserver, par madite dame duchesse d'Elbeuf, pour ce qui lui en peut appartenir, qui a mis et subrogé ledit couvent en son lieu et place, droits, noms, raisons et actions tant rescindants que rescisoires, pour, par icelui couvent et prieuré jouir, faire et disposer du tout dès maintenant à toujours dudit hopital, terres, maisons, fruits, revenus et autres choses generalement quelconques, presentement donnés au moyen des presentes, à la charge que les prieure ci-après nommée et religieuses qui seront establies en icelui couvent et prieuré pouront et leur sera permis de faire bastir et construire, à leurs frais et depens, une eglise ou chapelle aux lieux conventuels, selon les statuts dudit ordre.

« Cette donation et fondation ainsi faite, par madite dame duchesse d'Elbeuf, pour servir au logement et entretenement dudit prieuré et des religieuses qui seront en icelui, et à condition que lesdites prieure et religieuses seront tenues de continuer l'exercice du droit d'hospitalité envers les pauvres, ainsi qu'il a dû être fait et que se peut etendre le revenu dudit hopital ; et après que la presente fondation aura été agreée de Sa Majesté et dudit seigneur archevesque de Rouen, seront mis entre les mains de la mère superieure ci après nommée, par inventaire, tous les titres et papiers et enseignements concernant les biens et revenus dudit hospital, pour pouvoir par ledit prieuré et religieuses d'icelui poursuivre aux despens dudit hospital les droits et revenus d'icelui ; ce qu'ils ne pourront neanmoins faire que par l'avis du conseil de madite dame duchesse d'Elbeuf, et d'autant que madite dame duchesse d'Elbeuf se reserve, sous le bon plaisir dudit seigneur archevesque de Rouen, le patronage et droit de presentation audit prieuré, tant pour elle que pour ses successeurs ducs d'Elbeuf, de personne capable et suffisante à la charge et office de prieure et superieure d'icelui.

« Madite dame duchesse d'Elbeuf a dès à present nommé et presente pour première prieure et superieure dudit couvent ladite sœur Marthe Cousin de sainte Scholastique, religieuse professe dudit ordre de saint Benoist, de l'abbaye Notre Dame de Grace, à present religieuse associée dudit prieuré Saint-Antoine de Pont-de l'Arche, suivant la permission et obedience de ses superieures ; après le decès de laquelle sœur Marthe Cousin et des autres prieures qui seront ci après audit couvent et prieuré, madite dame duchesse d'Elbeuf, tant pour elle que pour ses successeurs ducs d'Elbeuf, s'est reservée et reserve le droit de presentation et nomination audit prieuré de filles religieuses qu'il lui plaira choisir, toutefois et quantes que vacation arrivera de prieure et superieure audit prieuré, suivant et conformement aux saints canons.

« Laquelle prieure et ses successeurs prieures pourront, du consentement des religieuses qui seront audit couvent, recevoir des filles et leur vestir l'habit de religion, ensemble recevoir leurs professions accoutumées estre faictes par les religieuses dudit ordre après l'an de probation, suivant les statuts et regle dudit ordre à condition neanmoins que lesdites prieures ne pourront recevoir aucune fille audit couvent qu'elle n'apporte en icelui cent cinquante livres tournois de rente en propre, jusqu'à ce que le couvent et prieuré se trouve estre fondé de deux mille livres tournois ; se reservant madite dame duchesse d'Elbeuf la faculté de pouvoir mettre, pour estre religieuse en icelui couvent, une fille que lesdites prieure et religieuses seront tenues de recevoir et administrer les nourritures et entretenement comme aux autres religieuses, moyennant trois cents livres tournois que madite dame a promis donner une fois payées seulement, après le decès de laquelle, madite dame, tant pour elle que pour les ducs d'Elbeuf ses successeurs, pourra en mettre une autre en sa place gratuitement, et ainsi de toutes celles qui arriveront après le decès d'icelle religieuse jusques à perpetuité, lesquelles dites prieure et religieuses seront tenues de recevoir sans en demander aucune chose, se reservant madite dame duchesse d'Elbeuf de pouvoir, quand il lui plaira, construire à ses frais et despens un appartement attenant et proche du cloistre dudit couvent pour y aller faire ses devotions quand bon lui semblera.

« Seront aussi tenues lesdites prieure et religieuses faire faire une galerie audit monastère, à laquelle il y aura une ou deux fenestres grillées de barreaux de fer pour voir dedans le logement des pauvres comme leurs necessités leur seront administrées, et pour ce faire commettront ledit... de leur maison pour y donner ordre.

« Sera ledit prieuré sujet à la visitation, correction et juridiction à l'ordinaire, comme aussi lesdites prieure et religieuses nommeront et presenteront, à mondit archevesque de Rouen, des chappelains et confesseurs pour celebrer la Messe audit prieuré et faire le divin service en l'eglise d'icelui, ouïr de confession, reconciliation, et administrer auxdites religieuses les sacrements de l'eglise.

« S'est pareillement madite dame duchesse d'Elbeuf reservée, pour elle et les dames duchesses d'Elbeuf à l'avenir, l'entrée libre dudit prieuré, comme fondatrice d'icelui, et la liberté d'y pouvoir faire graver, tailler et peindre les armes de leur illustre maison dans l'eglise, maison et cloistre dudit prieuré, avec les honneurs honorifiques pour perpetuelle memoire de la fondation.

« Et pour impetrer, en tant que besoin seroit, de monseigneur archevesque de Rouen l'approbation du present contrat aux conditions y mentionnées et faire homologuer icelui partout où besoin sera, lesdites parties ont nommé et constitué leurs procureurs generaux, ou le porteur des presentes, auxquels ils ont donné et donnent pouvoir et puissance de ce faire et d'en requerir et demander acte.

« Car ainsi a esté accordé entre les parties en faisant et passant ces presentes, promettant et obligeant, chacun en droit soi, et ledit sieur de Martot audit nom renonçant de part et d'autre.

« Fait et passé à Paris, en l'hostel d'icelle dame duchesse d'Elbeuf devant desclarée, l'an mil six cent trente-sept le vingt unième jour d'octobre avant midi, et ont lesdits dame duchesse d'Elbeuf et le sieur de Martot, signé avec lesdits notaires... »

Suit le texte de la procuration donnée par Marthe Cousin à son père, seigneur de Martot.

Ainsi qu'on le voit par cet acte, l'ancien hôpital d'Elbeuf était situé place Saint-Louis. Nous ajouterons que le passage, aujourd'hui fermé avec plus ou moins de droit, qui part de l'angle sud-ouest pour gagner la rue actuelle de l'Hospice, était désigné, autrefois, sous le nom de rue de l'Hospice, car elle longeait les murs de l'ancien établissement hospitalier.

Les religieuses étaient donc tenues au service de l'hôpital, et les Elbeuviens les reçurent avec acclamation, mais cet enthousiasme, dit M. Guilmeth, fut de courte durée.

« En effet, ces dames, quoique suivant les constitutions du Val-de-Grace, dont elles avaient pris le nom, étaient du pur ordre de saint Benoît, et quand on vint, quelques jours après leur arrivée, leur expliquer le véritable but que l'on s'était proposé en les installant à Elbeuf, elles consentirent à prendre pour pensionnaires les demoiselles riches et payantes, mais refusèrent nettement et positivement de se charger de l'éducation gratuite et publique des petites filles de la ville.

« A tout prendre, les habitants d'Elbeuf aimaient encore mieux avoir dans leurs bâtiments communaux un hôpital quel qu'il fût, que d'y loger une société de personnes inutiles pour le bien public, et ils se mirent à tracasser par tous les moyens imaginables la nouvelle communauté.

« Le procureur fiscal du duc d'Elbeuf y joignit ses poursuites, et l'affaire fut portée jusqu'au Parlement de Rouen. Un arrêt de cette cour enjoignit aux religieuses de se retirer, mais celles-ci tinrent bon et demeurèrent ».

« Je ne sçai, dit à ce sujet le bénédictin Duplessis, quelle protection elles avoient trouvée à la Cour, mais elles furent maintenues par arrest du Conseil, du mois de septembre 1638 ; et l'archevesque de Rouen confirma leur établissement le 1er mars 1640 ».

M. Guilmeth ajoute :

« La protection qu'avaient trouvée à la cour les dames du Val-de-Grace était purement et simplement celle de la duchesse douairière, qui voulait, en dépit de tous les obstacles, avoir à Elbeuf une communauté religieuse.

« Cette princesse avait même fait faire pour la chapelle de la communauté naissante de magnifiques ornements ; mais inquiète elle-même de la marche que pourraient prendre les choses par la suite, elle fit don à l'église Saint Jean de tous ces ornements, parmi lesquels on remarquait « un grand dais fait de « tapisserie d'or et de soye, garny de frange « d'or et d'argent pur, et doublé, ainsy que le

« fond, de taffetas de la Chine ». Ce dais avait été apporté en France par les Jésuites ».

Le « Registre du Tabellionnage de la Baronnerie et haulte justice de Quatremares, appartenante à Monseigneur le duc d'Elbeuf, exercé par Anthoine Lesage, tabellion pour le temps de neuf ans commençant au premier jour de janvier 1638 », nous fournit quelques noms de personnages de cette époque.

Nous y trouvons ceux de Julien Bérault, prêtre, docteur en théologie, « précepteur de messeigneurs les enfans de monseigneur le duc d'Elbeuf et curé de Quatremares » ; Antoine Alexandre, vicaire du curé de Quatremares ; Jean Chevalier, prêtre, licencié en droit canon, aumônier du duc d'Elbeuf, demeurant à Chrestienville ; Pierre de Flavigny, curé de Chrestienville ; Louis Duchesne, receveur général de la baronnie de Quatremares et ci-devant receveur de la Haie-du-Teil, appartenant au duc d'Elbeuf.

M⁰ Richard Farin, curé de Freneuse, qui avait été curé de Saint-Jean environ de 1590 à 1594, donna au trésor de cette dernière paroisse, par acte passé au bailliage d'Elbeuf, le 13 février 1638, trente perches de terre dans l'île de Quatre-Ages. En 1653, il donna 50 livres au même trésor.

En cette année, il y avait procès, au bailliage de Pont-de-l'Arche, entre Mᵉ Adrien Bradechal, receveur du duché d'Elbeuf, et Nicolas Doutreleau, fermier de la voiture par eau d'Elbeuf à Rouen.

La vieille duchesse douairière Marguerite Chabot était allée habiter Paris, car on a d'elle, à partir de 1638, des lettres datées de cette ville, et c'est à Paris que les chanoines de la

Saussaye écrivirent à leur patronne et lui envoyèrent une députation.

Dans une de ses lettres, adressée au chapitre, elle dit qu'elle se charge de répondre elle-même à une demande faite aux chanoines par son fils le comte d'Harcourt, et d'en faire son affaire. Elle exprimait aussi ses désirs de recevoir de l'argent de ses terres ; voici, par exemple, quelques extraits de l'un de ses mandements à son représentant en Normandie :

« Monsieur Bradechal, j'entends que l'on suive de point en point les baux que j'ai faits ; je vous prie d'y tenir la main et à tout ce qu'un bon et ancien serviteur de la maison doit faire... Coippel vint me trouver, l'autre jour, et me promit de m'apporter son compte et de me donner de l'argent : il n'a fait ni l'un ni l'autre. C'est pourquoi il n'y a pas danger de le poursuivre sans intermission, car ceux à qui je dois me font de même...; quant à la visite des bois, je vous ai déjà mandé qu'elle ne pourroit estre à autre fin qu'à en faire répondre les gardes et le verdier...

« Vous m'avez fait plaisir pour la ferme de Briosne, car je serai toujours bien aise d'aider à faire valoir le bien de mes enfants ; je voudrais qu'on en fasse de même pour Lillebonne, ne pouvant approuver qu'on coupe les arbres des lisières...

« Il ne faut pas que vous laissiez de faire payer le verdier des fermes qu'il a tenues, car il a assez malversé dans nos bois, pour être dépossédé sans toucher aucun argent de ceux à qui je voudrais donner sa charge...

« J'ai autant ou plus affaire d'argent que je n'eus jamais ; on dépense excessivement à Paris, et les voyages et le séjour que mon fils, le comte d'Harcourt, fait avec le roi me coûtent beaucoup... Je vous ai déjà écrit et prié d'assister et faire tout ce que vous pourrez pour mon bien, pour tout ce qui sera utilité de mon service, à quoi je veux croire que vous vous employerez de tout votre cœur, tant pour les sujets que vous en avez et parce que vous me l'avez toujours promis. Je m'y attendrai donc et d'en voir et avoir des effets, demeurant cependant votre plus affectionnée et meilleure amie... »

Cette lettre intime contribue à faire connaître la personnalité de Marguerite Chabot. En voici une seconde :

« Monsieur Bradechal, vous m'oubliez dans la nécessité que j'ai d'argent ; je vous prie, ne laissez point ceux qui me doivent à repos qu'ils ne m'aient payée, parce que je suis tourmentée jusqu'au dernier point de ceux à qui je dois. Vous me ferez grand plaisir de m'envoyer de l'argent ; vous m'en devez. Je crois que vous n'y manquerez pas, étant raisonnable... ».

Nous avons vu que Richelieu portait beaucoup d'affection au comte d'Harcourt, malgré la révolte du duc d'Elbeuf son frère, retiré en Flandre depuis 1631. Marguerite du Cambout, fille cadette du baron de Pontchâteau, nièce du cardinal et que celui-ci avait mariée au duc de Puylaurens en 1636, étant devenue veuve, Richelieu entreprit de la donner pour femme au comte d'Harcourt. Marguerite n'était encore âgée que de dix-neuf ans.

Le comte d'Harcourt ne pouvait refuser cette alliance ; d'ailleurs, il avait de profondes sympathies pour la jeune veuve. Mais en sa position de cadet de famille, il était relativement pauvre, et Richelieu entendait qu'il fût en état de tenir un rang proportionné à ses mérites. Il s'agissait donc d'obtenir, de la duchesse douairière d'Elbeuf, une donation en faveur du comte. Le cardinal chargea Bouthillier, secrétaire d'Etat, de négocier avec Marguerite Chabot.

Bouthillier écrivit le 22 février 1638, au cardinal de Richelieu pour lui rendre compte d'une entrevue qu'il avait eue avec la vieille duchesse d'Elbeuf :

« ... Je luy tranchoy, dit-il, avec toute sorte de civilité, que toute personne qui donnoit parole avec dessein de la tenir ne faisoit point de difficulté de l'escrire, et qu'il estoit absolument nécessaire qu'elle asseurast à M^r son filz la moitié de tous ses immeubles, tant propres qu'acquets, si elle désiroit l'accomplissement de l'affaire.

« Je lui parlay en outre de la jouissance d'une partie, et d'asseurer une partie aussi des meubles, dans lesquels, comme Votre Emminence le sçait, est compris l'argent comptant, ce qu'elle rejecta bien loing ; et comme je la pressay sur ce j'aurois à respondre à V. E. elle me demanda du temps, comme elle avoit fait la première fois ; mais elle le prit bien court, voulant que je l'attendisse ce jourd'hui chez moi...

« Je luy ay faict valoir la condescendance de V. E. pour retirer les lettres qui la blessent du greffe du parlement, dont elle a esté très contente. Je ne sçaurois dire le respect et l'affection avec laquelle elle a parlé de V. E.

« M^r le comte d'Harcourt, qui avoit grande impatience de sçavoir ce qui se seroit passé, se rendit incontinent après dinée chez moy ; je luy dis touts les discours de Madame sa mère, et jusques où, néantmoins, j'espérois qu'elle viendroit ; de quoy il fut ravi, et me dict que sans le respect qu'elle porte à V. E. et l'honneur de vostre alliance, elle ne le feroit jamais, qu'il vous seroit redevable de cela (si elle le faisait) comme de tout ce qu'il possède au monde, qu'il supplioit, très humblement à mains jointes, V. E. que Madame sa mère ne soit point pressée davantage, et qu'il espéroit bien obtenir d'elle, par l'obéissance et les services qu'il luy rendra, sa part des meubles...

« Ce qu'il faut considérer icy c'est qu'à la vérité je n'ay jamais veu aucune coustume de France qui donne la moitié de tous les immeubles de père ou de mère à un cadet... »

Richelieu approuva ce qu'avait fait Bouthillier par une lettre datée du même jour. Le 4 mars, le cardinal lui adressa cette autre :

« Je laisse à vostre option d'aller visiter Madame d'Elbeuf ou de l'attendre chez vous. Sa qualité et sa indisposition vous permettent d'en user ainsy qu'il vous semblera bon ; mais il faut toujours venir à nostre compte, c'est-à-dire mettre les parties en estat qu'ilz puissent vivre sans misère.

« J'estime l'alliance de Madame d'Elbœuf. Je fais plus de cas de la personne de M. d'Harcourt que je ne puis vous dire, mais je désire avec raison que, s'il se marie, il ait de quoy vivre, et vous sçavés bien que ce que je prétends pour luy-mesme ne passe pas les bornes de la médiocrité.

« Vous pouvez asseurer Madame d'Elbœuf que, sy ma cousine avoit assez de quoy soustenir la despense de Mʳ d'Harcourt, je receuvrois de bon cœur la personne avec son espée; mais n'y ayant que Dieu qu. puisse faire beaucoup de peu, elle jugera bien, je m'asseure, que je ne fais rien que pour le propre bien de M^r son filz.

« En un mot, je consens par mon inclination à tout ce que veut ma dicte dame, mais la raison et la nécessité m'empeschent d'effectuer ce à quoy je me sens porté par mes premiers mouvemens.

« Le card. DE RICHELIEU ».

Malgré les soins que Bouthillier apporta dans ses négociations avec la douairière d'Elbeuf, Richelieu crut un moment que le mariage n'aurait pas lieu. « Je crois qu'on parlera longtemps de cette affaire, écrivit-il le 10 mars, et que peut-estre elle ne se fera pas ». En effet, la duchesse temporisait toujours et s'excusait sur une «défluxion» de n'être pas allée trouver le secrétaire d'Etat. Dans un billet du 22 mars, Richelieu dit à Bouthillier: « Je laisse l'affaire de Madame d'Elbœuf à vostre conduite ».

Le cardinal, étant à Compiègne, le 12 mai, écrivit à Bouthillier : « L'excès de la courtoisie de Madame d'Elbeuf me donne un extrême désir de la servir... »

Le 21 mai, on baptisa à Saint-Jean un fils de Jean Mollet, garde des bois de la duchesse. L'enfant eut pour parrain « M^r le Chevalier, fils de très-haut et puissant prince Charles de Lorraine, duc d'Elbeuf ; la marraine très-haute et très-vertueuse princesse Catherine-Henriette de France ».

Jean et Philippe Capplet étaient alors greffiers à Elbeuf.

En cette même année, « noble homme Charles Loserey, sieur de Corvaudon, et damoiselle Marie de Plasnes, femme de Jean du Chesne, sieur des Chastelliers, bailly d'Elbeuf», furent parrain et marraine à Saint-Jean.

Nous avons dit qu'au nombre des chanoines de la Saussaye, se trouvait Jacques Hamon, d'Elbeuf. Un jour, il se fit descendre dans le profond puits du cloître, figuré sur la planche de notre tome II, page 205, et grava sur un bloc de pierre de la paroi cette inscription : « MAISTRE JACQUES HAMON, CHANOINE, 1638, LE 23ᵉ D'AOUST ». — Il y a vingt-cinq ou trente ans, des ouvriers puisatiers détachèrent ce bloc, que l'on peut voir maintenant à la mairie de la Saussaye.

Au 6 octobre, le duc d'Elbeuf était en Flandre ; il fut, avec Chanteloube et Saint-Germain, au nombre des seigneurs français auxquels le séjour dans cette province fut autorisé par une déclaration du cardinal Infant.

Marthe Cousin, pourvue du nouveau prieuré d'Elbeuf, fit des acquisitions au nom de sa maison. La pièce suivante concerne l'un des achats faits en 1638 :

« A tous ceux qui ces présentes lettres verront ou orront, Charles Le Sergent, escuier, sieur de la Couldraye, gentilhomme servant le Roy, garde du seel aux obligations de la ville de Pont-de-l'Arche, salut ;

« Sçavoir faisons que Pol David le jeune, bourgeois d'Elbœuf, et Michelle Le Vavasseur sa femme... ont recongnu et confessé avoir vendu, quitté, ceddé et dellaissé à vénérable mère en Dieu sœur Marthe Cousin dite de Saincte-Schollastique, prieure du prieuré de Sainct-Joseph et Saincte-Marguerite d'Ellebœuf, administratrice de l'hospital dudict lieu, tant pour elle que pour et au nom dudict prieuré et couvent dudict lieu d'Ellebœuf, stipullés par vénérable et discrète personne M° Nicolas Hays, prestre, demeurant audict Pont-de-l'Arche, leur procureur... c'est asçavoir... »

Suit la désignation des immeubles vendus consistant en bâtiments, cour et jardin, situés rue Meleuse, à Elbeuf, « bornés d'un costé Louis Boissel, d'un bout et d'autre costé l'hospital dudict lieu d'Ellebœuf, et d'autre bout le pavé de Monseigneur le duc d'Ellebœuf.

« Celte vente faicte à la charge d'acquitter faisance de 17 sols 6 deniers dus par ledict héritage audict hospital ; que Pol David et sa femme, ses amis vivants et trépassez serontz faitz participantz des prières et oraisons dudict monastère, à chacun, une haulte messe de *Requiem*, avec vigille et recommandasse acoustumez, à tel jour qu'il plaira à Dieu les appeler hors du monde ; et oultre moyennant le prix et somme de 1.550 livres tournois...

« Ce fust faict et passé audict lieu du Pont-de-l'Arche, l'an de grâce 1638, le 20ᵉ jour d'octobre, en la présence de vénérable et discrète personne M° Jehan de Lux, prestre, curé de Criquebeuf-sur-Seine, et Nicollas Langlois, du Pont-de-l'Arche... »

Ce contrat, qui précise l'emplacement de l'ancien hôpital d'Elbeuf, fut lu le dimanche suivant 24 octobre, « à l'issue de la messe paroissiale de Sainct Estienne d'Ellebœuf, à haulte voix et cry public, estant au cemetière et portail de ladicte eglize, en présence de M° Jacques Carpentier, prestre » et autres.

CHAPITRE IV
(1639-1640)

Charles II de Lorraine, a l'étranger *(suite)*. — Mariage de son frère Henri d'Harcourt. — Révolte des drapiers de Rouen. — Les Nu-pieds. — Le général Gassion a Elbeuf. — Dévastations par ses soldats. — Le chancelier Séguier. — Henri d'Harcourt sauve Casal et prend Turin.

Les négociations entre Richelieu et Madame d'Elbeuf, pour le mariage du comte d'Harcourt, se poursuivaient toujours et durèrent plus d'une année. Voici le texte d'un mémoire dont le fonds fut plaidé devant la duchesse de la part du cardinal. Il ne porte pas de date, mais il est évidemment de la fin de 1638 ou du commencement de 1639 :

« La moitié des immeubles et acquiets.

« Donnera parole de ne point faire de tort en ses immeubles.

« Nourriture, tant de luy que de sa femme et de leur train, tant qu'ils seront à Paris ; ou une somme qui sera réglée présentement pour leur donner moyen de vivre.

« Représenter qu'il n'a aucuns meubles, tapisseries, licts ny pierreries ; ny elle aussy.

« Le mariage de la fille, quatre cents mille livres en argent, rentes ou pierreries actuellement.

« Madame d'Elbœuf considérera, s'il luy plaist, qu'en recevant l'honeur qu'il luy plaist de faire, l'on estimeroit plus à propos, par respect de sa propre personne, que le mariage ne feust point, bien qu'on le désire, que de rendre deux personnes nécessiteuses, lesquelles n'aiant pas de revenu pour vivre mangeroient leur fonds en trois années.

« Le card. DE RICHELIEU ».

On ne comprend guère, remarque avec raison M. Avenel, comment la duchesse de Puylaurens, que le cardinal appelle ici « la fille » était aussi complètement dénuée que le dit Richelieu dans le quatrième paragraphe ; et comment cela peut s'accorder avec « le mariage de 400.000 livres » dont il est question dans le suivant. En tous cas, ce document montre le soin avec lequel le célèbre ministre gouvernait les affaires privées de sa famille.

Le 15 janvier 1639, le cardinal se trouvant à Ruel, écrivit à Bouthillier, surintendant des finances : « ... Quant à Madame d'Elbeuf, je seroy tres ayse de la voir et M^{rs} ses petits enfans, lorsque je seroy à Paris ».

En février, Henri d'Harcourt, second fils de Charles 1er de Lorraine, duc d'Elbeuf et de Marguerite Chabot, épousa enfin Marguerite du Cambout, nièce de Richelieu. Henri devint la tige des comtes d'Armagnac.

La faveur du grand cardinal, aidant la valeur militaire et la naissance du comte d'Harcourt, mit celui-ci sur la voie des plus grands emplois de l'Etat. En cette même année 1639, il partagea, avec l'archevêque de Bordeaux, le commandement de l'armée navale de la Méditerranée. Trois ans après, il succéda au duc d'Epernon dans le gouvernement de la Guyenne, et l'année suivante il obtint la charge de grand écuyer de France, ainsi que nous le verrons plus loin.

Les Archives départementales conservent un certificat donné, en 1639, par Michel Bonamy, curé de Saint-Etienne d'Elbeuf, et les trésoriers-marguilliers de cette église, en faveur de Pierre Grandin, « affidé par mains de prêtre avec honorable fille Anne Le Vavasseur ».

Cette même année « Pierre Maille, esleu au Pont-de-l'Arche » fut parrain à Saint-Jean d'Elbeuf. — A cette époque, Robert Le Vavasseur était avocat dans notre bourg.

Le bailli d'Elbeuf ne présidait pas seulement les assises de notre localité, mais aussi celles qui se tenaient sur d'autres points du duché. C'est ainsi que le 18 mars 1639, il présida les plaids de la châtellenie de Boissey-le-Châtel, dans une affaire concernant le trésor de Saint-Martin-de-Voiscreville. — Nous le retrouvons une autre fois à Boissey, faisant un accord, pour mettre fin à procès pendant devant le Parlement, qui avait éclaté entre André Dupont, curé du Theillement, originaire d'Elbeuf, et un sieur Duval, au sujet des dîmes. — Ce curé Dupont avait pour paroissienne Elisabeth de Bourbon.

Pierre Pollet, curé de Saint-Jean, démissionna de ce bénéfice « par lettres données à Rome le 6° jour des ides d'avril de la 15e année du pontificat d'Urbain VIII, en faveur de Nicolas Pollet, sous-diacre du diocèse de Rouen », auquel cette cure fut conférée le 1er avril 1639, par de la Mare, vicaire général de François de Péricard, évêque d'Evreux.

Richelieu, étant à Abbeville, écrivit à Bouthillier, le 8 juillet, la note que voici :

« Je désireroy tousjours le soulagement de Madame d'Elbeuf, et y contribueroy ce qui me sera possible. Mais, n'y ayant point de trouppes maintenant en Bourgogne, je ne sçoy pas le moyen de luy faire donner une garnison aux despens du roy, qui n'en met point dans les maisons particulières... »

Le 12 décembre, le chapitre de la Saussaye acheta deux poinçons de vin pour le prix de 100 livres tournois et décida « que la distribution en seroit faite à un chacun de la compagnie à sept sols le pot ». Le chapitre faisait donc acte de société coopérative de consommation.

Nous allons maintenant parler d'un événement qui fit époque dans notre contrée et laissa de douloureux souvenirs chez tous les Elbeuviens pendant plusieurs générations.

En mai 1639, un édit, assujettissant tous les draps teints à un nouveau droit de quatre sols par aune, et créant des officiers « contrôleurs de teintures », avait causé une vive émotion.

La cour des Aides de Rouen repoussa d'abord ce nouvel édit, mais le duc de Mercœur lui fut envoyé par le roi, pour faire enregistrer, en sa présence, sans délai et sans modifications, non pas seulement l'édit des teintures, mais encore neuf autres édits fiscaux.

Le contrôleur des teintures de Rouen, de Darnétal et d'Elbeuf fut Jacob Hays dit Rougemont. Il se mit promptement à l'œuvre, visitant les drapiers, les teinturiers et contrôlant chez les uns et les autres ; un huissier du Châtelet et deux recors l'accompagnaient dans ses visites.

Mais le peuple de Rouen le regardait faire, en frémissant, et un jour, dit M. Floquet, comme Rougemont sortait de la maison d'un tondeur, assailli, lui et ses compagnons, dans la rue Malpalu, par une foule d'hommes armés de pierres et de bâtons, qui criaient « Au monopollier ! », il se prit à fuir, et s'était réfugié dans la cathédrale, où deux de ses compagnons furent sauvés par de charitables prêtres. « Pour lui, poursuivi de trop près, il avait été saisi, entraîné dans le parvis, où, accablé de coups, il succomba presque aussitôt; et, plusieurs heures, son corps sanglant demeura gisant dans le ruisseau, foulé, écrasé par les passants, les chevaux et les voitures ».

Les auteurs de cet assassinat restèrent impunis, car personne ne voulut les dénoncer. Une nouvelle sédition, qui dura quatre jours, éclata à Rouen environ trois mois après, et causa la mort de nombreuses personnes.

En ce même temps, des révoltes se produisirent en basse Normandie ; les révoltés prenaient la dénomination de « Nu-pieds », afin d'exprimer l'état où le régime fiscal de Richelieu les avait réduits et « pour montrer leur gueuserie par ce nom ».

En effet, la dure administration du cardinal pesait sur la Normandie plus lourdement encore que sur le reste de la France ; les registres du Parlement et de la cour des Aides de Rouen, les cahiers des Etats de la province sont d'irrécusables témoins de l'extrême misère, de la détresse, du désespoir auxquels une dévorante fiscalité avait réduit ce pays.

Année 1639

De là, des soulèvements journaliers sur une infinité de points de notre contrée.

Le gouvernement, dit M. Floquet, « crut le moment venu de frapper un grand coup, propre à intimider pour longtemps, en France, l'esprit de révolte ». Il envoya Gassion et ses soldats pour tailler en pièces l'armée des « Nu-pieds » : Le chancelier Séguier, qui accompagna Gassion dans cette expédition, fit rédiger un *Diaire* ou journal de son voyage, auquel nous emprunterons des détails intéressants.

Le 26 décembre, après avoir dîné, à Gaillon, avec le chancelier, Gassion monta dans un carosse traîné par six chevaux et vint coucher à Elbeuf, où ses troupes étaient cantonnées.

Le 29, le haut doyen du chapitre de la cathédrale de Rouen, rapporta à ses collègues, assemblés, qu'il était allé à Gaillon, avec deux autres membres du chapitre, « saluer M. le chancelier, et le supplier, dans ces mouvements de troupe, exempter les maisons de MM. les chanoines des garnisons de soldats... » Le 30 décembre, Bretel de Grémonville, frère du haut doyen, étant venu à Elbeuf saluer le colonel Gassion, vit les ordres que lui avait donnés le chancelier Séguier : « MM. les chanoines estoient au premier rang des exemptz ».

Des députés, ajoute M. Floquet, d'après les Registres capitulaires de la cathédrale, allèrent trouver Gassion pour lui remettre une liste des membres du chapitre, avec leur adresse.

Le 31 décembre, le chancelier Séguier tint, à Pont-de-l'Arche, une séance du conseil et un sceau. Il apprit, bientôt, que Gassion avait quitté Elbeuf et était entré à Rouen avec cinq ou six mille hommes d'infanterie et douze cents cavaliers : « le régiment de Champaigne à la teste, et celuy de la marine à la queue, aveq Mʳ Gassion à la teste d'iceluy, et peu apréz, la cavallerie sortie pour se loger dans les trois faulx bourgs, d'où il est à craindre que les cavalliers particuliers se licencient pour tenir les chemins hors de seûreté, ayantz mesme, dèz le jour précédent, despouillé quelques domestiques... »

Voilà l'opinion qu'avait l'auteur du *Diaire*, des soldats de Gassion, qui eux-mêmes, du reste, se qualifiaient de « fléaux de Dieu ». Un habitant de Rouen parlant de l'arrivée de ces troupes, rapporte, dans un journal manuscrit, que les faubourgs de cette ville « et Darnétal aussy, Sainct-Sever, Sainct-Hilaire, Beauvoisine, Bouvreuil, Martainville, Cauchoise furent ruinez et abandonnez des habitans retirez dans les bois ».

Séguier lui-même écrivit au roi, à propos de ses soldats : « En vérité, le désordre est si grand, que, quelque règle qu'on puisse apporter, ils ruinent tout où ils passent. Il y a deux compagnies à Louviers qui mériteroient d'estre cassées ; ce sont voleurs, et non pas des soldats ; ils font des violences dans ceste ville-là qui méritent grand châtiment ».

Voilà quelles étaient les troupes royales dont une partie tint garnison à Elbeuf, au moins pendant les derniers jours de l'année 1639. On peut croire que notre ville ne fut pas plus ménagée que Louviers et les faubourgs de Rouen ; d'ailleurs, une chronique dit que le général entra à Rouen « précédé de l'effrayant récit des maux que ses bandes venoient de commettre à Elbeuf ». Gassion voulut réprimer ces désordres, et, pour donner un exemple, fit pendre un cavalier, à Rouen, et condamner un autre aux galères à perpétuité.

La présence du général Gassion à Elbeuf, à la date du dimanche 1er janvier 1640, est plusieurs fois mentionnée sur les registres des délibérations capitulaires de Notre-Dame de Rouen. Par une délibération en date de ce jour, le Chapitre envoya à Elbeuf, près du général, les chanoines De Caux, Mahault et de Courvaumont; leur voyage coûta 13 livres.

Le journal manuscrit dit que « En ceste année 1640, il n'y a point eu d'estrennes, ny chanté le roy boit... Les petits enfants en pourront dire des nouvelles, lorsqu'ils auront atteint l'âge d'hommes... »

La terreur qu'inspirait Gassion et ses troupes était la cause de l'abandon d'une coutume, pourtant si chère aux habitants de notre contrée. A Rouen, Gassion logea pendant deux jours dans l'hôtel du Bourgtheroulde, appartenant alors à Le Roux d'Infreville, fils du feu sieur du Bourgtheroulde.

Séguier quitta Pont-de-l'Arche le lundi 2 janvier 1640, et fit son entrée à Rouen, par la descente de Sainte-Catherine.

Quelques-unes des nombreuses notes dont M. Floquet accompagne la publication du *Diaire* traitent des exactions que se permettaient les gouverneurs et soldats de la garnison du château de Pont-de-l'Arche, sur les marchandises qui remontaient la Seine par bateaux.

Le sieur de Saint-Georges, gouverneur de cette forteresse, fit tant et exaspéra si bien le commerce et les mariniers que, plus tard, Richelieu le fit chasser; mais le cardinal maintint le droit de cinq sols par courbe de chevaux hâlant les bateaux entre Elbeuf et Pont-de-l'Arche

Le *Diaire* nous apprend que Séguier passa par Elbeuf en mars 1640 :

« J'ai sceu que le mardy 20e dudit mois, Mgr le chancelier avoit couché au Pontaudemer, suyvi de Mr Gaudart et de Mr Daubray, comme dict est.

« Le mercredy 21e, à la Roque — château situé à Saint-Ouen-de-Thouberville — chez le sieur de Berton, où il a veu Mr le président Séguier.

« Le jeudy 22e, au lieu du Pont-de-l'Arche...

Pendant les événements que nous venons de rapporter, le second fils de Marguerite Chabot, duchesse douairière d'Elbeuf, se couvrait de gloire en Italie. M. Maille ayant fort bien analysé cette belle campagne de Henri d'Harcourt, nous le citerons textuellement :

« Les succès du comte d'Harcourt, aux îles de Lérins et en Sardaigne, le placèrent sur un plus grand théâtre ; on l'envoya au Piémont réparer les fautes de ses prédécesseurs.

« Il était destiné à y rappeler la victoire ; en effet, son arrivée y changea entièrement la face des affaires.

« Autant on avait eu jusqu'alors à y gémir, autant on eut désormais à s'y réjouir.

« La reprise des îles de Lérins lui avait acquis beaucoup de réputation, et lui donna la confiance de l'armée dont on remettait la fortune entre ses mains.

« Cette armée conçut de grandes espérances de sa venue et le témoigna par ses acclamations.

« Pour ne pas laisser refroidir son enthou-

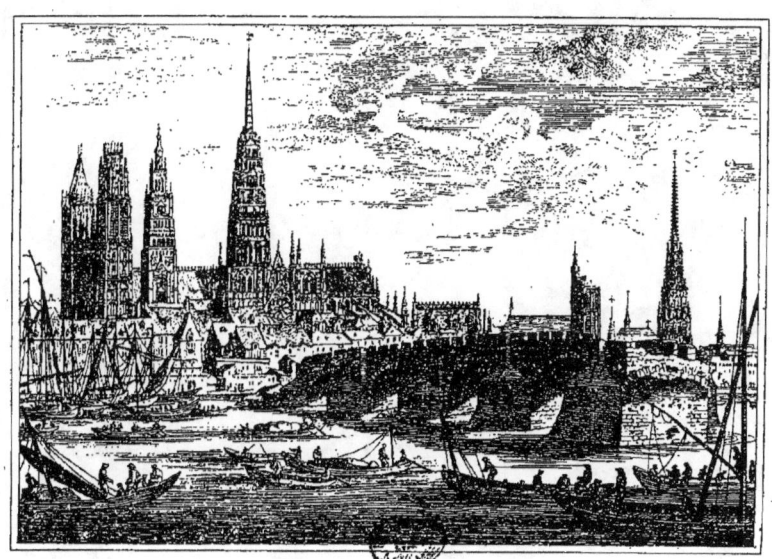
ROUEN, vers 1640

siasme, il la passa de suite en revue et la mit en campagne.

« Ses premières opérations furent la prise de Quiers et le ravitaillement de Casal, clef de l'Italie.

« En revenant de ces deux expéditions et changeant de position, pour obvier à une rareté et difficulté de subsistances, il trouva, à sa rencontre, vingt mille hommes qui lui barraient le chemin, et l'attendaient près d'un ruisseau dangereux à traverser, où ils ne doutaient pas de l'écraser.

« Mais le héros les tailla en pièces, quoiqu'il fallût se frayer passage les armes à la main, défiler en présence de l'ennemi, sous les mousquetades et la mitraille, se battre en arrière et en avant, et qu'on n'eût que neuf mille hommes à leur opposer.

« Ces neuf mille Français renversèrent les vingt mille Espagnols, leur passèrent sur le ventre et leur firent essuyer un échec des plus sanglants.

« Cette journée, dit un contemporain, s'appela de la Route, nom du mauvais pas où se livra le combat ; les Français y firent des merveilles, vainquirent, contre toute apparence, les Espagnols, qui, trois fois plus forts, croyaient en avoir bon marché, et se retirèrent sans rien perdre.

« L'Espagne au contraire y perdit grand nombre de tués, et principalement sa réputation, qui baissa en proportion que celle du comte d'Harcourt grandissait.

« L'année suivante, les Espagnols voulant prendre leur revanche, réunirent de nouvelles troupes numériquement très supérieures à l'armée française et mirent le siège devant Casal.

« La possession de cette ville était si importante que le comte d'Harcourt résolut de tout hasarder pour la secourir.

« Sans perdre de temps, il rassembla son monde, et marcha droit aux lignes des Espagnols, qu'il y trouva retranchés très fortement et avec le plus grand soin.

« Il n'y avait pas à hésiter. Le premier, le comte d'Harcourt, suivi du célèbre Turenne, saute à cheval toutes les barrières, se jette sur tout ce qui se présente devant lui, tant s'évertue qu'il est obligé de changer trois fois de cheval, d'en laisser un dans la bourbe, dont il ne se tire lui-même qu'en y laissant ses bottes, son chapeau et ses pistolets, exécute charges sur charges et parvient enfin à la quatrième à culbuter l'ennemi qui l'avait repoussé jusqu'à trois fois.

« Jamais victoire ne fut si complète et si surprenante, car les Espagnols se trouvèrent défaits sans s'en douter, encore dans l'étonnement que le comte d'Harcourt eût osé, avec une poignée de soldats, attaquer une armée considérable comme la leur, et retranchée à tout défier.

« Mais les Français, qui n'étaient que sept mille, combattirent si généreusement, quoiqu'ils attaquassent dix-huit mille hommes, qu'ils ne doutèrent jamais d'un succès garanti par leur audace et leur confiance.

« Cette action vigoureuse encouragea à tenter le siège de Turin, que le comte d'Harcourt courut investir, pour profiter de ses avantages, espérant s'en rendre maître avant que les Espagnols fussent revenus de leur consternation.

« Il s'y trompa pour sa gloire.

« Il prit Turin, mais après des efforts héroïques, qui ont immortalisé son nom.

« La garnison en était trop forte pour l'emporter d'un coup de main ; les assiégés étaient aussi nombreux que les assiégeants, et leur résistance donna le temps aux Espagnols de recruter et réorganiser leur armée, de manière à oser entreprendre d'assiéger eux-mêmes l'armée qui assiégeait Turin.

« Ainsi les Français eurent à se défendre non seulement contre les sorties venant de Turin, mais aussi contre les assauts de l'armée qui les entourait de tous côtés.

« En outre, ils ne purent presque plus se procurer de vivres, qui ne parvenaient à leur camp que très difficilement et à la pointe de l'épée, qu'après des combats de chaque jour avec les troupes qui les cernaient partout.

« Cette situation critique n'étonna pas la vaillance du comte d'Harcourt, n'ébranla en rien sa résolution et ne le détourna pas un instant de son entreprise.

« Son courage surpassait et surmontait le danger.

« Si les Français souffraient de la disette, Turin était aux abois de la famine.

« Les Espagnols, qui n'en étaient pas loin, avaient imaginé un singulier moyen d'y remédier ; ils écrasaient Turin pour le nourrir ; ils remplissaient des bombes de farine et d'aliments de toute espèce, et lui lançaient ces instruments de mort, devenus pour les assiégés des instruments de vie et des voies de salut.

« Il leur en tomba une entr'autres, restée mémorable, pleine de cailles et de gibier, avec un billet doux adressé à une dame de la ville.

« Ces ressources toutefois étaient loin de suffire.

« Enfin, après quatre à cinq mois de siège et de luttes acharnées, les Français, ayant reçu quelques renforts, battirent à la fois l'armée espagnole, forcée de se retirer, et prirent Turin en proie aux horreurs, aux tourments de la faim et obligé de capituler.

« Ce dénoûment d'un siège sur lequel toute l'Europe avait les yeux fixés, porta au plus haut point la renommée du comte d'Harcourt.

« En deux campagnes, il avait anéanti des forces triples des siennes, refoulé les Espagnols du Piémont, et repris sa capitale.

« Il ajouta trois nouveaux fleurons à sa couronne murale, en s'emparant de trois autres villes : Mondovi, Céva et Coni l'imprenable ».

En mars de l'année 1640, Jean de Saint-Igny, peintre et graveur, demeurant à Rouen, fut parrain à Saint-Jean d'Elbeuf. — Jean de Saint-Igny avait été élève de Daniel Rabel. On a de lui une grande quantité de tableaux et de gravures. L'*Adoration des Bergers*, du musée de Rouen, est une de ses œuvres. Il écrivit aussi plusieurs ouvrages.

En parcourant les registres paroissiaux de nos deux anciennes églises, nous avons remarqué que les baptêmes, dans la bourgeoisie et la noblesse, avaient souvent lieu longtemps après les naissances. Nous citerons, comme exemple, le baptême, à Saint-Jean, de Nicolas du Chesne, le 29 mai 1640, bien qu'il fut né le 4 septembre 1637. L'enfant était fils de « noble homme Jean du Chesne » ; il eut pour

Année 1640

parrain un chanoine d'Ecouis, nommé Lepeuple, et pour marraine la femme du sieur d'Autretot, président à Caudebec-en-Caux.

Parmi les autres parrains, à Saint-Jean, en cette même année, nous trouvons Louis de la Haye, curé de Bosbénard, et Nicolas Pollet, originaire d'Elbeuf, curé de Surtauville.

Nous avons également remarqué que les prénoms de Jean et de Nicolas étaient fort en faveur parmi les paroissiens de Saint-Jean, qui les donnaient de préférence à leurs enfants ou filleuls, sans doute parce que ces noms étaient ceux de deux saints patrons de la paroisse,

CHAPITRE V
(1641-1644)

Charles II de Lorraine a l'étranger *(suite)*. — Les drapiers de Louviers. — Mort de Richelieu. — Le duc d'Elbeuf rentre en France. — Sa campagne en Flandre. — Lettres du cardinal de Mazarin. — Henri d'Harcourt en Espagne.

Le grand Pouillé du diocèse d'Evreux mentionne que « le 5 mars 1641, M. de la Marc, vicaire général d'Evreux, conféra à Pierre Pollet, prestre, curé de Surtauville, la cure de Saint-Jean d'Elbeuf, vacante par permutation faitte d'icelle par Nicolas Pollet, prestre, dernier curé et possesseur, avec ledit Pierre Pollet, pour la cure de Surtauville, suivant signature donnée à Rome le 6 des calendes de may de la 17e année du pontificat d'Urbain VIII ».

C'est de cette année 1641 que paraît dater la réunion des foulons et des tisserands de Louviers en un seul corps de métier.

Dans une assemblée tenue le 21 mars, devant Guillaume Langlois, bailli de Louviers, les maîtres et gardes jurés des métiers de drapier-foulon et tisserand, parlant tant en leur nom qu'en celui des autres maîtres de la draperie lovérienne, exposa qu'anciennement les métiers de foulon et de tisserand ne formaient qu'un seul corps, lesquels, plus tard, à cause de la grande production de la fabrique de Louviers, avaient été séparés en deux corps, ce qui, par parenthèse, avait engendré des procès, notamment en 1511 et en 1559, et que, depuis ce temps, aucun compagnon n'avait été admis à travailler à Louviers s'il n'avait fait son apprentissage dans cette ville.

Disons que ce système avait été très préjudiciable à la manufacture de Louviers qui, en n'admettant pas de travailleurs du dehors, s'était condamnée à une routine forcée, pendant que la jeune industrie elbeuvienne marchait dans la voie du progrès et augmentait en importance chaque année. A Louviers, au contraire, le nombre de fabricants diminuait constamment.

Les maîtres de la draperie lovérienne le constatent dans la réunion du 21 mars : « Le trafic de la drapperie est réellement demeuré à present en cette ville, pour le peu de maistres qu'il y a auxdits mestiers; joint leur pauvreté, ilz ne peuvent qu'à grand'peyne subvenir aux frais qu'il leur convient faire annuellement pour l'entretien du service divin qu'ilz font dire et celebrer en la paroisse nostre Dame de ceste ville, et au payement du luminaire ».

Ils demandèrent donc à ne former qu'un seul corps de métier et « à travailler desdits mestiers confusement, sans que les foullons empeschent les tisserentz de fouler draps, ny les tisserentz empescher les foullons de tistre ». Il réclamèrent aussi le droit « d'employer et faire travailler tels compaignons, tant de la ville que horsains, ainsi qu'ils verroient bien estre ».

L'archevêque de Rouen, comte de Louviers, donna son consentement à la réunion des deux métiers et à l'emploi d'ouvriers du dehors, « le tout sauf l'interest du public ».

Il fallut donc consulter ce public, et, dans une seconde assemblée qui se tint quelque temps après, à laquelle assistèrent les habitants de la ville, Jacques Frigard dit la Bergerie, marchand de draps, fit opposition au projet des foulons et des tisserands, tant en son nom qu'en celui des autres négociants de la ville.

Le bailli ordonna de surseoir à la réunion des deux métiers, mais il autorisa les maîtres tisserands et foulons à prendre des compagnons du dehors.

L'importance qu'avait encore à Louviers la corporation des foulons, par rapport à celle des tisserands, semble indiquer que, dans cette ville, on continuait à fouler les draps au pied, alors qu'à Elbeuf existait un et peut-être même deux moulins à foulon. Les inventaires de fabricants elbeuviens de cette époque que nous avons parcourus ne portent pas, d'ailleurs, de vaisseaux pour le foulage. Elbeuf avait donc au moins un avantage sur Louviers, et, par ce détail seul, on s'explique que la vieille fabrique de nos voisins périclitait, alors que celle de notre bourg allait en s'agrandissant.

Suivant une note de François Dupont, Jean Duchesne fils, sieur de Beauchamps, succéda à son père, dans l'office de bailli d'Elbeuf, le 16 mai 1641, et le remplit jusqu'en 1657.

En cette même année, « Louis Duperrey,

Année 1641

advocat à la cour de Parlement et bailly de la Londe » fut parrain à Saint-Jean. — Nous trouvons également sur les registres de cette paroisse que «Jacqueline Bertin, sage-femme», baptisa elle-même un enfant en danger de mort.

Michel Bonamy, curé de Saint-Etienne, mourut le 7 août et fut inhumé le lendemain dans le chœur de l'église, par le curé de Freneuse.

Charles III de Lorraine, fils du duc d'Elbeuf, commença sa carrière militaire en 1641, au siège de Coni, en Italie, sous les ordres de son oncle le comte d'Harcourt.

Richelieu, étant à Péronne, manda au sieur de Saint-Georges, qui était encore gouverneur et commandant de la place et du château de Pont-de-l'Arche, de lever des troupes aux environs de cette ville. Il est fort probable qu'Elbeuf fournit une forte partie du contingent. Voici la lettre du célèbre cardinal :

« *De Péronne, ce 5º juillet 1641.*

« Monsieur de Saint-Georges, je vous fais cette lettre pour vous dire que je désire, s'il y a moyen, que vous me faciez lever aux environs du Pont-de-l'Arche une compagnie d'infanterie pour joindre à quatre autres nouvelles que je mande à Fortescuyère de me faire lever aux environs du Havre, et me les envoier en Picardie. Je vous envoie le cappitaine et le lieutenant pour commander ladite compagnie. Pour l'enseigne, vous le choisirez dans votre garnison. Pour donner plus de moyen audit cappitaine de faire promptement sa dicte compagnie et la rendre bonne, je suis d'accord de luy donner six escus pour homme et les armes.

Je feray envoier au premier jour l'argent nécessaire à cette fin; mais en attendant, fournissez en, afin d'avancer cette levée le plus tôt qu'il se pourra. Quand elle sera faicte, on envoiera la route pour toutes les cinq, afin de venir aux lieux où on les destine de servir.

« Le card. DE RICHELIEU ».

Le 8 août, les ducs de Lorraine, de Guise et d'Elbeuf se trouvaient dans l'armée espagnole, sur les bords de la Laquète, en Flandre, dans une canonnade contre l'armée française.

A la foire Saint Gilles de l'année 1641, des personnes ayant été insultées par plusieurs individus qui furent emprisonnés par ordre du bailli de Rouen, la duchesse douairière, Marguerite Chabot, adressa une supplique au Parlement pour que la justice d'Elbeuf fut directement saisie de cette affaire, qui lui revenait de droit :

« Supplie humblement Marguerite Chabot, duchesse d'Elbeuf, prenant le faict de son procureur fiscal ;

« Disant que combien que tous les subjectz dudit duché soient justiciables du bailly dudit lieu, auquel la congnoissance appartient de toutes les actions, tant civiles que criminelles, et notamment ce qui se passe dedans le bourg dudit lieu d'Elbeuf ;

« Néantmoins, le troisiesme de septembre dernier, plusieurs personnes ayant esté offensées dedans ledit bourg par un surnommé Langlois et autres, en la foire audit lieu, dont avoyt informé et decreté de prinse de corps decerné contre les malfaicteurs, le bailly de Rouen ou son lieutenant au Pont de Larche, pour empescher la continuation dudit procès ».

La duchesse obtint gain de cause, et les

délinquants furent traduits devant le tribunal de sa haute justice.

Le 28 mai 1642, François Péricard, évêque d'Evreux, vint à Elbeuf, pour consacrer la contretable de l'église Saint-Jean, nouvellement construite. Il plaça dans l'autel, enfermées dans une boîte de plomb, des reliques de saint Jean Baptiste, de saint Denis et de saint Bernard, confesseur.

Le sieur Cardon, contrôleur de la maison de la duchesse d'Elbeuf, par contrat passé le 26 août, devant Jean et Jean Hamon, tabellions à Elbeuf, donna au trésor de Saint-Jean plusieurs pièces de terre, sises à Quatremares et Damneville, pour aider à dire et célébrer, le mardi de chaque semaine, une haute messe en l'honneur de saint Sébastien, précédée d'une procession générale autour de la paroisse.

La fabrique d'Elbeuf se servait alors d'un coin particulier, que M. Loquet retrouva en 1863. A cette dernière date, M. Thaurin, lisons-nous dans le *Bulletin* de la Commission des Antiquités de la Seine-Inférieure, possédait celui de la fabrique de Darnétal.

Jean Duchesne, écuyer, sieur des Chasteliers, avocat à la cour, bailli du duché d'Elbeuf, étant au prétoire de la rue Saint-Jean, le 23 septembre, rendit une sentence sur un procès qui avait éclaté entre Marie Cousin, supérieure du prieuré et de l'hôpital d'Elbeuf, ayant pour représentant «Mº Jean Mollet, organiste, son procureur», et Pierre Delarue, l'un des principaux fabricants de draps du bourg.

Après la mort de Richelieu, survenue le 4 décembre 1642, la reine, dit Madame de Mottéville, fit revenir de l'exil plusieurs grands personnages que le cardinal y avait envoyés, parmi lesquels se trouvaient le duc d'Elbeuf et les princes de Vendôme père et fils.

Le duc de la Rochefoucauld paraît attribuer à Louis XIII lui-même l'initiative de cette mesure : « Le Roi voulut donner, dans la fin de sa vie, quelques marques de clémence. Par un sentiment de piété, ou pour témoigner que le cardinal de Richelieu avoit eu plus de part que lui aux violences qui s'étoient faites depuis l'éloignement de la Reine mère, il consentit de faire revenir à la cour le duc de Vendôme, ses deux fils, les ducs d'Elbeuf et de Bellegarde ».

M. Parfait Maille a parfaitement étudié et mis en relief le caractère de Charles II de Lorraine, duc d'Elbeuf ; nous lui avons déjà emprunté divers passages ; en voici un autre, résumant l'histoire, pendant son séjour à l'étranger, de ce prince, traître à son pays, à son roi et à ses amis :

« Après avoir refusé d'être gracié, il en eut des regrets, mais trop tard ; Louis XIII refusa de le comprendre dans un traité de paix générale et résista même aux instances du roi d'Espagne, qui s'interposa inutilement, pour lui faire obtenir une abolition ou amnistie quelconque.

« Il lui fallut continuer à traîner une misérable vie dans l'exil, au milieu de la défiance et de dissensions d'autant plus vives que les souffrances étaient plus grandes, toujours envieux de la faveur, s'en croyant seul digne, prenant ombrage de tout favori et s'en faisant l'ennemi.

« Enfin, après avoir passé douze ans hors

de son pays, il y rentra en 1643, Richelieu dans la tombe et Louis XIII y descendant.

« La reine Anne d'Autriche qui, au commencement de sa régence, aurait voulu contenter tout le monde, ouvrit l'épargne aux plus affamés ; le duc d'Elbeuf fut du nombre ».

Les 31 décembre 1642 et 24 janvier 1643, Jean de la Mare, vicaire général de Jacques le Noel du Perron, évêque d'Angoulême et abbé commendataire de l'abbaye de Saint-Taurin d'Evreux, conféra à Pierre Pollet, curé de Saint-Jean, la cure de Caudebec-lès-Elbeuf, vacante par la résignation qu'en avait faite en sa faveur, quarante jours avant de mourir, Jacques de Saint-Ouen, dernier curé de Notre-Dame de Caudebec.

Le comte Henri d'Harcourt, frère du duc d'Elbeuf, fut nommé grand écuyer de France, le 10 août 1643, en récompense de ses brillants exploits à l'étranger.

Le 31 octobre, dans la chapelle des religieuses d'Elbeuf, on baptisa une fille dont le parrain fut Claude Favier, écuyer, receveur général en la Chambre des comptes de Normandie, et la marraine Marthe Cousin, prieure du couvent de Saint-Joseph de notre bourg.

La fabrique de Saint-Martin la Corneille rendit aveu, en 1643, à Jobert Le Sueur, bourgeois d'Elbeuf, sieur du Becquet, fief sis en la paroisse de Thuit-Anger, pour une terre relevant du duché d'Elbeuf.

Le 26 novembre 1643, les Etats de Normandie, réunis à Rouen, dirent au roi : « La source de tous nos malheurs a esté ce funeste advis du prétendu controlle des teintures, qui n'a jamais esté reçeu en tout vostre royaume qu'en cette seule province, où, après avoir fait périr une infinité de personnes, par la cessation des draperies surchargées de ce droit, et que, depuis quatre ans qu'il s'est exécuté, les partisans se sont plus que doublement remboursez de la finance qu'ils vous avoient ou promise ou payée. Il n'est pas juste qu'ils abusent davantage de la substance de vostre pauvre peuple ; ils ne se sont teints que de son sang ; et c'est cette seule teinture qui requiert le contrôle de vostre justice ».

En rentrant en France, Charles de Lorraine, duc d'Elbeuf, avait été rétabli dans son gouvernement de Picardie. Voici une lettre qui lui fut adressée par le cardinal de Mazarin, devenu ministre, en cette année même :

« A M. le duc d'Elbœuf, pair de France, gouverneur et lieutenant général pour Sa Majesté en Picardie.

« [*Paris*]. *24 décembre 1643.*

« Monsieur

« Je vous envoye un estat des garnisons de quelques places des ennemis, que M. de Villequier m'a donné. Je ne doute point que, estant sur la frontière, et avec le soin que vous y apporterez, vous ne puissiez apprendre beaucoup de particularités qui concernent leurs affaires.

« Nous en attendons de grandes lumières par vostre moyen, et nous nous promettons de recueillir, la campagne prochaine, des fruits notables de votre voyage. Cela me fait souffrir avec moins d'impatience vostre éloignement, et la consideration du bien public tempère le desplaisir que j'en recevrois, dans la passion avec laquelle je suis... », etc.

Année 1644

En septembre 1643, le comte d'Harcourt fut chargé d'une mission auprès de Charles I**er**, roi d'Angleterre. Le 17 octobre suivant, le cardinal Mazarin lui manda d'intervenir en faveur du sire de Montaigu, arrêté en vertu d'une sentence du Parlement d'Angleterre, et de demander sa mise en liberté. Après avoir inutilement tenté de rétablir la concorde à Londres et à Oxford, le comte d'Harcourt fut autorisé à rentrer en France, par une lettre de Mazarin datée du 8 janvier 1644.

Le 7 mars, Jean Cousin, sieur de Martot, conseiller du roi, lieutenant général du bailli de Rouen en la vicomté de Pont-de-l'Arche, prononça une condamnation contre les dames abbesse et religieuzes de St Joseph d'Elbeuf » en faveur de Michelle Levavasseur, alors séparée de biens de Raoul ou Pol David, son mari. — On sait que la supérieure du prieuré de Saint-Joseph et de Sainte-Marguerite d'Elbeuf était la fille du seigneur de Martot.

Marguerin Caban, prêtre de la paroisse Saint-Jean, donna au trésor de cette église, à charge de prières, une rente de 7 livres 2 sols 10 deniers. — Cette donation fut revalidée le 17 octobre 1724. Les biens sur lesquels elle était assise étaient bornés par la grande rue de la Barrière et la rue qui conduisait au clos Mauduit.

Le 12 avril, la corporation des tailleurs d'habits d'Elbeuf reçut des statuts et des règlements. Ainsi que dans les autres corps de métiers, nul ne pouvait travailler comme maître sans avoir fait un apprentissage et présenté un chef-d'œuvre. Cette corporation fit peu parler d'elle et laissa même tomber ses statuts en désuétude.

Les juges royaux de Pont-de-l'Arche ayant voulu forcer les avocats et tabellions de la haute justice de Quatremares, membre du duché d'Elbeuf, à comparaître devant leurs assises mercuriales, le duc s'adressa au Parlement, qui, par un arrêt du 6 mai 1644, décida qu'ils ne devaient point comparance.

Une lettre de Mazarin au duc d'Enghien, datée du 22 juin 1644, conservée à la la bibliothèque Mazarine, montre que le cardinal n'avait que peu de confiance dans les rapports faits par le duc d'Elbeuf :

« Pour vous dire mes sentiments sur l'action de nos armées et particulièrement de la vostre, je me contenteroy de vous representer l'estat des choses autant que j'en ay connoissance :

« M. d'Elbœuf a depesché M. de Quincé à M. le duc d'Orleans pour luy donner avis que les troupes de Beck ou du duc Charles estoient passées près de Guyse — c'est peut-être Givet qu'il faut lire, remarque M. Chéruel — et marchoient pour le secours de Gravelines...

« J'ajousteray encore ce mot pour vous dire que l'avis de M. d'Elbœuf m'est d'autant plus suspect, qu'un autre que je vous ay cy-devant escrit ne s'est point trouvé veritable... »

Le duc d'Elbeuf avait été chargé de couvrir au Nord le siège de Gravelines. Le roi lui écrivit, le 24 juin, pour lui annoncer qu'un corps d'armée, placé sous les ordres de Maugiron, allait être envoyé dans son gouvernement de Picardie et qu'il eût à prendre des mesures pour l'approvisionner de vivres.

Ce même jour, Mazarin écrivit aussi à Charles de Lorraine :

« A M. le duc d'Elbœuf

« [*Ruel*], *24 juin 1644*

« Monsieur

« Je n'envoyeray personne pour l'accommodement dont je vous ai parlé, que je ne sache, au préalable, vostre volonté là-dessus.

« Je vous conjure d'avoir soin que la cavalerie qui est auprès de vous soit bien complète et en bon estat ; ce qui luy sera fort aysé, à cause des avantages qu'elle tire des courses qu'elle fait au pays ennemy.

« M. de Maugiron a ordre de vous aller joindre avec la cavalerie qu'il commande, qui ne faira pas moins de douze cens chevaux et qui, estant composée de gendarmes du Roy, de la Reyne et des miens, vous ne doutez point que ce ne soit la meilleure du royaume. Vous recevrez aussi le regiment de Harcourt, qui est fort et bon.

« On a donné avis de tout cecy à Son Altesse royale, de qui vous devez recevoir les ordres de ce que vous aurez à faire, soit qu'il trouve bon que vous entriez dans le pays des ennemis pour les obliger d'affaiblir l'armée avec laquelle ils pretendent secourir Gravelines et en destacher quelque partie pour aller empêcher le progrès que vous y feriez, ou en quelque matière que ce soit ».

Nous retrouvons le nom du duc d'Elbeuf dans une lettre sans date, mais écrite en juin 1644, pendant le siège de Gravelines. Elle est adressée par le cardinal Mazarin au sieur de Monteclair :

« Bien que les avis que nous avons de deçà ne nous désignent rien des ennemis sur Dourlans, d'autant neantmoins qu'en ces matières

il ne faut rien négliger et qu'on doit estre tousjours en estat de n'estre point surpris, vous avez bien fait de vous adresser à M. d'Elbœuf, affin que, en cas de besoin, il puisse jeter du renfort sur cette place... »

Le duc d'Elbeuf se trouva à la capitulation de Gravelines, le 29 juillet. Après la prise de cette place sur les Espagnols, le duc d'Orléans, qui avait commandé le siège, partit pour la cour, et le maréchal de la Mailleraye pour les eaux. Le maréchal de Gassion demeura seul général de l'armée, auquel on joignit, quelque temps après, le duc d'Elbeuf, qui continua la campagne en Flandre avec Gassion.

Au mois d'août 1644, le duc d'Elbeuf et le maréchal de Gassion prirent le fort d'Hennin ou d'Hennuyn, en Flandre. Le jeune roi Louis XIV leur en manifesta sa satisfaction par une dépêche datée du 28 août, conservée à la Bibliothèque nationale, et dont voici un passage :

« Mon oncle et mon cousin, j'ay esté bien ayse d'apprendre que le fort d'Hannain a esté pris, et parce qu'il est estimé nécessaire pour asseurer la communication du poste de Wathen à Gravelines, j'ai trouvé bon de le conserver... »

Une seconde lettre du roi, datée du même jour, fut adressée au duc d'Elbeuf et au célèbre Gassion. Elle les avertissait que le général Beck était parti de Luxembourg, que le duc Charles était à Mont-Cassel, et que les troupes qui avaient été envoyées vers le Sas de Gand revenaient vers la France. En conséquence d'Elbeuf et Gassion devaient se tenir sur leurs

gardes et rassembler toutes les troupes dont ils pouvaient disposer.

Le 30 août, Mazarin écrivit, à son tour, au duc d'Elbeuf :

« Nous estimons icy bien plus que vous la prise des forts d'Hennuyn et de Rebus, et, quoy que vous puissiez dire par modestie, l'importance n'en est pas petite...

« Vous apprendrez des despesches de M. Le Tellier ce qu'on a resolu, au Conseil, pour la conservation du poste où vous estes, ce qui me dispense de vous l'écrire. J'approuve fort la pensée que vous me mandez par le [billet] séparé.

« Je vous conjure de continuer à bien vivre avec le mareschal de Gassion et de ne songer à vous prevaloir que de la consternation où sont les Flamands. Aprez avoir jeté les yeux sur beaucoup de personnes à qui vous pourriez vous ouvrir des choses que vous ne voulez point escrire, je n'en ay point jugé de plus propre que le sieur de Roannette... »

Le 9 septembre, le roi écrivit de nouveau au duc d'Elbeuf et à Gassion au sujet de la fortification de Wathen et de l'entreprise du Mont-Cassel.

Le même jour, Mazarin adressait une lettre particulière au duc d'Elbeuf sur le même sujet. Elle se terminait ainsi : « Vous sçavez que vous avez le pouvoir de tirer des garnisons voisines autant d'hommes qu'il sera à propos. Vous pouvez vous en servir à ce commencement, afin que M. le maréchal de Gassion puisse sortir plus fort en campagne. L'argent ne manquera pas ; faites, s'il vous plaist, en sorte que les hommes ne manquent point... »

Le secrétaire particulier de la duchesse d'Elbeuf et Marguerite de Plasne, femme du bailli, furent parrain et marraine à Saint-Etienne le 25 septembre.

Le 24 novembre 1644, Henri de Lorraine, comte d'Harcourt, frère du duc d'Elbeuf, fut nommé vice-roi de Catalogne, et fit, en cette qualité, les campagnes de 1645 et 1646.

Le premier ennemi qu'il eut à combattre à Barcelone fut une femme, qui y voulait des Vêpres siciliennes et faire égorger tous les Français, auxquels elle reprochait, outre le mal qu'ils faisaient à sa patrie, « une foule de coupables indiscretions envers le beau sexe ».

Cette héroïne, dont il serait trop long de raconter la conjuration, échoua dans ses projets, fut arrêtée avec tous ses complices, qui furent victimes de ses séductions, tandis qu'on la laissa, elle, chef du complot, échapper au dernier supplice, grâce à ses attraits.

Une lettre de Mazarin à Turenne, du mois de mai 1645, l'informe que « M. le comte d'Harcourt est maistre de la campagne en Catalogne, où les ennemis ne songent qu'à se tenir sur la deffensive ».

Nous trouvons dans une autre lettre de Mazarin au duc de Longueville, extraite des Archives des Affaires étrangères par M. Chéruel, que le comte d'Harcourt avait défait toutes les troupes qui avaient tenté de s'opposer à son passage pour aller à Balaguer. Nous en citerons ce passage :

« L'action a esté aussy hardie qu'il se peut ; luy mesme se trouvant pressé, parce que ses troupes n'estoient pas toutes arrivées, a esté obligé de combattre à la teste du régiment de Champagne : les ennemiz y ont perdu quinze

Année 1645

cens hommes tuez ou noyez, et outre cela deux mille prisonniers, parmy lesquels il y a quantité de leurs officiers les plus remarquables...

« Les ennemiz, peut estre, ne lui donneront pas le nom de bataille, sous pretexte qu'il n'y a ny bagage ny canon pris; mais ayant jeté celui-cy dans la riviere, et leurs officiers principaux ayant esté pris, il semble qu'il n'y ayt nulle difficulté... »

Cette victoire est connue dans l'histoire sous le nom de bataille de Llorens; elle eût lieu le 13 juin 1645. Au mois d'août, le comte d'Harcourt assiégeait Balaguer, qu'il enleva aux Espagnols.

CHAPITRE VI
(1645-1648)

Charles II de Lorraine (*suite*). — Départ des religieuses du Val-de-Grace. — Un chantier de navires de guerre a Elbeuf. — Henri d'Harcourt et Leganez. — Les chapelles des environs d'Elbeuf. — Des Ursulines s'établissent dans notre bourg. — Quelques comptes du nouveau couvent.

Le chapitre de la Saussaye, ne recevant plus ses rentes sur les moulins d'Elbeuf, attaqua les fermiers devant le bailli. Il s'en suivit une sentence permettant aux chanoines « d'executer Delacroix, Patallier et Boisselier, fermiers des moulins, coutume et prevosté d'Elbeuf, pour estre payés par privilège, en diminution de leur fermage ».

Quelque temps après, le chapitre fit assigner les fermiers pour « voir dire et ordonner qu'il sera fait ouverture des greniers aux farines, lesquels greniers ont été scellés, et qu'il en sera vendu jusqu'à concurrence de la somme due. Le bailli d'Elbeuf ordonna « la vente des moultes aux fins de l'assignation donnée ».

Une constitution de 90 sols de rente, au profit du trésor de Saint-Jean, fut signée, le 10 mars, par Thomas Béranger. Cette donation fit l'objet d'un procès quarante après, dont nous parlerons plus tard.

Alexis Patallier donna au trésor de Saint-Jean, le 21 juillet, une demi-acre de terre sise à Crestot.

Les tracasseries dont on avait d'abord abreuvé les religieuses du Val-de-Grâce et le peu de sympathie que ces dames elles-mêmes avaient fini par inspirer à ceux des habitants d'Elbeuf qui, contre l'immense majorité, s'étaient le plus hautement prononcés pour elles, ne pouvaient manquer d'amener une retraite, dit M. Guilmeth :

« Ces religieuses se décidèrent, en effet, malgré toutes les instances de la duchesse Chabot, à aller habiter Rouen. Le roi le leur permit par lettres patentes du mois d'avril 1645, et, dès le 16 octobre suivant, elles quittèrent l'hôpital d'Elbeuf.

« Elles se retirèrent à Rouen, dans une maison qu'elles avaient achetée sur le faubourg Bouvreuil, paroisse Saint-Godard. Là, le démon de la persécution vint encore les attaquer. On voulut les faire revenir à Elbeuf en 1646, mais elles triomphèrent de tous les obstacles et parvinrent à rester à Rouen. — Elles avaient résidé à Elbeuf sept ans et quelques mois, et, pendant leur séjour, l'hôtel-Dieu de Saint-Léonard n'avait porté d'autre titre que celui de prieuré ».

Jean Lamy, bourgeois d'Elbeuf, vendit à Me Louis Bigot, avocat, son gendre, une maison sise rue de la Barrière, bornée par « Guillaume Lefebvre dit l'organiste et le pavé de monseigneur ».

La rue Notre-Dame est mentionnée dans un acte de la même année.

C'est vers la fin de l'année 1645 que le palatin de Posnanie et l'évêque de Warmie furent désignés par le roi de Pologne pour aller, à Paris, épouser en son nom la princesse Marie, et la lui conduire ensuite. Le duc d'Elbeuf, nous l'avons déjà dit, fut envoyé par la reine pour les recevoir. L'entrée eut lieu par le faubourg Saint-Antoine.

Le Bulletin de la Société normande de géographie, année 1890, contient un document provenant des Archives de la Marine, portant pour titre : « Procès verbal de la visite et sonde de la rivière de Seyne, depuis Elbeuf jusques au Havre », dressé par le célèbre amiral Duquesne, sur la demande du feu cardinal de Richelieu. Voici l'analyse qu'en a faite M. Charles Bréard :

« On sait que la France n'a possédé une marine militaire permanente, solidement constituée que dans la seconde moitié du xviie siècle. Auparavant nos flottes de guerre étaient en partie formées de navires loués ou achetés à quelque puissance voisine, à la Hollande notamment. Mais le cardinal de Richelieu, en donnant à la marine une activité qu'elle avait perdue, puis Colbert après lui, employèrent toute leur volonté à mettre en ordre cet état de choses. L'intérêt du pays, comme sa dignité, conseillaient de ne pas passer par les mains de l'étranger. On s'était donc mis à l'œuvre pour fonder des ateliers, des cales de construction, des arsenaux. On s'était même résolu d'utiliser en Normandie, les ressources qu'offraient les vastes forêts de Roumare, de Rouvray, de La Londe et de Pont-de-l'Arche, et d'exploiter sur place leurs futaies au profit des constructions navales. C'est ainsi que, chose remarquable, on voyait en l'an 1646, aux quais d'Elbeuf, un navire de 350 tonneaux sur son chantier : c'était une corvette de 12 canons, à un pont, un gaillard et un château, de quinze pieds de longueur. On projetait de bâtir au même endroit des flûtes de 700 à 800 tonneaux.

« Mais s'il avait été avantageux et économique de choisir la proximité des forêts, il était à propos d'interroger les marins sur la possibilité de conduire à la mer un navire construit à plus de 35 lieues de la côte ; de savoir s'il éviterait la barre du flot, les hauts fonds des Meules et de Villequier. En cette circonstance, Duquesne reçut la mission de chercher à connaître la profondeur d'eau depuis Rouen jusqu'à l'embouchure de la Seine, sur un parcours de 116 kilomètres, et il consigna ses observations dans un procès-verbal.

« La date de la pièce est à noter. Elle est celle du séjour que fit en France Abraham Du Quesne, alors amiral-major au service de la Suède, et venu à Paris vers la fin de mars 1646.

« Déjà Richelieu appréciait si bien les qualités remarquables du capitaine dieppois qu'il crut devoir lui confier le soin d'examiner les moyens de descendre au Havre le navire construit à Elbeuf et ceux qu'on devait y mettre en chantier par la suite ».

Nous citons textuellement : on sait que Richelieu était mort depuis quatre ans et qu'à l'époque où il mourut, Duquesne, né en 1610, n'était âgé que de 32 ans et n'avait que le grade de capitaine. Nous continuons :

« Duquesne toucha pour ce voyage mille livres (5.000 fr. environ) qui lui furent comptées par Pierre Boucher, trésorier de la marine. D'après la reconnaissance des localités, Du Quesne constata que les pilotes relevaient de 10 à 12 pieds d'eau au banc des Meulles dans les grandes marées et 10 pieds seulement plus bas, un peu au-dessus de Quillebeuf. Il en tira la conclusion qu'on ne pouvait construire à Elbeuf de navires au-dessus de 500 tonneaux. Aucun pilote, ajoutait-il, n'oserait s'engager à descendre un navire tirant plus de neuf pieds.

« La navigabilité de la Seine, restée dans cet état d'imperfection jusqu'à notre époque, a été heureusement transformée depuis quarante ans ; aujourd'hui, des navires jaugeant 1.700 tonneaux et plus, avec un tirant d'eau 5^{m}60 s'amarrent aux quais de Rouen ».

Henri de Lorraine, comte d'Harcourt, avait déjà rencontré les Espagnols devant Chieri, à trois lieues de Turin, et écrasé, avec une armée inférieure en nombre, les troupes du marquis de Leganez. « Si j'étais roi de France, lui avait dit celui-ci, je ferais couper la tête au comte d'Harcourt, pour avoir hasardé une bataille contre une armée beaucoup plus forte que la sienne. — Et moi, lui répondit d'Harcourt, si j'étais roi d'Espagne, je ferais couper la tête au marquis de Leganez, pour s'être laissé battre par une armée beaucoup plus faible que la sienne ». Mais Leganez devait bientôt prendre sa revanche en Catalogne.

Au mois de mai, le comte d'Harcourt mit le siège devant Lérida. Une lettre de Mazarin mentionne qu'avec les 3.000 hommes que les Catalans lui avaient donnés et le renfort des

4.000 qu'on lui avait envoyés de France « il se tenoit si fort dans ses retranchemens, qu'il se mocquoit de tous les efforts que le roy d'Espagne publioit de vouloir faire pour le secours de Lérida, et qu'il avoit advis des dedans de la place qu'il n'y avoit de vivres au plus que pour le mois prochain ».

En octobre la place de Lérida était aux abois. Mais les Espagnols s'en approchèrent à plusieurs reprises et jetèrent l'inquiétude sur les derrières des assiégeants. Le 20 novembre, ils surprirent l'armée française et introduisirent des secours dans la place. Dans une autre lettre de Mazarin au duc de Longueville, le cardinal se plaint de l'insuccès éprouvé par nos troupes :

« Il n'est pas extraordinaire de voir emporter des retranchemens par une armée de beaucoup supérieure à celle qui les deffend ; mais il paroit bien estrange en cet evenement, que les ennemis, n'ayant point de canon, et n'estant pas plus forts que M. le comte d'Harcourt, qui avoit eu loisir, pendant sept mois, de bien fortifier son camp, ils l'ayent forcé avec tant de facilité qu'ils ont fait. Ledict sieur compte y a faict des merveilles de sa personne, a eu deux chevaux tuez sous luy et receu plusieurs coups, particulierement sur son pot (casque), dont il n'est pourtant pas blessé. Il faut compatir les malheureux ; mais à la vérité, sa conduite n'est pas soustenable depuis le commencement jusqu'à la fin de cette entreprise ».

Le comte d'Harcourt leva le siège de Lérida, le 21 novembre, très affecté de son insuccès sur cette place. Mazarin nomma Condé, le vainqueur de Rocroy, au commandement des troupes en Catalogne, mais il ne fut pas plus heureux que le comte d'Harcourt.

Le 23 juin, Mᵉ Marguerin Caben, prêtre chapelain de la chapelle Saint-Félix et Saint-Auct, donna au trésor de Saint-Aubin-jouxte-Boulleng une rente de 70 sols.

François de Bigars, chevalier, marquis de la Londe, fut parrain à Saint-Etienne, avec Elisabeth de la Tour, femme du prince d'Harcourt fils d'Elbeuf, le 30 septembre.

Jean Le Sens est mentionné comme curé de cette paroisse en 1646. — Un autre acte de cette même année cite « l'hostellerye des *Trois Roys*, paroisse Saint Estienne d'Elbeuf ».

Ce fut le 21 août que le Parlement prononça l'arrêt contre Thomas Boullé, vicaire du Mesnil-Jourdain, et contre la mémoire de Mathurin Le Picard, en son vivant curé de la même paroisse et, croyons-nous, ancien vicaire de Saint-Etienne d'Elbeuf, « convaincus de crime de magic, sortilege, sacrilege, impietez et cas abominables commis contre la majesté divine ».

Une pièce non datée, conservée aux Archives départementales porte pour titre : Table des chapelles du doyenné de Bourgtheroulde. Elle donne « aussy la valleur de quelques-unes d'icelles comme l'on a pu apprendre par bruit commun, mise aux archives de l'archevesché par le doyen de Bourgtheroulde, suivant le reglement du synode de 1647 ».

Parmi ces chapelles du doyenné, nous trouvons les suivantes :

« Chappelle de Saincte Marguerite située sur la paroisse de la Londe (*sic*), dont Monseigneur d'Elbeuf est patron, et Mᵉ Jean de Tendent, titulaire. Elle vault 150 livres de rente ; obligée à deux messes la semaine.

« Celle des saints Hault et Forlix autrement appellée saint Chaud, située audit district de la Londe, de laquelle mondit seigneur d'Elbeuf est patron, et Mᵉ Marguery Capen (lire Caben) prebtre titulaire ; à laquelle il n'y a aucune fondation ny revenu, sinon que grand nombre de devotions et pelerinages.

« La chappelle de Saint Martin d'Escoutecoq, sise à Infreville, dont le sieur abbé de Sainct Georges est patron, et le sieur Cotteret souprieur de Sainct Ouen de Rouen titulaire. Elle vault 300 livres par an ; obligée à une messe tous les dimanches.

« Celle des saints Cir et Julitte, située à Boissay le Chastel, dont est patron mondit seigneur d'Elbeuf et Mᵉ Guillaume Ciboud (ou Libord) clerc, son aumosnier et intendant titulaire. Elle vault 170 livres de rente par an ; obligée à une messe par moys.

« Celle de la maison de la Londe, en laquelle feue Madame la marquise faisoit celebrer très souvent, et quand elle étoit malade, elle entendoit la messe de son lit ».

La chapelle Saint-Martin d'Ecoutecoq, mentionnée ci-dessus, était dans la forêt de La Londe ; elle faisait partie de la ferme Saint-Nicolas, aujourd'hui propriété de l'Hospice d'Elbeuf.

Le 10 novembre, le jeune Louis XIV fut attaqué de variole et courut le plus grand danger. Mazarin, se croyant perdu, implora le secours du favori la Rivière ; mais ce dernier agit à l'opposé et, dans un moment où l'état du malade ne laissait plus d'espoir, la Rivière donna un grand souper à Gaston, où chacun se livra à la débauche : le duc d'Elbeuf y but à la santé du nouveau régent. La reine ne pardonna jamais à Gaston d'avoir assisté à cette orgie.

Nous citerons ce nouveau passage de l'ouvrage de M. Parfait Maille, concernant le duc d'Elbeuf :

« Il n'avait pas quitté les Espagnols qu'il marchait contre eux avec le célèbre Gassion ; hier ils pensionnaient sa révolte, aujourd'hui il s'avance contre eux, les armes à la main ; ceint la veille de l'écharpe rouge, il se pare le lendemain de l'écharpe blanche...

« L'infortune et l'expérience ne le rendirent pas plus sage, les bons traitements non plus.

« On eut beau lui prodiguer les honneurs et les distinctions, l'invitant à tous les plaisirs de la cour, à toutes les réjouissances de Fontainebleau, le choisissant pour recevoir et accompagner les ambassadeurs polonais au mariage de leur reine, la princesse Marie, on eut beau le combler de grâces, il invoqua et fomenta toujours le trouble et le désordre.

« Le jeune Louis XIV, malade, tombe dans un état désespéré, la reine, sa mère, en larmes, s'enferme avec lui, pour lui prodiguer les plus tendres soins; que fait le duc d'Elbeuf pendant les tortures de la mère et les souffrances du fils ?

« Il cabale, il échauffe les esprits, il accompagne, dans une orgie, le duc d'Orléans, ce Gaston qu'il voulait faire saisir à Bruxelles, le salue et boit à sa santé comme futur régent, dépossédant ainsi de toute son autorité la reine qui n'avait que trop de bontés pour lui ».

Par contrat passé devant Jean Duchesne, sieur des Chasteliers, bailli d'Elbeuf, le 14 janvier 1648, maître Simon de Flavigny, apothicaire, donna au trésor de Saint-Jean une rente de 7 liv. 2 s. 10 den. Comme presque toutes les donations précédentes, et comme celles dont nous aurons encore à parler, cette aumône fut faite pour la fondation de messes et de prières à dire à l'intention du donateur, pour le repos de son âme. — L'acte de Simon de Flavigny fut revalidé, le 13 janvier 1688, par François de Flavigny, chirurgien, petit-fils du fondateur.

Louis Caumont, vicaire, et Toussaint Allain, prêtres à Saint-Etienne, sont mentionnés dans de très nombreux actes de cette année.

Nous avons dit que les religieuses du Val-de-Grâce quittèrent Elbeuf en 1646 ; voici les principales dispositions de l'acte de transfert des propriétés qu'elles possédaient dans notre bourg, à des religieuses Ursulines, qui vinrent s'y établir en 1648 :

« A tous ceux qui ces presentes lettres verront ou orront, le garde héredital du scel des obligations de la vicomté de Rouen, salut ;

« Scavoir faisons que par devant Azaye Helie et Jacques Crespin, tabellions royaux audict Rouen, furent presentes reverendes meres en Dieu Marthe de Saincte Scolastique, superieure au couvent et monastère Nostre Dame du Val de Grâce, de present estably en ceste ville de Rouen, fauxbourg de Bouvreuil; sœurs Catherine de Sainct Benoist, soubz prieure, Catherine de Sainct Maur, Francoise de Saincte Anne, Marie de l'Incarnation, Renée de la Conception et Genevielve de l'Assumption, touttes religieuses professes audict couvent, faisant le corps et communauté d'iceluy couvent et qui estoit cy devant estably en la paroisse Sainct Estienne d'Elbeuf, duement assembleez en estat de commung, à son de timbre, heure capitulaire, pour faire et passer le present contract, et ce par l'advis et aucthorité de noble et venerable personne messire de Roncherolles, prestre licentié es loix, doïen de l'esglize collegiale de Nostre Dame d'Escouis, archidiacre du Vexin normand en l'esglise cathedralle Nostre-Dame de Rouen...

« Laquelle mère superieure et religieuses dudit couvent, pour elle et les autres religieuses dudit ordre, estant encor en ladicte maison d'Elbeuf et successeures audit couvent de ceste ville de Rouen, de leur bon gré et volonté, sans aucune contraincte, confessèrent avoir vendu, transporté, quitté, ceddé, par ces presentes afin d'heritage, à reverende mère Marie des Anges d'Espinay, relligieuse professe du collège des Ursulines de Gisors, presente acquisiteure, assistée dudit sieur de Roncherolles, et pour servir d'establissement pour un collège dudict ordre des Ursulines audict bourg d'Elbeuf, soubz l'aucthorité et permission de Monseigneur l'archevesque de Rouen et de Monseigneur le ducq d'Elbeuf, et pour les successeurs audict collège ; c'est assavoir tout et autant d'heritages et bastiments ainsi clos comme le tout est, assis audict Sainct Etienne d'Elbeuf... »

Dans un ancien registre du couvent des Ursulines d'Elbeuf, nous trouvons quelques renseignements sur plusieurs de ses premières religieuses et pensionnaires :

Le 23 avril 1648, Catherine Le Féron se présenta « pour estre religieuse de chœur, au prix de 2.000 livres. Elle a receu le saint habit le 1er d'aoust et s'appelle ma sœur Catherine de Jésus ».

Le 31 mai suivant, « entrée d'Elisabeth du Chesne, au prix de 1.400 livres pour dot, 100 livres de pension, 100 livres pour ses habits de religion et 100 livres pour sa robe de ceremonie. Il faut s'adresser à M. le bailli d'Elbeuf pour estre payé. Elle a pris l'habit le 4º d'octobre ensuivant et se nomme de Sainct François ».

Le 20 novembre 1648, « sont entrées pour estre pensionnaires, la sœur de Madame de Bethomas, la mère Claude du Bosc, religieuse de la congregation de N.-D., professe du couvent de Soissons, et en sa compagnie est entrée la mère Marie Gabriel, de la mesme congregation. Ont esté receues par l'ordre des supérieurs, ce mesme jour et an, Marguerite-Marie de Beaulieu, Marie de Beaulieu, trois sœurs. Il faut s'adresser à Madame de Bethomas, pour estre payée des pensions ; elle demeure à Bethomas ; le prix des pensions est de 150 livres ».

Les Archives départementales conservent quelques feuillets d'un registre de « mises et recettes » provenant de l'ancien couvent des Ursulines d'Elbeuf. Nous y trouvons qu'en 1648-49 elles dépensèrent 4.463 livres et que leurs recettes se chiffrèrent par 4.733 livres. A la fin de l'exercice, la sœur supérieure Marie des Anges donna décharge à la sœur Catherine de la Nativité, assistante, qui faisait fonctions de dépositaire.

Au printemps de 1648, le duc de Guise, parent du duc d'Elbeuf, avait été fait prisonnier par les Espagnols, en Italie, mais pour que ceux-ci ne le traitent point comme un chef de révoltés, Louis XIV lui avait donné une commission anti-datée de général de l'armée française. Le duc d'Elbeuf se rendit auprès du prisonnier pour l'informer que sa détention serait de courte durée.

Charles, fils de Charles II de Lorraine, duc d'Elbeuf, épousa la fille unique du comte de Lannoy, premier maître d'hôtel du roi et gouverneur de Montreuil, mort en 1649. Elle était veuve du comte de la Roche-Guyon, premier gentilhomme de la chambre du roi, qu'elle avait épousé en 1643. Son mariage avec le duc d'Elbeuf ne fut pas heureux.

Au commencement de l'hiver, vers le 8 novembre, dit Omer Talon, dans ses *Mémoires*, le duc d'Elbeuf fit demander à la reine d'accorder à son fils le gouvernement de la ville de Montreuil que le comte de Lannoy, beau-père du jeune d'Elbeuf, avait voulu lui remettre par une démission en sa faveur ; mais la reine refusa, alléguant que le duc d'Elbeuf était gouverneur en chef de la province de Picardie, et que d'ailleurs lorsque le comte de Lannoy avait marié sa fille avec le fils du duc, elle lui avait annoncé que, ce mariage se faisant contre sa volonté, le jeune homme ne devait point espérer le gouvernement de Montreuil, ni par la mort, ni par la démission de son beau-père ; et qu'enfin le duc d'Elbeuf ayant demeuré pendant dix ans avec les ennemis de l'Etat, portant l'écharpe rouge, il ne convenait point aux affaires du roi de donner une place de cette importance à un prince de la maison de Lorraine.

De ce refus, Charles de Lorraine garda pour la reine une rancune qui ne fut pas étrangère aux événements importants que nous allons voir se dérouler.

CHAPITRE VII
(1649)

Charles II de Lorraine et la première Fronde. — Il trahit la cour ; se fait nommer général de l'armée de Paris. — Le cardinal de Retz. — Le duc d'Elbeuf prend la Bastille. — Mazarinades et chansons burlesques. — L'avidité du duc d'Elbeuf. — Les jugements de ses contemporains.

L'année 1649 fut fertile en événements de toute nature. La politique, les conspirations et faits de guerre civile connus sous le nom de première Fronde, dans lesquels figurèrent le duc d'Elbeuf et son frère le comte Henri d'Harcourt, nous fourniront la matière de plusieurs chapitres ; dans le présent, nous ne traiterons que du duc d'Elbeuf et des divers rôles qu'il joua à Paris.

Les troubles de la Fronde, occasionnés par le déficit des finances, la résistance du Parlement de Paris à enregistrer les édits royaux et l'hostilité contre le cardinal de Mazarin, remontaient à la journée des Barricades (27 août 1648), mais ils étaient préparés depuis la mort de Richelieu et l'entrée aux affaires de Mazarin.

Les intrigues et les rivalités de toutes sortes qui s'entre-croisèrent, l'incapacité de la plupart des personnages, tels que le duc d'Elbeuf et autres, qui se crurent aptes à les diriger à leur profit, la mobilité des idées et des événements, mobilité qui amena des généraux comme Turenne et Condé à faire porter leurs troupes l'une contre l'autre, tantôt pour, tantôt contre le roi, et par dessus tout le discrédit où tombèrent certains meneurs, ont fait à la Fronde, dans l'histoire, une place presque ridicule.

La reine Anne d'Autriche, mère du jeune Louis XIV, avait dû signer la mise en liberté de Broussel et autres, arrêtés le 26 août précédent, mais ce n'était que la rage dans le cœur qu'elle avait apposé sa signature au bas de cette concession.

Elle tenta de se concilier Condé, auquel le Parlement venait de couper les subsides, et se retira à Rueil, avec le jeune roi, Mazarin et toute la cour.

Le peuple et le Parlement demandèrent l'exil de Mazarin et le retour à Paris. A cette époque, des pamphlets et des chansons mordantes circulaient sur le compte du cardinal et de la reine elle-même. Mazarin supportait tout avec impassibilité, y compris la défection de la cour, qui lui devint également hostile ; mais Anne d'Autriche sentait se révolter en elle son sang espagnol.

Toute la cour s'enfuit à Saint-Germain-en-Laye, où elle pouvait être couverte par l'armée des Flandres. Condé se décida à appuyer ouvertement l'autorité royale, et, le 7 janvier

1649, une lettre de cachet enjoignit au Parlement d'abandonner la capitale et de se retirer à Montargis. En même temps, Condé, à la tête de 15.000 hommes, bloquait Paris.

L'exaspération fut à son comble ; les Parisiens décidèrent de résister, et, tout de suite, on trouva de l'argent. Chaque maison fournit un soldat tout équipé, et un gouvernement provisoire se forma à l'Hôtel-de-Ville.

Lorsque le Parlement eut les fonds nécessaires, dit M. Petitot, il ordonna au prévôt des marchands de délivrer des commissions, afin de lever 4.000 hommes d'infanterie et 10.000 de cavalerie. Dans l'incertitude où se trouvaient le coadjuteur, le duc de Bouillon, le maréchal de La Mothe et leurs amis, il ne se présenta qu'un officier général pour faire cette levée : ce fut le marquis de la Boulaye, intéressé à plaire au Parlement parce qu'il y avait un procès, mécontent de la cour qui lui avait refusé la survivance de la charge de colonel des cent-suisses, exercée par son beau-père... »

Le lendemain 8 janvier, dit Madame de Motteville, le duc d'Elbeuf, « qui estoit à Saint-Germain, en partit, sous pretexte que madame d'Elbeuf, sa mère, estoit malade, et alla s'offrir au Parlement pour general de leur armée ».

Monglat raconte ainsi le départ de Charles de Lorraine :

« Le duc d'Elbœuf fut le premier qui se déclara ; il étoit fort pauvre et ruiné ; et croyant faire ses affaires dans les troubles, il partit de Saint-Germain pour revenir à Paris sans se cacher, disant qu'il étoit venu sans argent, et qu'il en alloit chercher pour revenir le lendemain. Il monta à cheval devant tout le monde, accompagné des ducs de Brissac et de Roannès, dont le dernier alloit à la bonne foi sans y entendre finesse... »

Le cardinal de Retz a écrit en détail le rôle que joua le duc d'Elbeuf pendant la Fronde. Il raconte que, étant à Paris, dans l'après-dînée du 9 janvier, et comme il allait sortir, le sieur de Brissac lui dit : « Ah, mon Dieu, ne sortez pas ; voilà M. d'Elbœuf qui sera ici dans un moment ».

« — Et que faire, lui répondit de Gondy ; n'est-il pas à Saint-Germain ?

« — Il y étoit, reprit froidement de Brissac ; mais comme il n'y a pas trouvé à dîner, il vient voir s'il trouvera à souper à Paris. Il m'a juré plus de dix fois, depuis le pont de Neuilly, où je l'ai rencontré, jusqu'à la Croix du Tiroir, où je l'ai laissé, qu'il feroit bien mieux que monsieur son cousin de Mayenne, ne fit à la Ligue ».

Le cardinal continue ainsi : « Jugez, s'il vous plaît, de ma peine ! Je n'osois m'ouvrir à qui que ce soit que j'attendois M. le prince de Conti et M. de Longueville, de peur de les faire arrêter à Saint Germain. Je voyois un prince de la maison de Lorraine, dont le nom est toujours agréable à Paris, prêt à se déclarer et à être déclaré certainement général de troupes, qui n'avoient point de général et qui en avoient un besoin pressant. Je savois que le maréchal de la Mothe, qui se défioit toujours de l'irrésolution naturelle à M. de Longueville, ne feroit pas un pas qu'il ne le vît ; et je ne pouvois douter que M. de Bouillon n'ajoutât encore la présence de M. d'Elbœuf, très suspecte à tous ceux qui le connoissoient sur le chapitre de la probité, aux motifs qu'il trouvoit pour ne point agir dans l'absence de M. le prince de Conti. De remède, je n'en voyois point...

« Véritablement... j'avois pour prendre mon parti peut-être un quart d'heure pour le plus. Il n'étoit pas encore passé, quand M. d'Elbœuf entra, qui me dit tout ce que la cajolerie de la maison de Guise put lui suggérer. Je vis ses trois enfans derrière lui, qui ne furent pas tout à fait si éloquens, mais qui me parurent avoir été bien sifflés. Je répondis à leur honnêteté avec beaucoup de respect, et avec toutes les manières qui pouvoient couvrir mon jeu.

« M. d'Elbœuf me dit qu'il alloit de ce pas à l'Hôtel-de-ville lui offrir son service : à quoi lui ayant répondu que je croyois qu'il seroit plus obligeant pour le Parlement qu'il s'adressât le lendemain directement aux chambres assemblées, il demeura ferme dans première résolution, quoiqu'il me vînt d'assurer qu'il vouloit en tout suivre mes conseils.

« Aussitôt qu'il fut monté en carrosse, j'écrivis un mot à Fournier, premier échevin, qui étoit de mes amis, qu'il prît garde que l'Hôtel-de-ville renvoyât M. d'Elbœuf au Parlement. Je mandai à ceux des curés qui étoient le plus intimement à moi, de jeter la défiance dans l'esprit du peuple, sur l'union qui avoit paru entre M. d'Elbœuf et l'abbé de la Rivière.

« Je courus toute la nuit, à pied et déguisé, pour faire connoître à ceux du Parlement, auxquels je n'osois m'ouvrir touchant M. le prince de Conti et M. de Longueville, qu'ils ne se devoient pas abandonner à la conduite d'un homme aussi décrié sur le chapitre de la bonne foi, et qui leur faisoit bien connoître les intentions qu'il avoit pour leur compagnie, puisqu'il s'étoit d'abord adressé à l'Hôtel-de-ville, sans doute en vue de le diviser d'avec le Parlement.

« Comme j'avois eu celle (sic) de gagner du temps en lui conseillant d'attendre jusqu'au lendemain à lui offrir son service avant que de se présenter à la Ville, je me résolus, dès que je vis qu'il ne prenoit point mon conseil, de me servir contre lui-même de celui qu'il suivroit ; et je trouvai effectivement que je faisois effet dans beaucoup d'esprits. Mais comme je ne pouvois voir que peu de gens dans le peu de temps que j'avois, et que, de plus, la nécessité d'un chef qui commandât les troupes ne souffroit presque point de délai, je m'aperçus que mes raisons touchoient beaucoup plus les esprits que les cœurs ; et, pour dire le vrai, j'étois fort embarrassé, et d'autant plus que j'étois bien averti que M. d'Elbœuf ne s'oublioit pas.

« Le président Le Coigneux, avec qui il avoit été fort brouillé lorsqu'ils étoient tous deux avec Monsieur à Bruxelles, et avec qui il se croyoit raccommodé, me fit voir un billet qu'il lui avoit écrit de la porte Saint-Honoré, en entrant dans la ville, où étoient ces propres mots : « Il faut aller faire hommage au coad-« juteur ; dans trois jours, il me rendra ses « devoirs ». Le billet étoit signé « l'Ami du cœur ». Je n'avois pas besoin de cette preuve pour savoir qu'il ne m'aimoit pas. J'avois été autrefois brouillé avec lui, et je l'avois prié un peu brusquement de se taire, à un bal chez Madame de Peroché, dans lequel il me sembloit qu'il vouloit faire une raillerie de

M. le comte qu'il haïssoit fort, parce qu'ils étoient tous deux, en ce temps-là, amoureux de Madame de Montbazon ».

Le cardinal de Retz continue en ces termes le curieux récit de ces intrigues : « Après avoir couru la ville jusqu'à deux heures, je revins chez moi, presque résolu de me déclarer publiquement contre M. d'Elbœuf, de l'accuser d'intelligence avec la cour, de faire prendre les armes, et de le prendre lui-même, ou de l'obliger à sortir de Paris. Je me sentois assez de crédit dans le peuple pour le pouvoir entreprendre judicieusement ; mais il faut avouer que l'extrémité étoit grande par une infinité de circonstances, et particulièrement par celle d'un mouvement qui ne pouvoit pas être médiocre dans une ville investie, et investie par un roi.

« Comme je roulois toutes ces différentes pensées dans ma tête... l'on vint me dire que le chevalier de La Chaise, qui étoit à M. de Longueville, étoit à la porte de la chambre. Il me cria, en entrant : « Levez-vous, monsieur ; M. le prince de Conti et M. de Longueville sont à la porte Saint Honoré ; et le peuple qui crie et qui dit qu'ils viennent pour trahir la ville, ne les veut pas laisser entrer ».

Le Courrier burlesque de la guerre de Paris, envoyé, plus tard, au prince de Condé, pour le divertir dans sa prison, rapporte ainsi les évènements de la journée du 9 janvier 1649, premier jour de l'investissement de Paris, par l'armée royale :

> Ce jour, il n'entra pas un bœuf ;
> Mais les vaillans princes d'Elbœuf,
> Et notamment le duc leur père,
> Fort touché de notre misère,

> Avec un joli compliment
> Se vint offrir au Parlement
> Pour être le chef de l'armée,
> Et sa valeur fut estimée.

M. Petitot résume les faits qui précèdent dans son *Introduction aux mémoires relatifs à la Fronde :*

« L'existence du marquis de la Boulaye, comme général en chef, ne dura qu'un moment. Charles de Lorraine, duc d'Elbeuf, prince ruiné sous le dernier règne, et père de trois fils dont il voulait rétablir la fortune, quitta Saint-Germain avec eux, et vint offrir ses services au Parlement. Sa présence causa le plus vif enthousiasme : on se figura qu'il imiterait les Guises dont il descendait, l'on ne balança pas à dépouiller La Boulaye du commandement pour le lui donner.

« Cette promotion inattendue désespéra le coadjuteur et madame de Longueville, qui ne pouvaient faire connaître à la multitude les intelligences qu'ils avaient à Saint-Germain, par le moyen de Marsillac et de Noirmoutier. Ils chargèrent ces deux négociateurs de presser l'arrivée du prince de Conti et du duc de Longueville, qui se décidèrent enfin à partir de la cour dans la nuit du 9 au 10 de janvier.

« Les deux princes, s'étant soustraits à la surveillance exercée sur eux, arrivèrent à Paris vers quatre heures du matin ; mais les bourgeois préposés à la garde des portes ne purent se figurer qu'ils eussent abandonné sincèrement le chef de leur famille : ils craignirent une trahison, leur refusèrent l'entrée de la ville, et il fallut que le coadjuteur, averti de l'obstacle qui les retenait, allât les cher-chercher aux flambeaux ».

« Le duc de Longueville avoit un brevet d'un de nos rois », dit Madame de Motteville, « par lequel il prétendoit devoir passer immédiatement après les princes du sang : il croyoit, de plus, qu'un bâtard, du sang royal de Valois, tel que le comte de Dunois dont il étoit descendu, qui a eu l'honneur de rétablir son roi sur le trône de ses aïeux, méritoit de devenir, si on peut le dire ainsi, à demi légitime ; et il avoit l'intention de se servir de l'appui du prince de Conti, son beau-frère, pour prendre ce rang dans le Parlement, ou du moins pour l'emporter alors sur le duc d'Elbœuf. Mais ce prince lorrain le prévint : car sachant que le prince de Conti s'était mis au lit en arrivant, il alla au Parlement le matin du 10, et se fit recevoir général avant que son compétiteur pût être nommé. Le duc de Longueville en fut presque au désespoir, et depuis ce jour il ne se trouva point au Parlement ».

Après avoir fait pénétrer Conti et Longueville dans Paris, le coadjuteur de Retz s'était, dit-il, rendu immédiatement « chez M. d'Elbœuf, lui faire une manière de compliment qui sans doute ne lui eût pas plu : car c'étoit pour lui proposer de ne pas aller au Palais, ou au moins de n'y aller qu'avec les autres, et après avoir conféré ensemble de ce qu'il y auroit à faire pour le bien du parti. La défiance générale de tout ce qui avoit le moins du monde rapport à M. le prince nous obligeoit de ménager avec bien de la douceur ces premiers momens.

« Ce qui eût peut-être été facile la veille eût été impossible et même ruineux le matin du jour suivant ; et ce M. d'Elbœuf, que je croyois pouvoir chasser de Paris le 9, m'en eût apparemment chassé le 10, s'il eût su prendre son parti, tant le nom de Condé étoit suspect au peuple... Mon avis fut de ménager M. d'Elbœuf, et de lui faire voir qu'il pourroit trouver sa place et son compte en s'unissant avec M. le prince de Conti et M. de Longueville.

« Ce qui me fait croire que cette proposition ne lui auroit pas plu..., c'est qu'au lieu de m'attendre chez lui, comme je l'en avois envoyé prier, il alla au Palais. Le premier président, qui ne vouloit pas que le Parlement allât à Montargis, mais qui ne vouloit pas non plus de guerre civile, reçut M. d'Elbœuf à bras ouverts, précipita l'assemblée des chambres ; et quoi que pussent dire Broussel, Longueil, Blancménil, Viole, Novion, Le Coigneux, il fit déclarer général M. d'Elbœuf ».

« Monsieur d'Elbœuf fit le serment
De général du Parlement,
Dimanche du mois le deuxième ».

Le coadjuteur de Gondy n'ayant point, comme on le sait, trouvé le duc d'Elbeuf chez lui et ayant appris qu'il s'était rendu au Palais, courût à l'hôtel de Longueville pour obliger Conti et Longueville d'aller aussi, sur l'heure même, au Parlement : Le second n'avait jamais hâte, dit encore le cardinal de Retz, « et le premier, fatigué de sa mauvaise nuit, s'étoit mis au lit. J'eus toutes les peines du monde à le persuader à se relever. Il se trouvoit mal, et il tarda tant, qu'on nous vint dire que le Parlement étoit levé, et que M. d'Elbœuf marchoit à l'Hôtel de Ville pour y prêter le serment, et prendre le soin de toutes les commissions qui s'y délivreroient.

« Vous concevez aisément l'amertume de cette nouvelle : elle eût été plus grande si la première occasion que M. d'Elbœuf avoit manquée ne m'eût donné lieu d'espérer qu'il ne se serviroit pas même de la seconde. Comme j'appréhendai toutefois que le bon succès de cette matinée ne lui élevât le cœur, je crus qu'il ne falloit pas lui laisser trop de temps de se reconnoître, et je proposai à M. le prince de Conti de venir au Parlement l'après-dînée, de s'offrir à la compagnie...

« ...M. le prince de Conti se mit dans mon carosse... Nous arrivâmes au Palais avant M. d'Elbœuf ; l'on cria sur les degrés de la salle : « Vive le coadjuteur ! » Mais, à la réserve des gens que j'y avois fait trouver, personne ne cria « Vive Conti !... » Le gros du peuple n'étoit pas guéri de la défiance...

« M. d'Elbœuf arriva un moment après, suivi de tous les gardes de la ville, qui l'accompagnoient depuis le matin comme général. Le peuple éclatoit de toutes parts : « Vive Son Altesse M. d'Elbœuf ! » Et comme on crioit en même temps : « Vive le coadjuteur ! » je l'abordai avec un visage riant, et je lui dis : « Voici un écho, monsieur, qui m'est bien glorieux ».

« — Vous êtes trop honnête », me répondit-il ; et, en se tournant aux gardes, il leur dit : « Demeurez à la porte de la grand' « chambre ».

« Je pris cet ordre pour moi, et j'y demeurai parallèlement avec ce que j'avois de gens le plus à moi, qui étoient en bon nombre. Comme le Parlement fut assis, M. le prince de Conti prit la parole, et dit qu'ayant connu à Saint Germain les pernicieux conseils qu'on donnoit à la Reine, il avoit cru qu'il étoit obligé, par sa qualité de prince du sang, de s'y opposer.

« Vous voyez assez la suite de ce discours. M. d'Elbœuf, qui, selon le caractère de tous les gens foibles, étoit rogue et fier parce qu'il se croyoit le plus fort, dit qu'il savoit tout le respect qu'il devoit à M. le prince de Conti : mais qu'il ne pouvoit s'empêcher de dire que c'étoit lui qui avoit rompu la glace, et qui s'étoit offert le premier à la compagnie; et qu'elle lui ayant fait l'honneur de lui confier le bâton de général, il ne le quitteroit jamais qu'avec la vie.

« Le calme du Parlement, qui étoit, comme le peuple, en défiance de M. le prince de Conti, applaudit à cette déclaration, qui fut ornée de mille périphrases très naturelles au style de M. d'Elbœuf. Touchepréz, capitaine de ses gardes, hommes d'esprit et de cœur, les commenta dans la salle.

« Le Parlement se leva, après avoir donné arrêt par lequel il enjoignoit, sous peine de crime de lèse-majesté, aux troupes de n'approcher de Paris de vingt lieues; et je vis bien que je devois me contenter, pour ce jour-là, de ramener M. le prince de Conti sain et sauf à l'hôtel de Longueville...

« M. d'Elbœuf, qui croyoit être maître de tout, me dit d'un ton de raillerie, en entendant les cris du peuple, qui par reprise nommoient son nom et le mien ensemble : « Voilà, monsieur, un écho qui m'est bien glorieux ». A quoi je répondis : « Vous êtes trop honnête »; mais d'un ton un peu plus gai qu'il ne me l'avoit dit : car, quoiqu'il crût ses affaires en fort bon état, je jugeai sans balancer que les miennes seroient bientôt dans une meilleure condition que les siennes, dès que je vis qu'il avoit manqué cette seconde occasion...

« Je trouvai, en arrivant à l'hôtel de Lonville, Vincerot, qui avoit été nourri page du marquis de Ragni, père de madame de Lesdiguières. Elle me l'envoyoit de Saint Germain, où elle étoit, sous prétexte de répéter quelques prisonniers ; mais dans le vrai pour m'avertir que M. d'Elbœuf, une heure après avoir appris l'arrivée de M. le prince de Conti et de M. de Longueville à Paris, avoit écrit à La Rivière ces propres mots : « Dites à la Reine « et à Monsieur que ce diable de coadjuteur « perd tout ici ; que dans deux jours je n'y « aurai aucun pouvoir : mais que s'ils veulent « me faire un bon parti, je leur témoignerai « que je ne suis pas venu à Paris dans une « aussi mauvaise intention qu'ils se le per- « suadent ». La Rivière montra ce billet au cardinal, qui s'en moqua, et qui le fit voir au maréchal de Villeroy.

« Je me servis très utilement de cet avis ; sachant que tout ce qui a façon du mystère est bien mieux reçu dans le peuple, j'en fis un secret à quatre ou cinq cents personnes. Les curés de Saint Eustache, de Saint Merry et de Saint Jean me mandèrent, sur les neuf heures du soir, que la confiance que M. le prince de Conti avait témoignée au peuple, d'aller tout seul et sans bruit se mettre entre les mains de ceux mêmes qui crioient contre lui, avoit fait un merveilleux effet... »

M. Petitot, après avoir brièvement rapporté les détails de cette journée du 10 janvier 1649, constate aussi les machinations du cardinal de Retz :

« Dès le même jour, le prince de Conti prétendit à la place de général en chef ; et le duc d'Elbeuf, qui en était en possession, déclara qu'il voulait la conserver. Aussitôt le coadjuteur déchaîna contre ce dernier toute sa cabale, et il lui suffit de quelques heures pour le discréditer. Il répandit que d'Elbeuf s'entendait avec la cour, et il fit sentir aux officiers de la garde bourgeoise combien il était ridicule qu'un prince de Lorraine osât se mettre en rivalité avec un prince du sang.

« Mais ce qui produisit un effet décisif, ce fut une chanson de Marigny, pleine de gaîté et de sel, où la jactance, l'avidité et la misère du prince lorrain et de ses trois fils se trouvaient relevées avec beaucoup de malice et qui, en un moment, fut dans toutes les bouches :

> Monsieur d'Elbœuf et ses enfans
> Font rage à la place Royale ;
> Ils sont tous quatre piaffans,
> Monsieur d'Elbœuf et ses enfans.
> Mais sitôt qu'il faut battre aux champs
> Ils quittent l'humeur martiale :
> Monsieur d'Elbœuf et ses enfans
> Font rage à la place Royale.
>
> Le prince monseigneur d'Elbœuf,
> Qui n'avoit aucune ressource,
> Et qui ne mangeoit que du bœuf
> A maintenant un habit neuf
> Et quelques justes dans sa bourse :
> Le pauvre monseigneur d'Elbœuf,
> Qui n'avoit aucune ressource..., etc.

Cette chanson avait été commandée à Marigny, par le coadjuteur, qui l'appelle « l'original de tous les triolets ; elle fut composée à l'hôtel de Longueville, entre dix et onze heures du soir. A minuit, elle était dans des milliers de mains.

Entre minuit et une heure, de Gondy, le duc de Longueville et le maréchal de La Mothe se rendirent chez le duc de Bouillon, malade de la goutte, et qui, dans l'incertitude des événements, tardait à se déclarer pour le Parlement.

La duchesse de Nemours rapporte, dans ses *Mémoires*, que ce qui causa le dégoût du duc de Bouillon pour le parti du Parlement de Paris fut de se voir en concurrence avec le duc d'Elbeuf, le duc de Beaufort et le maréchal de la Mothe.

Cette concurrence entre tant de commandements était une tactique du Parlement, qui voulait faire croire à chacun de ses prétendants qu'il était le premier, afin d'engager un plus grand nombre de personnes de premier rang. Le duc d'Elbeuf s'engagea dans ce parti, persuadé qu'il y commanderait seul. Les ducs de Brissac, de Luynes, de Noirmoutiers et de Vitry furent faits lieutenants généraux sous les commandements des ducs d'Elbeuf, de Beaufort et de la Mothe, placés eux-mêmes sous les ordres du généralissime prince de Conti.

« Le duc d'Elbœuf avoit fait son traité avec le Parlement par le nommé Deslandes Payen, qui l'avoit assuré, de la part de ces messieurs, qu'il auroit le principal commandement. Ce Deslandes étoit conseiller, et avoit connu M. d'Elbœuf en Flandre, où ils avoient été tous deux en exil.

« Ce conseiller avoit de très grandes obligations à M. d'Elbœuf, qui lui avoit fait gagner un procès dans lequel il s'agissait d'un bénéfice considérable. Ce fut aussi par le moyen de ce Deslandes, qui avoit un grand crédit au Parlement parce qu'il n'y avoit que lui qui entendit la guerre, que ce prince fut reçu d'abord comme général. Il est vrai encore que, pendant l'espace de deux jours seulement, il fut le maître de Paris, les délices du peuple et l'espérance du Parlement ; mais sitôt que M. le prince de Conti et Mme de Longueville furent arrivés, cette grande considération s'évanouit, et cessa si bien que, depuis cela, on ne savoit plus qu'il y fût que par les chansons burlesques, qu'on fit contre lui ; ce qui fut la cause que la Fronde se détermina à y faire venir M. le prince de Conti et Madame de Longueville ; car ceux qui négocioient avec lui pour Paris n'avoient pas dessein de les faire venir, qu'on eût vu auparavant comment les choses tourneroient.

« Mais comme ils virent que le duc d'Elbœuf, qui s'offrit dans ce temps là au Parlement, y étoit si puissant, ils crurent bien qu'il n'y avoit plus de temps à perdre, et que cela pourroit traverser leurs desseins ».

Le duc d'Elbeuf ne se fit pas d'illusion, du reste, sur la durée de son crédit auprès du Parlement, car Guy Joly dit, dans ses *Mémoires*, que le duc écrivit à la reine pour lui offrir ses services « priant Sa Majesté de l'employer dans cette conjecture ».

Cependant, le coadjuteur, après avoir exposé ses projets, était parvenu à triompher des résistances du duc de Bouillon ; alors le prélat donna lui-même les ordres aux colonels et aux capitaines qui étaient dans sa confidence : Le coup le plus dangereux, dit de Gondy, « que je portai à M. d'Elbœuf dans tous ses mouvements fut l'impression que je donnai par les habitués des paroisses, qui le croyoient eux-mêmes : que je donnai, dis-je, au peuple, qu'il avoit intelligence avec les troupes du Roi, qui, le soir du 9, s'étoient saisies du poste de Charenton. Je le trouvai, au moment que ce bruit se répandoit, sur les degrés de l'hôtel-de-ville, et il me dit : « Que diriez-vous qu'il y ait des gens assez méchans pour dire que j'ai fait prendre Charenton ? Je lui répondis : « Que diriez-vous qu'il y ait des gens assez méchans pour dire que M. le prince de Conti est venu ici de concert avec M. le prince ? Je reviens à l'exécution du projet.

« Comme je vis l'esprit du peuple assez disposé et assez revenu de la défiance pour ne pas s'intéresser pour M. d'Elbœuf, je crus qu'il n'y avoit plus de mesure à garder, et que l'ostentation seroit aussi à propos, que la modestie avoit été de saison la veille.

« M. le prince de Conti et M. de Longueville prirent un grand et magnifique carrosse de madame de Longueville, suivis d'une grande quantité de livrées. Je me mis auprès du premier, et l'on marcha ainsi au Palais à petits pas. M de Longueville n'y étoit pas venu la veille, parce que je croyois qu'en cas d'émotion l'on auroit plus de respect pour la tendre jeunesse et pour la qualité de prince du sang de M. le prince de Conti, que pour la personne de M. de Longueville, qui étoit proprement la bête de M. d'Elbœuf... Il offrit d'abord à la compagnie ses services, Rouen, Caen, Dieppe, et toute la Normandie ; et il la supplia de trouver bon que, pour engagement de sa parole, il fit loger à l'Hôtel de ville madame sa femme, monsieur son fils et mademoiselle sa fille.

« Jugez de l'effet, s'il vous plait, que fit cette proposition ! Elle fut soutenue fortement et agréablement par M. de Bouillon... qui prit place au-dessous de M. de Longueville, et il coula, selon que nous l'avions concerté la nuit, dans son discours, qu'il serviroit le Parlement avec beaucoup de joie sous les ordres d'un aussi grand prince que M. le prince de Conti.

« M. d'Elbœuf s'échauffa à ce mot, et il répéta ce qu'il avoit dit la veille, qu'il ne quitteroit qu'avec la vie son bâton de général. Le murmure s'éleva sur ce commencement de contestation, dans lequel M. d'Elbœuf fit voir qu'il avoit plus d'esprit que de jugement. Il ne parla pas à propos : il n'étoit plus temps de contester, il falloit plier. Mais j'ai observé que les gens foibles ne plient jamais quand ils le doivent ».

C'est avec fatuité et une complaisance extrême que le coadjuteur détaille les incidents de cette séance, dans ses *Mémoires*, que le conventionnel Legendre baptisa, plus tard, du nom de *Bréviaire des Révolutionnaires*. Ce livre fut, en effet, l'un de ceux qui excitèrent le plus, pendant la Révolution, la haine du peuple contre le haut clergé, dont les machiavéliques combinaisons avaient été exposées avec tant de cynisme par l'un des siens, l'abbé de Gondy.

Le président de Mesmes dit au premier président : « Ne voyez-vous pas que M. d'Elbœuf est pris pour dupe, et que ces gens-ci sont les maîtres ? » Le président Le Coigneux fit entrer de Conti et de Longueville dans une chambre, pendant que Novion et Bellièvre, accolytes du coadjuteur, menaient le duc d'Elbeuf, «qui se faisoit encore tenir à quatre » dans une autre.

Alors de Gondy courut prendre Madame de Longueville, Madame de Bouillon et leurs enfants, et les mena à l'Hôtel-de-ville. La place de Grève était pleine de peuple : le coadjuteur lui jeta par les fenêtres de l'Hôtel-de-ville environ cinq cents pistoles : des cris de joie éclatèrent de toutes parts.

Toucheprez, capitaine des gardes de M. d'Elbeuf, qui avait fait suivre le prélat, avertit son maître qu'il était perdu s'il ne consentait à un arrangement.

L'abattement s'empara du «général d'Elbeuf » et il ne sauva même pas les apparences : « Il expliqua ridiculement ce qu'il avoit dit, il se rendit à plus qu'on ne voulut ; et il n'y eut que l'honnêteté et le bon sens de M. de Bouillon qui lui conservèrent la qualité de général, et le premier rang avec Messieurs de Bouillon et de La Mothe, également généraux avec lui sous l'autorité de M. le prince de Conti ».

Néanmoins, dit Guy Joly, le duc d'Elbeuf obtint d'avoir la séance au conseil de guerre. *Le Courrier burlesque* mentionne l'entente qui se fit entre ces divers personnages :

> Monsieur le prince de Conti
> Fut reçu généralissime
> D'un consentement unanime,
> Ayant sous lui trois généraux
> Dont on feroit bien six héros :
> Savoir, le maréchal La Mothe,
> Dont la mine n'est point tant sotte ;

Bouillon et le grand duc d'Elbeuf
Qui dans la guerre n'est pas neuf.

Dans l'après-midi du 11 janvier, le duc d'Elbeuf, à qui l'on avait donné cette commission pour le consoler, somma la Bastille, qui fit mine de se défendre, et qui néanmoins se rendit presque aussitôt.

Le Courrier burlesque ne pouvait manquer de rapporter la vaillance du duc d'Elbeuf au siège de cette forteresse :

Ce jour, en levant sa béquille,
Le gouverneur de la Bastille,
Qu'on nommoit monsieur du Tremblay,
Lui qui n'avoit jamais tremblé,
Vieil soldat et vieil gentilhomme,
A monsieur d'Elbœuf, qui le somme
De lui remettre ce château,
Répondit très-bien et très-beau
Qu'il ne lui plaisoit de le rendre,
Et qu'il prétendoit le défendre.
Mais il ne fut pas si méchant
Que six canons dessus le champ
Ne nous ouvrissent cette place
Sans avoir touché la surface.
Ce n'est pas qu'ils ne fissent pouf
Que la garnison ne dit ouf,
Qu'elle ne parût sur la brèche,
Qu'elle n'employât poudre et mèche,
Que maint coup ne fût entendu ;
Mais c'est qu'il étoit défendu
Que dans ce beau siège de balle
Aucun côté chargeât à balle,
Qu'il n'eût crié : Retirez-vous !
Autant pour eux comme pour nous ;
Sur les mêmes peines qu'on donne
Au meurtrier d'une personne :

Car quiconque eût fait autrement
Auroit péché mortellement,
Tout autant qu'un homicide.
Un homme moins vaillant qu'Alcide,
Mais certes plus homme d'honneur,
Broussel en fut fait gouverneur ;
Et son fils, en cette occurrence,
Fut pourvu de la lieutenance.

Ce fut un bien singulier siège que celui de la Bastille. Des dames portèrent leur chaise, comme au sermon, dans le jardin de l'Arsenal, où était la batterie, pour jouir du spectacle. A propos de l'Arsenal, le duc d'Elbeuf en donna le commandement à un nommé Robin, de préférence au comte de Fiesque ; ce qui lui valut de nouvelles railleries.

Voici le portrait que le cardinal de Retz trace de Charles de Lorraine : « M. d'Elbœuf n'avoit du cœur que parce qu'il est impossible qu'un prince de la maison de Lorraine n'en ait point. Il avoit tout l'esprit qu'un homme qui a beaucoup plus d'art que de bon sens peut avoir : c'était le galimatias du monde le plus fleuri. Il a été le premier prince que sa pauvreté a avili ; et peut-être jamais homme n'a eu moins que lui l'art de se faire plaindre dans sa misère. La commodité ne le releva pas ; et s'il fut parvenu jusqu'à la richesse, on l'eût envié comme un partisan, tant la gueuserie lui paraissoit propre et faite pour lui ».

Le siège de Paris, par les troupes royales, avait commencé le 9 janvier et devait durer jusqu'au 1ᵉʳ avril suivant. Mais dès qu'on sut en province que la ville s'était déclarée avec le Parlement, tout le royaume s'ébranla.

Le Parlement de Rouen, où le duc de Longueville se rendit, prit aussi parti contre la cour. Le prince d'Harcourt — qu'il ne faut pas confondre avec son oncle, le comte d'Harcourt — qui, plus tard, fut Charles IIIe du nom, duc d'Elbeuf, se jeta dans Montreuil, dont il était gouverneur, et fit cause commune avec Paris, Rouen, Aix, Tours, Poitiers, etc.

Nous dirons bientôt ce qui se passait dans notre contrée ; restons donc encore au spectacle qu'offrait Paris et ses environs.

D'une lettre adressée par Mazarin à Turenne, le 12 janvier, nous extrayons ce passage :

« ...Nous savons que la division commence à paroistre toute entière entre M. d'Elbeuf et M. de Longueville, celuy cy ne pouvant souffrir que l'autre s'empare de toute l'authorité et que les applaudissemens du Parlement et du même peuple soient tous pour luy, parce qu'il a le don de les mieux flatter ».

Paris manquait toujours de vivres :

> Le mardi, du côté de Brie
> Sortit avec cavalerie
> Le généreux prince d'Elbœuf.
> Ce fut de janvier le dix-neuf,
> Qu'ayant rencontré quelque bande
> Des voleurs de notre viande,
> Notamment de cinq cents gorets,
> Il prit en main leurs intérêts ;
> Et, battant ces oiseaux de proie,
> Gagna les gorets avec joie,
> Que ces animaux par leurs cris
> Firent connoître à tout Paris.
>
> Puis survint la grande revue
> Où se trouva monsieur d'Elbœuf,
> Qui n'avait pris qu'un jaune d'œuf,

Tant son ardeur infatigable
Le laissait peu dormir à table...

Le 21 janvier, dit encore Madame de Motville, les généraux de Paris firent une grande sortie, à dessein d'escorter un convoi de blés qu'ils ne trouvèrent point, « et ne rapportèrent aucune marque de victoire de ce grand exploit de guerre que celle d'un rhume général, parce qu'il faisoit très froid ».

Si les vivres manquaient aux Parisiens, l'argent faisait défaut au Parlement, malgré la première levée de deniers qui s'était chiffrée par trois millions de livres et les donations volontaires qui suivirent, car les gages des généraux étaient fort élevés : « Le seul duc d'Elbœuf, sous prétexte de faire des levées, leur coûtoit déjà lui et ses enfans plus de quarante mille écus... »

Le 22 janvier, qui était un vendredi, un arrêt du Parlement fut rendu

...Sur la requête donnée
Sous l'aveu du grand duc d'Elbœuf,
Ce jour-là, vêtu de neuf,
L'un de nos chefs, illustre prince
Gouverneur de cette province,
Que le Picard s'assembleroit,
Et d'autres échevins feroit.

Ce jour il arriva deux hommes
De la capitale des pommes,
Qui disoient que leur Parlement
Avoit envoyé promptement,
A Leurs Majestés Très Chrétiennes
Porter ses très-humbles antiennes.

Mazarin, étant à Saint-Germain-en-Laye manda au comte d'Harcourt, ce même jour qu'il eût à se mettre à même de résister au duc de Longueville, s'il tentait de soulever la Normandie : « Le comte de Clères pourra vous servir utilement, ajouta le cardinal ».

Ce jour encore, Mazarin écrivit au sieur du Plessis-Besançon pour le presser d'aller en Normandie, afin de seconder le comte d'Harcourt. En effet, pendant la première guerre de la Fronde, du Plessis-Besançon servit comme maréchal de camp auprès du comte d'Harcourt.

La principale occupation de Charles de Lorraine était de ravitailler Paris, si l'on en croit les mémoires du temps et *le Courrier burlesque*, lequel rapporte qu'à la date du mercredi 27,

>...un régiment botté
>Qui n'en étoit pas moins crotté,
>Sortit du côté de Brie ;
>D'où vint à notre boucherie,
>Le lendemain, mouton et bœuf,
>Que ce beau régiment d'Elbœuf,
>Ensemble des blés et farines,
>Amena des villes voisines,
>En aussi grande quantité
>Qu'à Paris il en ait été.

Le 1er février, le duc d'Elbeuf alla mettre une garnison dans la place de Brie-Comte-Robert, pour favoriser le passage des vivres venant de la Brie. Le

>Jeudi quatre, sortant de table
>Où l'on servit force rôti,
>Monsieur le prince de Conti
>Suivi d'une grande cohue,
>Fit faire à ses gardes revue,

Où se trouva monsieur d'Elbœuf,
Qui n'avoit pris qu'un jaune d'œuf,
Tant son ardeur infatigable
Le laissoit peu dormir à table.
Jour que pour nous faire du mal,
Sachant que force bestial
Nous venoit du côté de Brie,
Blé, farine, autre drôlerie,
Qui sauvoit Paris de la faim,
Et qui rompoit votre dessein,
Vous pensâtes mourir de rage.

Nous rappelons que le *Courrier burlesque*, écrit par le cardinal de Retz, fut adressé au prince de Condé, chef de l'armée royale pendant la Fronde.

Le 8, Clanleu, qui était dans Charenton avec trois mille hommes, fut avisé que le duc d'Orléans marchait contre lui avec sept mille fantassins, quatre mille chevaux et du canon. Le duc de Bouillon fut d'avis d'en retirer les troupes ; mais le duc d'Elbeuf, « qui aimoit Clanleu et croyoit qu'il lui feroit acquerir de l'honneur à bon marché, parce qu'il ne se persuadait pas que l'avis fût véritable, ne fut pas de ce sentiment ». Charenton fut attaqué au petit jour, et emporté par les troupes du roi.

Nous ne relèverons pas tous les incidents du siège de Paris, où cependant le duc d'Elbeuf joua un assez grand mais ridicule rôle. Nous arriverons tout de suite à l'apparition d'un député d'Espagne au Parlement de Paris. C'est encore le cardinal de Retz que nous allons laisser parler :

« J'insinuai qu'on nous feroit plaisir de faire ouvrir la séance par M. d'Elbœuf. Comme il avait été, dans le temps du cardinal de Richelieu, douze ou quinze ans en Flandre, à la pension d'Espagne, la voie paroissoit toute naturelle. Elle fut aussitôt prise que proposée. Le comte de Fuensaldagne fit partir Arnolfini, moine bernardin, qui se fit habiller en cavalier, sous le nom de don Joseph de Illescas. Il arriva chez M. d'Elbœuf à deux heures après minuit, et il lui donna un petit billet de créance.

« M. d'Elbœuf se crut l'homme le plus considérable du parti ; et le lendemain, au sortir du Palais, il nous mena tous dîner chez lui, c'est-à-dire tous les plus considérables, en nous disant qu'il avoit une affaire de conséquence à nous communiquer. M. le prince de Conti, messieurs de Beaufort et de La Mothe et les présidents Le Coigneux, de Bellièvre, de Nesmond, de Novion et Viole s'y trouvèrent.

« M. d'Elbœuf, qui étoit grand saltimbanque de son naturel, commença la comédie par la tendresse qu'il avoit pour le nom françois, qui ne lui avoit pas permis d'ouvrir seulement un petit billet qu'il avoit reçu d'un lieu suspect. Ce lieu ne fut nommé qu'après deux ou trois circonlocutions toutes pleines de scrupules et de mystères ; et le président de Nesmond, qui, avec le feu d'un esprit gascon, étoit l'homme du monde le plus simple, remplit la seconde scène d'aussi bonne foi qu'il y avoit eu d'art à la première.

« Il regarda ce billet, que M. d'Elbœuf avoit jeté sur la table très-proprement recacheté, comme « l'holocauste du sabbat » ; il dit que M. d'Elbœuf avoit un grand tort d'appeler des membres du Parlement à une action de cette nature. Enfin, le président Le Coigneux, qui s'impatienta de toutes ces niaiseries, prit le billet, qui avoit effectivement plus l'air d'un poulet que d'une lettre de négociation ; il l'ouvrit : et après avoir lu ce qu'il contenoit, qui n'étoit qu'une simple créance, et avoir entendu de la bouche de M. d'Elbœuf ce que le porteur de la créance lui avoit dit, il nous fit une pantalonnade digne des premières scènes de la pièce. Il tourna en ridicule toutes les façons qui venoient d'être faites ; il alla au devant de celles qui s'alloient faire, et l'on conclut d'une commune voix à ne pas rejeter le secours de l'Espagne.

« ...Madame de Bouillon, qui s'étoit ouverte la veille avec moi du commerce qu'elle avoit avec l'Espagne, m'avoit expliqué les intentions de Fuensaldagne, qui étoient de s'engager avec nous, pourvu qu'il fut assuré de son côté que nous nous engagerions avec lui. Cet engagement ne se pouvoit prendre que par le Parlement ou par moi. Il doutoit fort du Parlement... Le peu d'ouverture que je lui avois donnée jusque là à négocier avec moi faisoit qu'il ne se fondoit guère davantage sur ma conduite. Il n'ignoroit ni le peu de pouvoir ni le peu de sûreté de M. d'Elbœuf ; il savoit que M. de Beaufort étoit entre mes mains...

« Voilà où nous en étions, quand M. d'Elbœuf nous montra comme une grande nouveauté, le billet que le comte de Fuensaldagne, lui avoit écrit ; et vous jugez que je ne balançoi pas à opiner qu'il falloit que l'envoyé présentât la lettre de l'archiduc au Parlement.
...Nous priâmes tous M. d'Elbœuf de faire trouver bon au bernardin de conférer avec

nous, sur la forme seulement dont il auroit à se conduire. Nous le vîmes la même nuit, Le Coigneux et moi. Nous lui dîmes, en présence de M. d'Elbœuf, en grand secret, tout ce que nous voulions bien qui fut su ; et nous avions concerté dès la veille, chez M. de Bouillon, tout ce qu'il devait dire au Parlement.

« ...Le président de Mesmes fit, au seul nom de l'envoyé de l'archiduc, une exclamation éloquente et pathétique... ; et se tournant vers M. le prince de Conti : « Est-il pos« sible, dit-il, qu'un prince du sang de France « propose de donner séance sur les fleurs de lis « à un député du plus cruel ennemi des fleurs « de lis ? »

« Comme nous avions prévu cette tempête, il n'avoit pas tenu à nous d'exposer M. d'Elbœuf à ces premiers coups ; mais il s'en étoit tiré assez adroitement, en disant que la même raison qui l'avoit obligé de rendre compte à son général de la lettre qu'il avoit reçue, ne lui permettoit pas d'en porter la parole en sa présence... La cohue du Parlement s'éleva... Je sortis... et je dis à Quatresous, jeune conseiller et le plus impétueux esprit qui fut dans le corps, d'entretenir l'escarmouche, parce que j'avois éprouvé plusieurs fois que le moyen le plus sûr et le plus propre pour faire passer une affaire extraordinaire dans les compagnies est d'échauffer la jeunesse contre les vieux. Quatresous s'acquitta dignement de sa commission... » On fit entrer l'envoyé d'Espagne qui présenta une lettre de l'archiduc. Ceci se passa le 19 février.

Des négociations furent entamées avec la cour et continuées jusqu'au 25 février. Le lendemain, le premier président fit relation de ce qui s'était passé à Saint-Germain. Il y eut une émeute aux environs et dans le Palais même, entre le peuple qui criait et le Parlement qui voulait la paix. Chacun fit des propositions. La moins forte fut celle du duc d'Elbœuf, qui proposa de mettre tout le Parlement en corps à la Bastille. « Comme on ne doutoit point que la compagnie n'embrassât, même avec précipitation, l'offre que la cour lui faisoit de traiter, l'on n'avoit presque rien à répondre à ceux qui disoient que l'unique moyen de l'empêcher, c'étoit d'aller au-devant de la délibération par une émotion populaire. M. de Beaufort y donnoit à pleines voiles. M. d'Elbœuf, qui venoit de recevoir une lettre de M. de la Rivière pleine de mépris, faisoit le capitan ».

La duchesse de Nemours raconte que Beaufort demanda à Bellièvre « par manière d'avis si, en donnant un soufflet à M. d'Elbœuf, il ne changeroit point la face des affaires : à quoi M. de Bellièvre répondit, d'un sans-froid plus digne de sa gravité que de la question, qu'il ne croyoit pas que cela pût changer autre chose que la face de M. d'Elbœuf. Cela réjouit et fit beaucoup rire tous ceux qui entendirent cette conversation, et ne fit qu'augmenter les bons contes qu'on faisoit les uns des autres, et surtout de M. de Beaufort ».

Le 27 février, sur la fin du jour, le coadjuteur reçut un billet, du vicaire de Saint-Paul, qui lui donnait avis que Toucheprez, capitaine des gardes du duc d'Elbeuf, avait jeté quelque argent parmi les garçons de boutique de la rue Saint-Antoine, pour aller crier, le lendemain, contre la paix, dans la salle du Palais. Le duc de Bouillon, de concert avec de Gondy, écrivit à Charles de Lorraine ces quelques mots sur le dos d'une carte : « Il n'y a point de sûreté pour vous demain au Palais ».

« M. d'Elbœuf vint à l'hôtel de Bouillon, pour apprendre ce que ce billet vouloit dire ; et M. de Bouillon lui dit qu'il venoit d'avoir avis que le peuple s'étoit mis dans l'esprit que M. d'Elbœuf et lui avoient intelligence avec le Mazarin... M. d'Elbœuf, qui savoit bien qu'il n'avoit pas la voix publique, et qui ne se tenoit pas plus en sûreté chez lui qu'ailleurs, témoigna qu'il appréhendoit que son absence dans une journée ne fut mal interprêtée.

« M. de Bouillon, qui ne la lui avoit proposée que pour lui faire craindre l'émotion, prit ouverture de la difficulté qu'il lui en fit, pour s'assurer encore plus de lui par une autre voie, en lui disant qu'il étoit effectivement persuadé qu'il feroit mieux d'aller au Palais : mais qu'il ne devoit pas y aller comme une dupe ; qu'il falloit qu'il y vînt avec moi... »

Le lendemain, continue le cardinal de Retz, « j'alloi au Palais avec M. d'Elbœuf, et je trouvoi dans la salle une foule de peuple qui crioit : « Vive le coadjuteur ! Point de paix, « et point de Mazarin ! »

Les jours suivants furent consacrés à des pourparlers, car le parti de la paix l'avait emporté, et le duc d'Elbeuf s'y était rallié. Le 3 mars, les sieurs de Conti, de Beaufort, d'Elbeuf, de la Mothe, de Brissac, de Bellièvre et de Gondy s'assemblèrent chez le duc de Bouillon « pour résoudre s'il étoit à propos que les généraux députassent. M. d'Elbœuf, qui avoit envie d'avoir la commission, insista beaucoup pour l'affirmative. Il fut tout seul de son sentiment.

Dans la journée du 5, un des envoyés de l'archiduc arriva à Paris avec un plein pouvoir de traiter avec tout le monde. Les chefs de la Fronde s'assemblèrent à l'Hôtel-de ville. Les uns voulaient qu'on traitât avec l'Espagne ; les autres s'y refusaient : « M. d'Elbœuf, qui ne cherchoit que de l'argent, taupoit à tout ce qui en montroit ». Il acceptait donc les propositions de l'Espagne pour continuer la lutte, alors que, l'avant-veille, il s'était proposé d'aller traiter de la paix avec la cour.

Nous retrouvons le duc d'Elbeuf chez le prince de Conti, à l'Hôtel-de ville, avec le duc de Beaufort, le maréchal de La Mothe, les sieurs de Brissac, de Noirmoutier et de Bellièvre, le duc de Bouillon et le coadjuteur : « M. d'Elbœuf y fut doux comme un agneau, et il me parut qu'il eût renchéri, s'il eût osé, sur l'avis de M. de Bouillon », remarque l'abbé de Gondy.

« Le chevalier de Frages, qui ne servoit dans notre parti que de double espion, sous le titre toutefois de commandant du régiment d'Elbœuf, m'avoit averti, comme j'entrois dans l'Hôtel de ville, qu'il croyoit son maître accommodé... Don Gabriel de Tolède m'a dit depuis que les envoyés avoient donné deux mille pistoles à Madame de Montbazon, et autant à M. d'Elbœuf ».

Pendant ce temps, la cour et le Parlement négociaient à Rueil ; la réunion du 8 mars fut l'une des plus importantes. Le 10, le sieur de La Rivière ne témoignait plus de mépris pour le duc d'Elbeuf, et le 11 la paix fut signée. Il y fut stipulé que les députés de l'archiduc seraient renvoyés sans réponse.

Le duc de Bouillon fut extrêmement surpris

quand il apprit cette nouvelle, que le duc d'Elbeuf ignorait encore. Les conjurés se réunirent alors. Charles de Lorraine parla pour ne rien dire et ne rien conclure.

Le 13, les députés de Rueil étant entrés au Parlement, M. d'Elbeuf « désespéré d'un paquet qu'il avoit reçu de Saint Germain, la veille, à onze heures du soir, leur demanda brusquement s'ils avoient traité de quelques intérêts des généraux.

« Le duc d'Elbœuf, qui s'étoit flatté d'acquérir une grande fortune par la guerre civile, apostropha même le premier président et lui reprocha d'avoir sacrifié les intérêts des chefs de l'armée :

« — Si le Parlement », lui répondit sévèrement Molé, « a abandonné les généraux, ils « ne se sont pas abandonné eux-mêmes, puis« qu'ils ont traité avec les ennemis de l'Etat ».

« Le duc d'Elbœuf, un peu déconcerté, répliqua que, si c'étoit un crime, plusieurs magistrats en étoient complices.

« — Nommez-les ! », lui dit aussitôt le premier président d'une voix menaçante, « et « nous leur ferons leur procès comme à des « criminels de lèse-majesté ».

« Le premier président fut presque accablé par un bruit confus, mais uniforme, de toute la compagnie, qui s'écria qu'il n'y avoit point de paix... Le tapage recommença avec fureur. On cria : « Il faut jeter dans la rivière tous « les mazarins ! »

Le lundi 15 mars, pendant la rédaction des articles du traité de paix, par le Parlement, les enfants du duc d'Elbeuf et le marquis de Vitry travaillèrent dans la grande salle et dans la cour du Palais, où les compagnies de bourgeois étaient sous les armes, pour exciter ceux qui y étaient présents et les émouvoir, en leur disant qu'on voulait conserver le cardinal, d'autres fois que l'on voulait les éloigner avec leurs troupes, et que, lorsqu'ils n'auraient plus de force, le cardinal les ferait tous assommer; lesquels discours, dit Omer Talon, « ne faisoient pas d'impression dans l'esprit, mais bien dans la pensée du menu peuple qui ne discernoit pas leurs intentions ».

Dans le traité à l'étude, le duc d'Elbeuf demandait la survivance du gouvernement de Picardie pour son fils, et le gouvernement de Montreuil pour ce même fils, « attendu qu'il avoit espousé la fille du comte de Lannoy, gouverneur de cette place, lequel estant decedé, il pretendoit comme gendre ce gouvernement lui devoir appartenir ». Quant au duc de Longueville, il réclamait ou l'amirauté de France, ou le Havre, ou la survivance de son gouvernement pour son fils, avec le gouvernement de Pont-de-l'Arche. Le duc de Beaufort vouloit aussi l'amirauté de France, avec le gouvernement de Bretagne. D'autres demandes de même nature furent formulées par le prince de Conti, le duc de Bouillon, etc. etc.

Le coadjuteur, qui avait une profonde aversion pour Mazarin et pensait avoir toutes qualités pour porter son chapeau et remplir la place de premier ministre, avait concilié tous les chefs de la Fronde en sa faveur, à la réserve du duc d'Elbeuf, avec lequel il n'avait point de liaison.

« Le 16, M. d'Elbœuf reçut un billet de chez lui, qui portoit que don Gabriel de Tolède y étoit arrivé. Nous ne doutâmes pas qu'il n'apportât la ratification du traité que messieurs les généraux avoient signé, et nous l'allâmes voir », dit le cardinal de Retz, « dans le carosse de M. d'Elbœuf, M. de Bouillon et moi. Il apportoit effectivement la ratification de M. l'archiduc ».

Il paraît probable que le duc d'Elbeuf traitait en même temps avec la cour de France et avec l'Espagne, car, un jour, le duc de Bouillon se rendit chez les envoyés d'Espagne, où il assaisonna le discours qu'il leur fit « de tout ce qui pouvoit les persuader que l'accommodement de M. d'Elbœuf avec Saint Germain leur étoit fort bon, parce qu'il les déchargeoit d'un homme qui leur coûteroit de l'argent, et qui leur seroit fort inutile ».

Le duc d'Elbeuf tenta d'entraîner avec lui le sieur de Mondejeux, mais sans y réussir. On a une lettre de Mazarin félicitant Mondejeux de la fermeté avec laquelle il avait résisté aux tentatives de d'Elbeuf pour le détourner de sa fidélité au service du roi ; elle est datée du 25 mars 1649.

Une amnistie fut signée le 29. Le roi y comprenait expressément le prince de Conti, les ducs de Longueville, de Beaufort, d'Elbeuf, les sieurs d'Harcourt, de Rieux, de Lillebonne, de Bouillon, de Turenne, de Brissac, etc. Puis la paix fut conclue.

Nous avons dit que les généraux de l'armée de la Fronde, aussi avides que nombreux, réclamèrent des commandements, des bénéfices et de l'argent, et que Charles de Lorraine ne fut pas le moins exigeant. « M. le duc d'Elbœuf, dit Mme de Motteville, demande qu'on lui paie les sommes qui regardent l'entretènement de madame sa femme, le gouvernement de Montreuil pour le prince d'Harcourt, son fils... ; pour le comte de Rieux, son fils également, le paiement de la somme de cent mille livres à lui accordée en faveur de mariage par acquit, partant du dernier juillet 1645, vérifié en la chambre des comptes le 20 février 1646 ; et outre ce, emploi dans la guerre, tant pour ledit sieur de Rieux que pour le sieur comte de Lislebonne, son autre fils... »

Monglat dit de son côté : « Pour le duc d'Elbœuf, il avoit fait de bonne heure, sous main, son accommodement avec la cour, par lequel il eut des bois en Normandie qui rétablirent bien ses affaires, outre Montreuil, dont son fils aîné s'étoit saisi après la mort du comte de Lannoi, son beau-père, dont le gouvernement lui fut confirmé ; et, par là, il s'attacha d'intérêt au cardinal Mazarin ».

Les autres chefs de la Fronde reçurent également des bois ou des emplois lucratifs. Quant aux généraux demeurés fidèles, ils eurent aussi leur lot dans la curée : le comte d'Harcourt reçut le commandement de l'Alsace et l'un de ses fils une abbaye.

Enfin, dit encore Mme de Motteville, « le duc d'Elbœuf, le duc de Bouillon et tous les autres ayant chacun quelque beau lambeau des libéralités royales, tous résolurent que la paix se fît ; et ce fut au Roi, qui par grâce la leur devait donner, à la recevoir de ses sujets, après l'avoir achetée chèrement ».

Après la paix, ce fut le prince de Conti qui, le premier, sortit de Paris pour aller saluer la reine à Saint-Germain. Il était accompagné du duc d'Elbeuf, car un écrivain du temps rapporte que « Monsieur, frère du Roy, présenta le duc d'Elbœuf ; et le prince de Conti, après avoir satisfait pour lui, fut celui qui presenta les autres à son tour... ; la Reine les reçut assez froidement... »

Le règlement des conventions faites avec le duc d'Elbeuf donnèrent lieu à plusieurs observations. Le chancelier Séguier écrivit le 7 août à Mazarin : « L'on a vérifié ce qui estoit deub à M. d'Elbeuf. Il y a deux sortes d'interests : les uns escheuz pendant son absence du royaume et [les autres] après la liquidation. On les remet soubs le bon plaisir de la Reyne, aprez lui avoir donné advis qu'ils semblent legitimes, lorsque l'on l'a remis en tous ses biens et qu'il a esté justifié ».

Trois jours après, Mazarin répondait au chancelier : « J'aurois bien souhaité que l'on n'eust pas réglé tout-à-faict les interest de M. d'Elbeuf, et qu'auparavant vous en eussiez escrit icy vostre sentiment, parce qu'à present il peut croire son affaire faicte sans qu'il y ayt plus besoin de recourir pour cela à la Cour, puisqu'encore que vous l'ayez renvoyé à la bonne volonté de Leurs Majestez, ayant jugé que ses pretentions estoient justes, elles sont comme necessitez de se conformer à vostre advis et de le satisfaire ».

Pour prix de sa double trahison envers la Cour et la Fronde, le duc d'Elbeuf reçut la somme, énorme pour l'époque, de 687.181 livres, à prendre sur les revenus des forêts de La Londe, Andely, Pont-de-l'Arche et Vernon, et Henriette d'Estrées, sa femme, fut inscrite pour 30.000 livres de rente.

Voici, à ce sujet, un extrait des registres mémoriaux de la Chambre des comptes de Normandie, pour l'année 1650, folio XXIV: « Arrest du Conseil et lettres patentes sur icelluy, obtenues par le sieur duc d'Elbeuf, pour joyr par luy, par forme d'engaigement, pendant vingt années, des forests de La Londe, Pont-de-l'Arche, Andely et Vernon, jusques à son remboursement de la somme de six cens mil livres, faisant partie de six cens quatre-vingt-sept mil cent quatre-vingt une livres deubz par le Roy au sieur duc d'Elbeuf, et pour le paiement de la somme de trente mil livres par chascun an, pour les aliments et entretenements de la dame duchesse d'Elbeuf, son epouse ».

On conserve une lettre datée du 24 octobre, adressée par Mazarin au prince d'Harcourt, fils du duc d'Elbeuf, par laquelle le ministre se félicite d'avoir trouvé la reine disposée à accorder le gouvernement de Montreuil que sollicitait le jeune prince.

Le lundi 13 décembre, il y eut au Parlement de Paris contestation entre les ducs d'Elbeuf et de Vendôme, à propos de préséance. Le premier demeurait bien d'accord que l'érection du duché de Vendôme était plus ancienne que celle d'Elbeuf, mais soutenait que le roi Henri IV étant venu à la couronne, il y avait eu réunion de tous les biens de Navarre à la couronne, et ainsi extinction du duché. Le duc de Vendôme alléguait, au contraire, que la réunion n'avait été faite qu'en l'année 1607, dix ans après que le duché lui avait été donné par le roi. Sur quoi, dit Omer Talon, dans ses *Mémoires*, M. le duc d'Orléans les ayant fait tirer au sort sur-le-champ, l'avantage demeura à M. le duc de Vendôme. — A cette époque, le duc d'Elbeuf était dévoué corps et âme au cardinal de Mazarin.

Voici un portrait du duc d'Elbeuf décrit par M. de ***, dans ses *Mémoires*, publiés par

MM. Petitot et Monmergué : « Charles de Lorraine, beau-frère de François Vendôme, duc de Beaufort, fut toujours disposé à entrer dans le parti des mécontens, pour trouver moyen d'accommoder ses affaires, qui étoient assez en désordre. Quoiqu'il fût déjà dans un âge avancé, il avoit encore bonne mine et il étoit bien venu auprès des femmes. Il n'avoit jamais été esclave de l'amour ; et s'il avoit rendu des soins à quelques maîtresses, il avoit toujours trouvé le moyen de s'en faire bien payer ».

CHAPITRE VIII
(1649)

La guerre de Normandie.—Le comte d'Harcourt a Elbeuf. — Il prend, pille et brule Quillebeuf. — Faits de guerre aux environs d'Elbeuf. — Le duc de Longueville.— « Grande affaire a la Bouille ». — Terribles ravages dans notre région. — Nouveaux couplets burlesques.

Au début des événements rapportés dans le chapitre précédent, la Normandie, soulevée par le duc de Longueville, était entrée en révolte contre l'autorité du roi. Alors, Henri de Lorraine, comte d'Harcourt, frère du duc d'Elbeuf, fut nommé commandant en chef de l'armée royale dans notre province ; mais la ville de Rouen ne voulut pas le recevoir.

Le comte se retira à Pont-de-l'Arche, que commandait le sieur de Beaumont, afin d'intercepter les communications entre Rouen et Paris. Les Frondeurs de Rouen se trouvèrent donc dans l'impossibilité d'envoyer à la capitale des auxiliaires qu'ils lui avaient promis.

Le *Courrier burlesque* raconta aux Parisiens, dans les termes suivants, la mésaventure d'Henri d'Harcourt repoussé de Rouen :

Du vingt, le mercredi, nous sûmes,
Par deux lettres que nous reçûmes,
Que le vaillant comte d'Harcourt
Devant Rouen demeura court,
Bien qu'aux portes de la ville
Il jurât comme tous les mille.

Ce n'est pas qu'on ait discuté
Tout ce qu'il avait proposé,
Et que, pendant la conférence,
Il n'ait eu belle patience,
Pour un esprit aussi fougueux,
D'attendre au couvent des Chartreux,
Hors des faux-bourgs de cette ville,
Et de demeurer très-tranquille.

Cependant, d'un consentement,
A commandé le Parlement
Qu'on prierait la reine-régente
D'être si bonne et complaisante
De laisser Rouen tel qu'il est,
Défendre seul son intérêt,
Et qu'ailleurs presserait sa marche
Harcourt, qui vint au Pont-de-l'Arche
Monté sur un cheval rouan,
Sans avoir entré dans Rouen.

Au matin du 24 janvier, le duc de Longueville se trouvait à Thuit-Signol, dans le manoir de Henri de Campion, d'où, après s'y être reposé pendant quelques instants, il partit dans la direction de Rouen, avec trente gentilshommes, dont le comte de Fiesque et Alexandre de Campion, frère de Henri, et une escorte de trois ou quatre cents chevaux.

Le 29 du même mois, Mazarin manda au comte d'Harcourt qu'il allait lui envoyer de nouvelles troupes. Il le priait, en même temps,

« de les faire vivre avec tout l'ordre et la discipline possible, et particulièrement d'empescher qu'elles ne fassent aucun ravage ou pillerie aux environs de Rouen, parce que cela ne feroit que jeter le peuple dans le desespoir et de leur faire prendre des resolutions contre le service du Roy plustost qu'ils ne feroient autrement. Elles ne demeureront pas pour cela inutiles, puisque vous les devez employer à courre sus à tous ceux qui levent des troupes sans ordre de Sa Majesté, qu'il ne faut espargner en aucune façon... »

On verra combien le comte d'Harcourt tint peu de compte des recommandations du cardinal.

De Pont-de-l'Arche, quand le comte eût reçu de l'argent et des troupes, il fit de fréquentes sorties, dit M. Floquet, « s'empara de Louviers, de Vernon, d'Ecouis, de Château-Gaillard et d'Elbeuf... Evreux eût été pour lui un poste désirable, mais le duc de Longueville, en se rendant à Rouen, y avait jeté des troupes. Il échoua aussi dans une entreprise sur Gisors.

Le 7 février, d'Harcourt quitta Pont-de-l'Arche, avec 800 chevaux, et partit dans la direction d'Elbeuf, avec le sieur de Fontaine-Martel, le baron de la Ferté-Imbault, le comte de Clères et de Roncherolles et plusieurs autres seigneurs normands restés fidèles au roi.

En partant d'Elbeuf, la petite armée passa par Bourgtheroulde et se rendit à Montfort-sur-Risle, d'où le comte d'Harcourt envoya un valet de pied du roi aux échevins de Pont-Audemer, pour les sommer de lui apporter immédiatement les clefs de cette ville.

Le corps municipal se réunit et répondit

qu'il suppliait Son Altesse le comte d'Harcourt que, attendu l'importance de la chose « il luy pleust accorder trois jours pour répondre ».

Le général ne se payait pas de pareilles raisons. A l'heure même, il expédia à Pont-Audemer le sieur de Villeneuve, son aide-de-camp, avec des lettres dans lesquelles il notifiait à la ville que, si elle n'obéissait pas, les habitants seraient traités comme des rebelles de lèse majesté. L'épouvante se répandit dans Pont-Audemer. Tout de suite on délégua quatre députés pour se rendre au camp de l'armée royaliste, qui alors se trouvait à Annebault, dans le champ où se tient actuellement la foire Saint-Michel.

Un des députés tenta de placer la question sur le terrain des phrases évasives. Le comte d'Harcourt, impatienté, lui répondit :

« Messieurs, vostre harangue est fort belle ; il ne vous reste plus de repondre si vous ouvrirez les portes de vostre ville quand je voudray y entrer ».

Et comme ils ne lui en donnaient aucune assurance, il ajouta :

« — Suivez-moi donc, pour veoir ce que j'ay dessein de faire ».

Cela se passait le 9 février. La nuit venue, l'armée leva le camp, dans l'intention, disait-on, d'aller brûler le faubourg Saint-Aignan de Pont-Audemer et piller les métairies des bourgeois. Les députés cheminaient au milieu des compagnies de cavalerie allemande et à la vue des gardes du comte d'Harcourt, qui observaient leurs mouvements.

Mais arrivée au-delà de l'abbaye de Corneville, près du ruisseau nommé Bédanne, l'arméc tourna sur la droite, monta vers Saint-Laurent et prit la route de Quillebeuf, disant qu'elle allait enlever cette place d'assaut ; « ce qu'assurément, dit M. Floquet, on ne voyait guère, et qui, aussi, n'avait été deviné d'aucuns », quoique ce fût principalement contre cette petite ville que l'expédition était dirigée.

Un manuscrit des archives de l'abbaye de Préaux mentionne que les royalistes arrivèrent devant Quillebeuf, le 10 février, à trois ou quatre heures du matin.

« Ils approchèrent à la portée du mousquet, tous se préparant à une attaque vigoureuse... Le comte de Harcourt donna avec tant de furie qu'il fut bientôt maître de la ville de Quillebeuf, qui souffrit toutes les horreurs que peut souffrir une ville emportée d'assaut. Les femmes y furent violées, les maisons pillées et brûlées ».

La résistance avait été vive cependant, car les assaillants avaient dû enlever successivement trois barricades chaudement défendues. Le sieur de Malortie de la Motte-Campigny, qui commandait Quillebeuf pour le duc de Longueville, s'était réfugié dans le clocher de l'église avec quelques autres gentilshommes, et là avait tenté de continuer la résistance ; mais il fut contraint de se rendre à discrétion avec ses deux fils et autres seigneurs, qui avaient vaillamment combattu à ses côtés.

Après la défaite de sa garnison, Quillebeuf fut soumis au traitement le plus rigoureux. Les vainqueurs prirent tous les objets de valeur qu'ils purent trouver et firent un immense butin. Deux jours après, la ville n'était qu'un monceau de cendres.

On lit encore dans le manuscrit de Préaux :

« Ceci ne se faisait que pour épargner Pont-Audemer ; c'est pourquoi le comte de Harcourt, s'étant rendu au milieu de la place, assisté de ses officiers » commanda que l'on fît venir les députés de Pont-Audemer, qui avaient été retenus deux jours auparavant, à Annebaut, par le duc d'Harcourt, auxquels ils s'étaient présentés comme mandataires de leurs compatriotes, puis traînés à la suite de l'armée et placés sur la contre escarpe des fossés de Quillebeuf, pendant le siège, mais qui n'avaient éprouvé d'autre mal que la peur.

Le comte d'Harcourt leur tint ce langage : « Vous avez vu devant vos yeux le malheur de cette ville, et, par son exemple, combien il est périlleux de se rebeller contre son prince légitime... Pour donner aux habitants de Pont-Audemer le temps de rentrer en eux-mêmes, j'ai bien voulu faire un châtiment sur ceux de Quillebeuf ; mais si promptement votre ville ne fait ce qu'elle doit, et ne m'ouvre pas ses portes, je m'y comporterai sans miséricorde et lui ferai ressentir un traitement sans pareil. Pour vous autres, je n'ai rien à vous dire, sinon que la mort vous est inévitable... »

Pont-Audemer dut se rendre. D'Harcourt ne fit que traverser cette ville, en emportant toutefois 30.000 livres de deniers publics et en emmenant avec lui quatre bourgeois comme otages.

Mazarin demanda au comte d'Harcourt, le 15 février, si, en lui envoyant le régiment de la Reine et quelque argent pour faire des recrues, il pouvait espérer à venir à bout des révoltés. Le cardinal l'assurait, en outre, qu'il s'engageait à lui faire obtenir une juste récompense pour les services qu'il rendait à la cause royale.

Après la prise de Quillebeuf, le Roumois et les alentours d'Elbeuf eurent grandement à souffrir des troupes du comte d'Harcourt, appliquées sans relâche à faire des dégâts dans les environs de Rouen et jusque sous ses murailles. Dans toutes les paroisses voisines, et partout au loin, on ne voyait que « pilleries, extorsions, violences »... Tous les villages, à six lieues à la ronde, n'étaient plus habitables, attaqués, insultés, rançonnés, pillés qu'ils étaient par les soldats, dit M. Floquet, d'après les registres secrets du Parlement.

Le 27 février, le Parlement de Normandie fut transféré à Vernon, ville restée fidèle au parti royal.

Par lettre du 1er mars, Mazarin félicita chaudement d'Harcourt de la prise de Quillebeuf, et, lui dit-il, « quoy qu'on ne doive attendre de vous que des actions extraordinaires, je vous advoue que je n'ay peu apprendre sans étonnement que la cavalerie seule ayt forcé un retranchement et emporté d'assaut une ville où il y avoit une garnison raisonnable ». Mazarin lui manda, quelques jours après, de prendre 12.000 livres sur les fonds qu'il avait trouvés à Pont-Audemer, sur lesquels le roi donnait 1.000 écus au sieur Talon.

Vers ce temps, Franquetot, l'un des généraux du duc de Longueville, sortit de Rouen avec des cavaliers pour empêcher un détachement des troupes royales de rejoindre le comte d'Harcourt, mais rentra le soir, sans avoir réussi dans son entreprise.

A cette époque, Elbeuf vit aussi des coureurs envoyés par Franquetot pour reconnaître le pays dans la direction de Pont-de-l'Arche, Louviers et Evreux.

Cependant, Longueville aspirait à prendre une revanche sur le comte d'Harcourt. Par son ordre, le 2 mars, le marquis de Chamboy, avec 400 chevaux et 800 fantassins, partit de Lisieux et se rendit jusques aux portes de Pont-Audemer, sans pouvoir se saisir de cette ville, défendue par Le Sens de Folleville, qui lui tua une vingtaine d'hommes avec le concours de Pontaudemaréens royalistes.

Le duc de Longueville ne renonça pas à soumettre Pont-Audemer. Le 9 mars, on le vit, de Rouen, faire prendre à sa cavalerie la direction de Moulineaux et faire embarquer, pour la Bouille où ils devaient débarquer, son artillerie et ses hommes de pied au nombre de 800, commandés par le sieur de Mouy-Richebourg. Le duc disait vouloir assurer le triomphe de la Fronde en Normandie, mais son but était tout simplement de reprendre Pont-Audemer. Ce jour-là, le duc d'Harcourt se trouvait au sud-est d'Elbeuf avec des forces assez importantes.

On rencontre quelquefois, dans les collections de curiosités historiques, un imprimé de quatre pages, pièce officielle, datée de Saint-Germain-en-Laye, le 16 mars 1649, intitulée : *La prise du Chasteau du Neufbourg, avec la retraitte du duc de Longueville, à Rouen, après avoir perdu soixante des siens...*

On lit dans cette pièce que le comte d'Harcourt, fortifié d'infanterie, de trois régiments de cavalerie, prit résolution de s'avancer en lieu d'où il pût empêcher la jonction des troupes de la haute et basse Normandie, et que le comte partit avec toutes ses forces de la Haye-Malherbe, le 9 mars, pour se rendre au Troncq y chercher le moyen d'attaquer le duc, qu'il croyait être dans ces parages.

En chemin, il résolut de faire sommer le château du Neubourg, appartenant au marquis de Sourdéac, qui tenait pour Longueville et incommodait par ses courses toute la plaine des environs; mais le marquis s'était retiré dès la veille, ne laissant que 250 Anglais armés et résolus de garder le lieu.

Le comte de Clères, maréchal de camp, à la tête de 50 mousquetaires, alla les sommer de se rendre, les menaçant d'un rigoureux châtiment s'ils n'ouvraient les portes du bourg et du château.

Les habitants, épouvantés de l'approche de l'armée royale, demandèrent le temps d'avertir Longueville, qui se trouvait à trois heures de là avec ses troupes; mais Clères, se saisissant des barrières, ils n'osèrent plus résister.

Le comte d'Harcourt fit laisser dans le château les 50 mousquetaires, avec une compagnie de chevau-légers, et se dirigea par Grostheil et Boscroger vers la Bouille. Cela se passait dans la nuit du 9 au 10 mars.

Longueville marchait, pendant ce temps, à la tête de son armée. A quelques lieues de Rouen, il rencontra Saint-Evremont, qui, venant dans cette ville pour des affaires personnelles, avait dépassé sur la route les troupes royales et qui l'informa que d'Harcourt avançait en toute hâte.

A cette nouvelle, le brave Longueville et ses officiers sont pris de panique et ils ne parlent plus d'aller en basse Normandie. Le duc et sa cavalerie tournent bride et partent au galop, pendant quoi on embarquait vivement, à la Bouille, l'infanterie et l'artillerie ; ce qui, demandant du temps, un détachement de l'armée du comte d'Harcourt, commandé par le marquis de Bougy, troublant fort cet embarquement, fit soixante prisonniers ; puis le gros de l'armée, arrivant à son tour, pilla et saccagea le bourg de la Bouille, qui avait donné faveur à la Fronde, et où vingt-deux malheureux habitants et huit soldats perdirent la vie.

Il fallait renoncer à publier un pompeux bulletin de la prise de Pont-Audemer, dit M. Canel. Le duc de Longueville s'en dédommagea, à sa rentrée à Rouen, en proclamant bien haut le succès de « son dessein principal », qui était, disait-il, d'introduire des renforts à Evreux. Ses gazettes, après lui, vantèrent à outrance ce grand stratagème de guerre ; mais ce n'est qu'avec un reflet d'ironie que l'histoire a définitivement enregistré le souvenir de « la grande occasion de la Bouille », comme l'appelait Saint-Evremont, de « la guerre de Moulineaux », comme disait le poète David Ferrand, dans son poème « en gros normand ».

On est loin de connaître, ajoute M. Canel, toutes les expéditions que les troubles de la Fronde occasionnèrent dans notre contrée, mais il paraît certain qu'elles y répandirent d'innombrables désastres. Le souvenir de « la guerre d'Harcourt » est encore vivant au sein de nos campagnes, et il y est toujours l'occasion de récits aussi tragiques que ceux qui rappellent l'occupation anglaise du xve siècle.

Nous ajouterons que la tradition de cette guerre s'est conservée dans plusieurs communes situées au sud et au sud-ouest d'Elbeuf, notamment vers Gros-Theil et Boscroger, qui furent pillés, ainsi que nous aurons l'occasion d'en donner quelques preuves. Dans un certain nombre de familles, on croit encore que le nom de Mazarin est une injure, parce que « il y a cent ans » — il y a toujours cent ans dans les légendes et traditions populaires — « une armée de mazarins », commandée par le général d'Harcourt, a dévasté et ruiné la contrée.

Nous avons déjà dit que Henri de Campion rapporte aussi, de son côté, que le comte d'Harcourt pilla tout le pays, particulièrement aux environs de Thuit-Signol. Le comte fit de même presque partout où il passa, ne respectant que les propriétés de ses amis et celles de ses adversaires qui lui étaient recommandées ; mais le bourg d'Elbeuf, où d'Harcourt avait vécu étant enfant, appartenant à son frère et constituant un gage du douaire de sa mère, ne fut pas ravagé, quoiqu'il eût pris parti pour la Fronde.

Enfin, le souvenir du combat qui eut lieu entre le comte d'Harcourt, les habitants de la Bouille et de Moulineaux, et l'arrière-garde du duc de Longueville, est conservé à la Bouille par le nom de la « Rue-qui-campait » et la place du « Champ-de-Bataille ».

On assure que le château du Champ-de-Bataille, à Sainte-Opportune-du-Bosc, près du Neubourg, doit également son nom à un engagement qui aurait eu lieu en cet endroit, pendant la Fronde. La construction du magnifique château actuel ne date que des environs de l'année 1750.

Inévitablement, la bataille de Moulineaux ou de la Bouille devait faire éclore une nouvelle mazarinade; celle-ci porta pour titre: *Le Congé burlesque de l'armée normande:*

> Vous, mignons de dame Bellone,
> Seul appui de cette couronne,
> Plus nobles de cœur que de sang,
> Pour tenir toujours votre rang,
> Sortez les premiers, je vous prie,
> Et d'avoir servi la patrie,
> Allez vous vanter au logis.
> Dites que les champs sont rougis
> Du sang versé par vos épées,
> Que les Césars et les Pompées
> N'ont rien fait d'égal à vos bras;
> Que ce qu'on écrit de Coutras,
> D'Ivry, d'Arques et de Cerisoles,
> Ne sont que des discours frivoles,
> Et que vous paraissiez plus beaux
> Quand vous fûtes à Moulineaux !
> Vantez-vous d'avoir fait merveilles
> Et d'avoir rompu nos oreilles
> Par la bouche de vos canons;
> Que vos qualités et vos noms
> Seront bien avant dans l'histoire;
> Que le papier et l'écritoire
> Vont dorénavant renchérir !
>
> Cadets, enfants de la débauche,
> Qui tourniez à droite et à gauche,
> Avec la pique et le mousquet,
> Que chacun fasse son paquet.
> Je suis las d'aller aux revues
> Et de vous heurter par les rues;
> Vous avez, pour le dire net,
> La tête trop près du bonnet.

Les prouesses du comte d'Harcourt l'ayant rendu maître de toute la campagne normande, il fit insulter les faubourgs de Rouen, et y inspira tant de frayeur que tous les habitants en déguerpirent et qu'il fallut des fortifications pour les faire rentrer dans leur demeure.

Après le licenciement des bandes qui avaient figuré soit dans les troupes royales, soit dans celles de la Fronde, le mal, dans notre contrée, devint encore plus grand que pendant la lutte. La Normandie fut infestée de soldats qui se firent voleurs de grands chemins et assassins à l'occasion. Ce fut au point qu'en la plupart des paroisses, les terres demeurèrent incultes par l'abandon des laboureurs, réduits au désespoir.

Au mois de juin, le comte d'Harcourt assiégeait Cambrai, mais il dut abandonner cette place pour d'autres opérations qui le dédommagèrent de cet échec, en lui permettant de battre le duc de Lorraine près de Valenciennes.

Mazarin lui manda, le 18 août, de profiter du mauvais état où était l'ennemi, dont les troupes étaient disséminées dans de nombreuses places fortes, pour terminer la campagne par un avantage marqué, pouvant procurer une paix glorieuse « de laquelle estant le principal auteur, ajoute le cardinal-ministre, vous couronnerez par là toutes les belles actions qui ont rendu jusques icy vostre vie si illustre... ».

En août, Henri d'Harcourt fut blessé au passage de l'Escaut. Mazarin se montra fort inquiet des suites de cet événement.

Au 26 septembre, le comte d'Harcourt, revenant de la prise de Condé, campa à Fayt et y resta jusqu'au 8 octobre. Cette armée vécut, comme toujours, aux dépens du peuple, pilla le pays jusqu'aux portes de Maubeuge, dont d'Harcourt s'empara; il acheva, par ses exactions, la ruine de cette ville.

Après la campagne des Flandres, Henri d'Harcourt rentra à Paris, où nous le retrouverons bientôt.

CHAPITRE IX
(1649-1650)

Charles II de Lorraine (*suite*). — L'inhumation des prêtres. — Le vin pour la communion pascale. — Culture du tabac, aux Antilles, par des Elbeuviens. — Grande inondation a Elbeuf. — Agrandissement de l'église Saint-Jean. — Fondation de confréries du Saint-Sacrement a Saint-Jean et a Saint-Etienne. — Actes politiques et autres.

Nous allons noter, maintenant, quelques faits particuliers à notre localité, pendant cette année 1649 et celle qui la suivit :

Le 11 mars 1649, le Parlement de Rouen supprima, comme illégal, le droit de cinq sols « par courbe de chevaux hallants bateaux entre Elbeuf et le Pont-de-l'Arche ». A propos des autres illégalités qui se commettaient à cette époque, M. Floquet cite ce passage des Etats de Normandie tenus six ans auparavant : « La garnison du Pont-de-l'Arche est un impost sur le vin, par ses exactions dans les basteaux qui passent par dessous ledit pont. Que vostre Majesté y pourvoye s'il luy plaist; faisant defenses aux soldats de rien prendre ausdicts basteaux, et en fasse respondre le capitaine du chasteau ».

M⁰ Marguerin Caben, chapelain de Saint-Félix et Saint-Auct, étant à son lit de mort, fit, le 7 avril, son testament ; en voici un extrait intéressant :

« Je prie que mon corps soit inhumé au cimetière de l'église de Saint Jean d'Elbeuf, soubz les galleries où est pozé une tombe, *dans un coffre couvert*, sans aucuns ornemens d'église, sans faire tort à ceux qui en désirent avoir... ».

M. Charles de Beaurepaire fait accompagner cet extrait de la note qui suit :

« Pendant longtemps, les corps des défunts furent inhumés la tête découverte, probablement par mesure de police. Cet usage fut retenu pour les ecclésiastiques, après qu'il eut été abandonné par les laïques. Il subsistait encore en 1706 ; mais on en reconnaissait les inconvénients, et il y a lieu de croire qu'il disparut complètement dans le cours du siècle dernier ».

Comme autre exemple, M. de Beaurepaire cite le testament d'un curé de Bocasse, de 1654, qui désirait « estre mis dans ung cercœil de bois et enfermé la face cachée ».

Un autre curé, au siècle suivant, désire « qu'on mette son corps dans un coffre à la manière des laïques, parce que, ayant la face descouverte, cela ne fait qu'exciter du bruit et du tumulte dans le lieu saint ».

La chapelle Saint-Félix et Saint-Auct était devenue vacante par le décès de Marguerin Caben, prêtre, dernier titulaire. Le 22 avril, M⁰ Guillaume Libor, prêtre du diocèse d'Avranches, fut pourvu de ce bénéfice, par Pierre du Perron, vicaire général de l'archevêque de Rouen.

A cette époque, Cardot-Charles Dandel, chevalier des ordres du roi, sieur de Gauville et de la Fontaine, demeurant au manoir seigneurial de Gauville, en la paroisse de Salerne près Brionne, était « capitaine de chevau-légers et major au régiment de cavalerie d'Henry de Lorraine, prince d'Ellebeuf ». — En ce même temps, Philippe Vimard, écuyer, sieur du Tenney ou du Terrey, était maréchal-des-logis de la compagnie du duc d'Elbeuf ; il habitait Harcourt.

Le 11 octobre 1649, Vincent Lefebvre, Nicolas Beaucousin, Pierre Morestel, docteur en théologie, Georges Pollet, Alexis de Saint-Ouen, Antoine de Saint-Ouen, Nicolas Regnault et Jacques Harel, tous chantre et chanoines résidant de l'église collégiale Saint-Louis de la Saussaye, capitulairement assemblés au son de la cloche, rebaillèrent à ferme, pour six nouvelles années, à Jean Hamon aîné fils Nicolas et Nicolas Flavigny, d'Elbeuf, les dîmes appartenant au chapitre à prélever en la paroisse de Boscroger, aux conditions précédentes, notamment celle de « fournir le vin qu'il conviendra pour administrer les saincts sacrements aux habitans dudit lieu le jour de Pasques », etc.

Le prix à payer en argent fut fixé à 1.150 livres tournois par an. Le chapitre consentit à une réduction sur l'année en cours, par suite de la mauvaise récolte que les preneurs avaient faite « tant à raison des gens de guerre qui ont empesché la fenaison que de la melie tombée sur les grains ».

A cet acte étaient aussi présents Pierre Viau, maître des enfants de chœur, et Michel Bouthery, chapelain à la Saussaye, qui signèrent à la suite des chanoines.

Pierre Morestel avait donc été titularisé au chapitre, et ce fut sans doute à la Saussaye qu'il avait écrit trois nouveaux ouvrages : *Artis kaóbalisticæ sive sapientiæ divinæ academia* (1621); *le Guidon des prélats et Bouclier des pasteurs* (1634); et *Encyclopædia, sive artificiosa ratio et vix circularis ad artem magnum Lullii* (1646).

Un passage de l'acte dont nous venons de parler pourrait laisser supposer que l'obligation de fournir le vin pour administrer les sacrements aux habitants le jour de Pâques, indique que l'eucharistie, à cette époque, se donnait encore aux fidèles sous les deux espèces. Ce serait une erreur.

Au concile de Constance, tenu de 1414 à 1418, la communion par le vin avait été dénoncée comme une hérésie, et l'on sait que Jean Huss, accusé, à tort il est vrai, d'avoir prêché en faveur de la communion sous cette forme, avait été condamné au supplice du feu. Le vin que devait le fermier des chanoines ne servait donc pas pour la communion ; mais, à quel usage l'employait-on ?

M. Charles de Beaurepaire a bien voulu nous donner son opinion sur ce point :

La stipulation relevée ci-dessus n'est pas isolée ; on en trouve de semblables dans d'assez nombreuses paroisses du diocèse de Rouen. Ce vin était distribué aux paroissiens malades ou très faibles de santé, afin de les réconforter et de leur permettre ainsi de se rendre à l'église le jour de Pâques, pour y communier.

Le 18 novembre 1649, Jacques Le Cornier, écuyer, seigneur et patron de Saint-Hélier et de Saint-Jouin, châtelain du Bec-aux-Cauchois, seigneur de Drumare, du Chastillon, du Busc, du Val et de Villermont, conseiller au Parlement de Normandie, stipulé par Richard Farin, prêtre «par cy devant curé de Freneuze», bailla à ferme à Jean de Saint-Ouen, ancien sergent royal au duché d'Elbeuf, y demeurant, la sergenterie noble, royale et héréditaire de Freneuse, moyennant 200 livres tournois par an.

L'acte suivant, du 20 novembre, mentionne le quai de notre ancien bourg :

« Moi, Guillaume Magnard, facteur au quay de la Brigaudière, de Saint Estienne d'Elbeuf, confesse avoir vendu à noble et discrette personne M° Damiens, prestre à Sainct Sulpice à Paris, huit centz cinquante marques de bois merien estant de present sur le port de ladite Brigaudière, par le prix de soixante et dix livres pour chaque cent, à cent quatre pour cent... ».

C'est à la date du 13 novembre 1649, qu'il est fait, pour la première fois, mention du tabac sur les anciens manuscrits locaux, et cela par une pièce assez intéressante :

Jean Mullot fils Pierre, de Fontaine-Bellanger, étant au bourg d'Elbeuf, nomma pour son procureur Baptiste Le Roy, de notre localité, auquel il donna pouvoir de recevoir « de Pierre Remon, estant de present residant en l'isle de Sainct Cristofle sur la Mer, le nombre de deux mille cinq cents cinquante livres de petun, restant de trois mil sept cent cinquante qu'il luy doibt pour la vente d'une place de terre que iceluy a faite en ladite isle, suivant le contrat estant entre les mains de Bon Saint Germain, nottaire en laditte isle, lequel ledit Le Roy procedera pour faire payer ledit Remon dudit nombre de petun cy dessus, et en cas qu'il soit refusant d'en faire livreson led. Mullot a donné pouvoir aud. Le Roy de faire toute et chacune des poursuittes...

« Et d'aultant que ledit Mullot avoit cy devant passé pareille procuration à Jean Tougard, à present estant dans ladite isle, pour faire sortir led. nombre de petun, ledit Mullot a semblablement donné pouvoir audit Le Roy de poursuivre ledit Tougard pour luy rendre compte et lui payer ce que se trouvera avoir vendu dudit petun ; declarant ledit Mullot qu'il entend revoquer et revoque lad. procuration dudit Tougard.

« Plus a donné pouvoir aud. Le Roy de recepvoir de Nicollas Bataille, de ladite ille, le nombre de six centz livres de petun, faisant moytié de douze centz qui estoient deubs aud. Mullot et aud. Tougard ; et en cas que ledit Tougard en aye receu la livreson, le poursuivre pour en faire restitution.

« Plus de recepvoir des heritiers de Jean Duvivier cent cinquante livres de petun, moityé de trois centz, suivant l'escript estant es mains dudit de Saint Germain, nottaire.

« Et finalement, de poursuivre ledit Tougard de luy rendre une espée et un pistollet et un lit de coton, qui avoient esté laissez par led. Mullot, lors de son départ de lad. ille, en la possession dudit Tougard... ».

Le Roy promit, quand il serait de retour à Elbeuf, de rendre un compte fidèle à son commettant Mullot. Notons que ce dernier était complètement illettré.

On sait que l'île Saint-Christophe, l'une des Antilles, avait été découverte, en 1493, par Colomb, qui lui donna son prénom. En 1649, elle appartenait par moitié aux Français et aux Anglais, et l'on vient de voir que plusieurs personnages de notre contrée s'y étaient déjà établis. Des guerres sanglantes ruinèrent plusieurs fois cette île, très fertile dans ses vallées, qui appartient actuellement à l'Angleterre.

L'acte qui suit, daté du 5 décembre, est encore relatif à l'île de Saint-Christophe :

« Jean Cabut, boucher, de la paroisse Saint Estienne, héritier de Jacques Cabut son frère, mort en cette paroisse depuis dix-huit mois, a constitué Baptiste Le Roy, de Saint Jean d'Elbeuf, pour prendre possession de l'habitation qui a appartenu audit deffunct Jacques Cabut en l'isle de Saint Christophle sur Mer, et icelle cultiver et amesnager comme bon lui semblera et en faire et disposer comme il advisera bien...

« Et d'aultant que ledit Cabut avoit cy devant passé pareille procuration à un surnommé La Roche... il a pareillement donné pouvoir aud. Le Roy de poursuivre led. La Roche ou celuy qui a eu la jouissance de lad. habitation, pour lui rendre compte..., etc.

Cette année-là, Jean Duchesne, sieur des Chastelliers, bailli d'Elbeuf, fut parrain à Saint-Etienne, avec Marie de Beaulieu, fille de la baronne de Bec-Thomas. — Robert Gossel était alors curé, et Louis Caumont vicaire de cette paroisse.

Le 22 novembre, les tabellions d'Elbeuf rédigèrent en ces termes l'acte de démission du bailli :

« Fut present Jean Duchesne, écuyer, sieur des Chastelliers, bailli vicomtal du duché d'Elbeuf, demeurant au bourg dudit Elbeuf, lequel a constitué pour son procureur *(le nom n'est pas indiqué)*, auquel il a donné pouvoir de remettre entre les mains de Monseigneur le duc d'Elbeuf sa dite charge et office de bailli vicomtal dud. duché d'Elbeuf, pour et au nom et faveur de M° Jacques Boisselier, licentié es lois, fils de honneste homme Estienne Boisselier, bourgeois marchand, demeurant aud. bourg d'Elbeuf, et non d'autre, et consentir par ledit procureur, pour et au nom dud. sieur constituant, que mondict seigneur fasce delivrer audit Boisselier toutes lettres et provisions necessaires pour exercer ledit office au lieu et place dudit sieur constituant, conformément au concordat fait entre eux... »

Cette démission en faveur de Boisselier ne fut pas suivie d'effet, et Jean Duchesne conserva ses fonctions de bailli.

Parmi les nouvelles religieuses entrées au couvent des Ursulines, en 1649, nous trouvons les noms de Marie du Croq de Limerville, de Marie Maille et de Françoise et Charlotte Le Féron, religieuses du chœur. Ces dernières payèrent 4.000 livres pour leur dot, 200 aunes de toile, 400 livres pour leurs habits de religion et 100 livres pour l'autel, plus 240 livres de pension par an.

Au nombre des Elbeuviens mentionnés dans les actes de 1649 et de l'année suivante, nous trouvons :

Adrien Masselin, tireur d'acier, au Buquet ; Robert Flavigny, brodeur ; Michel Dubosc, arpenteur ; Adrien Carré, greffier à Quatremares ; Richard Boisselier, tapissier, paroisse

Saint-Etienne. Sur cette paroisse habitaient aussi Robert Delaquaize, drapier, et Robert Le Sueur, dit sieur du Becquet, à Thuit-Anger. Marie de Perrel, veuve d'Alexis Mansel, écuyer du roi, sieur du Busc, demeurait également à Elbeuf.

Dans d'autres contrats passés devant les tabellions de notre bourg, sont mentionnés : François de Campion, chevalier, seigneur de Montpoignant et de Limare, demeurant à Montpoignant avec Jourdaine d'Auber, sa femme ; Charles du Saussay, sieur de la Fontenelle, qui habitait Grand-Couronne ; Pierre Bosquier fils Jean, tous deux « foullons » à Saint-Pierre-des-Cercueils ; René et Jean de Franqueville, père et fils, écuyers, sieurs de la Galitrelle, habitant leur manoir près la Saussaye ; Françoise de Bigars, veuve d'Emery de Nollent, chevalier, sieur de Saint-Cyr-la-Campagne et de Gilles-Tauques, mère d'André de Nollent, résidant à Saint Cyr ; et enfin Pierre Beaudouin, écuyer, sieur du Basset, à Cléon, trésorier général de France à Rouen.

La fin de la malheureuse année 1649 et le commencement de la suivante furent encore marquées par une grande abondance de neige suivie d'une inondation extraordinaire. Des marchandises restées sur le quai d'Elbeuf furent emportées par les eaux. Sur les deux rives, depuis Paris jusqu'au dessous de Rouen, on subit des pertes considérables, car de nombreuses maisons et plusieurs moulins tombèrent en ruines par les effets de l'inondation et du courant.

Ces événements inspirèrent une pièce au rimeur de la *Muse normande*, dont nous allons reproduire une partie qui donnera un aperçu du patois des paysans de notre région à cette époque. C'est une « lettre missive », supposée écrite de Rouen, par un nommé Guillebert Botru, natif d'un prétendu village « d'Escarquille-Gareta » :

> A vous ma n'ante et mé n'oncle Joran,
> Vous apprendrez de mé quéque nouvelles
> De cheu qui ch'est passé ichi antan
> Qui ne sont point à vô parlé trop belles.
>
> Ch'est qu'à Rouen il y avait tant d'iaux
> Que no zut dit que c'était un déluge,
> Que no n'allait que dedans les bastiaux
> Pour y trouver quéque peu de refuge.
>
> No s'y voyet, dedans c't'inondation
> Tout assiégez les portes de la ville,
> Chacun penset par s'n'opinion
> Pour s'en sauver estre le plus agile.
>
> . . . .
>
> La promenade estet su chès ramparts
> Où no voyet toutes chès marchandises
> Dessus su kay trotter de toutes parts
> Tant l'eau estet de colère entreprise
>
> Puis no voyet des planques de travers
> De su rampart plaquez su la fenêtre,
> Où no s'entret, ainchi qu'à huis ouverts ;
> Voyez un p'tiot com ch'là pouvait être !
>
> Ch'estet pitié de voir chès povres gens :
> L'un par bastel, les z'autres sur des planques
> Allest ainchi, où les pus diligens
> Cheu fournissest de tout cheu qui leur manque.

A cette époque, un gentilhomme de résolution, nommé de Chamboy, avait été établi gouverneur de la forteresse de Pont-de-l'Arche, par le duc de Longueville ; mais comme la garnison du fort se livrait à toutes sortes de déprédations et ravageait la contrée jusques aux portes de Rouen, les bourgeois de cette ville demandèrent à Louis XIV de reprendre le château-fort et de le faire détruire.

Le 6 janvier 1650, le roi envoya, de Rouen, le comte d'Harcourt sur Pont-de-l'Arche, en passant par Elbeuf, avec deux compagnies de gardes françaises, qui se saisirent de la ville d'abord, pendant que quelques pièces de canon, envoyées par la rive droite, arrivaient à portée du fort, situé à l'extrémité du pont.

Les troupes royales furent accueillies avec joie par la population de la ville de Pont-de-l'Arche. Les habitants commencèrent par barricader le pont, puis pointèrent trois pièces de canon contre le château. Après avoir pris ces dispositions, le comte d'Harcourt fit savoir au gouverneur de la forteresse que le roi lui avait donné l'ordre d'entrer aussi dans le château et qu'en conséquence son devoir était de le remettre entre ses mains. Pour prix de son obéissance et pour les frais de ses hommes Chamboy recevrait 20.000 livres.

L'hésitation du gouverneur fut de courte durée, tant en raison de l'attitude du comte d'Harcourt et des habitants de la ville, d'une part, qu'à cause de la somme considérable qui lui était offerte s'il consentait à livrer la place. Le lendemain 7, Chamboy remit à d'Harcourt la forteresse, qui, sur des ordres donnés par le roi, fut rasée peu de temps après.

Par acte du 4 janvier 1650, passé à Elbeuf, « noble homme Nicolas Letardif, conseiller et intendant général de la maison et affaires de

Monseigneur le duc d'Elbeuf, demeurant à Paris, et Mᵉ Jacques Philippes, recepveur général de mondict seigneur, lesquelz ensemblement recongnurent avoir vendu aux sieurs René Fleurian, Benoist Deleau, Jean Fleury et Compagnie, marchands à Paris... le nombre de quatre centz milliers de cotheret de bois, bon, loyal et marchand, à raison de unze centz pour millier et cent quatre pour cent, rendant ledict millier à unze centz quarante quatre, par le prix et somme de vingt-neuf livres tournois pour millier... ; laquelle quantité sera prise dans les bois de mondict seigneur de son duché d'Elbeuf, et livré sur le quay de l'Espinette proche dudict Elbeuf... »

Ce quai était au bord de la ruelle du Port.

Le mois suivant, Nicolas Letardif fit mettre en prison, à Elbeuf, Jean Le Blanc, Etienne Morin et Nicolas Dautel, pour dettes envers le duc.

Le 12 mars, David Godin, maître tapissier, de la paroisse Saint-Jean, promit montrer son métier à André Poullain fils Pierre, pendant quatre années. Godin s'engagea à nourrir l'apprenti, moyennant 50 livres payables en deux termes. Charles Poullain, frère d'André, s'engagea, de son côté, en quatre charretées de bois propre à bâtir, à fournir sous quinzaine à Godin.

Le 22 de ce même mois, Jean Vitcoq, bailli de Pont-Saint-Pierre, et Louis Duperrey, bailli de la Londe, se trouvaient à Elbeuf, où ils rédigèrent un arbitrage qui leur avait été soumis par deux particuliers.

Par contrat du 26, Laurent Pollet, marchand de la paroisse Saint-Jean, prit à bail pour six années d'Antoine Laugeois, curé du

Mesnil-Jourdain, deux traits de dîmes en cette paroisse.

Le 9 avril, en présence de Jean Hamon, tabellion à Elbeuf et au Bec-Thomas, Charles de Beaulieu, chevalier, baron du Bec-Thomas, seigneur châtelain de Saulx et Richebourg, Querquesalle et autres lieux, du consentement de Charles Le Conte, chevalier, baron de Bouffé, et d'Anne Le Métais, chevalier, sieur de la Haye-le-Comte, ses conducteurs, bailla à Jean de Savarre des Terriers, demeurant à Bonport, la terre et baronnie du Bec-Thomas, y compris le grand bâtiment du château, les rentes, moulins, bois, etc., sauf la chasse et un logement pour le bailleur, moyennant 10.000 livres par an. — A cette époque, Me Fleury de l'Espiney, prêtre, desservait le bénéfice de Saint-Jean du Bec-Thomas.

Les registres de l'ancien tabellionage contiennent l'acte de fondation d'une nouvelle confrérie en la paroisse Saint-Jean :

« Du quatorziesme d'avril M.VIe cinquante, à Elbeuf, devants Mes Jean et Jean Hamon, tabellions royaux de la viconté du Pontde-l'Arche au siége du Béthomas ;

« Furent presens Nicolas Jemblet fils Jean, boucher, André Le Cointe, Pierre Dupont, laisné fils Pierre, Jacques Gueroult fils Jacques, Me Nicollas Hamon fils Cesar, Girard de Sainct Ouen, Jacques Flavigny fils Nicolas, Jean Cavé fils Jacques, Me Mathieu Rouvin le le jeune, Michel Dubosc, Jean Bucquet fils Jean, Pierre Cauchois, cordonnier, tous bourgeois demeurant en la paroisse Saint Jean d'Elbeuf,

« Lesquels, de leur bonne volonté, ont recongneu et confessé par ces presentes, pour la plus grande gloire de Dieu, avoir creé et erigé en l'eglise Saint Jean d'Elbeuf, du consentement de venerable et discrette personne Mᵉ Pierre Pollet, prestre, curé de lad. parroisse à ce present, une confrarie soubz le nom du très saint sacrement de l'autel, pour laquelle entretenir les dessus dits se sont submis et obligez, par ces presentes, faire, tenir et acomplir ce qui ensuit :

« Assavoir que lesd. confrères susnommez, tant qu'il plaira à Dieu leur prolonger la vie, assisteront le saint sacrement lorsqu'on le portera aux personnes malades dans ladite parroisse, ayantz tous chacun un cierge ardant en leurs mains, qui sera fait et entretenu en commun ; et affin de les assembler pour ce subjet, le maistre de lad. confrarie sera tenu et obligé d'advertir ou faire advertir lesditz confrères, de se trouver en lad. eglize au son de la cloche, qui se fera peu avant que de porter led. saint sacrement ; et en cas qu'aucun desd. confrères fut deffaillant d'y assister ou d'y preposer un homme suffisant et capable à son lieu et place en cas d'absence, il sera tenu payer deux sols six deniers d'amende pour chaque manquement, s'il n'y avait excuse légitime.

« Seront aussy tenus d'assister avec leurs ditz cierges aux processions qui se feront le jour et feste du saint sacrement, le dimanche ensuivant et le jour des octaves, sur pareille amende que ci-dessus.

« Feront lesditz confrères dire et celebrer par chacun an, à leurs despens, en lad. eglize, douze messes hautes en l'honneur du saint sacrement, lesquelles se diront le premier jeudy de chacque mois, assavoir depuis Pasques jusques à la Saint Michel, à six heures du matin, et depuis la Saint Michel jusques à Pasques, à sept heures, en laquelle lesd. confréres seront tenus d'assister, à peine d'amende comme dessus, s'il n'y avoit excuse legitime, comme dit est. Et aura le prestre qui celebrera lesd. messes la somme de douze livres par chacun an, à laquelle sera fait procession ; et auront les prestres qui y assisteront chacun trois sols.

« Feront aussy dire et celebrer pendant les octaves du saint sacrement un salut, entre huit et neuf heures du soir, auquel lesd. confrères seront aussy tenus assister, à paine de l'amende cy dessus referée pour chaque manquement. Et pour chaque salut sera payé audit sieur curé, cinq sols ; à six prestres qui y assisteront, douze sols, parce que s'il s'y en trouvoit moins, ceux qui seront presens auront les douze sols ; et au clerc qui sonnera ledit salut en carillon et l'appel pour assembler lesdits confrères pour assister le saint sacrement, quand on le portera auxdits mallades, la somme de quatre...; et à l'organiste qui fera jouer les orgues auxdits saluts, la somme de *(non indiquée)*.

« Et arrivant le decedz de l'un desd. confrères, ceux qui resteront vivans seront tenus luy faire dire et celebrer, à leurs despens, une messe de *Requiem* à diacre et soubz diacre, avec les prières et oraisons accoutumez, et y assister, sur paine de l'amende que dessus ; sur le tombeau duquel, le prestre qui celebrera les messes du saint sacrement le premier jeudy du mois, à la fin d'icelles, dira le *Libera* et oraisons ordinaires, jusques à ce qu'il arrive le decedz d'un autre desd. confrères, et ainsy sera dit ledit *Libera* à l'advenir sur le tombeau du dernier decedé.

« Sera d'an en an, le jour et feste du saint sacrement, elleu un maistre de lad. confrarie, lequel sera tenu payer les sommes cy dessus declarez, pour faire celebrer led. service, parce qu'il les recueillera sur lesd. confrères chacun en leurs portions. Et ont dès à present ellu ledit Jemblet pour premier maistre de lad. confrarie, lequel, en consideration de ce et pour davantage orner le saint sacrement, a promis de donner un poelle de valleur de *(somme non indiquée)*. Et fera ledit Jemblet la fonction de maistre de lad. confrarie, depuis ce jour jusques au jour et feste du saint sacrement de l'an M.VI^c cinquante et un, auquel jour le plus ancien desd. confrères fera lad. charge de maistre et ainsy d'autres en autres.

« Que si quelqu'un desd. confrères tomboit mallade et qu'il fut près d'aller de vie à decedz, il pourra mettre et substituer en sa place son fils, en cas qu'il en ait de suffisant et capable; si non, pourra donner sa place à quelque autre personne de lad. paroisse, pourveu qu'il soit trouvé bon et agreé par lesd. confrères pour le bien et service de lad. confrarie, et laquelle personne qui sera nommée à la place du decedé prendra la dernière place à lad. confrarie.

« Promettanz les dessus ditz faire, tenir et accomplir tout ce que dessus est dit et déclaré, tant qu'il plaira à Dieu leur prolonger la vie, sans aller ni venir au contraire en quelque façon et manière que ce soit, sur l'obligation de tous leurs biens, meubles et heritages presents et advenir... » *(Suivent les signatures).*

Le même jour, Marie Chartier, veuve de Jean Maille, de Saint-Aubin, donna au trésor de Saint-Jean, représenté par le curé Pierre Pollet, Nicolas Flavigny, André Le Conte, Jacques Bénard et Robert Viel, trésoriers, cinquante perches de terre en labour sises à Thuit-Anger, au triège de la Pépinière. Cette donation avait pour objet la fondation de deux hautes messes perpétuelles.

Le lendemain, une nouvelle fondation de messes fut faite en l'église Saint-Jean, par Jacques Bénard, greffier aux Eaux et forêts d'Elbeuf, et Marie Nicolle, sa femme.

En 1650, dit François Dupont, la population de la paroisse Saint-Jean augmentant, et l'église devenant trop petite, on prépara son agrandissement, en édifiant une tour hors l'église — la tour actuelle. « Le projet pour lors étoit d'en édifier une seconde et de mettre un portail au milieu » ; mais l'argent faisant défaut, les paroissiens se réunirent en état de commun le 20 avril, sous la présidence du curé, assisté des trésoriers, et décidèrent de vendre cinq pièces de terre. L'acquéreur fut le monastère des Ursulines, représenté par sœurs Marie des Anges, supérieure, Catherine de la Nativité et Marie de l'Assomption, qui versèrent la somme de 1.400 livres au trésor paroissial, pour le prix de cette acquisition.

Le 26, par acte passé à Elbeuf, Alexandre Leriche, sieur de la Groudière, et Antoinette d'Aigrefeuilles, sa femme, demeurant à Tourville-la-Campagne, vendirent 500 livres de rente à Nicolas de Pézet, écuyer, sieur de Corval, demeurant au château du Bec-Thomas.

Une confrérie du Saint-Sacrement fut également créée en la paroisse Saint-Etienne, le 8 mai, par Louis Boissel, Pierre Delarue, Etienne

Boisselier, Jean Hertoult, Nicolas Lecerf, Robert Boisselier, Pierre Grandin, Etienne Roussel, Pierre Revel, Pierre Delaquaize, Charles Leguay, Eustache Caumont, Adrien Osmont et Jacques Divory, en présence de Me Robert Gosset, curé.

Les statuts ne différaient point de ceux de la confrérie établie le mois précédent à Saint-Jean. Louis Boissel, fabricant de draps, en fut le premier maître.

Deux actes, datés du 10 du même mois, sont relatifs à Jeanne Duchesne, mère de cinq enfants, demeurant paroisse Saint-Etienne, dont le mari, marchand mercier grossier à Rouen, avait éprouvé de grandes pertes sur mer, et avait été plongé dans la misère par des soldats qui avaient dévasté les terres et les récoltes qu'il possédait à Boscroger et à la Londe. Des parents et des amis vinrent au secours de Jeanne, pour lui donner les moyens de reprendre un petit commerce, afin de nourrir ses enfants.

Le 16, étant à Elbeuf, « Messire Louys de Mansel du Busc, conseiller et aulmosnier du Roy, abbé commendataire de l'abbaye Notre Dame d'Escurey et prieur de Saint Gilles de Verneuil au Perche » constitua un procureur, nommé Claude Collot, pour administrer ou donner à bail les fermes, prés et terres, « à lui escheus en ses lots de partage faicts avec les relligieux de ladite abbaye ».

Les tabellions du duché venaient de temps à autre soumettre au visa du bailli les minutes de leur office. C'est ainsi que Richard Hermier, tabellion à Boissey, vint présenter son registre, le 17 mai 1650, aux assises mercuriales du bailliage d'Elbeuf, tenues par Jean du

Chesne, écuyer, sieur des Chastelliers, bailli du duché d'Elbeuf.

Le 30, Richard Boisselier donna à loyer aux Ursulines plusieurs maisons et un jardin sis rue Meleuse, bornés d'un côté par le vivier, moyennant 72 livres par an ; « lesquelles maisons et jardin lesdites dames relligieuzes ont dit estre pour servir d'hospital aux pauvres, au lieu de l'autre hospital dudit bourg d'Elbeuf, de present occupé par lesd. dames superieures et relligieuzes dud. couvent... »

Vers ce temps, Charles Carbon, verdier d'Elbeuf, fut parrain à Saint-Etienne avec Catherine Duchesne, fille du bailli.

On sait que Mazarin avait fait arrêter les princes de Condé, de Conti et de Longueville et mener à Vincennes, où ils étaient depuis le 18 janvier précédent. En septembre, le cardinal fit transporter les trois prisonniers au Havre, sous la conduite du comte Henri d'Harcourt. Condé se vengea du général chargé de cette mission, par un couplet qui eut beaucoup de succès :

> Cet homme gros et court,
> Si connu dans l'histoire,
> Ce grand comte d'Harcourt
> Tout couronné de gloire
> Qui secourut Casal et nous rendit Turin
> Est maintenant recors de Jules Mazarin.

Le 27 octobre, « Me Jean Pollet, fils de Me Richard, sieur de Longuemare, prestre, conseiller et omosnier du Roy, demeurant à Caudebec, vendit au collège de Sainte Ursulle, d'Elbeuf » une rente de 50 livres.

Le 12 novembre, étant à Paris, Henri de Lorraine, comte d'Harcourt et de Brionne, grand écuyer de France, gouverneur d'Alsace et commandant pour le roi en Normandie, ordonna aux habitants de Louviers de recevoir l'une des brigades de la compagnie de ses gardes.

Le 10 décembre, Hélie Bigot, bourgeois d'Elbeuf, afin d'aider à Louis Bigot, son fils, clerc tonsuré, d'arriver à la prêtrise, et bien que celui-ci fut déjà pourvu d'une prébende de chanoine à la Saussaye, valant 400 livres de revenu, lui assura une pension annuelle et à vie de 150 livres « pour la descharge de monseigneur l'evesque d'Evreux ».

Des actes passés à Elbeuf, cette année-là, sont relatifs à des fondations de messes et prières dans plusieurs églises des environs. Nous relèverons celle faite par Nicolas Lodieu, vicaire de Saint-Pierre-des-Cercueils, à l'église de Saint-Ouen-du-Poncheuil, et celle faite par Robert de Saint-Amand à l'église de Saint-Amand-des-Hautes-Terres, dont Raulin Regnault était alors curé.

A cette époque, le prix du port d'une lettre d'Elbeuf à un lieu quelconque de Normandie était de 2 sols ; d'Elbeuf à Paris, 3 sols ; pour les villes et provinces autres que Paris et la Normandie, de 4 sols.

Vers ce temps, Charles III de Lorraine, plus tard duc d'Elbeuf, eut, de son mariage avec Elisabeth de Lannoy, un fils, connu sous le nom de chevalier d'Elbeuf.

L'achat à la cause royale des principaux auteurs de la Fronde n'avait pas empêché l'agitation qui se faisait contre l'autorité royale et surtout contre Mazarin. Dans une lettre que celui-ci adressa à Le Tellier le 24 décembre, il émet le désir que les personnes de

Année 1650

naissance et de mérite se réunissent pour examiner la situation : « M. d'Elbœuf, dit-il, qui tesmoigne beaucoup de passion pour le service de la Reyne et grande amitié pour moy, est fort capable de porter une parole et de servir utilement dans l'estat où sont les affaires ».

Quelque temps après, Mazarin écrivit encore à Le Tellier : « Quant à M. le duc d'Elbeuf, il fera son debvoir ; car, outre les obligations recentes qu'il a à la Reyne, il est entièrement contre la liberté des princes, ennemy du coadjuteur et fort degousté de M. le duc d'Orléans ».

CHAPITRE X
(1651-1655)

Charles II de Lorraine *(suite)*. — Il subit un nouvel affront. — Ses correspondances avec Mazarin. — Le comte Henri d'Harcourt. — Mort de Marguerite Chabot, duchesse douairière d'Elbeuf. — Faits divers.

La situation de Mazarin était devenue difficile. « Monsieur » et beaucoup de hauts personnages de la cour souhaitaient son éloignement de Paris. Mais, « on s'étonna fort que M. le duc d'Elbœuf », dit Mademoiselle de Montpensier, dans ses *Mémoires*, « se fut déclaré contre Monsieur, à qui il avait beaucoup d'obligation, et avec qui il avoit traité à la guerre de Paris, pour l'aversion qu'il avoit pour M. le cardinal Mazarin lorsqu'il étoit de ses amis : ainsi il faisoit connoître que l'amitié ou la haine de Monsieur lui en faisoit prendre pour les gens ».

On était alors en nouvelle Fronde. Mazarin détesté de tous, quitta Paris dans la nuit du 7 au 8 février. Il était à Pont-de-l'Arche le 9 et au Havre le 10, où il fit mettre en liberté les princes de Condé, de Conti et de Longueville, qui ne lui en surent aucun gré. Mazarin partit ensuite pour l'étranger.

« La Reine, se figurant que l'éloignement de Mazarin rendroit Gaston plus traitable, lui envoya, dans la soirée du 8 février, les ducs de Vendôme, d'Elbœuf, de Schomberg et quatre maréchaux de France, avec l'ordre de lui dire qu'elle vouloit consulter les grands du royaume sur les affaires présentes, que cette assemblée auroit lieu au Palais Royal, et qu'elle le supplioit de l'honorer de sa présence ».

Gaston resta inflexible ; et le duc d'Elbœuf, qui, après avoir été l'un des plus implacables ennemis de Mazarin dans la première guerre, s'était vendu à lui, fut celui des envoyés qui fit le plus d'efforts pour déterminer le prince à se fier aux promesses de la Régente. Il s'offrit même pour otage. Gaston, qui, d'après les insinuations du coadjuteur, avait conçu le plus grand mépris pour le duc, sortit de son caractère, ordinairement fort doux, et lui fit cette réponse accablante :

« — Il vous sied bien, Mazarin fieffé, de vous offrir ma caution ; je vous trouve bien hardi de vous présenter devant moi, vous qui êtes vendu au cardinal. Rendez grâce à ceux qui vous accompagnent : sans leur considération, je vous apprendrois le respect que vous me devez. Sortez, et n'ayez jamais l'audace de vous présenter devant moi ! »

La verte réponse que fit le duc d'Orléans à Charles de Lorraine a été diversement rapportée ; mais le fonds ne change pas. Voici la version de Guy Joly :

« C'est bien à vous, mazarin fieffé, à vous faire ici de fête ! Vous êtes un bel homme pour me servir de caution, vous qui devriez être tous les jours à mon lever ! On sait assez que ce qui vous a fait changer de sentiment sont les domaines et l'argent qu'on vous a donnés. Sans la considération de ces messieurs avec qui vous êtes, je vous apprendrois le respect que vous me devez. Je vous défends ma maison, et de vous présenter devant moi ! »

Madame de Motteville rapporte, de son côté, dans ses *Mémoires,* que « le duc d'Orléans le fit taire avec assez de hauteur. Madame lui dit qu'elle étoit au désespoir qu'il fût du sang de Lorraine, et lui parla avec un grand ressentiment de sa conduite. Ensuite de cette réprimande, le duc d'Orléans, s'adressant aux ducs de Vendôme et d'Epernon, leur dit qu'il ne pouvoit aller au Palais-Royal sans y conduire les princes ».

A cette époque, le duc d'Elbeuf, gouverneur de Picardie, fut encore l'objet d'accusations, méritées par ses agissements à la suite d'élections d'échevins à Amiens.

Un nommé Guesdon, créature du duc, avait été élu, quoiqu'il ne fut pas éligible, par des manœuvres condamnables. Les autres échevins protestèrent ; mais ils n'osèrent aller trouver le duc à Paris sans un sauf-conduit, car Guesdon avait annoncé que tout individu qui irait solliciter contre lui serait immédiatement arrêté ; ce qui eût lieu, en effet, pour un sieur Hémart que le duc fit enfermer dans les prisons de Saint-Merry aussitôt après lui avoir donné audience.

Cependant, les échevins et bourgeois d'Amiens ne se tinrent pas pour battus. Le Parlement de Paris rendit un arrêt, le 9 janvier 1651, en leur faveur. L'élection de Guesdon fut annulée et Hémart sortit victorieux de sa lutte contre le duc d'Elbeuf.

Un acte passé à Elbeuf, le 12 janvier 1651, concerne la prise à ferme, au prix de 680 livres par an, par Antoine et Louis Beaudouin frères, des dîmes de Surtauville, appartenant à François du Londel, curé, sauf celle de la masure de M⁰ François Vallée, greffier à la vicomté de Rouen.

Le comte d'Harcourt tomba malade au mois de juin ; le bruit de sa mort se répandit même, et plusieurs s'occupaient déjà de sa succession dans les charges de grand écuyer et de gouverneur de l'Alsace, quand on apprit sa guérison.

Le comte d'Harcourt reçut une lettre de Mazarin, datée de Brühl, 27 juillet, le remerciant pour la fidélité et le dévouement avec lesquels il travaillait à soutenir l'autorité royale.

Dans une autre lettre, également écrite à Brühl, mais le 22 août, Mazarin dit que le duc d'Elbeuf entend parfaitement l'intrigue et est très capable de servir les intérêts du Roy.

Le duc d'Elbeuf fit partie de la célèbre cavalcade formée à l'occasion de la majorité du roi, qui venait d'entrer dans sa quatorzième année. Il y parut, avec ses trois fils, au rang des ducs et pairs de France, vêtu de velours, tout chamarré de dentelles, de galons, de broderies de soie, d'or et d'argent.

Son frère le comte d'Harcourt assistait également à cette cérémonie. La chronique rapporte qu'il marchait après les maréchaux de France et les grands officiers de la couronne, était seul à son rang, et, comme grand écuyer de France, portait l'épée du roi, attachée à son baudrier et dans un fourreau de velours bleu, semé de fleurs de lys d'or, qu'il relevait sous son bras.

Le comte était vêtu d'un pourpoint de toile d'or et d'argent, et d'un haut de chausses plein de broderies semblables. Il était monté sur un cheval de bataille, gris-pommelé, en housse de velours cramoisi, garnie de passements d'or à points d'Espagne et chiffres de même, ayant, au lieu de rênes, deux écharpes de taffetas noir.

Des pages en grand nombre, en costume étincelant, avec force plumes blanches, bleues et rouges, suivaient le comte. Le roi venait ensuite.

Charles de Lorraine, prince d'Harcourt, alors âgé de 31 ans, fils aîné du duc d'Elbeuf, avait le gouvernement de Montdidier. Une lettre de Mazarin à Fabert, datée de Huy, 27 octobre 1651, mentionne que le prince lui avait envoyé un gentilhomme pour offrir à Mazarin sa personne et la place qu'il commandait comme asile.

Au mois d'octobre, le comte d'Harcourt commandait l'armée royale au sud de la Loire, et principalement en Aunis et Saintonge. Le mois suivant, ses forces furent augmentées de troupes détachées de l'armée du Nord, en prévision d'une grande bataille.

Le 15 novembre, le comte d'Harcourt eut l'honneur de battre l'armée du grand Condé et de lui faire lever le siège de Cognac, ce qui lui valut de chaudes félicitations de Mazarin, alors encore à l'étranger.

Les grosses sommes que le duc d'Elbeuf tirait des forêts, dont on lui avait donné les produits après la première Fronde, ne suffisaient pas encore à ses dépenses, et l'argent lui manquait.

Le dimanche 29 octobre, à l'issue de la messe paroissiale de Boissay-le-Châtel, le tabellion de cette châtellenie donna lecture d'un contrat passé par devant les tabellions du Bec-Thomas, le 24 du même mois, « contenant comme noble et discrette personne Me Guillaume Libor, conseiller et osmonnier du Roy, vertu de procuration à lui donnée par très haut et très puissant et très illustre prince Monseigneur Charles de Lorraine, duc d'Ellebeuf, pair de France, et par très haute, très puissante et très illustre princesse Madame Catharine Henriette legitimée de France, son espouze... ont vendu à Monsieur Me Robert Le Roux, escuier, seigneur de Tilly, conseiller du Roy en son grand conseil, une pièce de bois taillis sise à Boissay, contenant soixante acres, plus une coste en brière, appelé la coste Pellée, à Boscregnoult, plus une pièce en pasture de dix ou douze acres, plus cinq acres de terre en labour, plus six à sept acres en labour, plus cinq acres, etc. ; vendue faicte pour le tout ensemble moiennant onze mille livres ».

Omer Talon rapporte que le 15 décembre, « M. le premier président reçut une lettre de M. le duc d'Elbœuf, gouverneur de Picardie, par laquelle il lui mandoit que le cardinal Mazarin lui avoit envoyé le sieur de Navailles, gouverneur de Béthune, pour lui dire qu'il avoit levé des troupes pour le service du Roi ; qu'elles étoient sur le point d'entrer dans le royaume, et d'y être conduites par les officiers ; que ses amis lui conseilloient de se mettre à la tête pour aider à leur conduite, et témoigner au Roi et à la France son service dans cette occasion ; qu'il le prioit de lui en mander son sentiment.

« A quoi ledit sieur d'Elbœuf dit, par sa lettre, qu'il a répondu que le soin et la peine qu'a eus ledit sieur Cardinal de faire lever des troupes pour le service du Roi et le secours de l'Etat est un témoignage de son affection et de sa fidélité, dont le Roi doit lui savoir grand gré ; mais que s'il se met à la tête de ses troupes, qu'il témoignera par une action de cette qualité que c'est son intérêt qui le fait agir, et non le bien de l'Etat ; que dans l'embarras des affaires publiques, il n'y doit pas ajouter celui de son retour, qu'il sait être chose difficile à exécuter et à faire trouver bon à beaucoup d'esprits, et qu'il perdroit par une entreprise de cette qualité toute la bonne opinion que ses serviteurs et ses amis ont conçue de sa conduite ; laquelle lettre M. d'Elbœuf ayant envoyée à M. le duc d'Orléans, il l'envoya à la cour ; et par le moyen d'icelle le dessein et l'intention du retour du cardinal ayant été estimé plus proche, messieurs des requestes demandèrent l'assemblée des chambres... »

D'autre part, le cardinal de Retz rapporte que le 18 décembre « messieurs des requêtes allèrent par députés à la grand'chambre pour demander l'assemblée, sur une lettre que M. le cardinal Mazarin avoit écrite à M. d'Elbœuf, en lui demandant conseil touchant son retour en France. M. le président s'adressa la lettre ; il dit que M. d'Elbœuf la lui avoit envoyée ; qu'il avoit en même temps dépêché au Roi pour lui en rendre compte, et faire voir la conséquence... On assembla le 20, M. le président ayant dit à la compagnie que le sujet de l'assemblée étoit la lettre dont j'ai parlé ci-dessus, et un voyage que M. de Noailles avoit fait vers M. d'Elbœuf, les gens du Roi furent mandés, qui conclurent... que Sa Majesté fût suppliée d'écrire à l'électeur de Cologne, pour faire sortir le cardinal Mazarin de ses terres et seigneuries », qu'il fût défense aux maires et échevins des villes frontières et autres de lui donner passage, etc. Ce qui n'empêcha pas que, le 25, Mazarin se trouvait à Sedan. Il est vrai que le Parlement de Paris arrêta qu'il serait donné 150.000 livres à celui qui présenterait le cardinal mort ou vif. Mazarin était tenu au courant de ce qui se passait à Paris par le duc d'Elbeuf et par son fils aîné, le prince d'Harcourt.

Une lettre de Mazarin à l'abbé Fouquet, datée de Rethel, 30 décembre 1651, contient ces passages : « ...M. le prince d'Harcourt me faict savoir que, quelque diligence qu'on fist à Paris, jetant des billets et donnant de l'argent pour exciter une sédition, on n'en pouvoit pas venir à bout, les gros bourgeois tesmoignant ne vouloir en aucune façon rien faire qui pust deplaire au Roy... Il n'y a rien de si obligeant que le procéder de M. le prince d'Harcourt ; car il est dans l'impatience de faire toutes les choses que je puis souhaiter de luy... »

« M. le duc d'Elbeuf m'a depesché, me faisant de grandes protestations d'amitié et d'estre prest à tout ce que je pourray souhaiter de luy... ».

Peu de temps après, Mazarin rentra en France et reprit la conduite des affaires publiques pendant huit ans encore.

Vers cette époque, une petite flottille, portant environ huit cents personnes, passa devant Elbeuf. C'étaient des colons qu'une compagnie, possédant de grands capitaux, avait rassemblés pour aller les établir à Cayenne. Malheureusement, l'abbé de Marivault, qui était l'âme de l'entreprise, s'était noyé à Paris, en embarquant ; et quand l'expédition eût pris la mer, le sieur de Roiville, gouverneur général, fut assassiné, de sorte que l'entreprise resta sans succès.

Le 12 janvier 1652, la comtesse d'Harcourt fut enlevée de son logis et conduite à l'Hôtel-de-Ville de Paris. C'est le duc de Beaufort qui l'avait fait arrêter, sans autre motif que celui d'être la femme du comte. Cette violence causa une indignation générale ; alors le duc de Beaufort se décida à reconduire la comtesse chez elle.

Quelque temps après, le comte d'Harcourt battit Condé dans l'Aunis et la Saintonge, et le força à se retirer en Guyenne. Le comte demanda alors à quitter le commandement de l'armée royale ; mais Mazarin lui écrivit, le 28 février, que « le roi ne pouvoit lui accorder la faveur qu'il sollicitoit, et le pria de ne pas laisser imparfait un ouvrage le plus important du royaume, après l'avoir si genereusement entrepris et si glorieusement advancé ».

Le 2 avril, il y eut une sédition sur le Pont-Neuf à Paris, où cinq ou six mille personnes se trouvèrent assemblées et obligèrent ceux qui passaient à cheval ou en carrosse de crier: Vive le Roi et les princes, sans Mazarin ! » ou encore « F... du Mazarin ! », même les femmes. Puis les émeutiers pillèrent un carrosse de la comtesse de Rieux, belle-fille du duc d'Elbeuf, quoique son mari se fût déclaré contre le cardinal, et qu'il se fût engagé dans le siège d'Angers.

En avril, le duc d'Elbeuf, sur l'invitation de Mazarin, s'appliqua à jeter des secours dans Gravelines, assiégée par les Espagnols, et des hommes et des vivres dans Dunkerque, place menacée.

Vers ce temps, des conflits surgirent entre le duc d'Elbeuf, qui avait le gouvernement de la Picardie, et le maréchal d'Hocquincourt, gouverneur de Péronne. Charles de Lorraine était également en lutte ouverte avec Geoffroy Luillier, sieur d'Orgeval, intendant de Picardie. Au mois de septembre, l'harmonie était rétablie entre le duc et le maréchal d'Hocquincourt, ce dont le cardinal se réjouit, car elle était nécessaire pour la défense de la Picardie.

En juillet, le comte de Fuensaldagne, avec lequel nous avons fait connaissance pendant les guerres de la Fronde comme allié du duc d'Elbeuf, entra en France, à la tête de troupes espagnoles, vint camper à Crécy-sur-Serre, d'où il marcha le long de la rivière d'Oise ; « et menaçant Noyon, Compiègne et Chauny de siège, il tourna tout court devers ce dernier, et l'attaqua de tous côtés.

« Le duc d'Elbœuf, gouverneur de Picardie, avoit assemblé la noblesse de la province, pour entrer dans les lieux qui seroient menacés ; et voyant la tête de l'armée tournée devant Chauny, il se jeta dedans : mais comme cette ville n'est point fortifiée, et que le comte de Fuensaldagne la battoit rudement, le duc d'Elbœuf fut bientôt contraint de capituler, à telles conditions qu'il plut aux Espagnols ; à savoir qu'il sortiroit lui et Manicamp, gouverneur de la place ; mais que tous les gentilhommes officiers et soldats demeureroient prisonniers de guerre... »

Le duc d'Elbeuf fut ensuite mis à la tête d'un corps armé devant s'opposer aux tentatives du duc de Nemours ; mais ce dernier « entra sans résistance dans le royaume, toutes les troupes de Roy étant divisées ; et quoique M. d'Elbœuf et messieurs d'Aumont, Digby et de Vaubecour en eussent à droite et à gauche, il pénétra jusqu'à Mantes », où il passa la Seine.

En cette même année, le lendemain de la mort de M. de Nemours — tué par M. le duc de Beaufort qu'il avait provoqué — « il arriva une affaire entre M. le prince et M. le comte de Rieux, fils de M. le duc d'Elbœuf, qui surprit assez », dit encore Mademoiselle de Montpensier.

« Ce fut pour quelque dispute de rang : je pense que c'étoit avec M. le prince de Tarente... dont la maison souffre assez mal les princes étrangers, et surtout la quantité de cadets de la branche d'Elbœuf. Le mérite qu'avoient autrefois en France les Lorrains, du temps du Balafré et de tous ces illustres messieurs de Guise, n'a pas continué dans tout ce qui est resté du même nom, les personnes se trouvant moins considérables : cela leur a fait disputer plus aisément leur prérogative.

« M. le prince prit le parti du prince de Tarente, qui lui est très proche, contre le comte de Rieux, et il s'échauffa un jour dans la dispute ; il crut que M. le comte de Rieux l'avoit poussé : ce qui l'obligea à lui donner un soufflet ; le comte de Rieux lui donna ensuite un coup. M. le prince, qui n'avoit point d'épée, sauta à celle du baron de Migenne, qui se trouva là ; M. de Rohan qui y étoit se mit entre deux, et fit sortir le comte de Rieux, que Son Altesse Royale envoya à la Bastille pour avoir osé manquer de respect. Plusieurs ont dit que M. le prince avoit frappé le premier ; s'il l'a fait, il prit quelques gestes du comte de Rieux pour une insulte. Quoiqu'il soit bien emporté, il ne l'est pas à tel point qu'il eût pu faire une action de cette nature. Je le vis l'après-dînée, et il me dit : « Vous « voyez un homme qui a été battu pour la première fois ». Le comte de Rieux demeura à la Bastille jusques à la venue de M. de Lorraine, qui le fit sortir, et blâma fort ce qu'il avoit fait ».

Au 15 juillet 1652, les religieuses d'Elbeuf étaient intéressées dans un procès, en la vicomté de Pont-Authou et de Pont-Audemer, entre Richard Monthelon, sieur de Paronsseau, conseiller du roi et maître d'hôtel de la reine-mère, et Marc-Antoine Dandel, fils du sieur de Soligny, au sujet des arrérages d'une rente.

Le comte d'Harcourt, qui avait obtenu le commandement de l'Alsace en 1649, après la défection de Turenne, et celui de Philipsbourg, voulait aussi joindre celui de Brisach ; mais le cardinal de Mazarin, qui le désirait pour lui-même, le demanda au roi et l'obtint. Il en prévint d'Harcourt, par une lettre datée de Gien, 16 avril, dans laquelle il engageait le comte d'en prendre son parti, et même de lui donner toute assistance pour que le cardinal puisse avoir au plus tôt la jouissance du gouvernement de Brisach.

Il va sans dire que le comte conçut de la mauvaise humeur de cette affaire. Au mois de juillet, il assiégeait Villeneuve-d'Agen ; mais il ne put empêcher l'ennemi de jeter des secours dans cette place, dont il leva le siège le 2 août, en accusant la cour de laisser dépérir son armée.

Mazarin lui écrivit, le 8 août, pour l'engager à prendre le commandement de l'armée de Catalogne, en entourant cette invitation de toutes les flatteries dont le cardinal était capable ; mais au lieu de se rendre au désir du ministre, d'Harcourt abandonna l'armée de Guyenne, traversa rapidement la France, se rendit en Alsace, passa le Rhin et se fit livrer Brisach par la garnison révoltée.

Cette nouvelle parvint à Mazarin le 22 août, qui voulut faire arrêter le comte et lui enlever son gouvernement d'Alsace.

Les procès se succédaient entre les chanoines de la Saussaye et les fermiers des moulins d'Elbeuf. Voici un extrait de note, datée de 1652, concernant l'affaire alors pendante devant le bailli d'Elbeuf ;

« Sur l'action intentée à Jean Patallier, bourgeois d'Elbeuf, fermier des moulins, pour avoir payement en privilège, même sous contrainte par corps et saisie des moultes ; ouï ledit Patallier, qui prétend n'être sujet à payer la rente capitulaire, quoiqu'il l'ait payée plusieurs fois, parce que l'intendant de la maison de Monseigneur a donné au chapitre plusieurs mandats à prendre sur la ferme des bois ; vu la réponse dudit chapitre, qui soutient que, quoiqu'il ait accepté des mandats sur la ferme des bois, cette acceptation n'a pu rien changer aux termes de la fondation, qui affectait ladite rente sur les moulins, coutumes et prévôté ; non obstant que Patallier persiste à dire qu'il y a eu transport ; lecture faite de la fondation... ». — Le bailli ordonna que Patallier paierait aux chanoines la somme due, même au préjudice de tous autres créanciers.

Le 29⁰ jour de septembre fut marqué par le décès de la vieille duchesse douairière d'Elbeuf. Voici l'inscription que l'on trouva, en 1793, sur une plaque de métal placée dans l'intérieur du caveau des seigneurs d'Elbeuf à la Saussaye :

« Cy gist le corps de deffuncte très-haute très-puissante et très-illustre princesse madame Marguerite Chabot, duchesse d'Elbeuf, comtesse de Charny, Pagny, Rahouy, Givry, vicomtesse de Neublanc... et autres lieux, veuve de très-haut, très-puissant et très-illustre prince monseigneur Charles de Lorraine, duc d'Elbeuf, écuyer, pair et grand veneur de France, chevalier des ordres du Roy, comte de Lillebonne, Brione et plusieurs autres lieux, gouverneur et lieutenant général pour le Roy en la province de Bourbonnais et ville de Poitiers, laquelle est décédée en son hostel à Paris, le dimanche 29 septembre 1652, aagée de 87 ans ou environ »,

A cette époque, l'hôtel des ducs d'Elbeuf à Paris était place Royale. Ils habitèrent, plus tard, la place du Petit Carrousel.

Nous avons dit que Marguerite Chabot était fille et héritière de Léonor Chabot, comte de Charny et de Buzançais, grand écuyer de France, et de Françoise de Rye, dame de Lonwy, sa seconde femme. Outre Charles II de Lorraine, duc d'Elbeuf, et de Henri de Lorraine, comte d'Harcourt, dont nous avons parlé bien souvent, elle avait eu de son mari quatre autres enfants :

1º Claude-Eléonor de Lorraine, dame de Beaumesnil, qui avait, comme on le sait, épousé Louis Gouffier, duc de Roannès ; elle mourut le 1er juillet 1654, âgée de 62 ans ;

2º Henriette de Lorraine, coadjutrice, puis abbesse de N.-D. de Soissons ; elle décéda le 24 janvier 1669 et fut inhumée dans son abbaye.

3º Françoise de Lorraine, morte à Paris, sans alliance, le 9 décembre 1626, âgée de 27 ans et demi. On l'enterra dans l'église Notre-Dame de Soissons ;

4º Catherine de Lorraine, morte le 30 janv- 1611, âgée de 5 ans et 7 mois, et inhumée dans l'église de Capucines de Paris, où l'on voyait autrefois son épitaphe, près du grand autel.

Le 16 octobre, Pierre Pollet, curé de Saint-Jean, et plusieurs de ses paroissiens fondèrent la confrérie de Saint-Michel, dont nous reparlerons par la suite.

A la fin du mois, Mazarin témoigna au duc d'Elbeuf son déplaisir de ce que son corps de troupes n'avait pas encore rejoint, comme il en avait reçu l'ordre, l'armée que commandait Turenne et La Ferté, alors que l'ennemi ravageait la Champagne, y prenait des places et y établissait des quartier d'hiver sans aucune résistance.

Il fit presser le duc d'Elbeuf par le maréchal d'Aumont et des exprès. Mazarin ne voulait pas qu'il se présentât avec un petit corps en Champagne, mais à la tête d'une grande armée, comme il convenait à une personne de sa condition. Au 30 octobre, d'Elbeuf était encore à Compiègne avec des troupes assemblées en Picardie, dont d'autres, parties de Normandie, n'étaient pas loin, mais il ne paraissait pas pressé d'aller se mettre sous le commandement d'un autre, fut-ce Turenne lui-même.

Le 12 novembre, Mazarin apprit qu'il avait enfin rejoint le grand capitaine, avec ses corps picards et normands, et témoigna quelque appréhension que sa présence, qui augmentait le nombre des généraux, nuisît au service du roi et causât des embarras à Turenne. Au 5 décembre, le duc d'Elbeuf était à Ligny. Le 10, Mazarin exprima, à Turenne et au duc d'Elbeuf, la joie qu'il éprouvait de la retraite de Condé et des progrès de l'armée royale.

Le 24 janvier 1653, Mazarin donna l'ordre au duc d'Elbeuf de surveiller les mouvements des ennemis, et lui désigna les postes qu'il devait occuper.

Mᵉ Louis Buquet, prêtre, est qualifié de prieur de Saints Félix et Adauct, dans un titre de cette année. — A cette époque, Hélie Bigot, d'Elbeuf, était prêtre à Iville.

Une branche de la famille Flavigny, d'Elbeuf, s'était établie aux environs du Bec. Deux actes de cette année sont relatifs à l'affermage du moulin à eau du Boulley, dont était propriétaire Hector de Flavigny, sieur du Boulley, de la paroisse Saint-Martin du Parc. Hector avait épousé Madeleine Le Maisnier ; celle-ci se remaria, en 1660, avec Jacques Le Cornu, écuyer, sieur du Coudrey, demeurant à Saint-Philbert, dont elle devint veuve également.— Robert de Flavigny, fils d'Hector, est cité dans un autre titre, comme ayant fondé, en 1670, trois hautes messes dans l'église Saint-Martin du Parc d'Harcourt.

Jacques Flavigny, diacre, était, vers le milieu du xvıɪᵉ siècle, religieux à l'abbaye du

Bec-Hellouin, et Pierre de Flavigny, curé de Chrétienville.

En septembre, les Espagnols étaient en Champagne et en Lorraine. Les maréchaux français, après la prise de Mouzon, marchèrent sur Charleville et Mézières, pour joindre des troupes que le duc d'Elbeuf leur envoyait de Picardie, et aller, de là, secourir Rocroy ; mais durant cette jonction, ils apprirent que cette place venait de capituler.

Le 25 novembre, Henri de Lorraine, comte d'Harcourt, de Brionne et d'Armagnac, gouverneur de l'Alsace, général des armées du roi, etc., présenta Mª Guillaume Durand à la cure d'Angoville.

Un manuscrit de 1654, cité par M. Clément, dans son *Histoire de Colbert*, mentionne qu'à cette époque la France recevait pour 8 millions de draps fins de fabrication anglaise, mais que, après avoir fait des assortiments, elle expédiait chaque année pour 30 millions de blé en Turquie, en Espagne, en Portugal, en Italie, aux îles et aux échelles du Levant ; l'excédant des exportations était donc de 22 millions.

Après la paix, la reine fit sacrer son fils, Louis XIV, avec beaucoup de solennité. La cérémonie eut lieu à Reims, le 7 juin, en présence de cardinaux, de quatre évêques, de deux archevêques, dont celui de Rouen, et un très grand nombre de généraux et de grands seigneurs. Le duc d'Elbeuf y représenta le duc de Guyenne.

Le surlendemain, « le Roi toucha pour la première fois les malades des écrouelles ». On croyait alors que les rois de France avaient reçu du ciel le privilège de guérir de cette maladie.

Mlle de Lannoy, épouse de celui qui devint Charles III, duc d'Elbeuf, mourut à Amiens en 1654, à l'âge de 28 ans.

Le lundi 21 octobre, dans la collégiale de la Saussaye, on célébra « un obit général en la mémoire de feue noble et vertueuse princesse fame de monsieur le prince d'Harcourt, le corps de laquelle de présent repose aux Augustins de Paris ».

En novembre 1655, Jean Gemblet, avocat, épousa Marguerite Pollet, parente de Pierre Pollet, curé de St-Jean. — Jean Beaucousin était alors prêtre dans cette paroisse.

CHAPITRE XI
(1656-1657)

Charles II de Lorraine *(suite)*. — Les nouvelles cloches de Saint-Jean. — Echange entre les Elbeuviens et les Ursulines. — Mort du duc d'Elbeuf. — Ses funérailles a la Saussaye. — Procès des chanoines contre les héritiers du duc. — Encore un portrait de Charles II ; ses armes ; ses enfants. — Etat et partage de ses biens.

Le mercredi 23 octobre 1656, jour de la fête de saint Romain, la tour de l'église Saint-Jean, commencée en 1651, était assez avancée pour recevoir trois grosses cloches, qui furent fondues « sous la grande halle, au bout, du côté de l'église, et bénies par Mʳ Pierre Pollet, curé, avec de très belles cérémonies et grandes réjouissances ».

D'après les indications de François Dupont, ce serait donc sur l'emplacement de la rue Henry actuelle que ces trois cloches auraient été fondues.

Cette intéressante opération nous rappelle une découverte faite à Cléon, en 1885. Quand on répara le pavage du porche de l'église, on mit à découvert plusieurs minuscules coupoles en briques, qui firent l'objet d'une note de M. de Vesly, mais, à notre avis, peu satisfaisante.

Plusieurs virent là des travaux remontant aux Romains ; M. de Beaurepaire objecta, avec beaucoup de raison, que si ces mystérieux monuments avaient été antérieurs à la construction du porche, ils n'auraient pu résister, vu leur peu de cohésion, aux grands mouvements de terrains qui en ont résulté.

Aux hypothèses déjà émises, sur l'origine et l'usage de ces coupoles, nous ajouterons la suivante : ces petites constructions ne seraient autre chose que des noyaux ayant servi à la fonte de cloches.

En effet, le moulage se faisait et se fait encore de la manière qui suit :

Dans la fosse même où aura lieu la coulée, on construit un noyau en briques et une chape, que l'on sépare par une épaisseur de terre appelée fausse-cloche. Cette fausse-cloche est protégée par des couches de cendres et de noir qui empêchent son adhérence et facilitent le démoulage. Ces préparatifs se faisaient autrefois presque toujours, pour la commodité de tous, le plus près possible de l'église : à Cléon, sous le porche ; à Elbeuf « sous la halle, au bout, du côté de l'église », c'est-à-dire auprès de la tour qui devait les recevoir ; ailleurs dans l'église même.

A ce sujet, nous transcrirons un passage de l'ouvrage de M. le docteur Billon, de Lisieux :

« La Lorraine produisait presqu'exclusivement les fondeurs de cloches. Une ancienne cloche de la tour penchée de Pise a été fondue par un Lorrain... La commune de Brévannes a fourni les plus célèbres pendant plusieurs siècles. Les Brocard, les Bollée, les Mutrel, les Monteaux ont rempli pendant les XVIe, XVIIe et XVIIIe siècles les quatre coins de la France de leurs produits. Comme les Brocard, les ancêtres de Jean Aubert, de Lisieux ; les Buret, de Rouen ; les Cavillier, de Carpuis, remontent au XVIe siècle...

« Ils quittaient leurs foyers le jour des Cendres et y rentraient vers la Toussaint. Ils allaient de cathédrale en cathédrale, d'abbaye en abbaye. Quand ils étaient installés dans un monastère, ils y faisaient joyeuse vie ; pendant la dessication de leurs moules, ils chassaient, pêchaient dans les rivières, etc...

« Nous ne rechercherons pas si c'était pour un motif pieux que les anciens fondeurs choisissaient pour sièges de leurs opérations les lieux bénits ou consacrés, tels que les cimetières, chapelles, églises, etc. Cette observation qui a été faite par Mgr Pie, dans son travail sur les cloches de la cathédrale à Chartres, est confirmée par des faits nouveaux qui sont venus à notre connaissance.

« La grosse cloche de Saint-Germain d'Argentan a été fondue au bas de la nef, et, dans les fouilles que l'on a faites à Saint-Pierre de Caen, pour la construction du gros pilier de la tour, on a trouvé des débris de moules, indiquant que des cloches avaient été fondues en cet endroit. Contre un des des piliers du clocher du Norrey, près Caen, on lit : « Ci-devant fut fondue la petite cloque ». C'était, on le voit, dans les églises ou très près, que l'on fondait les cloches qu'elles devaient recevoir.

Nous croyons donc que les petites coupoles de Cléon ont servi à la fonte de cloches, et pas à autre chose.

Au moment où l'on fondit les trois cloches de Saint-Jean, Jean Hamon, Louis Bucquet et Marin Taurin étaient prêtres en cette paroisse.

Jacques de Saint-Ouen, originaire d'Elbeuf, était alors curé de « Saint-Dizier » (Saint-Didier-des-Bois). — François Flavigny et Nicolas Bourdon fils Jacques étaient tous deux chirurgiens à Elbeuf. Louis Poullain y exerçait la profession d'apothicaire.

Cette année-là « noble homme François du Chesne, sieur des Monts, fils de noble homme Jean du Chesne, bailly d'Elbeuf », et Anne de Bessin, femme du sieur de Saint-Amand, furent parrain et marraine, à Saint-Jean, d'une fille d'Antoine de Couillarville.

Une contestation s'éleva entre le curé de Saint-Etienne et le couvent des Ursulines, à propos des dîmes de ce monastère. Elle se termina, le 13 février 1657, par la convention suivante :

« Sur ce que Mʳ Robert Gosset, curé de Sainct Estienne, a fait demander aux religieuses Ursulines la dixme des fruits et legumes des jardins qu'elles occupent et de certaine somme d'argent pour l'indemniser des droits parochiaux pour les maisons qu'elles occupent en ladite paroisse, lesdites religieuses ont transigé et accordé avec ledit Mʳ Robert Gosset, curé, que, pour tous lesdits droitz de dixmes et autres, elles lui payeront à l'avenir, pour chacun an, la somme de cent sols tournois, avec un cierge le jour de Pasques... »
Suivent les signatures des sœurs « Saincte Marie de Tous les Saincts, Saincte Catherine

de Saincte Melthilde, Saincte Catherine de Jesus, et Saincte Marie des Anges ».

Les religieuses Ursulines et les habitants d'Elbeuf firent un échange d'immeubles le 17 avril :

« Marie de Moy dite de Tous les Saincts, supérieure du couvent ; Catherine de Lanquetot de Saincte Meltide, assistante ; Catherine Feron de Jesus et Marie du Croq des Anges » signèrent au contrat avec Pierre Viel et Robert Le Roy, trésoriers en charge de Saint-Jean, et Charles Boisguillaume et Jacques Delarue trésoriers de Saint-Etienne, auxquels les habitants des deux paroisses avaient donné leurs pouvoirs l'avant-veille, dans une réunion générale tenue à l'issue de la messe paroissiale de chacune des deux églises, en présence des deux curés.

Consentement à cet échange avait été donné par Jean Duchesne, écuyer, sieur des Chasteliers, bailli du duché, et Jacques Pollet, procureur fiscal.

Les maisons, cour et jardin que les Ursulines abandonnaient avaient été acquis par elles de Pierre Boisselier et autres ; ils étaient bornés par la ruelle de l'Hôpital, « d'autre costé les religieuses, d'un bout la ruelle tendante à la ruelle des Buts (bus, bœufs) et à la coste de la Justice ». Les maisons que les habitants donnaient en échange au couvent étaient celles qui avaient précédemment servi d'hôpital.

Dans un aveu rendu par les Ursulines au duc d'Elbeuf, le 30 septembre, maître Jacques Pollet est qualifié de bailli d'Elbeuf et de Quatremares, tandis que dans l'acte d'échange de l'hôpital, fait en la même année, mais le 17 avril, il est qualifié de procureur fiscal. « Si cela est, dit François Dupont, il faut le placer, comme bailli d'Elbeuf, entre Duchesne père et fils, mais avant Duchesne petit-fils ».

Marguerite, fille de Jean Pollet, lieutenant du duché d'Elbeuf, eut pour parrain, à Saint-Jean, Jacques Pollet, procureur du roi.

Le 28 octobre, on baptisa deux fils de « noble homme Charles Carbon, verdier des Eaux et forests de la duché d'Elbeuf ». L'un d'eux, Pierre, eut pour parrain « Pierre Chrestien, conseiller du roi en la table de marbre de Normandie », et pour marraine Françoise d'Almenèches, femme de Jean Langlois, lieutenant général à Pont-de-l'Arche. L'autre, Prosper, eut pour parrain Charles Carbon l'aîné, contrôleur du duc d'Elbeuf, et pour marraine, la veuve d'André Chrestien, avocat.
— Le mois suivant, Nicolas Dupont, d'Elbeuf, curé de Saint-Germain-de-Pasquier, fut également parrain à Saint-Jean.

Des actes passés à Elbeuf, à cette époque, concernent Robert Chrestien, verdier de la Londe, et Jacques Boisselier, d'Elbeuf, chanoine de la Saussaye.

Louis Bigot fit don au trésor de Saint-Jean le 24 octobre 1657, de 180 livres tourn. pour convertir en rente au prix du roi, soit 7 liv. 2 s. 10 d. par an. — Louis et François Bigot, petits-fils du donateur, furent condamnés par le bailli d'Elbeuf, le 5 juin 1696, au payement de cette rente, qui fut revalidée, devant Me Legendre notaire à Daubeuf, le 17 avril 1778.

Cette année-là, des gens d'armes, en quartier à Elbeuf, logèrent dans une maison appartenant aux Ursulines.

Le fils aîné du duc d'Elbeuf, veuf de Mlle de Lannoy, se remaria, en 1657, à Mlle de

Bouillon, à laquelle, non plus qu'à ses parents, Charles II de Lorraine ne voulut, par vanité, donner la qualité de prince dans le contrat de mariage, malgré tout le lustre dont brillait alors le grand Turenne, oncle et tuteur de la mariée.

Cette demoiselle de Bouillon, pendant les guerres de la Fronde, s'était échappée, avec sa mère, par le soupirail d'une cave. Frappée par la variole, elle fut cause de l'arrestation de sa mère, venue pour la soigner ; celle-ci passa quelque temps à la Bastille.

Au commencement de l'hiver, la cour donna de grandes fêtes ; mais, dit Monglat, « ces divertissements furent troublés par la mort de quantité de personnes considérables, de trois de la maison de Lorraine : savoir, la duchesse de Lorraine Nicole, femme du duc Charles, et souveraine de son chef, laquelle avoit demeuré à Paris depuis la prise de Nancy, et avoit été abandonnée de son mari, qui avoit épousé la comtesse de Cantecroix de son vivant, dont il avoit deux enfans, lesquels furent déclarés bâtards par le pape, et le mariage nul, comme illicite. Le second fut le duc de Chevreuse, deuxième fils de ce grand duc de Guise le Balafré, qui fut tué à Blois, sous Henri III ; et le dernier fut le duc d'Elbeuf, gouverneur de Picardie... »

Le duc d'Elbeuf était mort d'hydropisie, en son hôtel, à Paris, le lundi 5 novembre 1657. Le chapitre de la Saussaye nota sur son registre des Délibérations un « mémoire de cérémonies et préparations faictes aux obsèques et pompes funèbres du corps de feu Charles de Lorraine, duc d'Elbeuf, et de madame sa mère, M. le chevalier, son fils, et de deux des petits enfants de M. de Rieux, son fils, exportés en l'église de la Saussaye, le lieu de la sépulture de leurs ancestres, le premier dimanche de l'advent 2e jour du mois de décembre 1657 ».

Les Archives de l'Eure conservent la copie collationnée du testament de « Monseigneur Charles de Lorraine, duc d'Elbeuf, pair de France, comte d'Harcourt, de Lislebonne, de Rieux, de Rochefort et plusieurs autres lieux, ministre d'Estat, gouverneur et lieutenant général pour Sa Majesté en la province de Picardie, etc. : s'il arrive son décès, veut et ordonne que son corps soit inhumé en l'église collégiale Saint Louis de la Saussaye lez Elbeuf en Normandie, où sont inhumez messieurs ses prédécesseurs, après toutefois que son cœur aura été tiré de sondit corps qu'il veut estre porté et enterré dans l'église Saint-Fiacre, près sa terre de Villemareuil en Normandie ; item donne et lègue à laditte église de Saint-Louis de la Saussaye la somme de douze mil livres une fois payée, en considération de son inhumation ». Cette pièce est datée du 23 septembre 1657.

La nouvelle de la mort de Charles II, duc d'Elbeuf, ne parvint dans notre bourg et à la Saussaye que trois jours après, le jeudi 8 novembre, On sonna les cloches des églises du duché et le chapître de la Saussaye chanta l'office des morts après les vêpres.

Le lendemain, les chanoines célébrèrent une grande messe de *Requiem*, et une autre le lundi suivant, en attendant que des ordres vinssent de Paris pour l'inhumation.

Le chapitre reçut des lettres du sieur Libor, intendant du feu duc, annonçant que le corps du prince, ceux de Madame sa mère, du chevalier d'Elbeuf et de deux enfants de M. de Rieux arriveraient à la collégiale dans une quinzaine de jours.

Ces nouvelles, comme on doit le penser, fournirent de l'occupation aux chanoines, qui d'ordinaire n'en avaient guère. Ils convinrent de dresser une chapelle ardente pour y déposer les cinq corps, de placer des bancs aux côtés de la nef, d'acheter un missel neuf, d'en faire relier un autre ainsi qu'un livre de plain-chant, que tous les soins seraient apportés pour l'ornement de l'église, qu'il serait prononcé un éloge funèbre, que des musiciens seraient demandés à Rouen pour la cérémonie, que le chapelain aurait un camail rouge neuf, et le grand enfant de chœur une soutane neuve qui appartiendait au chapitre et lui resterait après l'inhumation.

Pendant que les chanoines s'appliquaient à suivre ce programme, survint M⁰ Libor, qui ordonna d'agrandir le caveau seigneurial afin qu'il puisse recevoir les cinq corps et qu'il reste encore de la place après. L'intendant était descendu à Elbeuf ; deux chanoines lui portèrent des mesures pour des parements et autres ornements commandés à Paris, et comme il avait été entendu que la messe de *Requiem* serait chantée en musique, le chapitre fit venir des musiciens de Rouen.

M⁰ Libor n'était point partisan d'une chapelle ardente ; il préférait un lit de repos, comme ceux qu'il avait vus à Paris, en pareille circonstance, pour de très grands seigneurs ; mais les chanoines voulurent faire preuve d'attachement et de respect envers la famille ducale en n'économisant aucuns frais, espérant d'ailleurs qu'ils en seraient amplement indemnisés.

Les cercueils arrivèrent donc à la Saussaye le premier dimanche de l'Avent ; ils étaient traînés par un char à huit chevaux et accompagnés par soixante officiers de la maison de Charles II, des présidents du Parlement de Normandie, des conseillers de cette cour, des nobles de toute la contrée et d'un grand nombre de prêtres. L'évêque d'Evreux reçut les cinq corps, qui furent portés par les associés des différentes confréries et déposés dans la chapelle ardente ; après quoi l'office religieux commença, devant une affluence de peuple immense.

Il avait été dit que les cercueils ne devaient rester dans l'église de la Saussaye que pendant le temps nécessaire pour agrandir le caveau : dix-sept mois après, i¹s y étaient encore !

Lassés enfin de cet abandon, qui semblerait inexplicable de nos jours, les chanoines trouvèrent qu'il était mal sain de conserver ces corps dans leur temple, et comme les démarches qu'ils avaient faites à plusieurs reprises étaient restées infructueuses, ils décidèrent de procéder eux-mêmes à l'inhumation. En conséquence, après avoir épuisé l'eau dont le caveau sépulcral était en partie rempli, ils y logèrent les corps du mieux qu'ils purent.

Ils s'attendaient sans doute à des reproches ; mais il n'en fut rien, et, encouragés par le silence qui avait été fait sur leur acte, ils s'adjugèrent et se partagèrent, de leur propre autorité, les tapisseries et les tentures de deuil, les vendirent à leur profit : les velours à raison de trois livres l'aune, les autres étoffes deux livres, afin de se couvrir des frais considérables qu'ils avaient faits pour la cérémonie, et dont ils n'avaient pas été remboursés.

Ce ne fut pas tout : les chanoines firent encore main basse sur les ornements neufs qui avaient servi aux officiants des funérailles, et qui étaient d'une telle richesse que, bien des années après, on courait encore à la Saussaye pour les admirer.

Charles II s'était montré grand seigneur jusque sur son lit de mort, et, malgré sa misère, avait légué aux chanoines une somme de 12.000 livres pour ses funérailles : il lui en coûtait si peu d'ajouter à ses dettes, surtout au moment où il allait faire le grand voyage! Le chapitre reçut bien une expédition de son testament : ce fut tout ce qu'il eut du prince.

Les chanoines attaquèrent les héritiers, mais sans succès. Voici un passage de l'un des mémoires qu'ils rédigèrent pour soutenir leur cause :

« A tort les créanciers de Monseigneur considèrent le chapitre comme légataire et sa créance comme donation : attendu que les 12.000 livres ne sont pas dues seulement pour l'inhumation de Son Altesse, mais encore pour celles de sa mère, de son fils et de deux enfants de Monsieur de Rieux ; attendu que ces inhumations ont beaucoup coûté au chapitre, obligé, pendant dix-huit mois, du jour de la mort au jour de la descente au caveau, de faire l'office de *Requiem*, et, pendant ledit office, de gager douze hommes pour sonner, obligé de faire un grand repas pour Monseigneur d'Evreux, pour l'orateur funèbre, personne de grand mérite, pour tous les officiers du prince et gens de sa maison, pour les juges de ses juridictions, pour les présidents et conseillers du Parlement, à la Chambre des comptes et Cour des aides, pour les barons, comtes, marquis et autres nobles des environs, pour les curés et prêtres du duché et des comtés de Lillebonne et d'Harcourt, pour tous ceux qui assistèrent au convoi et dont le nombre n'était pas petit ;

« Attendu que le chapitre a été, de plus, dans la nécessité de pourvoir à la translation souterraine et d'y appeler les ecclésiastiques des seigneuries de Son Altesse ; attendu que, pour toutes ces dépenses, le chapitre n'a rien reçu, qu'on lui a même refusé le chariot à huit chevaux, la tente funéraire, la couronne ducale de fin or enrichi de pierreries, toutes choses qui appartiennent ordinairement aux églises où sont inhumés les hauts et puissants seigneurs ;

« A ces causes, le chapitre espère que les 12.000 livres, portées au testament de Monseigneur, lui seront accordées, vu que les frais des obsèques passent avant toutes dettes, et que les créanciers sont forcés de faire inhumer leurs débiteurs suivant leur condition... »

L'éloquence du chapitre fut perdue. Les chanoines, déboutés de leur demande, tant devant la justice que devant les commissaires royaux qui liquidèrent la succession du feu duc, n'eurent que de vains papiers de la donation que leur avait faite si magnanimement le duc d'Elbeuf.

Bien des peintres, dit M. Maille, se sont évertués, ont exercé leur pinceau à tracer le portrait de Charles II, mais aucun n'a flatté ses traits. Voici de quelles couleurs ils les ont enluminés :

« Il avait de l'esprit et de l'éloquence, mais il était vain, cupide et peu sûr.

« Le bonheur des autres lui donnait de la jalousie, qu'il exerçait avec beaucoup d'artifice.

« Il avait tout l'esprit d'un homme qui a beaucoup plus de manège que de bon sens peut avoir ; c'était le galimatias du monde le plus fleuri ; il excellait à bredouiller des sottises et des vanités.

« Le désordre de sa conduite et de ses affaires avait tellement renversé sa marmite, rendu son âtre froid, que sa cuisine était déserte ; il mangeait où il pouvait.

« Panier percé, sans feu ni lieu, famélique, insatiable, ayant tout fricassé, assiégé de créanciers, il vivait en flaireur et en parasite, courait, piquait les tables et cherchait à écornifler partout.

« D'après les inspirations de son estomac, il avait imaginé une singulière manière de faire ses visites ; il tombait tout à coup, comme un bombe, dans une maison, au moment du dîner, prolongeait la conversation et allongeait la séance jusqu'à ce que, de guerre lasse et pressée par l'heure, la maîtresse du logis se décidât à l'inviter au festin, qu'il payait en quolibets et en fadaises.

« La bassesse ne l'empêchait pas d'être glorieux, fou des distinctions ; il était sans cesse aux prises pour des préséances, tantôt avec le duc de Longueville qui lui céda le pas, tantôt avec le duc de Vendôme qui marcha avant ui ».

Les armes de Charles II de Lorraine étaient : *Parti de trois et coupé d'un : Quatre quartiers en chef et quatre en pointe ;* au premier,

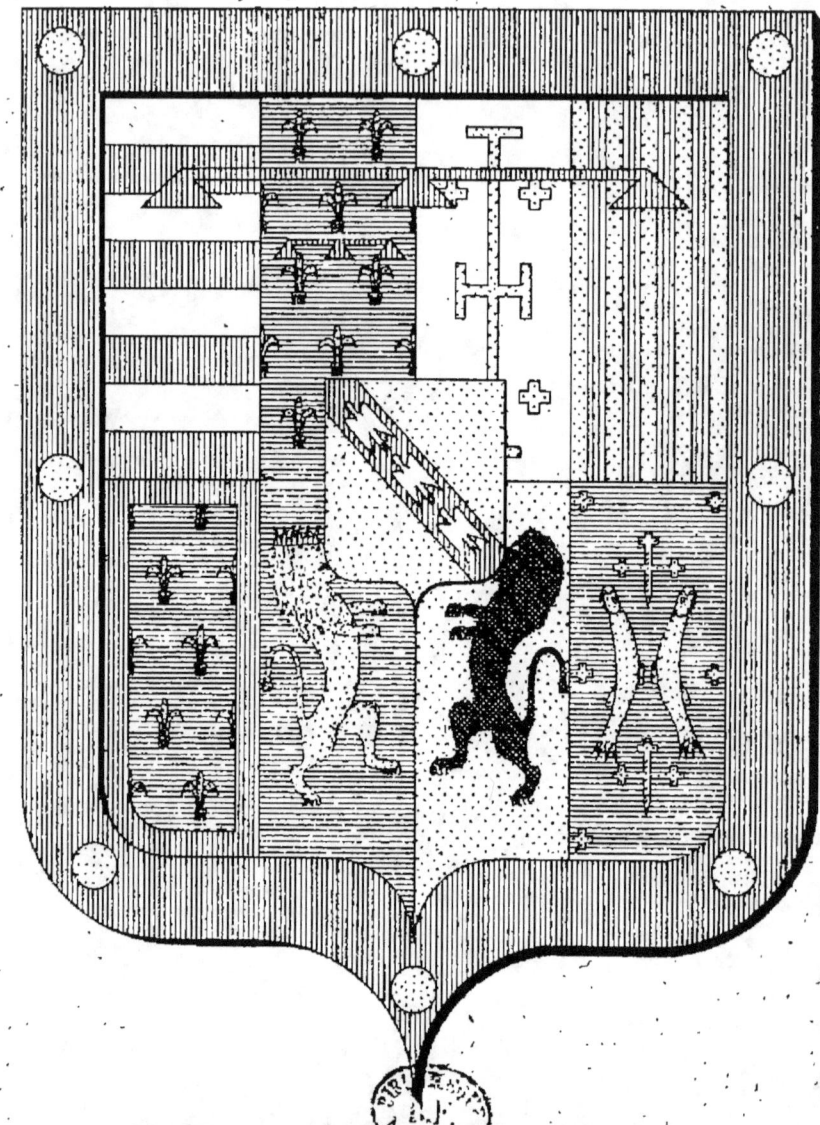

ARMES DE CHARLES II DE LORRAINE
DUC D'ELBEUF

(*ERRATA*. — Rectifier ainsi le texte, page 279 : Au cinquième,
..... *bordure de gueules*)

burelé d'argent et de gueules de huit pièces, qui est de Hongrie ; au second, *d'azur semé de fleurs de lys d'or à un lambel de gueules*, qui est de France, de la première branche d'Anjou ; au troisième, *d'argent à une croix potencée d'or, cantonnée de quatre croisettes de même.* qui est de Jérusalem ; au quatrième, *d'or pallé de gueules de quatre pièces*, qui est d'Arragon ; au cinquième, *d'azur semé de fleurs de lys d'or à une bordure d'azur*, qui est de France, de la dernière branche d'Anjou ; au sixième, *d'azur à un lion contourné d'or*, qui est de Gueldres ; au septième, *d'or à un lion de sable armé et lampassé de gueules*, qui est de Julliers ; au huitième, *d'azur semé de croisettes recroisetées au pied fiché d'or et à deux bars adossés d'or dentés et allumés d'argent*, qui est de Bar. Sur le tout : *D'or à une bande de gueules chargée de trois alérions d'argent*, qui est de Lorraine. L'écu entier, *brisé en chef d'un lambel de trois pendants de gueules à une bordure de même*.

Les armes de Henriette sa femme, étaient : *D'azur à trois fleurs de lys, brisé d'un bâton de gueules, chargé de trois lionceaux d'argent.*

On sait qu'en blason, une brisure indique la bâtardise ou une branche cadette.

De son mariage avec Henriette, fille de Gabrielle d'Estrée, maîtresse du roi Henri IV, Charles II de Lorraine avait eu six enfants :

1º Charles III de Lorraine, duc d'Elbeuf ;

2º Henri de Lorraine, abbé d'Hombières en Picardie, mort d'apoplexie, le 3 avril 1648, dans sa 26e année ;

3º François-Louis de Lorraine, comte d'Harcourt ;

4º François-Marie de Lorraine, comte de

Lillebonne, auteur de la branche de Lillebonne;

5° Catherine de Lorraine, religieuse au monastère de Port-Royal, à Paris, morte en 1645;

6° Marie-Marguerite-Ignace de Lorraine, demoiselle d'Elbeuf, dame du palais de Marie-Thérèse d'Autriche; morte à Paris, le 7 août 1679, âgée de 50 ans.

En outre, Charles II de Lorraine avait eu de nombreux enfants nés hors mariage; cinq seulement sont connus :

1° Charlotte, bâtarde d'Elbeuf, religieuse en l'abbaye de Notre-Dame de Soissons, décédée en 1667;

2° Elisabeth, bâtarde d'Elbeuf, demoiselle de Rochefort;

3° Thérèse, bâtarde d'Elbeuf, demoiselle de Luigny, née, ainsi que ses sœurs Charlotte et Élisabeth ci-dessus, « d'une demoiselle de qualité, en Flandres »;

4° Charlotte, bâtarde d'Elbeuf, née à Elbeuf, d'une ouvrière, croit-on — le Père Anselme dit : « née d'une fille de basse naissance » —; elle entra au couvent des Ursulines de notre bourg, puis se maria avec un seigneur des environs, comme nous le verrons par la suite.

5° N..., bâtarde d'Elbeuf, morte sans alliance.

Nous placerons ici un « Extraict de la transaction en forme de partage de biens de la succession de feu M. le duc d'Elbeuf, passée entre Messieurs le duc d'Elbeuf, le prince d'Harcourt et Mlle d'Elbeuf, ses enfants, par devant les notaires du Chastelet de Paris le 23 octobre 1662 ».

Cette pièce, hérissée de chiffres, est conservée aux Archives départementales. Elle nous fournira des détails sur la valeur des diverses seigneuries que possédait le feu duc, tant en Normandie qu'ailleurs, et l'état de sa succession :

« La dite transaction et partage ont esté faicts par l'advis de MM. de Thuresne, marquis de Sourdis, le président de Bonneval et de Saincte Helcine, conseiller au Parlement de Rouen, arbitres nommés par les parties.

« Le partage est des biens de la succession de feu M. Charles de Lorraine, duc d'Elbeuf, qui décéda le 5 novembre 1657.

« Il fit son testament le 23 septembre 1657, par lequel il avait donné à M. le comte de Lislebonne, un de ses fils, les terres et seigneuries de Villemareüil, de Nancourtois (?), Saint Jean, les Deux Jumeaux et leurs dépendances, au moyen de quoy il auroit desclaré ne prétendre plus rien en ladite succession, qui a esté par ce moyen partagée entre :

« M. Charles de Lorraine, duc d'Elbeuf fils aisné ;

« M. François-Charles de Lorraine, prince d'Harcourt, fils puisné ;

« Mlle Marie-Ignace de Lorraine, fille aussy héritière.

« L'inventaire des biens a esté faict par Ferret et Billard, notaires au Chastelet de Paris, le 17 novembre 1657.

« Mme Catherine-Henriette, légitimée de France, veufve du feu seigneur d'Elbeuf, a renoncé à la succession et communautés de biens, par acte passé le 24 décembre 1657.

« Il y a eu transaction entre Mme sa mère, sesdits enfants et M. le comte de Lislebonne, le 5 février 1658.

« Les deniers dotaux de Mme la douerière

ont esté liquidés à la somme d'un million trois cents seize mil cinq cents livres.

« Pourcoy il luy est delaissé, scavoir : les terres de Pagny et Forest, pour la somme de. . . . . . 650.000 liv.
Le domaine de la Burie, pour. . . . . 25.048 —
La chastellenie de Brazé et prevosté de sainct Jean de Laune, pour. . . . . 30.102 —
Le domaine de Germolles et Montaigu. . . . . 38.250 —
La terre de Vazon. . . . . 55.000 —
La terre de Guiry et Vavaux. . . . . 40.000 —
La terre de Lavencourt. . 15.000 —
Celle du Grand et Petit Noir 12.000 —
Le domaine de Sainct Dizier 135.243 —
L'hostel du Maine. . . . 300.000 —

«Total. . . . 1.300.643 liv.

« On a fait monter le tout à 1.310.643 livres ; il y a une erreur de 10 mille livres..., pour quoy il a esté fait transport sur la terre de Rochefort.

« Il estoit deub à Mme la duchesse pour les intérests de ses deniers dotaux 197.475 liv.
« Sur quoy elle avoit touché 173.622 —

« Il restoit deub . . . . . 23.853 liv.

« Pourcoy il a été faict transport sur les revenus des biens de Bretagne.

« Le douaire de madite Dame est par an de . . . . . . 10.000 liv.
« Et doibt estre payé par M. le duc d'Elbeuf. 7.666 2/3

Année 1657

« Et doibt estre payé par M. le prince d'Harcourt. . . .	1.666 2/3
« Et doibt estre payé par Mlle d'Elbeuf.	1.666 2/3
« Total. . . .	10.000 liv.

« Pourcoy ils ont faict des transports chacun en leur particulier.

« Il estoit deub pour arrérages du douaire.	45.000 liv.
« Qui doivent estre payés Par M. le duc	34.500 —
Par M. le prince d'Harcourt .	5.250 —
Par Mlle d'Elbeuf.	5.250 —
« Total. . . .	45.000 liv.

« Pour quoy ils ont faict des transports.

« Le duché d'Elbeuf est estimé	1.350.000 liv.
« Le comté d'Harcourt . .	450.000 —
« Le comté de Lislebonne .	350.000 —
« La terre de Rochefort . .	400.000 —
« Le comté de Rieux . . .	330.000 —
« La forest de Tredéon. . .	137.500 —
« Les terres de Larrey . .	27.000 —
« L'hostel du Maine à Paris	300.000 —
« La terre de Saint-Dizier en Champagne.	135.243 —
« La terre de Pagny. . . .	660.000 —
« Le domaine de Faux le Duc	25.048 —
« La chastellenye de Braye et de Sainct Jean de Laune .	30.102 —
« Le domaine de Germolles	38.250 —
« La terre de Vahon . . .	55.000 —
« La terre de Guiry. . . .	40.000 —

« La terre de Lavoncourt .	15.000 —
« La terre du Grand et Petit Noir	12.000 —
« Total. . . .	4.355.143 liv.
« Les biens situés en Normandye se montent à	2.160.000 liv.
« Ceux scituez à Paris, Bourgongne et Champagne, à . .	1.310.643 —
« Ceux scituez en Bretagne à	894.500 —
« Total. . . .	4.365.143 liv.
« La dot de Mme la douerière est de.	1.326.500 liv.
« Et les debtes passives de.	1.038.858 —
« Total. . . .	2.365.358 liv.

« Il appartient à M. le duc d'Elbeuf pour sa part de tous lesdits biens, sçavoir pour ceux qui sont scitués à Paris, Champagne et Bourgongne . . . .   436.881 liv.

« Les biens scitués en Bretagne, compris son préciput .	597.833 —
« Les biens de Normandye.	1.710.000 —
« Total. . . .	2.744.714 liv.
« Il payera pour sa part.	1.481.003 liv.

« Il appartient à M. le prince d'Harcourt sur les biens qui sont à Paris, Champagne et Bourgongne . . . .   436.881 liv.

« Sur ceux qui sont en Bretagne.	148.333 —
« Sur ceux de Normandye.	450.000 —
« Total.	1.035.214 liv.

« Paiera pour sa part .	558.585 liv.
« Il appartient à Mlle d'Elbeuf sur les biens de Paris, Champagne et Bourgongne	436.881 liv.
« Sur ceux de Bretagne . .	148.333 —
« Sur ceux de Normandye pour son mariage advenant .	300.000 —
« Total. . . .	885.214 liv.
« Paiera pour sa part .	450.773 liv.

Suivent trois autres grandes pages concernant les dettes réciproques ou particulières de ces trois héritiers.

CHAPITRE XII
(1657-1660

Charles III de Lorraine, duc d'Elbeuf. — Ses trois frères et ses deux premières femmes. — Nouvelle et terrible inondation. — Le duc Charles et les chanoines de la Saussaye. — Son affaire avec de Villequier. — Fondation de la confrérie de Saint-Michel, a Saint-Jean.— Le poids d'Elbeuf. — Les moulins a tan et de Saint-Jean. — Les maréchaux-ferrants. — Querelle entre les chirurgiens et les apothicaires d'Elbeuf.

Nous avons dit que Charles II de Lorraine laissait quatre fils :

1º Charles III de Lorraine, qui lui succéda dans le duché-pairie d'Elbeuf et dont nous nous occuperons dans le présent chapitre et les suivants ;

2º Le comte de Rieux, qui épousa Anne d'Ornano, fille d'un seigneur de ce nom, mort à la Bastille.

Ce comte fut surtout connu par le bris de son carrosse par les frondeurs, qui en expulsèrent sa femme au milieu des huées, et par le soufflet qu'il reçut du grand Condé et celui qu'il rendit, ce qui lui valut un long emprisonnement.

3° Le comte de Lillebonne, le même qui, en janvier 1649, à Saint-Germain, après le départ de son père pour se donner aux frondeurs de Paris, se lamentait de cette trahison, et qui, tout en blâmant le digne auteur de ses jours, lâcha Mazarin, le roi et la cour, le soir même, pour aller tenter aussi la fortune en servant les rebelles.

Néanmoins, de Lillebonne fit vaillamment toutes les campagnes de Flandre, sous les ordres de Turenne, avec une bonne réputation d'officier général.

Il mourut jeune, laissant, comme son père, des affaires dérangées, une veuve et deux filles à la mendicité ; réduites, dit M. Maille, à l'aumône du ministre Louvois, puis au pain de la princesse de Conti, enfin devenues favorites du fils de Monsieur, fils de Louis XIV, reines à Meudon, et au nombre des personnages que la plume de Saint-Simon a immortalisés.

4° Le prince d'Harcourt, qui se maria avec la fille de Brancas de La Bruyère. Il suivit Louis XIV dans toutes ses conquêtes de Flandre et de Franche-Comté, fut ambassadeur en Espagne, et servit, en Morée, les Vénitiens contre les Turcs.

Il était de grande taille, bien fait ; mais, avec un noble air et de l'esprit, il ne ressemblait cependant qu'à un comédien de campagne. Avec cela menteur, libertin, dépensier, escroc, bandit même « sa crapule obscure l'anéantit toute sa vie ».

Ne pouvant sympathiser avec sa femme, en

quoi il n'avait pas tort, il se confina à Lyon, où il passa son temps en toutes sortes de débauches, dans les plus mauvaises compagnies ; en jeu pour soutenir sa dépense et vivre aux frais de ses dupes, des sots et des fils de gros marchands, qu'il attirait dans ses filets. Le roi le méprisait, ne voulut point lui pardonner ses larcins et refusa de le recevoir à Marly.

C'est ainsi que Saint-Simon a buriné la figure du prince d'Harcourt. Le célèbre écrivain n'a pas moins bien peint sa femme.

Né en 1620, Charles III de Lorraine, aîné de la famille, était donc âgé de trente-sept ans à la mort de son père. Nous avons déjà mentionné ses deux premiers mariages, et l'on sait qu'il était devenu gouverneur de Montreuil, malgré l'opposition de la reine.

De sa première femme, Elisabeth de Lannoy, fille unique du comte de ce nom et veuve du comte de La Roche-Guyon, il avait eu deux enfants :

1º Une fille, qui épousa le comte de Vaudémont, bâtard de Lorraine. C'était une faiseuse de manières entièrement occupée de sa personne. Elle brilla de quelque éclat à la cour, qu'elle ne quittait guère avant son mariage. Après, elle habita l'Espagne, la Flandre et l'Italie. Elle assista la reine Anne d'Autriche dans ses derniers moments et secourut Louis XIV, évanoui à la vue de sa mère morte. Elle finit ses jours en Lorraine.

2º Un fils, le chevalier d'Elbeuf, que l'on surnomma le Trembleur. Il dut ce surnom à une brutalité de son père, qui, un jour, dans une colère violente, empoigna sa femme, alors enceinte, pour la précipiter par la fenêtre. La frayeur qu'en éprouva Elisabeth fut si grande que l'enfant qu'elle portait vint au monde en tremblant et trembla toute sa vie.

Son état et l'aversion de son père pour lui décidèrent le jeune homme à s'engager aux vœux de Malte, et à céder ses titres et droits d'aînesse à son cadet du second lit. Le Trembleur habita Le Mans, où il mourut à l'âge de cinquante-neuf ans, regretté de tous ceux qui le connurent, à cause de son savoir, de son esprit et de sa politesse.

Nous avons vu que Charles III s'était remarié, peu de temps avant la mort de son père, avec la fille aînée du duc de Bouillon.

Disons tout de suite que Mlle de Bouillon, devenue duchesse d'Elbeuf, eut beaucoup d'enfants, des filles surtout, dont plusieurs furent mises au couvent. Une d'elles serait devenue reine si, malgré les instances de Turenne, Louis XIV n'eût refusé de la marier au duc d'York, frère du roi d'Angleterre et héritier présomptif de la couronne. C'était une belle personne, très en faveur ; à Versailles, elle occupa le bel appartement qui, plus tard, devint celui de Mme de Maintenon.

De ce mariage naquirent également deux fils, Henri et Emmanuel de Lorraine, dont nous aurons l'ample occasion de parler, car tous deux furent ducs d'Elbeuf.

Voici une conversation qui montrera, dit M. Maille, dans quel milieu vivait Charles III de Lorraine, le nouveau duc d'Elbeuf :

« Comme il dînait un jour chez le prince de Guémenée, avec le duc régnant de Lorraine, ce dernier dit qu'il y avait plus de quinze jours que ses soldats n'avaient mangé de pain.

« — Quoi ! lui dit-on, comment vivre quinze jours sans pain ?

« Le duc de Lorraine répondit qu'ils ne mangeaient pas seulement tous les chiens de l'armée et tous les chevaux qui mouraient, mais qu'ils avaient aussi mangé plus de dix mille paysans, qu'entr'autres, ses satellites, ayant un jour attrapé deux religieuses, il les mirent incontinent en pièces et en firent du potage, dont ils avalèrent le bouillon et mangèrent la chair ; qu'un de ses officiers, ayant été blessé au poignet, le chirurgien qui le traita lui dit qu'il lui fallait couper le bras, à quoi l'officier s'étant résolu, au lieu de le lui couper jusqu'au coude, comme il eût suffi, il le coupa jusqu'à l'épaule, afin d'avoir plus de viande à mettre dans son pot.

« Il rapportait tout cela sans rire, et ne voulait pas qu'on le contredît, mais qu'on prît ses contes pour vérités.

« C'est ce même duc de Lorraine qui enivrait ses convives, entr'autres le duc d'Orléans auquel de plus il osait dire : « Vous savez bien que, nous autres princes, nous sommes des fourbes ».

« Aussi ne voulait-il point prendre d'engagement par écrit.

« Il vivait comme un bandit, faisant profession de n'avoir ni sincérité ni droiture quelconque.

« Ainsi l'a jugé Pavillon :

> « Il donna librement sa foi
> « Tour à tour à chaque couronne ;
> « Et se fit une étrange loi
> « De ne la garder à personne ».

« Il en est mort en prison d'Etat ».

L'ANCIENNE « AUDIENCE » D'ORIVAL, construction du XVIe siècle
Siège de la Haute Justice du marquisat de La Londe

(Ce bâtiment, situé à l'angle de la place du Gravier et de la route d'Elbeuf à Rouen, a été démoli en 1868)

Nous reprenons l'ordre chronologique :

Dans le courant de février 1657, un nommé Louis Lefebvre, âgé de 26 ans, apprenti tonnelier à Orival, sortait, avec sa belle-mère et le frère de celle-ci, d'un cabaret situé près de l'église Saint-Etienne, où ils rencontrèrent un nommé Jacques Lavigne, qui, précédemment, avait voulu enlever la belle-mère de Lefebvre.

Une querelle s'éleva. Lefebvre sortit du cabaret avec ses parents et ils se dirigèrent vers Orival ; mais Lavigne les suivit. Alors Lefebvre tira sur Lavigne un coup de mousqueton, qui le blessa mortellement.

Le procès de Lefebvre fut instruit par les officiers de la haute justice de la Londe, et le meurtrier condamné à mort, dans une séance tenue à « l'Audience » d'Orival. Cependant, les circonstances dans lesquelles ce crime s'était produit attirèrent l'attention de puissants personnages, et, cinq ans après, Lefebvre fut admis à lever la fierte de saint Romain. Il eut donc la vie sauve.

« L'Audience » dont nous venons de parler, était au hameau du Gravier. C'était une intéressante construction du xvie siècle, que beaucoup de nos contemporains ont connue, car elle ne fut démolie qu'en 1868 ; elle avançait de trois mètres environ sur la route de Rouen ; ce fut le motif de sa démolition.

Une nouvelle inondation survint en février-mars 1658 et causa d'immenses dégâts. Suivant Farin, « cela commença le 24 février, par un dégel universel, qui produisit un véritable déluge ». Nous avons recueilli sur cet évènement plusieurs notes écrites par des contemporains habitant Elbeuf.

Par exemple, on lit sur les registres paroissiaux de Saint-Etienne :

« Ce jourd'huy 27ᵉ (février), les eaux ont empesché de celebrer dans l'eglise Sainct Jean.

« Le 27ᵉ dudit mois ont esté mariés (en l'eglise Sainct Estienne) Jean Delarue et Marie Boissel (de la parroisse Sainct Jean), à cause des grosses eaux qui estoient jusques au *Gros Denier*.

« Ledit jour ont esté mariés en nostre eglise, par M. le curé de Sainct-Jean, Jean Marsollet et Jeanne Bourdon, à cause des grosses eaux qui avoient inondé la parroisse Sainct Jean.

« Le 28ᵉ ont esté mariés en nostre eglise, par Mʳ le curé de Sainct Jean, François Michel et Marguerite Leprevost, à cause des grosses eaux... »

L'inondation était encore dans son plein au 3 mars :

« Cedit jour ont esté mariés Pierre Bunel et Catherine Salmon, ledict mariage faict par Mʳ Mauré, prestre de Sainct Jean, à cause des grosses eaux ».

L'inondation augmenta jusqu'au 5 mars. Il y eut jusqu'à seize pieds d'eau au-dessus de l'île Saint-Gilles. A ce niveau, il devait y en avoir plus de trois pieds et demi dans l'église Saint-Jean.

A Rouen, des familles restèrent comme assiégées dans leurs maisons. A Saint-Sever, plus de 500 habitants durent se réfugier au prieuré de Bonne-Nouvelle. Dans le prieuré de Grammont, l'eau monta jusqu'à la hauteur de l'autel, c'est-à-dire à près de quatre pieds au-dessus du sol.

Saint-Amand, poète rouennais, apostropha ainsi la « Seine extravagante » :

La voilà grosse de cent ponts,
Par elle réduits à non-estre;
La voilà, haute jusqu'aux monts,
Qui veut passer par la fenestre.

. . . .

On ne voit plus d'arbre debout
Dans toutes les plaines voisines;
Sa rage a déraciné tout,
Jusques aux îles, tes cousines.

. . . .

Le temple du beau Quevilly,
Comme l'église est assailly,
De ta fureur précipitée.

. . . .

Il n'est pas jusques au Robec
Qui ne veuille trancher du fleuve,
Quoique parfois le moindre bec
A peine en son onde s'abreuve.

. . . .

Les nefs, qu'au milieu de ton cours
Les glaces avoyent détenues,
En vain aux ancres ont recours :
C'en est fait si tu continues !

Sur la requête présentée par les habitants du bourg d'Elbeuf, « à ce qu'il plaise au bureau des finances de Normandie ordonner que, par un des Messieurs d'iceluy ou tout autre qu'il conviendra desputer, descente sera faite sur les lieux endommagés audit bourg, par les inondations dernières, afin d'y en faire description et information, pour, en conséquence, leur pourvoir sur la décharge de leur taille et autres impositions, et cependant parce que la plupart des maisons dudit bourg sont encore pleines d'eau et abandonnées, en sorte que les collecteurs n'y peuvent aborder ni y faire aucune diligence, surseoir toute contrainte sur les collecteurs ». Cette requête des Elbeuviens est datée du 13 mars. Il y fut répondu ainsi :

« Vu ladite requête, il est ordonné que par le premier des présidents, lieutenant et élu de ladite élection, sur ce requis, il sera dressé procès-verbal et information, sur les lieux, du contenu de ladite requête, pour être pourvu ainsi que de raison ».

Cette inondation fut la plus terrible de toutes celles qui affligèrent notre ancien bourg ; elle fit époque, car plusieurs documents portent : « En l'année du grand débordement... »; un autre : « Viron dix-huit années après les grosses eaux... »

Charles III de Lorraine ayant reçu les hommages des chanoines de la Saussaye, à l'occasion de son avènement à la couronne ducale, les assura de ses bonnes grâces, pendant que la duchesse douairière Henriette d'Estrées, sa mère, faisait saisir les rentes qu'ils avaient sur les moulins et la prévôté d'Elbeuf. Mais elle revint bientôt à de meilleurs sentiments envers le chapitre et lui fit quelques générosités.

Jusqu'à cette époque, chaque nouveau chanoine reçu au chapitre était tenu de payer une bienvenue de 30 livres aux anciens ; la moitié de cette somme était employée à fonder des messes. En 1658, le chapitre décida que la bienvenue serait désormais de 80 livres.

Les registres capitulaires de la Saussaye nous apprennent que, jusqu'à Charles III, il n'y a pas eu de chartrier à Elbeuf, et que c'était à celui d'Harcourt qu'il fallait s'adresser pour obtenir des renseignements.

Le 10 août, fut dressé, devant le tabellion de Thuit-Signol, le contrat du mariage projeté entre « Nicollas Trevet, escuyer, cappitaine du château de Gaillon, fils de feuz Nicollas Trevet, escuyer, et de damoiselle Anne de Carville, d'une part ; et damoiselle Anne du Chesne, fille de Jehan Duchesne, escuyer, sieur des Chastelliers, bailly d'Elbeuf et de Brione, et de damoiselle Catherine de Plasnes, d'autre part ».

Comme dot, la mariée apporta une maison et autres propriétés sises rue Beauvoisine, à Rouen, achetées par son père, de Bertout, sieur des Roques, et estimées à 4.000 livres ; plus une pièce de terre close de murs et plantée, sise à Saint-Jean d'Elbeuf, estimée à 2.000 livres ; plus 3.000 livres en argent à payer par fractions en dix années. Les joyaux de la jeune fille étaient estimés à 1.000 livres.

Le samedi 7 septembre décéda en sa maison canoniale, âgé de 83 ans, M° Pierre de Morestel, prêtre, doyen et chanoine de la collégiale de la Saussaye, curé de Saint-Martin-la-Corneille, docteur en théologie et auteur de la bibliothèque du chapitre. — En marge de cette note, empruntée à un registre des délibérations capitulaires, conservé aux Archives de l'Eure, est écrit : « *Mors magistri Petri de Morestel, plurimorum librorum authoris et scriptorum et bibliothecæ Salseyensis* ».

La duchesse douairière d'Elbeuf abandonna aux chanoines la garde-robe du doyen Morestel, à laquelle elle avait droit.

En décembre, le chapitre donna sommation

à Simon Patallier, fermier des moulins d'Elbeuf, de payer la rente assise, au profit de la collégiale, sur ces moulins. Patallier s'étant refusé aux fins de la sommation, les chanoines l'assignèrent devant le bailli d'Elbeuf, qui condamna le fermier à payer, lequel ne s'exécuta pas, ainsi que nous le verrons bientôt.

Mademoiselle de Montpensier rapporte dans ces termes une affaire qui fit alors beaucoup causer :

« M. le duc d'Elbœuf et le maréchal d'Aumont étoient assez mal ensemble, il y avoit quelque temps. M. le duc d'Elbœuf avoit pris les intérêts de quelques gentilhommes du Boulonnois qui étoient brouillés avec le maréchal d'Aumont ; on les avoit raccommodés en quelque façon, et ils se voyoient : par la suite, on verra aisément que cet accommodement n'étoit pas véritable.

« Lorsqu'on arriva à Boulogne, on avoit marqué un logis à M. de Villequier préférablement à tout autre, parce que le Roi étoit dans le sien, et que c'est l'ordre d'en user ainsi. M. le duc d'Elbœuf le voulut prendre comme gouverneur de la province ; M. de Villequier le disputa, et l'affaire ne passa pas plus avant pour ce jour là.

« Le lendemain, M. d'Elbœuf l'attaqua à la campagne, assez proche du lieu où étoit le Roi, à la tête de quelques troupes qui escortoient Sa Majesté. Villequier n'étoit pas le plus fort, ils ne se battirent point ; l'affaire fut sue : elle n'étoit point secrète. On les empêcha de se battre, et on commanda à Villequier de s'en retourner à son gouvernement et à M. d'Elbœuf de s'en aller à Paris. Le Roi lui fit donner un enseigne de ses gardes, pour le garder jusqu'à ce qu'on eût accommodé l'affaire.

« Le Roi séjourna quelque temps à Compiègne... On me manda de Paris que l'affaire de messieurs d'Elbœuf et de Villequier avoit fait du bruit ; que Villequier avoit attaqué M. d'Elbœuf dans la rue ; que Salins, qui étoit l'enseigne du Roi qui gardoit M. d'Elbœuf, voulut représenter à Villequier qu'il ne le devoit pas attaquer en sa présence, lui qui devoit donner l'exemple pour faire respecter les personnes qui étoient commises de la part du Roi pour empêcher les gens de se battre ; que Villequier s'en étoit moqué ; que M. d'Elbœuf avoit été contraint de mettre l'épée à la main, et avoit été un peu blessé ; que messieurs d'Elbœuf et Villequier s'étoient battus, et que sur la fin on les avoit séparés.

« M. d'Elbœuf fit informer de ce procédé, le traita comme un assassinat et non comme un combat, parce que Villequier avoit avec lui quatre ou cinq hommes à cheval. Ils ne mirent point pied à terre, et ils n'étoient que pour sa sûreté, et de crainte que l'on ne le prît. Cette affaire fit beaucoup de bruit à la cour, où les amis de part et d'autre prirent parti. La cour parut d'abord fort aigrie contre Villequier. Le Roi commanda au Parlement d'en prendre connaissance ; de sorte que Villequier fut contraint de s'en aller en Hollande. »

Le duc d'Elbeuf vendit cette année-là, à Robert Le Roux III de Tilly, la châtellenie de Boissay-le-Châtel ; par suite, il cessa de présenter à la cure de cette paroisse, le droit de présentation étant attaché à la châtellenie. Cependant, Charles de Lorraine n'abandonna pas son droit de haute justice sur ce fief, et la seigneurie de Boissay continua à être considérée comme membre du duché d'Elbeuf. — Robert Le Roux III de Tilly était un des descendants des vicomtes d'Elbeuf, issus eux-mêmes d'un ancien officier public de la maison d'Harcourt.

A la date du 29 septembre, fut signé le contrat de mariage de « Jean Dubosc, brodeur, du bourg d'Elbeuf, fils de Robert Dubosc, arpenteur royal, avec Marie Saint Ouen, fille de Mᵉ Girard de Saint Ouen », parente de « Mᵉ Jacques de Saint Ouen, curé de Saint Dezier, et de Mᵉ Jean Saint Ouen, sergent royal du duché d'Elbeuf ».

Des actes de cette année mentionnent : « Louis Poullain, appoticaire, fils de Jacques, esleu en l'election de Pont de l'Arche »; Jacques Bénard, greffier des Eaux et forêts d'Elbeuf; Jeanne Capplet, femme du sieur de Thibouville; Jean Beaucousin, prêtre à Saint-Jean; Nicolas Hamon, écrivain; Pierre Vidasne, chirurgien; Levavasseur, Jean Gemblet et Louis Bigot, avocats.

Michel Mauré signa de nombreux actes comme vicaire à Saint-Jean. Louis Caumont, prêtre, officiait aussi dans cette église. L'année suivante, nous trouvons le nom de Pierre Sentier, prêtre en cette même paroisse.

Le duc d'Elbeuf, en sa qualité de gouverneur de Picardie, écrivit aux Amiennois, le 18 août, pour les presser d'accorder au roi les secours d'argent qui leur avaient été demandés.

Les archives de l'ancien tabellionage d'Elbeuf possèdent la pièce suivante concernant la confrérie de Saint-Michel en l'église Saint-Jean :

« A tous ceux que cest presentes lettres verront ou orront, le garde du scel aux obligations de la viconté de Pontdelarche, salut ;

« Sçavoir faisons que par devant Jean et Jean dicts Hamon, tabellions royaux jurés en ladicte viconté au siège du Bethomas, furent presentz Jacques Flavigny fils Alexandre, Michel Lemercier fils Jean, Pierre Ferey fils Pierre, et Robert Le Roy le jeune fils de Robert,

« Tous demeurant au bourg d'Elbeuf et ayant faict le pelerinage de Sainct Michel de Mont Tumbe, lesquels ayant eu communication de la fondation faicte en l'esglize de Sainct Jean d'Elbeuf, par discrette personne maistre Pierre Pollet, prestre curé de ladicte parroisse ; maistre Louis Bucquet, aussy prestre ; Me Charles Carbon, verdier des Eaux et forests du duché dudict Ellebeuf ; Nicolas Viel, à present deffunct, Jean Flavigny et Charles Revel, d'une messe basse quy se dict à ladite esglize au jour de mercredy de toutes les semaynes à l'honneur et soubz l'invocation dudict archange sainct Michel, et autres prières et devotions, passé en ce tabellionnage le 16e d'octobre 1652, ont, les dessus nommez prié lesdicts sieurs curé et fondateurs de les voulloir associer avec eux à ladicte fondation, ce que lesdictz sieurs curé, Bucquet, Carbon, Flavigny et Revel à ce presentz ont faict, au moyen et parce que lesdictz Flavigny, Lemercier, Ferey et Le Roy seront submis et obligés pour l'entretien de ladicte fondation payer chacun 60 soulz de rente par chacun an à tous jours, qu'ilz seront tenus payer chacun en leur particulier au maistre de ladicte confrairie, premier payement commençant à Noel prochain et ainsy à continuer d'an en an audit terme à toujours, jusques au raquict qu'ilz pourront faire chacun en droit soy en payant cinquante livres chacun.

« Et en outre demeurent lesdicts Flavigny, Le Mercier, Ferey et Le Roy obligés aux autres charges et submitiontz portez au contract de ladicte fondation dessus dabté, duquel il leur a esté faict lecture; et moyennant ce, lesdictz dessus nommez ont esté associez à ladicte fondation et seront participantz aux prières et sufrages d'icelle, promettant », etc.

Cette pièce, sans date, est suivie de la suivante :

« Du 16ᵉ octobre 1659, à Elbeuf, devant Jean Hamon, tabellion royal au siége du Bethomas...

« Furent presentz Mᵉ Louis Pastallier, prestre ; Mᵉ Pierre Chrestien, escuyer, conseiller du roy à la table de marbre du pallais à Rouen, et Claude Michel fils Jacques, demeurant au bourg d'Elbeuf et ayant faict le pelerinage de Saint Michel du Mont Tumbe, lesquels ayant, etc. » *(comme ci-dessus)*. Les trois postulants furent également admis comme membres de la confrérie.

Le 16 novembre, Guillaume Berault, tuteur de ses enfants, lesquels étaient héritiers de « feu Mᵉ Julien Berault, vivant prestre, docteur en theologie, curé de Quatremares et prieur de Saint Louis dudict lieu, lequel, à l'instance de Mᵉ Joachim de la Pallue, chapelain en l'eglize cathedral de Rouen et habitué à la parroisse Saint Amand dudit lieu, ratifia deux contrats passés avec Mᵉ Libor, conseiller du roy en ses conseils d'Estat et premier intendant general des maisons, affaires et finances de Son Altesse Madame la duchesse douairière d'Elbeuf... »

Le 22, Nicolas Langlois, de Martot, en mémoire de sa femme, inhumée dans la chapelle de la Vierge de l'église Saint-Jean, donna 10 livres 14 sols 3 deniers de rente au trésor de cette dernière paroisse, représenté par Michel Mauré, vicaire, Louis Bénard, Robert et Jacques Flavigny frères et Pierre Dupont, tous trésoriers ; cette donation faite pour fonder une haute messe à perpétuité.

Un acte fut passé, le 26 du même mois, entre « Jean le Chartier, sieur de Portpinché, demeurant à Saint Pierre des Sarceuilz, et Nicolas Le Chartier, sieur dudit Portpinché, capitaine dans le régiment d'infanterie de Son Altesse d'Elbeuf..., en présence de François de Bellemare, escuier, sieur de Saint Cyr et de Neufvillette, demeurant à present à Saint Cir de Salerne... »

Une fondation de Jacqueline Regnault, en faveur du trésor de Saint-Jean, porte la date du 9 décembre 1659.—Cette donation fut plusieurs fois revalidée.

Les registres paroissiaux de Saint-Jean mentionnent François du Chesne, fils de François du Chesne, sieur des Chastelliers, avocat à la cour ; Louis Duperré, avocat à la cour, fils de Louis Duperré, bailli de la Londe ; Robert Viel, procureur fiscal, fils de feu Robert Viel, également procureur fiscal du duché d'Elbeuf ; Jean Hamon, contrôleur ; Barbe Flavigny, femme de Jean Capplet le jeune, greffier du duché d'Elbeuf.

Le 19 janvier 1660, M° Robert Gosset, curé ; Pierre Renault, trésorier comptable ; André Lemonnier et Jean Osmont achetèrent une rente pour le compte du trésor paroissial de Saint-Etienne.

Jean Gemblet, avocat au Parlement, conseiller du roi et contrôleur élu en l'élection de Pont-de-l'Arche, demeurait à Elbeuf.

Le tabellion Jean Hamon, d'Elbeuf, se transporta, le 31 du même mois, au manoir presbytéral de Saint-Cyr-la-Campagne, où fut présent Charles de Nollent, chevalier, seigneur de Chandé, lequel requit Louis de Saint-Ouen, sergent royal, de procéder séance tenante à la saisie du fief d'Autheuil, sis à Criquebeuf-la-Campagne et appartenant à Claude-François de Launay, chevalier, sieur de Houdon, qui devait 1.000 livres au sieur de Nollent.

Au mois de février, le duc de Lorraine se rendit à Paris, où il fut reçu chez le duc de Guise, qui l'hébergea dans le magnifique hôtel que ses ancêtres avaient fait bâtir, et qui plus tard devint l'hôtel de Soubise, où sont de nos jours placées les Archives générales de la France.

Tous les princes lorrains, dit M. d'Haussonville, s'empressèrent d'y aller saluer le chef de la famille. Il fut visité par M. d'Elbeuf et par le prince de Lillebonne son fils. Il parut goûter surtout l'esprit de Mlle de Guise. Cette dame lui servait de société habituelle, ainsi que son autre cousine, Mme de Chevreuse.

Le tabellion Jean Hamon termina, le 4 mars, la liquidation de la succession de feu Jean de Beaulieu, chevalier, baron du Bec-Thomas, seigneur de Saulx, Richebourg, Guerguesalle, etc. Les héritiers furent les deux fils du baron : Charles de Beaulieu, chevalier, marquis du Bec-Thomas, et Michel de Beaulieu, chevalier, seigneur de Richebourg. Etaient témoins :

Charles Le Conte de Nonant, baron de Ferrières, et Nicolas Le Cordier, chevalier, seigneur du Troncq, président en la Chambre des comptes de Normandie.

Henriette d'Estrées, devenu duchesse douairière d'Elbeuf, s'était contentée, pour honorer la mémoire de son mari, d'écrire aux chanoines de Saint-Louis et de leur rappeler l'anniversaire de son décès : elle n'alla même pas jusqu'à son tombeau, et le premier de la famille qui rendit visite aux restes de Charles II fut son fils de Rieux, prince d'Harcourt.

Il arriva à la Saussaye le 9 mars, à midi, en compagnie du marquis du Bec-Thomas et de plusieurs autres seigneurs. Le doyen lui adressa une harangue, après quoi il pria pendant quelques instants sur le tombeau de son père, puis repartit avec ses amis pour le château d'Harcourt.

L'année suivante, la princesse d'Harcourt fit célébrer un service pour son beau-père dans l'église de la Saussaye. Elle y assista, en compagnie de la marquise du Bec-Thomas, de la marquise du Troncq et de plusieurs autres grandes dames.

Malgré la sentence du bailli, Simon Patallier, fermier des moulins d'Elbeuf, n'avait pas payé la rente due au chapitre de la Saussaye. Le 9 mars 1660, il reçut sommation d'acquitter trente mois d'arrérages, avec déclaration qu'à défaut de payement Patallier serait mis en prison. Celui-ci fit appel de la sentence rendue contre lui.

Le Parlement rendit un arrêt, le 13 du même mois, permettant, par provision, l'arrestation de Patallier et son incarcération à la conciergerie du Palais à Rouen. Mais aucun sergent d'Elbeuf n'osa arrêter le fermier. Quelques jours après, il fut donné une surséance sur la demande de l'intendant du duc d'Elbeuf, pour permettre de régler avec Patallier par l'entremise du bailli.

Le 16, sur la présentation faite, par « M° Henry de Bourbon, evesque de Metz, prince du Saint-Empire, duc de Verneuil, abbé commendataire du monastère de Saint Taurin d'Evreux, à la cure de Saint Jean d'Elbeuf, vacante par la mort de Pierre Pollet, dernier curé et possesseur », elle fut conférée à Etienne Besnard.

A la date du 27 mars, fut passé le contrat de mariage de « Mathieu Delastre, sieur de la Fortune, garde du corps de S. A. Monseigneur le duc d'Elbeuf », avec Marie Beaucousin, de la paroisse Saint-Etienne. — Un autre acte de ce même mois concerne François Flavigny, apothicaire à Elbeuf.

L'ordonnance qui suit est extraite des archives de l'ancien bailliage :

« Es assizes mercuriales d'Elbœuf tenues en la cohue dud. lieu, par nous François Duchesne, escuyer, sieur des Montz, licentié en droictz, advocat à la Cour, bailly dud. lieu d'Elbœuf, le 13° jour d'apvril mil six centz soixante, sur la remonstrance judiciairement faicte par honnête homme Estienne Roussel tenant à ferme de Monseigneur le poidz de ce bourg, en la presence du procureur fiscal de ce duché, disant que plusieurs personnes pezoient en leurs maisons les marchandises qu'ils achaptoient et vendoient, qui seroit pour fruster les droits deubs à mondict seigneur, demandant que deffences leurs soient faictes de pezer leurs dictes marchandises aillieurs qu'en sa maison où ledict poidz est estably ; et par ledict procureur fiscal a esté dict que deffences doibvent estre faictes à touttes personnes de pezer marchandise exceddant traize livres, sur peine de cinquante livres d'amende et confiscation des marchandises, et que ledict Roussel en doibt estre estably desnuntiateur aux fins de prendre garde.

« Sur quoy faisant droit, nous avons ordonné que deffences ont esté et seront faictes à touttes personnes vendantz et achaptantz marchandises de pezer icelles aillieurs qu'en la maison dudict Roussel, où ledict poidz est estably, icelles exceddant traize livres, à peine de vingt cinq livres d'amende et forfaicture de ladicte marchandize, de laquelle amende il y en aura le tiers pour le desnuntiateur ; en outre, ordonné que ladicte sentence sera leue et publiée aux carrefours de cedict bourg pendant le marché, et charge de Saint Ouen, sergent royal de ce duché, de faire lesd. publications sur peine de dix livres d'amende... »
Signé : DUCHESNE.

Les archives du tabellionage d'Elbeuf conservent un acte, du 28 avril, concernant « messire Henry de Campion, chevalier, seigneur du Feugueray, du Bosférey, de la Lande, etc., commandant le régiment infanterie de son Altesse de Longueville, estant de present en son manoir seigneurial de Bosferey » par lequel et au nom de « dame Anne de Campion, veufve de feu Mr de Vascueil, sa sœur », il vendit une petite rente.

Le fonds de l'église Saint-Etienne des Tonneliers de Rouen possède un « dessin par un masson qui travailloit à Saint Jean d'Elbeuf, donné en avril 1660 pour hausser la tour et placer les cloches 40 pieds au-dessus du comble de l'église ». — Une note de M. Charles de Beaurepaire, archiviste, porte que « ce dessin pourrait être consulté avec utilité pour la réparation du clocher de Saint-Etienne d'Elbeuf, qui paraît avoir été proposé pour modèle ».

Le 3 mai, Nicolas Regnault, chanoine de la Saussaye, donna pouvoir à son collègue Nicolas Lefebvre, pour, en son absence, « s'opposer à la prise en possession de sa prebende canionialle de la Sausais, sy aucuns s'y presentoient pour y estre receus, soit au chapitre dudit lieu de la Sausais ou ailleurs... »

Simon Patallier fut certainement l'un des Elbeuviens de cette époque qui donnèrent le plus d'occupation aux juges de la haute justice d'Elbeuf. Le procès-verbal qui suit, daté du 1er juin, en fournira une preuve nouvelle :

« Suivant nostre ordonnance de ce jourdhuy en la cause d'entre Simon Pastallier, fermier des moulins de ce bourg appartenant à Son Altesse, d'une part, et Nicolas Benard, propriétaire de certain moulin sis en ce bourg, vulgairement appelé le Moulin à tan, d'autre part ;

« Iceluy Pastallier demandeur à l'adjonction du procureur fiscal, aux fins de faire condamner ledit Benard à ses intherests, pour retarder et retenir l'eau dans le cours des moulins de Son Altesse ; sur lequel differend nous aurions ordonné, de la requisition des parties, que accession et visite seroit faite par nous desdits moulins et cours d'eau.

« Pour quoy nous estantz transportez ausdits lieux, assistez de Me Jean Pollet, nostre lieutenant, et de Me Jean Capplet, nostre greffier, en la présence du procureur fiscal, s'y sont trouvez lesdites parties, et, estantz assemblez proche le moulin de Saint Jean, icelles parties nous ont dit qu'il seroit bon de commencer la visite par ledit moulin à tan ; où estant allez de compagnie, led. Pastallier nous auroit requis de remarquer la hauteur que peut avoir l'eau en ce lieu là. Pourquoy ayant esté par nous posé un baston debout dans le courant d'icelle, joignant une planche qui est proche d'une escluse esloignée de la roüe dudit moulin à tan viron de 50 pieds, la hauteur de l'eau s'y est trouvée de deux piedz et demy ou viron.

« Sur quoy par ledit Benard nous a esté dit que ce qui fait la grande hauteur d'eau en ce lieu est que, comme le meusnier dudit Pastallier nous a veu aller faire ceste visite du moulin à tan, il avoit levé son escluze et par ce moyen donné plus de demy pied d'eau dans le cours, demandant pour ce subjet l'attestation de l'assistance, ce qui a esté attesté avoir esté fait ; outre que ledit Pastallier, depuis peu de temps, avoit fait creuser et caver ledit cours d'eau de deux piedz ou viron plus que l'ordinaire, ce qui n'avoit jamais esté fait, dans le dessein de baisser aultant le moulin de Son Altesse, ce qui sera préjudiciable et dont il donne advis.

« Et par ledit Pastallier a esté dit qu'il n'a fait curer ledit cours d'eau que comme il a deu et peu faire, et que pour l'advis que donne ledit Benard, il ne fera rien aux moulins qui préjudicie Son Altesse.

« Avons trouvé aussi que cette escluse, qui sert pour l'escoulement de l'eau quand ledit moulin à tan ne travaille pas, est de deux piedz cinq poulces de large et de deux piedz dix poulces de hauteur qui tombe sur un seuillet de bois qui tient fermez en bas les deux posts de l'escluse et qui est peu plus elevé que le rez du fond du cours ; qu'au dessoubz et joignant icelle, ledit cours d'eau est de douze pieds huit poulces de large ; que, viron quarante cinq piedz au dessoubz et viron cinq piedz au devant de la grande roüe dudit moulin à tan, il y a une autre escluze que traverse ledit cours d'eau, qui est de quatre piedz un poulce de large, et l'emboucheure dud. cours d'eau à l'endroit de la grande roüe est de deux piedz neuf poulces.

« La massonnerie des costez dudit cours d'eau à l'endroit de ladite escluse et emboucheure est de dix sept ou de dix huit poulces de haut ; le fonds dudit cours d'eau est massonné de pierres de taille depuis ladite emboucheure et roüe jusques à viron vingt cinq piedz en remontant ; à la raze et au bout de laquelle massonnerie du fond, ledit Benard nous a fait remarquer une pièce de bois traversant ledit cours d'eau, dont les deux bouts sont enfermez dans les massonneries des deux costez.

« Aprez quoy ledit Pastallier nous a dit que la roüe dudit moulin à tan avoit esté agrandie de beaucoup plus qu'elle n'estoit d'ancienneté, et pour le faire recongnoistre nous a requis de remarquer que la massonnerie, sur laquelle tourne le bout de dehors de l'arbre tournant d'icelle roüe, a esté haussée et eslevée, ce que nous n'avons peu remarquer, ains seulement que ceste massonnerie consiste en deux fort grandes pierres qui sont l'une sur l'autre, chacune de un pied de hauteur, posées sur la massonnerie du cours d'eau, sur lesquelles deux pierres il y a encore un morceau de bois qui a viron huit poulces de quarré et sur lequel tourne le bout dudit arbre tournant.

« Ce fait, ledit Pastallier nous a requis de nous transporter audit moulin de Saint Jean et visiter ledit cours d'eau qui est à la sortie et derrière ledit moulin ; où estant, il nous a requis de voir et congnoistre quelle hauteur pouvoit avoir. Pourquoy nostre dit lieutenant ayant pris un baston et, de dessus le bord dudit cours, estendant son bras le plus loin qu'il a peu vers le milieu et y dressant le bout dud. baston, il s'est trouvé que l'eau y avoit pied et demy de hauteur, ce qui s'est trouvé de mesme en divers endroits le long dudit bord.

« Sur quoy ledit Benard avoit demandé que ladite hauteur d'eau fut prise au milieu du courant, et pour cela ledit Pastallier ayant dit à sondit meusnier qu'il eust à y descendre, iceluy n'avoit voulu se mettre en l'eau, ce qui ayant esté pareillement refusé par diverses personnes, nous avons ordonné qu'il sera par nous nommé un masson qui prendra la hauteur de l'eau le long du cours, comme aussy quelle eslevation peut avoir la roüe du moulin de Son Altesse plus que celle dudit moulin à tan, et la distance d'iceux.

« Nous ayant dit ledit Pastallier que la roüe dud. moulin de Son Altesse est à present à la mesme eslevation qu'elle avoit esté de toute ancienneté, fors et reservé depuis seize ou dix huict ans ou viron qu'elle fust eslevée, mais qu'il l'y a fait remettre.

« Ensuite de ce, ledit Pastallier nous a requis de faire lever l'escluse dudit moulin à tan, pour nous faire congnoistre combien la retention de l'eau en cet endroit empesche l'esvadement et escoulement de l'eau du moulin de Son Altesse ; ce qu'ayant esté fait, nous avons remarqué que le long du cours de l'eau icelle a baissé de quatre poulces ou viron.

« Et taxé pour nostre vacation la somme de 60 sols ; audit M⁰ Jean Pollet, nostre lieutenant, 30 sols, et audit Capplet, greffier, 30 sols... »

Au 5 juin, il y avait procès entre Michel de Beaulieu, chevalier, seigneur de Guerguesalle, fils et en partie héritier de Jean de Beaulieu, seigneur du Bec-Thomas, et Charles de Beaulieu, marquis du Bec-Thomas, son frère aîné et principal héritier de leur père.

Un autre acte de la même époque concerne Nicolas Bourdon, chirurgien, demeurant à Elbeuf.

Sur un troisième, se trouvent les signatures de François du Saussey, doyen ; Antoine Saint-Ouen, chantre ; Nicolas Regnault, Jacques Harel, Louis Bigot, François Dagomer, Jacques Duguernier, Jacques Duperré et Nicolas Lefebvre, tous prêtres chanoines de l'église collégiale de Saint-Louis de la Saussaye.

Le 20 de ce même mois de juin, au bailliage d'Elbeuf, on fit quatre lots de la succession de feu Artus de Plasnes, écuyer, sieur de Freneuse, partageable entre Catherine de Plasnes, veuve de feu noble homme Clément Durand, avocat au Parlement ; Nicolas Dumoustier, écuyer, lieutenant général au bailliage de Caen, représentant Marie de Plasnes, sa mère ; Catherine de Plasnes, femme de Jean Duchesne, écuyer, sieur des Chastelliers, bailli de Brionne ; et Marthe de Plasnes, femme de Georges du Tertre, chevalier, seigneur de la Morandière, Malouy et autres lieux.

Année 1660

Par devant le bailli d'Elbeuf, le 8 juillet, Nicolas Renault, chanoine de la Saussaye, fit un accord avec Jean Bosroger, curé d'Haudouville, dans lequel il fut dit : « Qu'encore que par l'acte de resignation passé ce jourdhuy du benefice de Saint Denis de Lislebonne, il fut convenu de 250 livres de pension sur ledit benefice, resigné par moy dit Renault audit Bosroger..., sous condition que toutteffois moy dit Renault me contenteray de la somme de 200 livres par chacun an autant de temps que vivra Mr Moreau, principal du collège de Beau... et de Presle, qui a presentement sur ledit benefice 50 escus de pension ; après la mort duquel sieur Moreau, moy dit Renault jouyrai annuellement de ladite somme de 150 livres... »

Il y avait alors un débat entre les maréchaux-ferrants d'Elbeuf qui durait depuis plusieurs années, et au cours duquel on se reporta à une pièce antérieure, signée de Guillaume Libor, intendant du feu duc Charles II de Lorraine, dont voici le texte :

« Sur la plainte faicte à Son Altesse Monseigneur le duc d'Elbeuf par les marechaux ferrans de son bourg dudit Elbeuf, qu'en iceluy il s'y voulloit establir d'autres marechaux sans estre obligez à faire chef d'œuvre et à garder les reigles et statues de tous temps y observés, faute de quoy il s'y commettroit de grands desordres, raison pourquoy ils la suplioient très humblement de les maintenir et garder en leurs antiens privillèges.

« Sadite Altesse, après avoir fait prendre communication de leurs tiltres, a renvoyé et renvoye lesdits marechaux ferrans par devant les bailly, lieutenant, procureur fiscal et officiers de son duché d'Elbeuf, pour devant eux chascun dire leurs raisons et sur icelles estre prononcé par lesdits officiers, suivant les us et coutumes de tous temps observés dans ledit bourg d'Elbeuf, m'ayant à ceste fin ordonné d'en expedier les présentes pour preuve de sa volonté. — Libor ».

Il y avait déjà longtemps que les chirurgiens, les médecins et les apothicaires français étaient presque partout en guerre les uns contre les autres. A Elbeuf, deux de ces corporations luttaient depuis six ans déjà, sans avoir obtenu le succès que chacun des deux partis espérait.

Pendant le séjour qu'avait fait Molière à Rouen, où il avait passé tout le printemps et l'été de l'année 1658, le grand comédien s'était peut-être amusé des disputes entre les chirurgiens et les apothicaires d'Elbeuf.

Plus tard, en 1664, les médecins de Rouen, à l'instar de ceux de Marseille, prétendirent qu'ils avaient le droit, quand cela leur convenait, de mettre en place les remèdes ordonnés par eux-mêmes.

Les apothicaires de ces deux villes s'opposèrent vivement à l'usurpation de leurs prérogatives : il en résulta un procès célèbre qui mit la France entière dans une folle gaieté et dont Molière ne perdit pas un mot.

Les apothicaires remportèrent la victoire, mais comme ils avaient pour habitude de charger leurs apprentis de la pose des remèdes, les médecins leur intentèrent une nouvelle action, à laquelle Regnard fit allusion dans une de ses pièces :

On voulait condamner tous les apothicaires
A faire et mettre en place eux-mêmes...

Nous avons rencontré quelques traces de la lutte entre les apothicaires et les chirurgiens d'Elbeuf, par exemple la pièce suivante, datée de 1654, qui va nous dire sur quoi reposait le débat :

Louis Poullain et Pierre Bénard exposent au bailli « qu'ayant, par leur assiduité aux estudes, veilles et aultres travaux indicibles, auxquels ils ont courageusement employé la plus grande partye de leur jeunesse, acquis enfin la qualité d'appoticaire, qui leur a esté imprimée par des docteurs medecins et les maistres appoticaires de la ville de Rouen, après avoir suby leur examen rigoureux, et authorisez qu'ils sont du Parlement, il leur seroit bien dur qu'au lieu de remporter le fruict que tant de soings et de peines leur ont si dignement acquis, ils en fussent privés par aultres personnes qui leur sont inferieures d'un degré.

« Ce sont, Monsieur, certains chirurgiens de ce bourg, lesquels où ils se debvoient resserrer dans les termes de leurt art dont le nom *(en grec)* emporte et leur prescrit la loy de leur debvoir, se veullent monstrer rebelles à la police, jusques et impunement pretendre exercer pesle mesle et par une dangereuse confusion et la pharmacie et la chirurgie tout ensemble... au detriment des supliants.

« Et comme la police, dont vous estes le juge en ce duché, Monsieur, est le maintien et la gouvernante d'une republique, et qu'elle est si inviolablement observée dans la ville metropolitaine de Rouen, qui fait le corps et dont ce duché est comme le membre, il y va de l'honneur et authorité de la suivre, Monsieur, et de l'intherest public à ce qu'elle soit aussi soigneusement gardée en ce duché comme en ladite ville de Rouen, d'où, comme par un niveau, nous descoulent les ordres et practiques pour les affaires de police et qui concernent le bien public, estant constant par la maxime que les petites villes et bourgs se conforment aux villes metropolitaines de leur ressort.

« Ce que estant tout certain et qu'il ne se peult revoquer en doubte qu'en ladite ville de Rouen les appoticaires sont aultres que les chirurgiens et qu'ils en exercent la profession, par un bel ordre politique, distinctement et et chacun dans les bornes de son debvoir et de son pouvoir, les supliants, lesquels ont l'honneur d'avoir esté passez maistres en ladite ville de Rouen pour ladite profession de pharmacie et receus en ce bourg soubs l'authorité de Monseigneur, par ses officiers, espèrent qu'il en sera de mesme en cedit bourg.

« Et que pour ces causes et affin que l'axiome de Salomon : *Age quod agis ;* que la vieille maxime : *Ne sutor ultra crepidam*, et que l'ordre public soient inviolablement gardez en cedit bourg, il vous plaira, Monsieur, ordonner que, conformément à la juste police de ladite ville de Rouen, les supliants seront maintenus, à l'exclusivité desdits chirurgiens, qui se contenteront d'executer ce qui leur est limité par la signification de leur nom de chirurgien, et que deffenses leur seront faites et à tous aultres de vouloir congnoistre ni practiquer la pharmacie, à peine de respondre de tous interetz, domages et despens des supliants et de l'amende telle qu'il vous plaira arbitrer, et vous ferez bien... — POULLAIN, BENARD ».

Le 12 juillet 1660, Marie de Moy, supérieure;

Charlotte Féron, assistante ; Marie du Crocq, zélatrice, et Geneviève Mullot, dépositaire, toutes religieuses au couvent d'Elbeuf, achetèrent des biens sis à Isneauville, pour le compte de leur monastère.

Le 20 août, Louis Caumont, vicaire de Saint-Etienne, et Eustache Caumont, son frère, tailleur, donnèrent à la fabrique de cette paroisse une somme de 61 sols 5 deniers de rente, créée au denier 14, suivant l'édit du roi, pour la fondation d'une haute messe et prières diverses.

Scott de la Mésangère fit abandon à Jean de Guérin, sieur de Berville, des droits qu'il avait acquis de Charles de Lorraine, duc d'Elbeuf, par contrat du 6 septembre, devant les notaires du Châtelet de Paris, « pour avoir et ratraire des mains dudit sieur de Berville, la terre et seigneurie de Marcouville, qu'il avoit acquise du duc d'Elbeuf ».

Disons ici que ce Scott, d'origine écossaise comme l'indique son nom, eut un fils, Guillaume Scott de la Mésangère, qui fut conseiller au Parlement et épousa, en 1678, — ceci est à retenir — Marguerite Rambouillet, fille d'Antoine Rambouillet de La Sablière et de Marguerite Hessein, si connue sous le nom de Mme de La Sablière, à cause de son amitié dévouée pour notre grand fabuliste La Fontaine.

Mme de la Mésangère, veuve à vingt-cinq ans, habitait une des plus curieuses maisons de Rouen ; cette maison, en terre cuite, avait précédemment appartenu à Mme de Motteville, née à Saint-Aubin-jouxte-Boulleng. L'été, Mme de La Sablière se rendait à Marcouville, et ce fut au château de la Mésangère que Fontenelle commença à s'occuper d'astronomie et écrivit son célèbre ouvrage sur la pluralité des mondes.

Il reste encore un témoin vivant, mais inconscient, de la présence de Fontenelle à Marcouville : c'est le magnifique Chêne à la Vierge de la Mésangère, dont le tronc a plus de 5 mètres 70 de circonférence à un mètre du sol. Cet arbre, âgé aujourd'hui d'environ trois siècles, a été l'objet d'une notice, par M. Henri Gadeau de Kerville, qui, en outre, l'a photographié et reproduit par la gravure.

Ajoutons enfin que les Scott de la Mésangère, protestants, firent bâtir un temple dans leur château. Ce temple fut démoli à la suite de la révocation de l'Edit de Nantes.

Nous reprenons la série des faits particuliers à Elbeuf et à l'année 1660 :

Au monastère des Ursulines se trouvait alors Marie de Maillet, fille de Jean de Maillet, écuyer, et de Marie Le Cousturier. Le 26 septembre, elle vendit à « messire Richard de Montholon, seigneur de Charentonneau et autres lieux, conseiller du Roy, maistre d'hostel ordinaire de la Reine Mère, le principal de 48 livres de rente à prendre sur le sieur de Soligny en sa terre de Saint Grégoire », appartenant à la jeune fille par arrangement avec Nicolas de Maillet, écuyer, sieur de Saint-Maclou, son frère, et provenant de l'héritage de leur mère. Le principal, s'élevant à 912 livres tournois, fut versé au couvent d'Elbeuf pour « nourriture, entretien, pension, habits de noviciat et vœux de profession religieuse » de la jeune Marie de Maillet.

Le 3 octobre, Barbe Poullain, veuve de Jean Bénard et mère de Pierre Bénard, apothicaire, fonda une haute messe à perpétuité à Saint-

Jean, moyennant le don de 44 livres tournois.

Le 29 novembre, Marie de Moy dite de Tous les Saints, supérieure ; Charlotte Féron de Sainte-Marie, assistante ; Marie du Croq des Anges, zélatrice, et Geneviève Mulot de Saint-Bernard, dépositaire, toutes religieuses au couvent des Ursulines d'Elbeuf, reçurent pour leur monastère, des mains de Marie de Chalgou (?), stipulante pour « messire Maximilien Bunot (?) son mari, chevalier, sieur de Saint-Pierre, gentilhomme de la Chambre du Roy, la somme de 2.000 livres » pour la dot d'Elisabeth Bunot (?) leur fille, novice au couvent.

Le curé de Saint-Jean nota, comme extraordinaire, que, pendant le mois de décembre de cette année, il n'y eut aucun baptême dans son église. — Le même fait se renouvela pendant le mois de juin 1662.

CHAPITRE XII
(1660-1663)

CHARLES III DE LORRAINE *(suite)*. — UN LIVRE RARE ET CURIEUX. — SERMONS DU VICOMTE DE BRIONNE AUX PROTESTANTS D'ELBEUF. — LE DUC ET LA DUCHESSE VIENNENT EN CE BOURG. — LA GARENNE DE CLÉON. — LES CHANOINES DE LA SAUSSAYE CONTRE LE FERMIER DES MOULINS D'ELBEUF. — LES AFFAIRES DE LA MAISON D'ELBEUF. — MOEURS DES CHANOINES DE SAINT-LOUIS.

M. A. Join-Lambert a publié, il y a quelques années : *Un vicomte de Briosne, conférencier et théologien à Elbeuf, en 1660,* ouvrage ayant pour sujet un petit livre, comprenant 204 pages de texte, format in-16, imprimé à Rouen, chez L. Maury, en 1660, et portant pour titre : *Conférences catholiques divisées en IV parties, avec une espitre adressée à Messieurs les Protestants résidant à Elbeuf, par Mathieu du Pont;* seconde édition, revue, corrigée et augmentée.

Ainsi que le remarque M. Join-Lambert, la première n'avait donc pas trouvé le public indifférent. Du reste, dans son Avant-propos, l'auteur le constate : « Cela ne m'a pas donné peu de satisfaction de voir non seulement ce petit ouvrage assez bien reçu, mais mesme de ce que la recherche qu'on en fait le fait mériter d'être une seconde fois imprimé ».

Nous laisserons la parole à M. Join-Lambert, qui a minutieusement analysé ce très curieux et rarissime ouvrage — on n'en connaît qu'un seul exemplaire :

« A première vue, on serait tenté d'attribuer à un théologien de carrière, prêtre, moine ou docteur, ces conférences qui, par la forme et le fond, ressemblent à de véritables sermons, et dont l'imprimeur est celui de l'archevêché. Sorties d'une plume ecclésiastique, nous ne nous en occuperions pas ; elles seraient le fruit d'un zèle professionnel quasi-obligé et ne témoigneraient que d'une science moyenne et fréquente dans les rangs du clergé ou des ordres religieux.

« Mathieu du Pont était fervent catholique; des actes de fondations pieuses montrent qu'il savait payer de sa bourse, comme de sa parole et de sa plume, mais aussi qu'il n'était nullement engagé dans le sacerdoce et qu'il était marié.

« Il a laissé une longue postérité et sa famille est encore représentée. Il était si peu appelé par situation à engager des controverses religieuses qu'en maint endroit il s'excuse d'aborder un sujet étranger à ses occupations. Dans les approbations canoniques, il est dénommé le sieur Mathieu du Pont tout court, et l'un des docteurs chargés de donner son visa s'exprime ainsi : « encore suis demeuré
« extrêmement consolé en recognoissant cet
« admirable secret de la Providence de Dieu
« par lequel il semble ne se vouloir doresna-

« vant servir contre les ennemis de sa véri-
« table église que des personnes mesmes qui
« ne font pas profession des lettres, afin qu'on
« reconnoisse que leur cause est si mauvaise
« que les moins éclairés la scavent condamner
« et réfuter. »

« Si l'on est tenté de sourire, c'est bien
moins du bourgeois, dédaigneusement relégué
parmi les *moins éclairés*, que du Docteur en
théologie qui le prend de haut, du haut de son
siège à la Faculté de Paris. Ainsi de tout
temps Paris avec la province, ainsi les docteurs médecins de Molière avec les apothicaires et même avec les chirurgiens.

« L'auteur semble humblement souscrire à
ce jugement dédaigneux et passer condamnation, en disant dans son sommaire : « Quel-
« qu'un peut-être s'étonnera qu'un homme de
« ma condition et ayant si peu de teinture des
« belles lettres ait osé mettre la main à la
« plume pour un ouvrage de cette nature » ;
et quand, à la dernière page, il représente aux
prétendus réformés combien ils doivent être
« touchés de ses arguments et du fait de voir
« un homme comme lui, nonobstant son igno-
« rance et son peu de loisir et mesme aussi
« sans lettres ny estude, néantmoins avoir du
« cœur assez pour leur écrire, etc. »

« Le docteur de Paris a-t-il pris trop à la
lettre ces protestations de modestie ? S'il a lu,
non seulement ces passages mais tout le livre,
comment n'a-t-il pas reconnu que ce bourgeois,
perdu dans une bourgade de la province normande, parle une langue assez correcte, presque toujours élevée, par endroits animée d'un
certain souffle d'éloquence ; que ce laïque possède à fond le nouveau et l'ancien testament,

cite des auteurs classiques et à profusion les Pères, même ceux qui ne sont pas traduits et déclare avoir dû les lire dans leur texte ? On pourrait croire que, n'étant ni prêtre, ni religieux, ni docteur, l'auteur ne saurait être grand latiniste, que ses citations ou du moins bon nombre d'entre elles sont de seconde main, ou qu'il a eu pour collaborateur, ou du moins pour inspirateur quelque ami ou parent dans les ordres.

« Il semble bien sincère en assumant la paternité de son œuvre. Il s'excuse avec humilité de l'avoir entreprise et d'avoir laissé passer dans la première édition certaines erreurs que la seconde rectifie.

« Quelque mauvaise humeur serait-elle venue au docteur parisien de ce qu'un bourgeois se mêlait d'écrire, de disserter, de discuter, voire même de prêcher et pas trop mal vraiment ? Ce devaient être choses réservées aux personnes ayant reçu titre et mandat ; il n'y a pas que la religion qui ait des sacrements ; les savants prétendent avoir les leurs. Ou encore trouve-t-il qu'à fréquenter les protestants, pour les convertir, Mathieu du Pont leur emprunte leur procédé de l'intervention laïque dans les querelles théologiques, de l'interprétation et de la mise en œuvre directe des textes et des thèses ? Un grain d'émancipation se mêle ainsi aux plus orthodoxes intentions.

« C'est donc à un missionnaire laïque, indépendant, spontané, que nous avons affaire. Dans l'épître placée à la fin du volume il dit : « savoir que, dans Elbeuf, il est le *premier* qui « ait jamais osé ou voulu entreprendre d'é- « crire à messieurs de l'Eglise protestante sur « des sujets religieux ». On peut le croire ».

Ici, M. Join-Lambert entre dans quelques détails sur la famille de Mathieu du Pont ou plutôt Dupont, que nos lecteurs connaissent, et il se demande si les tapissiers elbeuviens du nom de Dupont n'auraient eu pas de liens de parenté avec Pierre du Pont, directeur des ateliers de tapisserie que Henri IV avait placés au Louvre et qui fut l'auteur de *Stromatourgie ou de l'excellence de la Manufacture des Tapis de Turquie nouvellement établie en France, sous la conduite de Noble homme Pierre Dupont, tapissier du Roi esdits Ouvrages*, plaquette in-4º de 34 pages, imprimée à Paris en 1632.

Cette question, qui nous intéressait aussi, nous a fait faire d'assez longues recherches, mais demeurées sans le résultat que nous en espérions. L'auteur de *Stromatourgie* « inventeur de la Manufacture de Tapis de Turquie à Paris », était fils de François Dupont, trésorier de la gendarmerie en 1604, et nous n'avons rien trouvé qui pût nous autoriser à rattacher soit le père, soit le fils, à notre localité, bien que l'industrie des tapis y eût de nombreux représentants. Notons que ce fut en 1626 seulement que Pierre Dupont installa son atelier au Louvre, avec Simon Loresdet, son apprenti, quoiqu'il y habitât depuis 1608.

M. Join-Lambert ajoute ces réflexions sur l'Elbeuvien conférencier :

« Comment, en 1660, un bourgeois, dont les fonctions et les affaires eussent pu remplir la vie et combler tous les vœux, eut-il l'idée de s'aventurer dans les arcanes de la théologie et d'entreprendre la conversion des hérétiques ? Mathieu du Pont l'explique : *dans des rencontres familières*, il a soutenu des discussions, notamment avec un protestant qu'il a trouvé *tellement débonnaire et civil que c'eût été, ce lui semble, manquer à son devoir de ne pas lui répondre sur ce sujet le mieux qu'il lui seroit possible.*

« Dans un sommaire, l'auteur avertit que ses conférences ne reproduisent pas le langage tenu à un seul protestant, mais encore les *discours* adressés à d'autres religionnaires.

« Les conférences, ainsi que le titre le donne à penser, avant d'être imprimées, ont donc été prononcées ou du moins causées ; des auditeurs les ont entendues, moins complètes sans doute que nous les avons, sous forme d'exhortation et d'argumentation.

« Mathieu du Pont avait pris, au contact des protestants, le goût de les contredire pour les ramener et de faire acte de raisonnement. Il devait aussi fréquenter des ecclésiastiques, consulter les livres de controverse et de théologie, et recevoir des uns et des autres une grande part de ses lumières en religion et en érudition ; mais il faisait des choix en même temps que des emprunts. Il s'assimilait les idées ambiantes de son milieu et les reproduisait en y mettant du sien, puis les tenait pour siennes parce qu'en les adoptant il les remaniait et les adaptait aux exigences de sa propre intelligence et de ses contradicteurs.

« Mathieu du Pont a certes beaucoup de lecture ; il s'appuie, dit-il lui-même, sur plus de 240 autorités... On reconnaît chez lui une habitude personnelle de l'argumentation venue de nature, d'éducation, de son contact avec des contradicteurs. Des considérations tirées de la condition spéciale des groupes ou particuliers protestants auxquels il fait appel viennent non sans habileté fortifier certains passages. Où l'influence des fréquentations et des lectures religieuses se montre le plus, c'est dans les divisions du livre, empruntées à la méthode des sermonnaires. En voici les points essentiels :

« I. — *Recherche de la vérité. Obligations, moyens, exemples.*

« II. — *Signes auxquels se reconnaît la véritable Eglise, tirés des écritures, de la tradition, des usages.*

« III. — *Défenses et dangers de se séparer de la véritable Eglise.*

« IV. — *Eloges et preuves de la présence réelle.*

M. Join-Lambert reproduit alors quelques passages des *Conférences :*

« Un certain souffle n'anime-t-il pas ce langage ? Mais cette véhémence, cette ardeur qui prodiguent les remontrances, les affirmations d'erreur, les appels à en sortir, ne s'échappent jamais en injures ni même en paroles blessantes ; au contraire, ce catholique, à fréquenter les protestants, dit avoir reconnu la bonne foi, l'élévation de sentiments, la valeur morale des plus distingués d'entre eux ; il se plaît à leur rendre justice, et l'estime qu'il en fait ne l'excite que davantage à ramener au bercail de telles brebis ; plus il sent leur prix, plus il s'attache à leur conversion. Et quand reviennent souvent sous sa plume ces expressions *cher amy, chers amis*, ce n'est pas seulement un moyen de gagner leur confiance, de les flatter ; le mot ne s'applique pas au seul protestant avec lequel il a eu les plus fréquentes et sérieuses controverses et la plus affectueuse intimité, mais à tous les religionnaires, pour lesquels il professe des sentiments de sincère considération.

« En témoignant et inspirant une aussi bonne opinion de ses contradicteurs, il en donne une meilleure encore de lui-même.

« Quelle ouverture d'esprit, quelle bonté de cœur, on dirait aujourd'hui d'un mot quelle tolérance ! »

C'est, croit M. Join-Lambert, et nous sommes de son avis, aux puissantes et industrielles familles Lecointe et Lemonnier, fabricants protestants elbeuviens, que furent particulièrement adressées ces curieuses conférences :

« Quand on a relevé les multiples indications contenues dans le volume de Mathieu du Pont, et reçu l'impression de son langage presque déférent à l'égard de ses interlocuteurs, on se prend à penser qu'ils devaient beaucoup ressembler à ces bourgeois hollandais d'aspect bienveillant et digne, peints par Terburg et Metzu. Ils étaient d'ailleurs avec eux en rapports de religion et d'initiation industrielle. On se représente leurs intérieurs calmes et cossus, à cheminées hautes, à tentures épaisses, à meubles solides, où l'on trouvait visages ouverts et table bien servie.

« Cette prospérité, ce bonheur, ne vont jamais sans l'envie et les mauvais desseins qu'elle inspire. S'approprier le bien des riches est un moyen de payer ses dettes et de faire honneur à ses affaires pratiqué par Philippe le Bel à l'égard des Templiers, par bon nombre de souverains contre les Juifs, et qui vient encore à la pensée de bien des gens. Dans l'anti-sémitisme moderne, il y a autre chose, mais un peu de cela s'y trouve »..

Mathieu Dupont mourut trois ans après

avoir publié la seconde édition de son livre ainsi que nous le verrons par la suite.

Par acte passé le 31 janvier 1661, devant MM^{es} Jean et Jean Hamon, en présence de Michel Beaudouin, lieutenant général aux eaux et forêts du duché d'Elbeuf, Jean Lefebvre, docteur de la Faculté de Paris, chapelain de la chapelle Saint-Jacques et Saint-Christophe en la cathédrale de Rouen et curé d'Ectomare, permuta avec Nicolas Lefebvre, curé de Saint-Antoine de la Forêt, doyenné de Saint-Romain, au diocèse de Rouen.

Le 26 février, Louis Caumont, vicaire de Saint-Etienne, Jean et Eustache Caumont, ses frères, fondèrent une messe basse à Saint-Pierre-des-Cercueils, moyennant une rente de 32 sols par an. — Jean Huet, prêtre, était alors chapelain de la Charité de Saint-Etienne.

Le 2 mars, par devant Louis de Bathencourt, tabellion royal à Pont-de-l'Arche, et Jean Cavelier, huissier, son adjoint pour la sergenterie de Freneuse, Pierre Regnault, de Freneuse, titulaire de la sergenterie de l'Eau et partie de la rivière de Seine appartenant au duc d'Elbeuf, vendit à Guillaume Fréret, également de Freneuse, « la propriété, possession et jouissance de la dite sergeanterie, avec les droitures, profits, revenus et emoluments y appartenant »... qu'il tenait de Jean Regnault son père à titre d'héritage, « relevante du duché et haute justice d'Elbeuf... moiennant le prix de treize cents livres tournois avec dix livres au vin du marché..., plus dix livres de rente et quatre plats de poisson par chacun an, en quoy il est obligé envers le trezor et fabrique de Saint Jean d'Elbeuf... ».

Le lendemain 3, Etienne Vrézard, clerc du

diocèse de Paris, fut nommé titulaire de la chapelle Saint-Félix et Saint-Auct, sur la présentation du duc d'Elbeuf.

Le 23 avril, le jeune Michel Beaudouin, récemment pourvu d'un canonicat de la collégiale de la Saussaye, demeurant à Rouen, nomma un procureur en la personne de son aïeul Michel Beaudouin, lieutenant de la verderie d'Elbeuf, demeurant à Saint-Martin-la-Corneille, pour « réparer les maisons et clôtures de sa prébende, payer les droits pour l'obtention de ses lettres de provision, collation, réception et installation en sadite chanoinerie... ».

Un arrêt du Parlement, rendu le 16 septembre, à la requête des chanoines de la Saussaye, qui n'avaient reçu depuis deux ans, de Simon Patallier, fermier des moulins d'Elbeuf, « aucuns deniers pour la célébration du service divin ordonné dans la fondation de leur collégiale », ordonna à Patallier de se libérer ; à défaut de quoi le chapitre était autorisé à le faire arrêter et conduire à la prison du Palais, à Rouen.

Patallier ne s'émut pas plus de cet arrêt que des précédents ; car, en décembre, les chanoines se rendirent à Elbeuf, où se trouvait le duc Charles, pour le prier de faire payer par le fermier ce qui leur était dû. Le duc promit d'intervenir, mais ne tint pas parole.

La duchesse d'Elbeuf était aussi dans notre bourg au mois de novembre ; mais elle et son mari n'allèrent point à la Saussaye, quoique les chanoines eussent nommé une députation pour leur présenter les hommages du chapitre.

Charles de Lorraine reçut, cette année-là, un aveu de la fabrique de Thuit-Anger, pour des terres relevant du duché, et quelque temps après un autre de la fabrique de la Haye-du-Theil.

Les Archives de la Seine-Inférieure conservent les actes de présentation aux cures de Folleville et de Mélamare, par Isabelle de la Tour-d'Auvergne, duchesse d'Elbeuf.

Pendant son séjour à Elbeuf, le duc Charles chassa beaucoup, tant dans sa forêt que dans sa garenne de Cléon. Cette dernière était un véritable fléau pour les habitants des trois communes de la presqu'île.

Nous avons déjà parlé de cette garenne et nous y reviendrons encore. Mais, puisque l'occasion s'en présente, nous exposerons, d'après des pièces tirées des Archives de Rouen, par M. Charles de Beaurepaire, qui les a publiées en partie, quelles étaient les rigoureuses mesures, en usage au XVIIe siècle, pour assurer la conservation du gibier, et comment les habitants de la presqu'île procédaient pour défendre leurs récoltes.

Voici d'abord une pièce portant pour titre :
« *De par Monseigneur le duc d'Elbeuf, pair de France, etc..., propriétaire du domaine de la garenne royale de Cléon :*

« Deffences sont faictes à touttes personnes, de quelque qualité et condition qu'elles soient, de chasser en quelque sorte et manière que ce soit, dans l'estendue de la dicte garenne, soict aux bestes fauves et noires, lièvres lapins, perdrix et faisans, hérons ou autre gibier, ny d'y mener aucuns lévriers, chiens courans ou fermes, espagneuls, furetz ny oyseaulx de chasse, ny mesme y porter aucunes armes à feu, reetz, filletz et autres engins servans ausdictes chasses, à peine de confiscation et de cinq cens livres d'amende pour la première foys, et, pour la seconde, de punition exemplaire ; comme aussy deffences sont faictes à tous habitans des parroisses de Cléon, Sainct-Aubin et Freneuse, de tenir en leurs maisons aucunes armes à feu, ny aucuns chiens, s'ils n'ont un jarret coupé ou un baston de trois pieds pendu au col, ny pareillement de plus prendre et couper, en la dicte garenne, aucuns bois, genetz, bruyères, genièvres, ny y prendre aucun gazon ny sablon, le tout conformément aux ordonnances et règlementz signiffiez et publiez, et soubz les peines plus à plain déclarées par iceux ».

Suit une autre pièce, ancienne sentence de Pierre Corneille — le père du grand tragique, — maître enquêteur des Eaux et forêts en la vicomté de Rouen, faisant défense à toute personne, demeurant dans le rayon d'une lieue, d'avoir des chiens non attachés, à moins de leur avoir fait couper un jarret, sous peine de 50 livres d'amende.

Corneille défendit aussi de prendre des genêts en cette garenne ou autres plantes propres à servir de couvert au gibier, d'y enlever du gazon ou du sable, sous peine de 10 livres d'amende et confiscation des charrettes et chevaux.

Cette sentence fut lue à l'issue de la grand' messe dans toutes les paroisses circonvoisines.

C'était, pour beaucoup, un grave préjudice ; car les habitants de Saint-Aubin, Cléon et Freneuse avaient jusque-là joui des pâtures, pour leurs bestiaux, dans les bruyères de la garenne.

Ils montrèrent au duc d'Elbeuf des titres qui leur donnaient droit de coutume sur ces bruyères, pour lequel ils avaient toujours payé au roi les taxes de francs-fiefs, et ils ajoutèrent :

« Que la privation desd. pastures seroit la ruine entière des dictes parroisses, qui n'ont autres communes ny pastures que lesd. bruières, sur lesquelles ilz ont tousjours eu le droit d'usage, tant pour y prendre bruières, genestz pour brusler, que sablon pour bastir, et gazon pour leurs vignes, n'en pouvant prendre ailleurs, ce qui est d'autant plus juste que le fondz desdictes bruières appartient ausd. paroisses, et leur a été laissé, par les Commissaires, lors de l'aliénation, ces terres vaines et vagues de lad. garenne pour leur desdommagement de ce qu'elles estoient privez de leurs droitz sur lesd. terres alliénez, en sorte que lesd. bruières, au nombre de 60 acres, à raison de 20 acres pour chacune parroisse, sont le véritable fonds d'icelles, et cela ne peut préjudicier aux plaisirs de Son Altesse puisque le gibier, outre la nourriture qu'il prend dans lesd. bruières, en trouve encor une plus abondante sur les autres terres et cultures desdictes parroisses ».

M. de Beaurepaire a également publié une supplique des paroissiens au duc d'Elbeuf, par laquelle ils le priaient de considérer que leurs ancêtres avaient de tout temps nommé un messier pour la garde de leurs moissons et qu'il ne serait pas juste qu'il leur imposât un second messier, ainsi qu'il en avait l'intention.

Ils ajoutaient que le duc, ayant agréé les suppliques des ecclésiastiques, gentilshommes et autres habitants de Saint-Aubin, Cléon et Freneuse, ils espéraient la même grâce de sa bonté, « aiant recongneu que la garenne est pour lièvre, et non pour lapin, incompatibles ensemble, et qui ne peut estre autre par la situation du lieu, très eztroit et pressé de tous costez de la rivière, en sorte qu'elle seroit infructueuse à S. A. dans une sy petite estendue, et attireroit la ruyne entière des quatre parroisses adjacentes. Aussy la dicte garenne a tousjours esté conservée plustost pour les plaisirs du Roy et de S. A. que pour aucun proffict ».

Suit encore la nomination d'un messier par les paroissiens de Freneuse. Toutes ces pièces sont antérieures à l'époque où nous sommes arrivés.

Charles Carbon, verdier d'Elbeuf, eut de nombreux enfants. Une de ses filles, baptisée à Saint-Jean, le 19 février 1662, eut pour parrain le chevalier Guy du Val, seigneur de Bonneval, président au Parlement de Normandie, et pour marraine Elisabeth de la Tour d'Auvergne, femme de Charles de Lorraine, duc d'Elbeuf, qui résidait encore dans notre bourg.

Au nombre des parrains dans cette même église, à cette époque, nous trouvons Jacques Harent, curé de Thuit-Signol ; Charles Pollet, « lieutenant en la table de marbre du Parlement de Rouen » ; Jacques Hamon, d'Elbeuf, curé de Touville ; Pierre Pollet, diacre, curé de Caudebec ; Nicolas Pollet, curé de Saint-Jean ; Louis de Saint-Ouen, lieutenant général du vicomte de Rouen, fils de Louis de Saint Ouen, sergent royal au Bec-Thomas ; Pierre Godin, greffier d'Elbeuf.

Robert Viel, procureur fiscal du duché d'Elbeuf, se maria le 19 février, à Saint-Jean, avec Barbe Duperré, fille de Louis Duperré, bailli de Pavilly, en présence de Pierre Duperré, curé de Crasville.

Un arrêt du Parlement de Rouen, en date du 5 mars 1662, ordonna l'exécution des arrêts du 13 mars 1660 et du 16 septembre 1661, autorisant le chapitre de la Saussaye à recouvrer sur Simon Pastallier, fermier des deux moulins d'Elbeuf, les arrérages d'une rente de 336 livres 5 sols, léguée au chapitre par Guillaume d'Harcourt, sire d'Elbeuf, en 1317.

Antoine Beaudouin, dont le père et l'aïeul avaient exercé les fonctions de lieutenant de la verderie d'Elbeuf, fut lui-même pourvu de cet office, par lettres du 30 mars, et le conserva jusqu'à sa mort, qui survint en janvier 1689.

Mathieu Dupont, trisaïeul de François Dupont, auteur d'une notice sur Elbeuf, écrite une dizaine d'années avant la Révolution, donna 5 liv. 5 s. de rente au trésor de Saint-Jean, par acte passé le 28 avril, devant Me Duperré le jeune, lieutenant général de la haute justice de la Londe. — Cette rente fut reconnue le 5 décembre 1702, par Mathieu Dupont, prêtre, curé de Saint-Michel de la Haye, héritier pour partie du fondateur, et, le 5 septembre 1743, par Baptiste Dupont, père de l'historien d'Elbeuf.

Par testament du même jour, Catherine Lecerf, veuve de Gillot Bourdon, puis de Jean Pollet, avocat, donna au trésor de Saint-Jean une rente de 10 liv. 14 s. 3 d.

Les chanoines de la Sausaye, lassés du mauvais vouloir de Simon Patallier et du duc d'Elbeuf, obtinrent un mandement du Parlement « pour faire saisir et vendre tous les meubles et grains se trouvant dans les moulins d'Elbeuf, même de préposer telles personnes qu'ils aviseraient bien pour empêcher l'enlèvement ».

La saisie fut pratiquée le 7 juin, par Jacques Desperrois, sergent royal, vendeur de biens au bailliage de Charleval, demeurant à Rouen, descendu à Elbeuf « en l'hostellerye où pendoit pour enseigne le Gros Dynde, sur les huches des moulins d'Elbeuf, et scellés apposés sur lesdites huches ». Simon Patallier fut, en outre, intimé à se trouver à la vente des grains, qui serait faite « par nombre, compte et mesure ».

Le lendemain, une bande d'individus envahit les moulins. Voici ce que nous trouvons à propos de cet événement dans les papiers manuscrits laissés par M. Parfait Maille :

« 1662, juin 9. — Procès verbal de bris de scellés, rompus et enlevés par personnes inconnues aux gardiens, lesquelles personnes, revêtues des couleurs et casaques ordinaires du seigneur duc d'Elbeuf, avoient mis lesdits gardiens hors des moulins, en leur disant de s'en aller pour leur profit, et que, si les coups de bâton valoient pistoles, ils les feroient bientôt riches. Pourquoi et pour éviter un tumulte de la populace, les gardiens avoient pris le parti de se retirer ». — C'est ainsi que le duc prétendait payer ses dettes, même celles envers ses chanoines.

La population d'Elbeuf était intervenue, naturellement ; car l'arrêt des moulins devait amener un manque de farine dans le bourg.

Le 12, intimation fut faite à Simon Patallier et à Mᵉ Nicolas Bourdon, son associé, d'être présents et de représenter le lendemain « les clefs des huches, pour être procédé à la vendue du bled qu'elles renfermoient ».

Le lendemain, Patallier reçut une nouvelle et semblable sommation, à laquelle il répondit qu'il présenterait les clefs, sous réserve de se pourvoir vers ses bailleurs. — Nous ne croyons pas que la vente ait eu lieu ; mais la collégiale ne reçut pas d'argent.

En cette année, les chanoines de la Saussaye firent tirer par les frères Thiais, carriers, une certaine quantité de pierres, pour les besoins de leur collégiale. La carrière, située en la vallée de la Saussaye, près Elbeuf, portait le nom de « carrière Douais ». D'après les registres capitulaires, les chanoines payèrent la pierre à raison de deux sols le pied cube, rendue à pied d'œuvre.

Dans un compte de rentes et revenus appartenant aux prêtres chapelains du collège des Clémentins figure Jean Duchesne, sieur des Chastelliers, bailli d'Elbeuf, propriétaire par sa femme d'une maison à l'enseigne de la « Botte royale », près de la Grande Crosse, paroisse Saint-Laurent, à Rouen.

Voici le texte d'un mémoire assez intéressant, mais sans date, concernant les affaires de la maison d'Elbeuf :

« Monsieur le prince d'Elbeuf ne peut demander son tiers coutumier que sur les biens de Normandie, qui sont Elbeuf, Harcourt et Lisle-Bonne, qui valent, selon l'estimation qui en a été faite par la transaction du 23 octobre 1662, savoir : Elbeuf, 1.350.000 livres ; Harcourt, 400.000 ; Lislebonne, 350.000.

« Sur quoi, avant que ledit prince puisse prendre son tiers coutumier, il faut déduire la somme de 600.000 livres que les terres de Buzançais, des Bordes et d'Ancenis, ont été vendues, par M. le duc d'Elbeuf, avant son mariage, lesdites terres provenant de la dot de feue madame Henriette de France, duchesse d'Elbeuf, et, outre ce, la somme de 400.000 livres pour les anciennes dettes de la maison, de sorte qu'il reste seulement la somme de 1.100.000 livres dont le tiers, faisant celle de 366.366 livres, compose le tiers coutumier dans lequel M. le comte d'Harcourt, M. de Lisle-Bonne et mademoiselle d'Elbeuf ont leur part et portion, aussi bien que M. le duc d'Elbeuf la sienne dans laquelle M. le prince d'Elbeuf n'a encore que le tiers, outre que cette part de M. le duc d'Elbeuf doit être partagée entre les enfants de dame Elisabeth de Lannoy sa première femme, ceux de sa seconde qui est de la maison de Bouillon, et ceux de sa troisième qui est de la maison de Navailles, de sorte qu'il est aisé de connaître que M. le prince d'Elbeuf n'est poussé à faire cette demande que par le conseil de Chastelain qui, après avoir mis les affaires de son maître en désordre, veut encore accabler le reste de la maison.

« Ce ne peut être que par le même conseil, et avec plus d'animosité que de raison, que M. le duc d'Elbeuf et M. le prince, son fils, veulent obliger les sieurs créanciers à demander 80.000 livres à M. le comte d'Harcourt, puisqu'ils n'ignorent pas qu'il les a bien plus que payées.

« M. le comte d'Harcourt a abandonné la somme de 27.264 livres de plus que ce à quoi il était obligé par la transaction de 1662, dont il laisse jouir lesdits créanciers.

« M. le duc d'Elbeuf, au contraire, a moins abandonné de biens que ce qu'il devait abandonner de la somme de 446.298 livres, n'ayant pas voulu démembrer Elbeuf ni Lislebonne, et c'est ce qui fait aujourd'hui tout l'embarras de sa maison.

« M. le comte d'Harcourt, outre cela, a payé 34.997 livres, tant pour les frais funéraires que pour autres dettes de la succession, ainsi qu'il appert par les comptes de Moisan, alors receveur d'Harcourt, lesdits comptes arrêtés par M. de Sourdis. De plus il a laissé, auxdits sieurs créanciers, les propres de mademoiselle d'Elbeuf, qu'il a achetés, la somme de 53.888 livres, et qu'il devait trouver dans les recettes d'Elbeuf et de Lislebonne. Il n'a rien touché des pensions de 2.000 livres, qu'il doit prendre par chacun an, sur Lislebonne, qui montent, depuis le décès de M. le duc d'Elbeuf, arrivé en 1657, à la somme de 70.000 livres.

« Il a encore abandonné 10.000 livres faisant le tiers à lui appartenant dans la somme de 30.000 livres faisant moitié d'une somme de 60.000 livres, payée par le roi, pour les non-jouissances des forêts de Lalonde, Andelys, etc., laquelle dite moitié a été attribuée aux créanciers, par messieurs de Sourdis et d'Hervaux.

« Toutes lesquelles sommes ledit sieur comte d'Harcourt doit reprendre sur les biens de M. le duc d'Elbeuf, et cependant il en laisse jouir paisiblement lesdits sieurs créanciers aussi bien que des sommes de 113.111 livres d'une part, reste de la donation entre vifs, faite, audit sieur comte d'Harcourt, par feue dite dame duchesse d'Elbeuf, par l'acte du 5 février 1658, et de 100.000 mille livres d'autre part, provenant du legs fait à feu sieur comte de Mont-Lor, fils dudit sieur comte d'Harcourt, desquelles sommes il est premier créancier sur les biens de feue dite dame duchesse d'Elbeuf, sa mère, et encore de toutes les autres sommes qui lui sont dues par M. le duc d'Elbeuf, avec tous les intérêts qui ont presque triplé le capital.

« Ainsi l'avantage desdits créanciers est de laisser les choses comme elles sont à l'égard dudit sieur comte d'Harcourt, qui leur abandonne des sommes si considérables, et fait son possible pour contribuer à ce qu'ils soient promptement payés, même au préjudice de ses intérêts, ce qu'il continuera de faire avec plaisir, jusqu'à ce qu'on commence à le chagriner.

« Si M. le duc d'Elbeuf crie, et dit qu'il a abandonné tout son bien, pour payer les créanciers, il se trompe, et ne veut pas se donner la peine de rechercher où est sa fortune, les 80.000 livres de rente, qu'il a toujours eues et qu'il a encore de ses gouvernements l'exemptant de ce soin, mais les comptes des sieurs Guitonneau et Martinet font voir que, s'il a donné 7 à 800.000 fr. de son bien, comme il le dit, il n'en est presque rien tourné au profit des créanciers.

« Madame la duchesse d'Elbeuf a touché, pendant trente années, 20.000 livres de rente, ce qui produit 600.000 livres ;

« Mademoiselle d'Elbeuf recevait, tous les ans, 15.000 livres ;

« On a payé 36.000 livres pour la dot des deux filles de M. le duc d'Elbeuf, religieuses au faubourg Saint Jacques ;

« On a fourni, à deux reprises, 14.000 livres à M. le prince d'Elbeuf, pour l'armée ;

« Chastelain a touché 10 à 12.000 livres sur des ordonnances, et le nommé Branjon qui était un homme à M. le duc d'Elbeuf et qu'il avait mis dans la direction, a aussi reçu plusieurs sommes.

« Eh bien ! Toutes ces sommes, quoique très-considérables, n'ont acquitté aucune dette; c'est cependant, dit-on, à quoi ont été employés 7 à 800.000 fr. Quand M. le comte d'Harcourt s'est mis en possession de la terre d'Harcourt, elle n'était affermée que 13.500 livres, comme le prouve le bail passé au nommé Moisan, devant Rillart, notaire ; mais son premier soin, bien qu'il n'y eût pas intérêt, a été de faire tout ce qu'il a pu pour l'augmenter de toutes façons, et de chercher d'acheter tous les titres qui pouvaient la rendre plus considérable.

« Loin de là, les gens d'affaires de M. d'Elbeuf ont toujours fait leur possible pour tromper les créanciers, en amoindrissant les fermes, et profitant sur les baux qu'ils faisaient aussi bien que sur les coupes des bois.

« Enfin, quoique M. le comte d'Harcourt ait toujours été celui de la famille qui a eu le moins de bien, il a cependant cherché, plus que qui que ce soit, l'acquit des dettes de la maison, et il déclare même que, s'il trouvait à vendre le comté d'Harcourt, à peu près sa juste valeur, il en distribuerait volontiers le prix aux sieurs créanciers, pourvu que cela puisse finir les affaires de la maison d'Elbeuf ».

A cette époque, le conférencier Mathieu Dupont était décédé, car par contrat passé devant Guillaume Patallier, tabellion d'Elbeuf, le 8 avril 1663, Claude Dupont, curé de Saint-Eloy-de-Fourques, et André Dupont, curé du Theillement, et du consentement de Catherine Marescal, veuve de Mathieu Dupont, bailli vicomtal de Brionne, tous trois fils de Mathieu Dupont, bailli d'Elbeuf, et de Marguerite Baillofer, donnèrent au trésor de Saint-Jean une vergée et dix perches de terre sises au triège de la Fosse-Léonard.

Notons tout de suite trois lignes d'un autre acte mentionnant encore le décès du conférencier Dupont : il est daté du 23e jour de janvier de l'année suivante :

« Louis Hesbert, demeurant à Fouqueville, créancier des représentants de feu Me Mathieu Dupont, vivant vicomte de Briosne... »

Cet acte et plusieurs autres prouvent que sa fortune, consistant en immeubles, était obérée. Une de ses propriétés était louée à Nicolas Bourdon, chirurgien à Elbeuf. Le vicomte Mathieu avait épousé Catherine Marescal ; ils eurent un fils, du prénom de François, qui habitait Rouen en 1667 et était à cette dernière époque, héritier en partie d'André Dupont, curé du Theillement.

Voici d'autres extraits du grand Pouillé d'Evreux :

« Le 28 juin 1663, MM. Le Doulx, de la Rue, Delangle et de Beausse, vicaires généraux, le siège épiscopal étant vacant, ont conféré à Pierre Pollet — que nous dirons IIe du nom — curé de Notre Dame de Caudebec, la cure de Saint Jean d'Elbeuf, vacante par la résignation faite d'icelle en sa faveur, par Nicolas Pollet, son oncle, prestre, dernier possesseur, suivant signature donnée au château de Grandulphe, diocèse d'Albane, le 4e jour des ides de may de la 9e année du pontificat de N. S. P. le Pape Alexandre VII ».

Nous reproduisons cette note telle que nous la trouvons ; mais d'après le *Gallia Christiana*, au 28 juin 1663, le siège épiscopal d'Evreux n'était pas vacant, puisqu'il était occupé depuis 1661 par Henri Cauchon de Maupas du Tour. La neuvième année du pontificat d'Alexandre VII correspond bien à 1663.

« Le 8 juillet 1663, sur présentation faitte par Henry de Bourbon, duc de Verneuil, pair de France, abbé commendataire de Saint-Taurin, en faveur de Nicolas Du Chesne, prestre de ce diocèse, à la cure de Saint Jean d'Elbeuf, vacante par la mort de Nicolas Pollet, dernier possesseur » ; elle fut conférée audit Du Chesne par Le Doulx et Delangle, sous l'autorité du chapitre d'Evreux.

Les mœurs de plusieurs chanoines de la Saussaye étaient devenues un scandale, dont chacun s'entretenait à Elbeuf. Des avis furent donnés à l'évêque d'Evreux ; celui-ci admonesta les coupables, mais comme ils ne se corrigeaient pas, le prélat s'adressa à tout le chapitre.

Le 4 juillet, l'évêque enjoignit formellement « de n'admettre, par les chanoines, chapellains et habituez, femmes impudiques dans leurs maisons, ni de jour ni de nuit, ni hommes mal renommés, et de ne converser avec eux sous peine pour la première fois de 10 sols d'amende, pour la seconde de la privation des distributions pendant un mois, et pour la tierce fois peine arbitraire du chapitre, et en cas de non obtempérant seront renvoyez à l'official d'Evreux pour en faire justice ».

L'évêque leur défendit également le péché de gourmandise et d'aller dans les tavernes, sous peine de 5 sols pour la première fois, d'être privés de leur chapelle pendant un mois à la seconde, et à la troisième de subir une peine arbitraire prononcée également par le chapitre.

Il leur défendit encore de se disputer et de se dire des injures « dont il en puisse venir scandale » ; de jouer de l'argent à empocher ; de dormir pendant le service divin, et, pour terminer, l'évêque recommanda spécialement au clerc de ne point avancer ou retarder l'horloge.

Les Ursulines reçurent, le 16 août, de Claude Le Vayer, sieur de la Salle, demeurant à Orléans, la somme de 2.000 livres, sur celle de 2.500 qu'il avait promis donner au monastère lors de l'entrée d'Anne Le Vayer, sa fille, au couvent d'Elbeuf. — A cette date, Marie de Moy, dite de Tous les Saints, était supérieure des dames Ursulines.

Le 5 octobre, Me Pollet, avocat à la cour, demeurant à Elbeuf, reçut sommation de payer la somme de 12.000 livres pour arrérages dus au chapitre de la Saussaye sur les moulins de notre localité, et, suivant la promesse que Pollet avait antérieurement faite. Cette sommation demeura sans effet.

Antoine de Saint-Ouen, chantre, Jacques Harel, François Dagomer, Dugrenier, de Saint-Ouen, Louis Bigot, François Duperré étaient alors chanoines à la Saussaye. Le 24 novembre, le chapitre bailla à ferme la moitié des droits de dîme appartenant aux chanoines, comme curés primitifs d'Ectomare, à Nicolas Lefebvre, curé de cette paroisse, moyennant 160 livres par an. Le précédent fermier avait été François Dagomer, nommé chanoine ensuite.

Un des anciens registres du tabellionage du Bec-Thomas, conservé à Elbeuf, porte, à la date du 27 du même mois, l'affermage par Nicolas Le Cordier, chevalier, seigneur du Troncq, marquis de la Londe, conseiller du roi, président à la Chambre des comptes de Normandie, de la terre et recettes d'Ectomare, consistant en deniers seigneuriaux, reliefs, treizièmes, grains, œufs, oiseaux, avec les édifices, masures, etc., moyennant 550 livres par an, plus 100 livres de vin pour le marché.

Les registres de Saint-Jean mentionnent, en 1663 : « François du Chesne, escuyer, sieur des Chastelliers, avocat à la cour, bailly d'Elbeuf, fils de Jean du Chesne, vicomte de Briosne » ; Jean Flavigny, « appoticquaire » ; Jean Hamon, avocat au grand conseil ; Jean Pollet, avocat à la cour, lieutenant général du duché d'Elbeuf, fils de Jean Pollet, avocat à la cour ; Jacques Bigot, d'Elbeuf, également avocat à la cour.

D'autres actes passés à Elbeuf concernent : Nicolas de Campion, chevalier, seigneur de Thuit-Simer ; Nicolas Le Mercier, écuyer, sieur du Quesney, et Philémon-François Le Mercier, écuyer, sieur de la Varenne, frères, habitant tous deux Bosnormand ; Nicolas Bertin, chirurgien à Saint-Amand-des-Hautes-Terres ; Mathieu Frontin, tapissier, paroisse Saint-Etienne ; et l'hôtellerie de l'*Ecu de Lorraine*, à Thuit-Signol.

En cette année, Charles, duc d'Elbeuf, accorda privilège à Abraham Lefebvre, chirurgien et apothicaire attaché au service particulier de la maison de Lorraine, et manda aux habitants de la paroisse Saint-Jean de le dérôler du registre des impositions.

Henriette de Vendôme, née d'Estrées, fille de Henri IV et de la belle Gabrielle, veuve de

Charles II de Lorraine, duc d'Elbeuf, mourut cette année-là. Elle était devenue abbesse de Notre-Dame-de-Soissons, et probablement fut enterrée dans ce monastère.

CHAPITRE XIV
(1664-1666)

Charles III de Lorraine (suite). — L'industrie elbeuvienne des tapis. — Nouveau séjour a Elbeuf du duc et de la duchesse. — Charles de Lorraine et ses chanoines. — Modification aux statuts de la confrérie de Saint-Michel. — Confirmation de l'établissement des Ursulines. — Vente du fief de la Saussaye. — Mort du général comte d'Harcourt.

Le registre du tabellionage du Bec-Thomas, commencé le 1er janvier 1664, d'après une note écrite sur la garde, fut « relié des soiens de Me Abot, notaire hérédittaire d'Amfreville en 1761 » ; mais quelle reliure !

Les actes qu'il renferme concernent plus particulièrement des habitants de la campagne d'Amfreville, surtout de la paroisse de Fouqueville, et nous ne trouvons d'abord à citer que l'achat d'une propriété sise à Caudebec, par Jean Malet, avocat, demeurant paroisse Saint-Etienne, et le contrat de mariage de Louis Lemonnier, chirurgien à Marcouville, parent des Lemonnier d'Elbeuf.

Pour se conformer à un arrêt du Parlement

de Normandie, rendu deux ans auparavant, Charles de Lorraine ordonna à Patallier, fermier des moulins d'Elbeuf, et à ses successeurs, de payer aux chanoines de la Saussaye la somme de 1.089 livres 10 sols pour arrérages échus des 336 livres 5 sols de rente à eux légués par ses prédécesseurs, et de servir régulièrement cette rente chaque année. Cet ordre du duc d'Elbeuf est daté du 3 janvier 1664, mais il ne paraît pas avoir été exécuté, car peu après les chanoines firent saisir la voiture d'eau qui faisait le service d'Elbeuf à Rouen.

Le 16 janvier, M⁰ Michel Mauré, vicaire, Louis Doinville, Jean Leclerc, François Flavigny et Nicolas Dupont, trésoriers de Saint-Jean, reçurent 120 livres de Mathieu Capplet, pour la fondation d'une haute messe, conformément aux volontés exprimées par feue Marthe Féré, sa mère.

Le 10 mars, Antoine Beaudouin, lieutenant général des Eaux et forêts d'Elbeuf, demeurant à la Saussaye, vendit une rente au trésor de Saint-Martin la Corneille « stipullé par M⁰ Barthelemy Hays, chanoine doyen de la Saussaye et curé de Saint Martin » et les trésoriers en charge. Beaudouin fixa ensuite son domicile au hameau du Canouel, dans une pièce qu'il prit à loyer, moyennant 60 sols par an.

L'industrie des tapis allait en progressant, et nous voyons toujours les maîtres en quête d'ouvriers. Le 17 mars, Pierre Ferey et Jacques Letourneur, tous deux habitant la paroisse Saint-Jean, s'engagèrent envers Thomas Triboult le jeune, établi en la même paroisse, « à travailler du mestier de tapissier en la maison et bouticque dudit Triboult, aux formes et ainsy que les autres compaignons ont acoustume travailler, pendant le temps de ung an, parce que ledict Triboult s'est submis leur fournir de mestiers et ustencilles necessaires, mesme de laisne, fil, soye et autres sortes, et faire si bien en sorte qu'ils ne manquent de travail. Ledict marché faict parce que ledict Triboult s'est submis leur payer de sepmaine en sepmaine leur travail sur le pied de l'eschantillon qu'ils travailleront au prix des autres compaignons de la bouticque dudict Triboult ou autres... »

Au nombre des maîtres tapissiers de cette époque, nous citerons Roger Dugard, Louis et Jacques Delarue frères, Pierre Regnault, tous quatre de la paroisse Saint-Etienne, et Jean Bucquet de celle de Saint-Jean.

Nommons encore, parmi les autres, Antoine Lefebvre, de la paroisse Saint-Jean, qui, en cette même année et par contrat passé devant le tabellion, s'engagea à payer le travail que ferait Jean Delaquaize, son nouvel apprenti, au prix des ouvriers experts, et ne réclama pour lui apprendre le métier de tapissier que la somme de 19 livres.

François Dugard, autre maître tapissier, de la paroisse Saint-Etienne, prit le même engagement envers un apprenti nommé Pierre Maquerel ; celui-ci, quoique étranger jusquelà au tissage des tapis, fut également payé au prix des autres ouvriers de « la boutique » de Dugard, lequel ne réclama que 18 livres pour sa peine de lui enseigner le métier très lucratif de tapissier.

Jamais la fabrication des tapisseries à Elbeuf, n'avait donc eu tant d'activité et de débouchés qu'à cette époque, véritable âge d'or

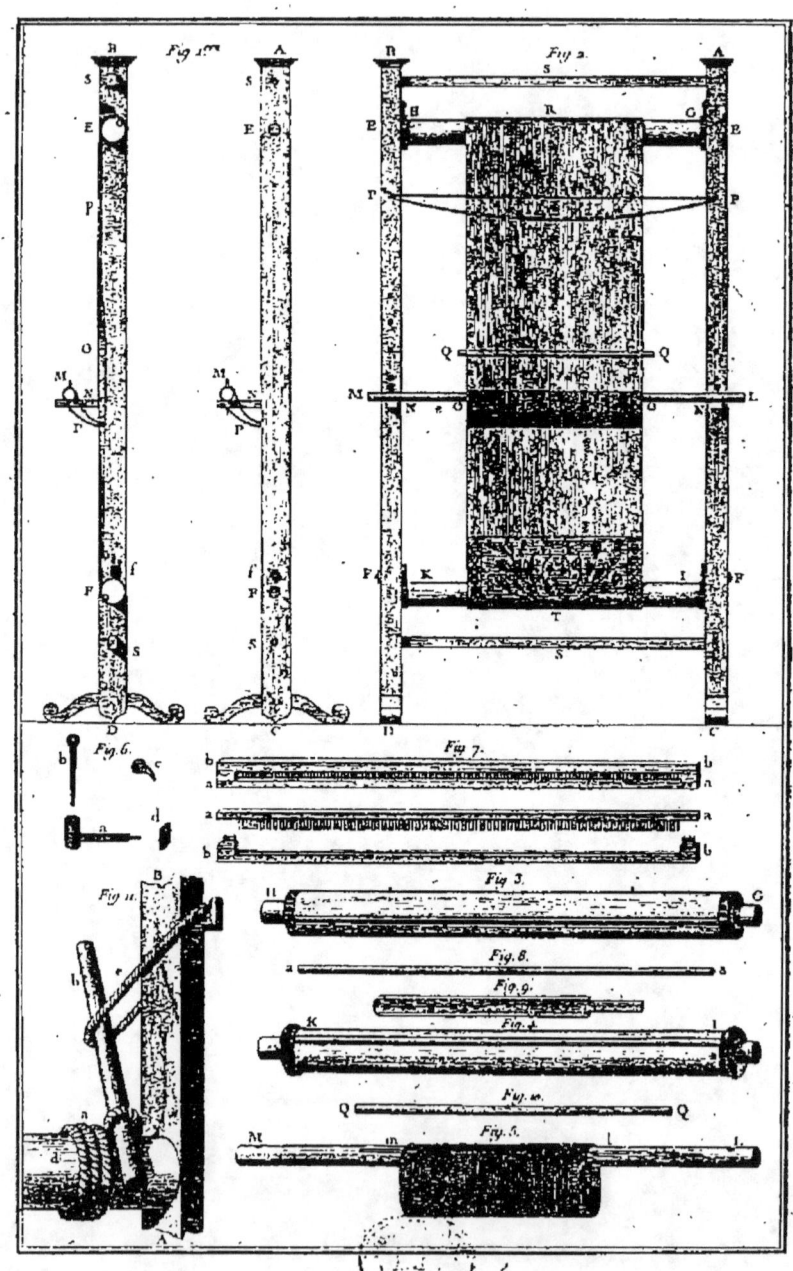

FABRICATION DE TAPISSERIES

Planche 1re

pour cette grande et belle industrie locale, que nous verrons plus tard ériger en Manufacture royale.

Nous n'avons point la prétention de présenter un Traité de fabrication des tapisseries, mais nous croyons qu'il n'est pas sans intérêt de consacrer un souvenir à cette ancienne industrie elbeuvienne, qui a failli renaître, il y a moins de cinquante ans, et qui, nous en sommes persuadé, sera reprise à Elbeuf dans un temps plus ou moins éloigné.

Nous nous contenterons donc de reproduire les quatre planches publiées au siècle dernier par Duhamel du Monceau, en les accompagnant du texte descriptif qu'il y joignit :

« EXPLICATION DES PLANCHES DE L'ART DE FAIRE LES TAPIS FAÇON DE TURQUIE :

« Planche première

« *Figure 1*. — Elle représente les deux principaux montants ou les deux cotterets d'un petit métier propre à faire des meubles : BD, un cotteret vu par la face qui regarde le dedans du métier : E, la coupe de l'ensouple d'en haut : F, la coupe de l'ensouple d'en bas : N, le support du bâton des lisses : M, la coupe du bâton des lisses : O, la coupe du bâton d'entre-deux, qui sépare les fils de devant la chaîne d'avec les fils de derriere. Ces deux fils sont marqués sur la figure, & on voit que la lisse P répond au fil de derriere. On apperçoit encore que les deux fils s'étendent depuis l'ensouple d'en haut jusqu'à l'ensouple d'en bas.

« On voit à l'ensouple E d'en haut la coupe de l'entaille où se loge le verdillon, & un linguet qui engrene dans une roue dentée, qui est aux deux bouts de cette ensouple aux petits métiers pour meubles.

« A l'ensouple d'en bas F, on voit la coupe de l'entaille où se loge le verdillon, & une douille avec une cheville qui fixent cette ensouple, & l'empêchent de se dérouler. On voit toutes ces pieces séparées, *fig. 6* : c, le linguet de l'ensouple d'en haut E : a, la douille qui est au-dessus de l'ensouple d'en bas F, avec sa queue a qui traverse le cotteret, & qui y est fixée par l'écrou d : b, la cheville qui entre dans la douille a, & dans des trous qui sont aux deux bouts de l'ensouple. Je reviens à la figure 1 : AC, est un cotteret vu par la face de dehors : S, le trou où s'assemble la traverse d'en bas, ainsi que celle d'en haut : E, trou qui reçoit l'extrémité de l'ensouple d'en haut : F, trou où passe la queue de la douille a de la figure 6 : F, trou qui reçoit l'extrémité de l'ensouple d'en bas : M, le bâton des lisses N, support de ce bâton : P, une lisse.

« *Figure 2*. — La chaîne montée sur un petit métier pour meuble : S, S, traverses du haut et du bas du métier : AC, BD, les deux cotterets : IK, l'ensouple d'en bas. On voit auprès de F la douille avec la cheville qui entre dans les trous de l'extrémité de l'ensouple pour la tenir assujettie : ML, le bâton des lisses : NN, support de ce bâton : O,O, les lisses dans lesquelles le bâton est enfilé : QQ, le bâton d'entre-deux : PP, corde qui passe entre les fils du devant & ceux de derriere : GH, l'ensouple d'en haut : EE, on voit au bout de cette ensouple deux roues dentées, avec un linguet à chaque bout qui empêche l'ensouple de se détourner : R, la chaîne : T, l'ouvrage commencé.

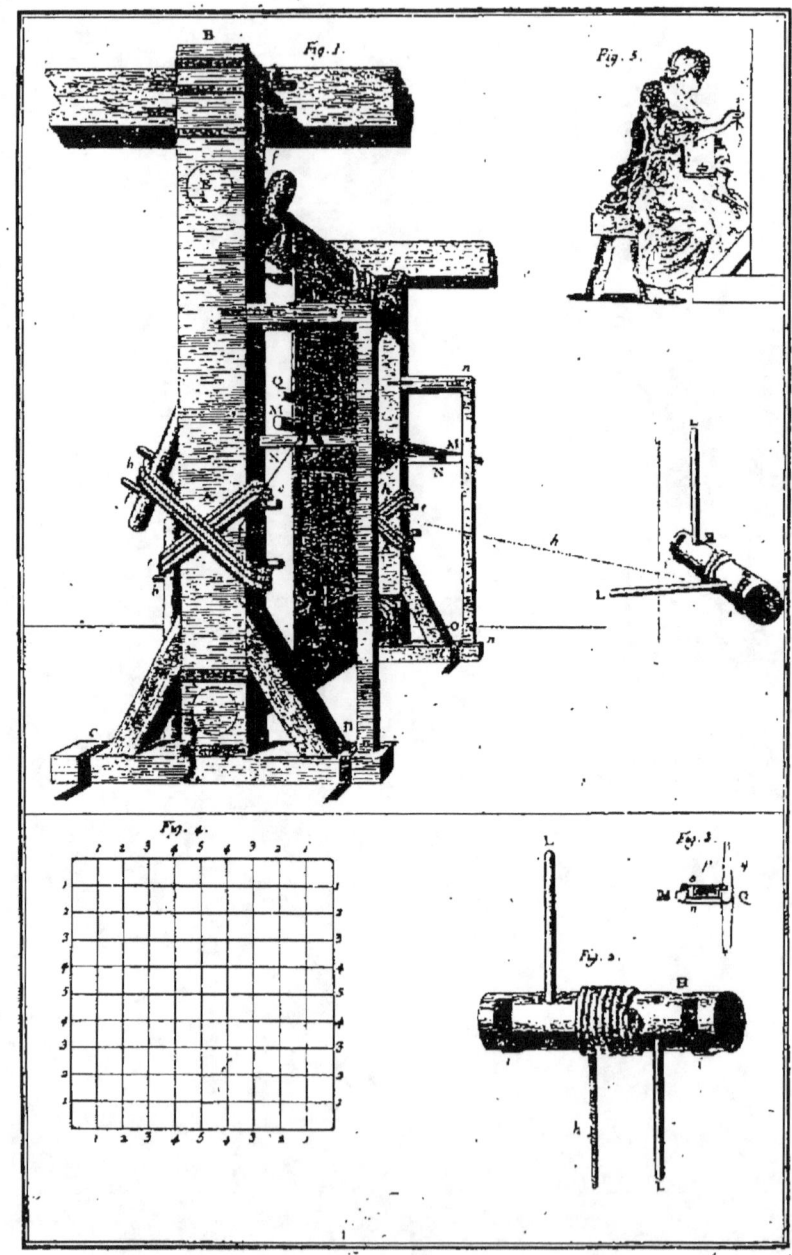

FABRICATION DE TAPISSERIES

Planche II

Année 1664

« *Figure 3*.—L'ensouple d'en bas : G, H, les bouts frettés ; les frettes sont percées de trous pour recevoir la cheville B de la figure 6.

« *Figure 4*. — L'ensouple d'en bas : on voit aux extrémités IK les roues dentées : on apperçoit aussi aux deux ensouples les rainures pour recevoir les verdillons.

« *Figure 5*. — Le bâton des lisses LM, avec les lisses lm.

« *Figure 7*. — Le vautoir : AA, la piece de dessous : BB, la piece de dessus : AA, BB, les deux pieces réunies.

« *Fig. 8*.—Un verdillon ou une perche qu'on passe dans les croisées, & qu'on place dans les rainures des ensouples.

« *Figure 9*.—Une des pieces NN de la figure 2, qui servent à supporter le bâton des lisses.

« *Figure 10*. — Le bâton d'entre-deux QQ, fig. 2.

« *Figure 11*. — Elle a rapport aux grands métiers dont nous allons parler.

« Planche ii

« *Figure 1*. — Un métier pour faire de grands tapis de pied : FAEB, un des cotterets avec son patin de charpente CD, qui est attaché au plancher par des étriers de fer : B, la tête du cotteret qui est attachée à la poutre avec des liens de fer : E, un bout de l'ensouple d'en haut : F, un bout de l'ensouple d'en bas : B, bandage ou levier qui sert à tourner l'ensouple d'en bas, au moyen d'un cordage qui entoure l'ensouple, & qu'on nomme *ardiere* ; le bandage est arrêté au cotteret par une corde EE. Tout cela s'apperçoit mieux à la *planche 1, fig. 2* : AB, un cotteret : D, l'ensouple d'en bas : A, l'ardiere : B, le bandage : E, la corde ou la commende qui arrête le bandage au cotteret. Je reviens à la figure 1 de la planche II : FF, le bandage qui sert à tourner l'ensouple d'en haut. Comme il faut tourner l'ensouple d'en haut avec beaucoup de force, on attache un cable au bout du bandage F vers H, & qui suivant la direction de la ligne ponctuée HH, va se rouler sur le treuil H qui tient à la muraille par de fort crampons de fer I, I, on tourne le treuil par les leviers L, L. Tout ce qui regarde le treuil est indiqué par les mêmes lettres, & représenté dans un autre point de vue à la figure 2. M, *fig. 1*, est le bâton des lisses qui, aux grands métiers, est soutenu par un assemblage de menuiserie NN, qui porte une traverse NN, sur laquelle repose le bâton des lisses : Q, est le bâton d'entre-deux. Après ce que nous venons de dire, & l'explication que nous avons donnée du petit métier à faire des meubles, on prendra aisément une idée juste de la disposition des grands métiers.

« *Figure 3*. — Elle indique comment on fait les lisses : P, un fil de devant : Q, un fils de derriere, auquel il faut mettre une lisse : Q, le bâton d'entre-deux : M, la perche des lisses: M, petit instrument de fer plat, qu'on nomme *Calais*, qui s'appuie par les extrémités sur le bâton des lisses & sur le bâton d'entre-deux : M, N, la lisse qui embrasse le fil QQ.

« La figure 4 a rapport à la planche 3, & la fig. 5 a rapport à ce qui est représenté sur la planche 4.

« PLANCHE III

« *Figure 1*. — Elle représente un Ouvrier qui ourdit une chaîne le long d'une muraille :

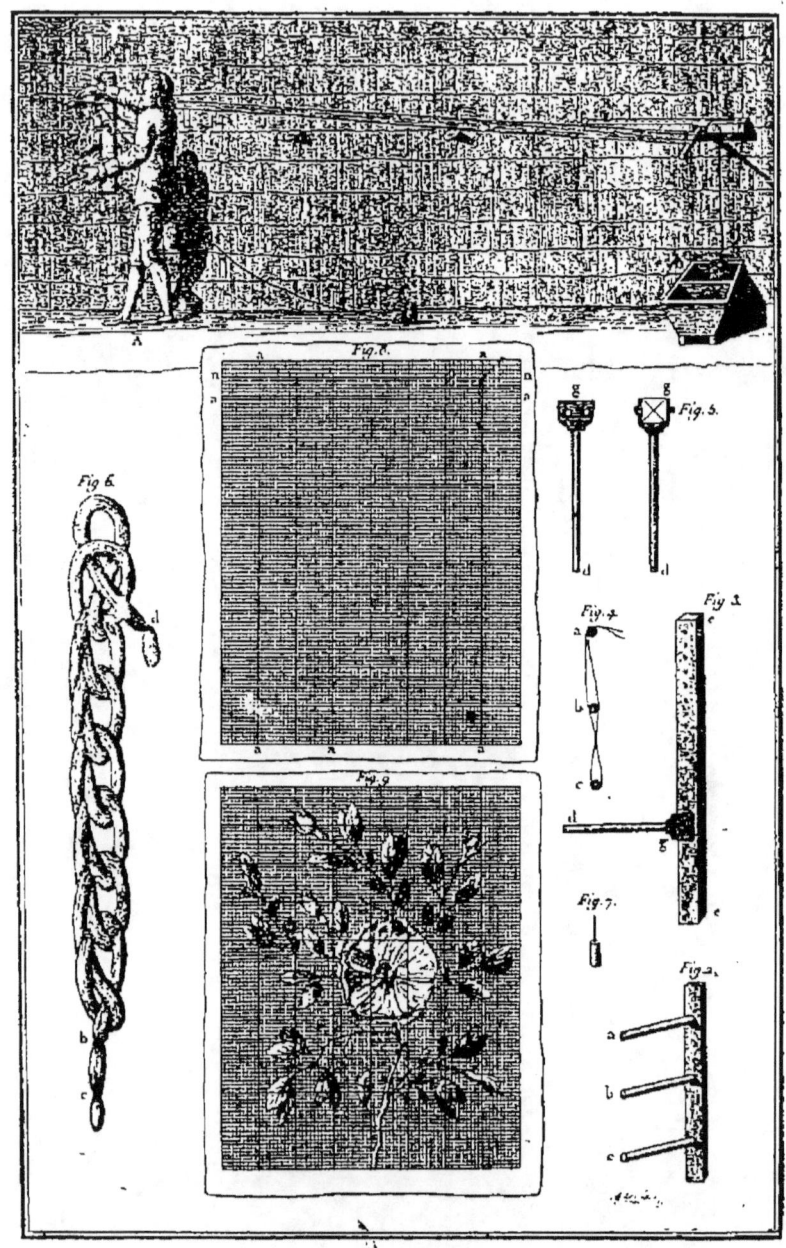

FABRICATION DE TAPISSERIES

Planche III

A, l'Ouvrier en travail : a, b, c, les trois chevilles qui sont représentées en grand, *fig. 2*, sur lesquelles on enlace les fils pour faire la grande croisée, comme on le voit *fig. 4* : a, *fig. 1 & 3*, cheville unique, sur laquelle on fait la petite croisée ; il faut que cette cheville d s'approche ou s'éloigne des chevilles a, b, c, suivant l'étendue qu'on se propose de donner à la chaîne, ce qu'on fait aisément en changeant la position de la piece de bois ee, au moyen des chevilles B, B (*fig. 1*), qu'on met dans différents trous, & des pattes ou palettes f, f qui sont scellées à la muraille : on voit en g, *fig. 3 & 5*, comment la cheville est solidement attachée à la piece de bois ee : h, *fig. 1*, la boîte où l'on met les pelotes de laine, les unes blanches, les autres bleues, qui doivent servir à faire la chaîne.

« *Figure 6*.—Elle sert à faire voir comment on enlace une portée de chaîne ourdie pour qu'elle ne s'emmêle pas : c, b, d, les liens qu'on met aux endroits où étoient les chevilles indiquées par les mêmes lettres.

« *Figure 7*.—Un poinçon qui sert à arranger les points & piquer les desseins.

« *Figure 8*. — Un papier imprimé avec une planche de cuivre, et qui est chargé de raies qui marquent les points. Les grosses raies a, a, a marquent les dixaines ou les fils bleus, & les petites, les fils blancs. Un carreau n est représenté en grand sur la planche 2, fig. 4, pour faire concevoir comment on indique les différents points aux Apprentis.

« *Fig. 9*.—C'est un papier semblable à celui *fig. 8*, mais sur lequel on a dessiné un bouquet de roses qu'il faudra exécuter sur l'ouvrage.

« Planche IV

« *Figure 1*. — Un métier monté : A, B, les cotterets : GH, l'ensouple d'en haut : IK, l'ensouple d'en bas : P, P, les cordes qui passent entre les fils de devant et ceux de derriere : QQ, le bâton d'entre-deux : ML, le bâton des lisses auquel est attaché le dessein qu'il faut imiter : NN, le support de ce bâton ; on l'a fait comme aux petits métiers pour meuble, afin de moins embarrasser la figure. Sur l'ensouple d'en bas IK, est la partie de l'ouvrage qui est travaillée : V, Ouvrier qui fait le point : A, la main qui amene le fil de derriere en avant : B, la main qui fait le nœud. Cet Ouvrier est assis sur une planche oo, sur laquelle on voit la boîte où sont les broches chargées de laines de différentes nuances.

« *Figure 2*. — On y voit tout ce qu'on a représenté sur la *fig. 1*, excepté que l'Ouvrier X frappe les points avec le peigne.

« *Figure 3*. — Le peigne d'acier : A, les dents : B, le manche. On l'a représenté de plat & vu de côté.

« *Figure 4*. — Le tranche-fil : A, le tranchant : B, le manche.

« *Figure 5*. — Les ciseaux vus de plat & par le côté : A, les lames : B, les branches & anneaux

« *Figure 6*. — Une boîte divisée par compartiments, dans laquelle on met les broches chargées de laine.

« *Figure 7*. — Une broche vuide & une chargée de laine.

« *Figure 8*. — Elle représente plus en grand ce qu'on a déjà vu *fig. 1* : A, la main gauche qui tire les lisses : B, la main droite qui tient la broche : C D, indique l'enlacement du fil

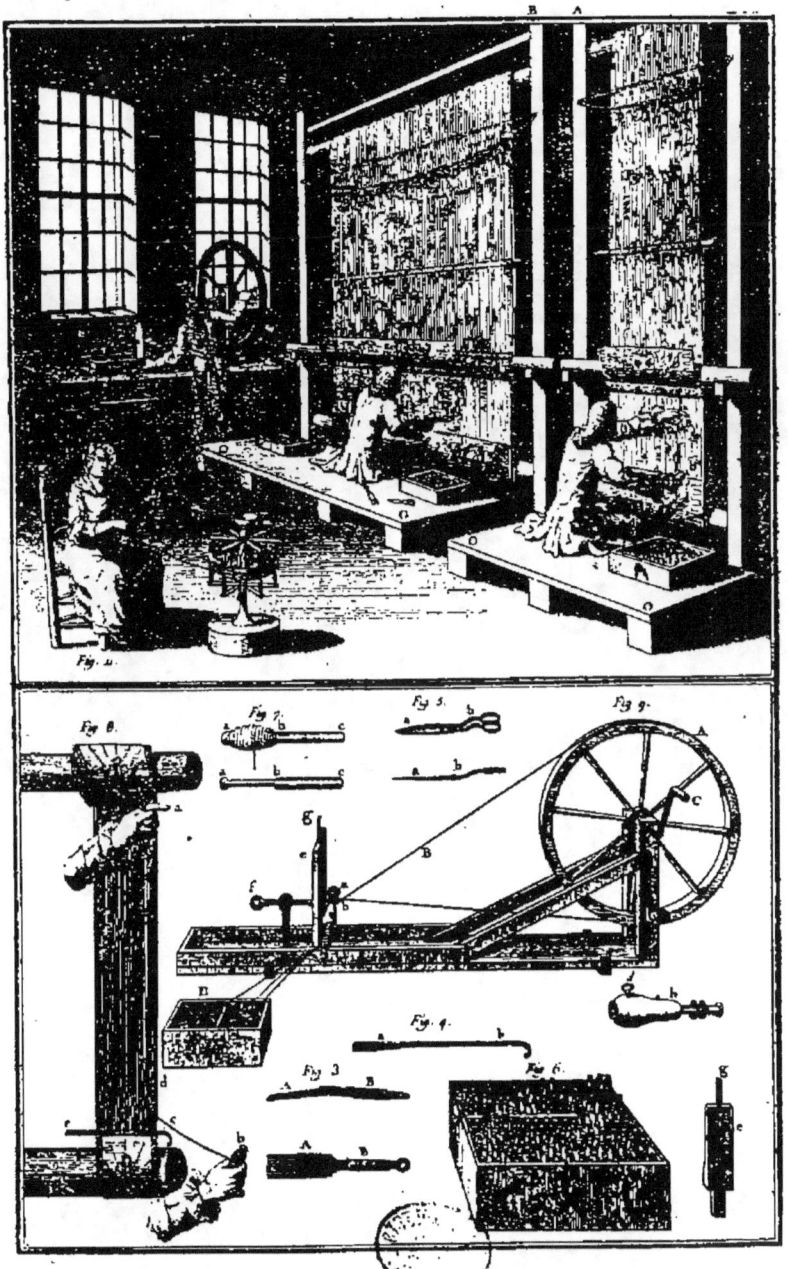

FABRICATION DE TAPISSERIES

Planche IV

pour faire le nœud : E, le tranche-fil engagé dans les points.

« *Figure 9*. — Le tour pour charger les broches : A, la grande roue : C, la manivelle : B, la corde qui fait tourner la bobine B, qui est attachée par deux collets de cuir à la poupée E, qu'on approche ou qu'on éloigne de la roue au moyen de la vis F : au-dessus de cette poupée est une lame G qui sert à couper la laine ; la bobine B forme une boîte dans laquelle on met le bout de la broche, & on l'y assujettit par la vis D : la partie C qui excede la boîte se charge de la laine qui est dans la caisse H, quand on fait tourner la roue A.

« *Figure 10*. — Un Ouvrier qui charge de laine des broches.

« *Figure 11*. — Une Ouvrière qui dévide les écheveaux de laine pour en faire des pelotes.

« On voit, pl. 2 fig. 5, comment les Ouvrieres placent sur leur poitrine une plaque de fer blanc, avec une lampe pour travailler à la lumiere ».

Elbeuf ne produisait pas que des tapis façon de Turquie ; on y fabriquait également des genres dits de Bergame, industrie qui prit même et promptement un très grand développement.

L'Encyclopédie méthodique, éditée par Pankoucke en 1784, s'exprime ainsi :

« Dans le siècle dernier (XVIIe), ce genre de fabrication (tapisseries de Bergame) se répandit en Flandres, à Tournay principalement, à Rouen, à Elbeuf, & dans plusieurs autres villes du royaume ; en s'étendant il se perfectionna. Au fil de chanvre écru, on substitua du fil de lin lessivé & mieux teint, à la laine grossière & mal teinte, on substitua de la laine plus fine, du coton, du poil de chèvre, de la soie ; on y introduisit même de la dorure : à la plus grande finesse de la matière, à sa plus grande beauté, à la manière plus soignée plus parfaite en tout de la traiter, on en augmenta la quantité : il en résulta un tissu plus serré, des couleurs plus vives, des figures mieux dessinées, des sujets mieux représentés; mais l'étoffe, d'une médiocre apparence & d'un bas prix, en acquérant de la beauté & de la perfection, renchérit d'autant. Vint le goût des étoffes légères : on en produisit toutes de soie qui étoient plus brillantes, & qui coûtoient moins que les belles bergames ; vinrent les siamoises rayées, flammées, chinées ; vinrent les indiennes ; vinrent les papiers peints, charmans, & beaucoup moins coûteux : toutes les sortes de tapisseries du genre de celles Bergame, déclinèrent à proportion du goût qu'on prit pour celles-ci ; & elles ont été tellement remplacées, qu'il n'en est plus guère question parmi nous ».

En effet, comme nous le verrons par la suite, la fabrication des tapisseries à Elbeuf n'existait plus, il y avait déjà des années, quand éclata la Révolution.

Au 7 avril 1664, Catherine de Plasnes, épouse de François Duchesne, bailli de Brionne, était héritière de feu Nicolas Lepeuple, chanoine et trésorier de l'église collégiale d'Ecouis.

Le 16 du même mois, François de Bellemare, écuyer, sieur de Neuvillette, afferma le moulin de Neuvillette, sis à Thuit-Simer, à Pierre Larible, d'Elbeuf, pour le prix de 110 livres par an, plus diverses conditions.

Second duc et pair, aîné de la maison de Lorraine en France, mais peu éclairé, dit M. Parfait Maille, le duc d'Elbeuf fut très vif sur toutes les prétentions qui intéressaient son orgueil et sa fatuité, sa pairie et dignité ducale.

Cette année-là, le duc d'Elbeuf fut un des premiers qui réclamèrent pour que l'on remît les conseillers et présidents du Parlement à leur rang d'opiner après le dernier des pairs de France et des officiers de la couronne, chute sensible à la robe.

Toujours il prit feu sur des préséances, qu'il eut grand soin de maintenir et de défendre avec vigueur ; il les avait si à cœur que, nommé chevalier des ordres du roi, il ne voulut jamais se faire recevoir, parce que le duc de Vendôme l'aurait, d'après lui, injustement précédé dans la cérémonie.

Après la paix de Paris, la reine voulut se l'attacher et l'appela au conseil ; mais son incapacité le relégua dans ses gouvernements de Montreuil et de Picardie, qu'il quittait rarement. De tous les princes lorrains d'Elbeuf, Charles III fut le plus nul.

Héritier de la haine de son père contre le célèbre comte d'Harcourt, il refusa, non seulement d'assister au mariage de sa fille, pour lui cousine germaine, mais il détourna encore les invités de s'y rendre, malgré que le roi fût de la fête ; en quoi, ajoute M. Maille, il ne se montra ni bon parent, ni bon courtisan.

Le duc et la duchesse d'Elbeuf revinrent dans notre localité en 1664. Un des officiers du duc partit pour la Saussaye, le 8 août, afin d'annoncer que son maître allait se rendre à la collégiale, dans le but d'apaiser des troubles qui s'étaient élevés entre les chanoines.

Le chapitre s'assembla aussitôt, fit sonner les cloches, et la compagnie décida qu'elle attendrait le prince à l'église, en habits de chœur.

Mais à quatre heures, le duc Charles n'étant pas encore arrivé, on chanta les vêpres, après lesquelles le chapitre demeura dans l'église jusqu'au moment de l'arrivée du prince, qui parut à cinq heures, accompagné de Chanteloup, seigneur du Troncq, et du sieur de Portpinché, seigneur de Saint-Pierre des-Cercueils.

Le chapitre n'était plus au complet : deux chanoines, se disant fatigués d'attendre, étant allés, l'un se promener à sa dîme des Vingt-Acres, l'autre dans la forêt.

Charles de Lorraine manifesta sa satisfaction de trouver la grande majorité des membres du chapitre en bon accord et s'informa où étaient les trois querelleurs, dont deux étaient les absents. Il demanda aussi si le chapitre n'avait pas su son arrivée à Elbeuf, si les papiers enlevés du chartrier y avaient été replacés et ajouta qu'il avait les moyens de rappeler chacun des prêtres à ses devoirs. Enfin, il prit congé du chapitre en chargeant le doyen de dire de sa part aux chanoines absents que, s'ils ne réparaient leurs fautes avant vingt-quatre heures, ils le verraient de plus près qu'ils ne croyaient. Le doyen refusa la commission ; alors Charles répliqua qu'il écrirait.

Le duc, en sortant par la grande porte pour retourner à Elbeuf, aperçut sur la Pelouse, derrière une croix qu'il y avait alors en cet endroit, l'un des révolutionnaires du chapitre ; ce prêtre, ayant remarqué que le prince se dirigeait vers lui, alla à sa rencontre avec respect, présenta au duc la baguette qu'il avait prise en allant faire sa promenade dans le bois et chercha à l'apaiser. Charles ne lui adressa que de légers reproches, revint avec lui au chapitre, pour aplanir les difficultés que ce chanoine avait avec ses confrères, et il lui fit donner la promesse de rendre les titres qu'il détenait dans la quinzaine.

Mais, dans la crainte que le coupable ne tînt point sa parole ou cherchât à s'évader, le duc voulut le faire enfermer. Un autre chanoine intervint en sa faveur et se fit sa caution, et sur la sollicitation des sieurs de Chanteloup et de Portpinché, le chanoine mauvaise tête conserva sa liberté.

Quelques jours après, l'ordre étant rétabli, le chapitre se rendit en corps à la Coudraie, paroisse de la Haye-du-Theil, chez le sieur de Chanteloup, afin d'y voir le duc d'Elbeuf, qui s'y trouvait, et lui renouveler ses hommages. Le prince accueillit bien les chanoines, leur donna ses derniers ordres, les assura de sa protection, et après quelques nouvelles remontrances adressées aux perturbateurs, il demanda copie de l'accord intervenu, et congédia la compagnie « avec beaucoup d'honnêteté ».

Dans son voyage à la Saussaye, le duc d'Elbeuf avait aussi à sa suite Louis Le Cordier, capitaine de ses chasses.— François Flavigny, chirurgien de notre bourg, fut appelé, vers ce même temps, pour donner des soins à un chanoine malade.

Le 17 septembre, Louis Maille le jeune, fermier de la voiture d'Elbeuf, bailla à ferme pour six ans à Pierre Luce et un associé de celui-ci, « le droit de bermanaige et descentes des boissons qui arriveront dans ledit bourg pour les taverniers et cabartiers de ce lieu, mesme de ceux qui seront chargés et deschargés sur la rivière de Monseigneur, en esemption de ceux qui seront chargés et deschargés dans les batteaux de la vointure dudit Maille...; iceux preneurs tenus de se fournir à leurs cousts et despents de cordaiges et ustancilles pour faire les descente et remonte desdites boissonts, parce que sy par leur neglisance ou faute il arrivoit quelque perte de boissont, ils seroient tenus et demeurés garants sans appeler ledit Maille, bailleur... Ce bail fait moyennant quarante six livres tournois par chacun an... ».

Le 20, le même Louis Maille, du consentement du duc d'Elbeuf, rétrocéda la ferme de l'île Le Comte, en nature de pré, moyennant 30 livres par an.

Les mémoriaux de la Chambre des comptes de Normandie, pour l'année 1664, portent la teneur des « lettres par lesquelles le Roy a confirmé le contract d'acquisition faicte par Jean de Guerin, escuier, sieur de Marcouville, du sieur duc d'Elbeuf, de plusieurs teneures qu'il avoit dans la dicte parroisse de Marcouville ».

A titre de curiosité, nous mentionnerons des lettres de provision, transcrites sur ce même registre, accordées à « François Mallet, secrétaire de la chambre du Roy, de faire monter tous bateaux contre le cours des rivières les plus rapides, sans aide d'hommes, vent ni chevaux ». — Nous ne savons sur quoi reposait le système de l'inventeur.

Anne Duchesne, fille du bailli d'Elbeuf, qui avait épousé Nicolas de Trevet, capitaine du château de Gaillon, possédait des biens sis entre les Trois-Cornets et le Vallot qu'elle donna à loyer le 22 octobre, à Charles Revel, bourgeois de la paroisse Saint-Jean.

Le 14 décembre, on baptisa à Saint-Jean, Charles du Chesne, fils de François, écuyer, sieur des Monts, avocat à la cour, bailli d'Elbeuf et de la baronnie de Quatremares. L'enfant eut pour parrain Charles de Lorraine, duc d'Elbeuf, pair de France, gouverneur de Picardie, etc., et pour marraine « Marthe de Plasnes, femme de messire Georges du Tertre, écuyer, sieur de Malouy et de la Morandière (?) ».

Le dernier jour de l'année 1664, Charles de Lorraine, « héritier de deffuncte très illustre princesse Madame Marguerite Chabot, vivante douairière d'Elbeuf et créantière pour grande somme de deniers de deffunct Me Adrian Bradechal, procureur en la cour de Parlement, estant ledit seigneur duc de présent en son bourg d'Elbeuf, recongnut avoir reçu de Pierre Partie, de Saint Aubin jouxte Boulleng, ayant acquis l'héritage de Pierre Bachelet fils Nicolas, la somme de 800 livres, laquelle somme il seroit obligé paier aux héritiers dudit sieur Bradechal... » — Suit la signature du duc.

Charles et Louis Grimouin firent donation de 100 livres tournois, le 5 janvier 1665, au trésor de Saint-Jean, « stipulé par Michel Mauré, vicaire ; François Flavigny, apoticaire ; Louis Doinville, Nicolas Dupont, Louis Poullain, aussy apoticaire », pour faire célébrer un service et deux hautes messes chaque année.

Vers cette époque, Pierre Godin, greffier du duché d'Elbeuf, acheta une terre à Caudebec. — Louis Bucquet, prêtre, demeurait en la paroisse Saint-Jean.

Le 15 janvier, Pierre Dupont fils Pierre le

jeune et Catherine Hamon, sa femme, fille de feu Jean Hamon, contrôleur, aumonèrent à l'église Saint-Jean 14 livres 5 sols 8 deniers de rente, pour faire célébrer chaque année « un office solennel de Nostre Dame du Mont Carmel, au jour de la feste d'icelle qui eschet le 17e juillet, dans l'église Saint Jean, à la chapelle de la Vierge... »

« Le 10 février 1665, Nicolas Duvaucel, vicaire général de M. Henry de Maupas du Tour, evesque d'Evreux, conféra à Jacques Cavé, clerc du diocèse de Rouen, la cure de Saint Jean d'Elbeuf, vacante par la résignation faitte en sa faveur par Pierre Pollet, prestre, dernier curé et possesseur, suivant signature donnée à Rome le 12e jour des calendes de septembre de la 10e année du pontificat d'Alexandre VII ».

« Le 14 septembre, Me Henry-Marie Boudon, vicaire général de Me Maupas du Tour, conféra à Jacques Boisselier, prestre, la cure de Saint Jean d'Elbeuf, par luy obtenue en cour de Rome, comme vacante depuis assez longtemps, pour qu'elle soit dévolue au saint Siège, suivant signature donnée à Rome le 14e jour des calendes d'octobre de la 10e année du pontificat d'Alexandre VII ».

La pièce suivante se trouve aux Archives du département :

« Je soubz signée supérieure du couvent de Sainte Ursule d'Elbeuf sortant de charge ay ce jourdhuy veu et arresté les comptes en présence de la mère Charlotte de Ste Marie, zélatrice, et de sœur Geneviefve de St Benoist, dépositaire, lesquelles sortent aussy de charge, et avons trouvé que le receu général des trois années, depuis le jour de l'élection, monte à la somme de 17.080 livres 12 sols 10 deniers, et le mis général à la somme de 17.952 livres 2 sols, et partant le mis excède le receu de 871 livres 9 sols 2 deniers, laquelle somme se treuve au depost. Lesquels comptes nous allouons et tenons pour bons et valables, et en dechargeant la susdite dépositaire.

« Fait ce dernier febvrier 1665 ». — Suivent les signatures des sœurs : « Marie de Tous les Saincts. Marie des Anges, Charlotte de Ste Marie, Geneviefve de St Bernard ».

Ces comptes furent vérifiés et approuvés par C. Mallet, vicaire général du diocèse, le 16 avril suivant.

En cette année-là, la Seine gela et dégela trois fois. Au mois de mars, ses eaux grossirent et causèrent quelques ravages.

Par acte passé devant les tabellions de la haute justice de la Londe, « le 9 apvril 1665, révérende mère en Dieu Marie de Moy, supérieure des Ursulines d'Elbeuf, recongnut avoir reçu de Jean de Mauduit, sieur de Montleperroy, demeurant à Charleval », la somme de 1.400 livres pour l'amortissement d'une rente.

Un remboursement opéré à Elbeuf, le 25, donna lieu à un acte mentionnant Jacques Harel, chanoine et procureur du chapitre de la Saussaye, Antoine Saint-Ouen, aussi chanoine, et Nicolas Regnault et Jean Lefebvre, ci-devant chanoine à la Saussaye ; ce dernier était représenté par Nicolas Lefebvre, curé d'Ectomare, son frère. Témoins : Louis Bigot, également chanoine de Saint-Louis. — Un autre acte du même jour mentionne la rue Notre-Dame.

Le 21 juin, les associés de « la confrairie de Saint Michel fondée en l'église et parroisse de

Sainct Jean, consentirent et accordèrent tous ensemble qu'il fust prins et levé des deniers de leur ditte confrairie », alors entre les mains de Pierre Dupont, « la somme de six vingt livres tournois pour ayder à subvenir et faire parachever l'ouvrage des orgues de laditte parroisse, et pour ce subject, le trésor sera obligé de faire jouer les dictes orgues à perpétuité aux faistes et solennités et messes haultes et vespres dittes pour laditte confrairie, quand il y aura un organiste habitué, sans aucun payement, et de plus les dicts fraires avoient de coutume de donner audict trésor tous les ans la somme de 30 sols quoique l'esglise n'est en aucune paine ny frais, ils seront exents de laditte somme... » Suivent les signatures des frères de Saint-Michel et de François Flavigny, apothicaire, Nicolas Dupont, Louis Douinville et Louis Poullain, ce dernier apothicaire également, tous trésoriers en charge.

Par contrat passé le 22 octobre 1665, devant Nicolas Bourdon, tabellion du duché d'Elbeuf, Adrien Carré, greffier de la baronnie de Quatremares, donna à la fabrique de Saint-Jean deux pièces de terre en labour sises à Caudebec. — Plus tard, le 22 mars 1736, Pierre de Rochechouart, évêque d'Evreux, ordonna la suppression de la prose *Languentibus*, portée dans cette fondation, et dit qu'en remplacement on chanterait matines le jour de la fête Saint-Adrien.

Le 17 novembre 1665, devant les tabellions du duché d'Elbeuf, MM^{es} Michel Boisguillaume et Pierre Sentier, prêtres habitués de l'église St-Jean, Nicolas Dehors, Louis Maille, Louis Grimouin, François Deriberprey, André Le

Comte, Pierre Dupont, Claudet Prévost, Jean Mallet, Michel Dubosc, Louis Dugard, Jean Poteau, Michel Lefebvre, Mathieu Capplet, Etienne Prévost, Simon Patallier, Pierre Patallier, Jean Flambart, Nicolas Deriberpré, Jean Saint-Ouen, Pierre Leriche, Jean Sanson, François Mulot, Etienne Bouvier, Louis Bachelet, François Bénard, Jean Dubosc et beaucoup d'autres, dénommés dans l'acte, tous habitants de la paroisse Saint Jean d'Elbeuf... ayant, par contrat passé le 20 septembre 1663, « fondé et erigé ensemble une société ou confrairie dans ladite eglise paroissiale de St Jean, sous l'invocation du glorieux archange saint Michel, reçeue et aprouvée devant MM. les vicaires generaux de Mons. l'evesque d'Evreux et acceptée des sieurs vicaire et thresoriers de lad. paroisse...

« Lesquels, reconnaissant que quelques uns ne pourraient que difficilement satisfaire à l'une des clauses du contrat portant que lesdits fondateurs se sont obligés faire dire le nombre de quarante messes de *Requiem* à l'intention de celui qui decedera d'entre eux, à leurs frais communs sans diminution du service porté en leurs dictes fondations ; considerant d'ailleurs que ceste charge pourroit en quelque façon refroidir l'intention et la bonne volonté de ceux qui desireroient dores en avant estre aggregez à lad. confrairie.

« Ont tous d'un advis uniforme et d'un commun consentement reduict le dit nombre de quarante messes d'obligation portées aud. contract, en sorte que au lieu d'icelles, tous lesd. fondateurs soussignez eux et leurs subséquents seront tenus et obligés faire dire et celebrer dans lad. église de Saint Jean, le lendemain du deceds de chacun d'eux, une haulte messe de *Requiem* à diacre et soubs diacre, avec le nocturne, le *Libera*, le *De profundis* et prières accoustumées sur le tombeau de l'inhumé, où sera posée la monstre, drap mortuaire et cierges ardants, à laquelle messe seront tenus assister tous lesd. frères avec le cierge ardant en main, ainsy qu'ils ont de coustume aux autres assemblées concernantes leur ditte confrairie, sur peine de deux sols six deniers paiable par chacun defaillant es mains du maistre en charge...

« Et lequel service sera sonné immediatement avant la celebration, avec appel pour assembler lesd. frères ; pour quoi sera perceu et cueilly lors par lesd. maistres en charge, sur tous lesdits frères, la somme de six livres tournois, chacun par esgale portion, et qui seront tant pour la celebration dud. service que pour la celebration de deux messes qui seront dictes pendant et durant led. service... »

La suite de cet acte indique les sommes à payer au curé ou vicaire, au chapelain de la confrérie et autres prêtres assistants.

Cette année-là eut lieu le mariage, à Saint-Jean, de Thomas Bourdon, avocat à la cour ; il eut pour témoin Jacques Bourdon, prêtre de la paroisse, qui devint curé de la Haye-du-Theil. — A cette époque, Philippe Lefebvre était également prêtre à Saint-Jean ; Claude Lesueur, vicaire à Saint-Aubin, et Robert Gosset, chirurgien en la paroisse Saint-Etienne. — Un autre acte mentionne Gabriel Baillehache comme curé de Boscroger.

Le 7 décembre, Charles Poullain, sieur de la Verderie, demeurant à Rouen, procureur de « Messire Charles de Beaulieu, chevalier, marquis de Béthomas, seigneur chastelain et haut justicier de Saulx, Richebourg, Guerguesalle et Pont de Vic », vendit à « Marie du Crocq sœur Marie des Anges, supérieure du couvent et collège des Ursulines d'Elbeuf, stipulante pour ledit couvent, cinq acres de terre à la Harengère. Signèrent au contrat : Marie du Crocq, Charlotte Le Féron, Elisabeth du Chesne, Marie Demoy, Catherine Le Féron, Marie Maille et Geneviève Mullot, toutes religieuses du couvent d'Elbeuf.

Le 12 janvier 1666, « Son Altesse madame Ysabelle de la Tour, duchesse d'Elbeuf, comtesse de Lislebonne et Bollebec, espouse de très haut et puissant prince monseigneur Charles de Lorraine, duc d'Elbeuf et pair de France, estant de présent en leur hostel au bourg d'Elbeuf, d'une part, et Claude Le Petit, escuyer, seigneur de... Castillon des Orgères, d'autre part... », passèrent un contrat relatif à une usurpation faite sur une terre dépendant de la seigneurie de Lillebonne. Le duc et la duchesse signèrent cette pièce, qui est conservée aux archives de l'ancien tabellionage d'Elbeuf.

Mathieu Perrier vendit, le 16 février, aux Ursulines, un jardin « sis rue Meleuse, bornant d'un costé et d'un bout lesdites dames ».

En cette même année, les paroissiens de Saint-Etienne, assemblés, donnèrent pouvoir d'acheter une rente, au nom du trésor, représenté par Robert Gosset, curé ; Robert Gosset, chirurgien, Pierre Bonamy le jeune, Eustache Caumont et Thomas Piédeloup, trésoriers.

Le duc d'Elbeuf confirma, par une charte, la fondation d'un couvent d'Ursulines dans notre localité :

« Nous Charles de Lorraine..., veu par nous l'establissement fait en notre bourg d'Elbeuf, le consentement donné par nos predecesseurs, en la paroisse de Sainct Estienne dioceze de Rouen, par les supérieure et religieuses du couvent et monastère des Ursulines..., nous avons loué et approuvé, louons et approuvons ledit establissement ; consentons que lesdites dames religieuses, suivant l'establissement et constitution de leur ordre, obedience et permission de M. l'archevesque de Rouen, prennent et reçoivent des novices et religieuses à la charge d'instruire les jeunes filles, tant externes que pensionnaires, à la religion catholique, apostolique et romaine, aux mistaires des saincts sacrements d'ycelle. En témoinz de quoy nous avons signé la presente et fait contresigner par le secretaire de nos commandements et apposer le cachet de nos armes, à Elbeuf ce 20 fevrier 1666 ».

A cette époque, Marie du Croq des Anges était toujours supérieure du couvent. Parmi les principales religieuses, dont les noms figurent sur les actes du monastère en 1666, nous citerons Charlotte Féron de Sainte-Marie, Elisabeth Duchesne de Saint-François, Marie de Moy de Tous-les-Saints, Catherine Féron de Jésus, Marie Maille de Sainte-Ursule et Geneviève Mullot de Saint-Bernard, noms déjà mentionnés, mais avec une orthographe différente.

Pendant le séjour que fit Charles III, à Elbeuf, il visita les seigneurs et châteaux d'alentour, dit M. Maille.

« La Mesengère ne l'a que trop souvent vu aux pieds d'une nouvelle Omphale, celle que le bon La Fontaine courtisait et chantait dans ses vers :

Aimable fille d'une mère
A qui, seule, aujourd'hui, mille cœurs font la cour,
Sans ceux que l'amitié rend soigneux de nous plaire,
Et quelques-uns encor que nous garde l amour...

« Charles III ne montra pas autant de tendresse pour ses chanoines ; c'est à peine s'il s'acquittait envers eux de ses obligations. Pour peu qu'ils ne fussent pas soumis, il arrêtait leurs revenus, ce qui fut cause de leur long et grand procès contre Simon Patallier, fermier des moulins d'Elbeuf, qui, soutenu par le prince, se moquait d'eux, du bailli, des sergents et du Parlement.

« Le joug que Charles III faisait peser sur la collégiale s'étendait à tous. Un procès éclate-t-il entre le doyen et le chapitre ? il veut intervenir et se réclame du Parlement avec force.

« Il imposait aux chanoines toutes ses volontés, sans considération, malgré leurs fines attentions pour son secrétaire Châtelain.

« Il alla jusqu'à les forcer, contre leurs règles et leurs statuts, d'admettre de jeunes clercs non encore dans les ordres ; mais il finit par en concevoir des scrupules et consulter en Sorbonne, pour savoir si ses chanoines devaient être prêtres, ce qui n'était pas douteux.

« C'est lui qui échangea les droits de la collégiale dans la forêt contre trente arpents de bois qu'il lui céda en toute propriété, projet formé depuis longtemps et qui fut cent ans à mûrir avant de s'exécuter. L'échange n'eut lieu qu'à la condition de la célébration, chaque année, d'une messe de Saint-Charles à son intention, et d'une messe de Sainte-Elisabeth à l'intention de madame la duchesse ».

Mᵉ Adrien Delacroix, prêtre, originaire d'Elbeuf, était alors chapelain et maître des enfants de chœur de la collégiale Saint-Louis de la Saussaye ; mais il s'acquittait si mal de ses fonctions, que le chapitre, par une délibération du 26 février 1666, dut prononcer contre lui des peines disciplinaires, pour l'obliger à mieux remplir ses devoirs.

Un acte passé à Elbeuf, le 25 mars, et concernant une fondation faite en l'église de Saint-Pierre-des-Cercueils, mentionne Jean Viel, curé ; Jean Le Chartier, sieur du Portpinché ; Louis Le Chartier, sieur de Saint-Pierre ; Louis, fils du précédent, qualifié de « tresorier du bassin des trespassez » ; Jacques Bosquier, « foulleur »; Louis Le Chartier fils de Mᵉ Louis».

Mᵉ Louis Caumont, vicaire de Saint-Etienne, déclara le 26 avril que, pour le bien et l'utilité de l'Hôtel-Dieu, il consentait à prendre la charge d'administrateur et d'économe pendant trois ans.

Il y avait alors procès au Parlement entre Nicolas Bourdon, tabellion à Elbeuf, d'une part, et Claude Dupont, curé de Saint-Eloy-de-Fourques, et Catherine Marescal, veuve de Mathieu Dupont, vicomte de Brionne, d'autre part, auquel intervint André Dupont, curé du Theillement.

On trouve aux archives du notariat de Bourgtheroulde un acte daté du 11 mai, par lequel « Jean du Chesne, escuier, sieur des Chastelliers, avocat au Parlement, bailly vicontal de Brionne, estant en son manoir des Montz, sis à Saint-Denis du Bosguerard », ratifia un contrat passé par « François du Chesne, escuier, sieur des Monts, bailly d'Elbeuf, son fils ».

Année 1666

Cette année-là, le quai d'Elbeuf reçut tous les fers provenant de la démolition du pont de pierre de Rouen. Ils avaient été achetés par les chanoines de la Saussaye, qui les employèrent à consolider les combles et les vitres de leur église.

Le 15 juin, Charles III de Lorraine vendit le fief de la Saussaye à Jean-Baptiste Conart, écuyer, sieur de la Patrière. Cette seigneurie passa ensuite, par la fille de l'acquéreur qui en hérita, à François de Berbisy, marquis d'Herouville. Plus tard, Marie-Joseph de Nolent acheta la Saussaye ; mais ce fief rentra par la suite dans les mains d'Henri de Lorraine, duc d'Elbeuf.

Le 25 juillet 1666 fut un jour de deuil pour la famille de Lorraine. Ce jour-là mourut Henri, comte d'Harcourt, regardé par les hommes de son temps comme l'un des plus grands officiers du royaume. Le régiment qu'il possédait en propre est cité plusieurs fois dans l'histoire. Il avait été marié deux fois. Il fut inhumé à Royaumont, fondation de Louis IX. Ses trois fils furent le duc d'Armagnac, le comte de Marsan et le chevalier de Lorraine. C'est de lui que descendit le prince de Lambesc, dernier duc d'Elbeuf.

Le 25 juillet, « Louis de Campion, escuier, sieur de Saint Amand des Hautes-Terres, demeurant à Saint Aubin jouxte Boulleng, congnoissant la dévotion de Françoise de Campion, sa fille, et de Anne de Bessin, sa mère, de vivre dans la religion dessoubs la règle de Saint Augustin instituée au collège de Sainte Ursulle, fondé au bourg d'Elbeuf... » aumôna et donna à ce monastère une somme de 2.000 livres, pour la dot de Françoise.

Cette branche des Campion blasonnait : *D'or, à deux bandes de gueules, un lion rampant d'azur brochant sur le tout.* Neuf ans après l'entrée de sa fille au couvent d'Elbeuf, le chevalier Louis de Campion vendit son fief de Saint-Amand pour le prix de 33.000 livres. Il avait épousé une fille du sieur de Bessin de Mathonville, demeurant au château dont des restes, notamment plusieurs tourelles existent encore, nous l'avons déjà dit, dans l'enclave du couvent des sœurs du Sacré-Cœur, à Saint-Aubin-jouxte-Boulleng.

Le 24 septembre 1666, Jean Hamon, d'Elbeuf, fut nommé procureur et receveur général du chapitre de la Saussaye.

Le 26 octobre, Charles Patallier, maître tapissier, paroisse Saint-Etienne, promit montrer son métier à Cirette, de Vraiville, pendant un an et lui donner la somme de 10 livres 10 sols « pour la façon de soixante et sept aunes de tapisserie, tant commune que de soye..., parce que ledit Cirette s'oblige payer aud. Patallier la somme de vingt-huit livres...»

Une des premières signatures données par Nicolas du Chesne, comme curé de Saint-Jean, est celle qui se trouve au bas de l'acte de baptême de Nicolas du Chesne, fils de François, écuyer, sieur des Monts, avocat à la cour, bailli du duché d'Elbeuf et de la baronnie de Quatremare, à la date du 30 octobre ; mais on en a une autre du 10 du même mois.

Le 30 novembre, Louis Maille fonda une haute messe en l'église Saint-Jean, représentée au contrat par Nicolas Duchesne, curé ; Jean Flavigny, trésorier comptable, Mathieu Poullain, Robert Viel et Nicolas Lucas, également trésoriers.

Le 19 décembre, Louis Bigot, doyen des avocats d'Elbeuf, était juge à Boissey-le-Châtel, en remplacement du bailli Duchesne, dans une affaire concernant Guillaume Scott, chevalier et baron de la Mésangère.

CHAPITRE XV
(1667)

Charles III de Lorraine *(suite).* — Achèvement de la tour de Saint-Jean. — Extraits des registres paroissiaux. — Un contrat de fondation de messes. — Le colbertisme. — Fondation et Règlements de la manufacture royale de draps d'Elbeuf. — Réclamation des fabricants de la paroisse Saint-Etienne.

La tour de l'église Saint-Jean avait été achevée l'année précédente, par Boudin, maçon. En 1667, on y plaça une horloge, ainsi que le démontre le compte de Jean Flavigny, alors trésorier en charge. Plusieurs ordonnances de l'archidiacre prescrivirent que cette horloge serait entretenue aux frais des deniers communs des deux paroisses et non de ceux du trésor. François Dupont, auquel nous empruntons ce détail, ne dit pas si ces ordonnances émanaient de l'autorité ecclésiastique de Rouen ou de celle d'Evreux.

Il ajoute : « Lorsque cette tour fut parfaite, on démolit le clocher qui était au milieu de l'église. On dira ici en passant que c'est du moment de la construction et perfection de

la tour qu'est venu le dictum des habitans de Caudebec, et dont les sieurs Genu et Pétel avaient fait usage dans leur procès contre l'abbé de Saint-Taurin « que l'église de Saint-
« Jean étoit si nouvelle qu'il se trouvoit dans
« leur paroisse des personnes qui l'avoient vu
« finir ». On confondoit la construction de la tour, en 1666, avec la reconstruction de l'église faite en 1466, justement deux cents ans auparavant ».

Les Archives du tabellionage d'Elbeuf nous fournissent divers actes passés en 1667 :

Le 7 février, « Louis Caumont, vicquaire de Saint Estienne et prieur de Saint Haut » acheta une terre sise à Saint-Pierre-des-Cercueils.

Le 19, François Dupont, de la paroisse Saint-Etienne, prit à ferme partie des dîmes de Saint-Pierre de Corneville, de dom Michel de Campion, prêtre, religieux du Bec-Hellouin, porteur de la procuration de l'abbaye.

Le 12 mars, Me Robert-Louis Bichot, prêtre chapelain des Ursulines d'Elbeuf, bailla à loyer une ferme à Littetot, près Pont-Audemer.

Sur ces registres, il est fait mention de François de Campion, chevalier, seigneur de Montpoignant et de Limare, demeurant à Montpoignant, et de Nicolas de Campion, chevalier, seigneur de Montpoignant, demeurant à Rouen. Le premier signait : « Montpoignant » ; le second : « Nicolas de Campion ».

— Louis Hamon, officier du duc d'Elbeuf, est également cité dans plusieurs actes.

Une fille de Jacques Bigot, d'Elbeuf, avocat à la cour et bailli de la Fontaine-Jacob près Rouen, eut pour parrain, à Saint-Jean, Me Jean Bigot, chanoine de la Saussaye.

Le 20 février, une enfant de Louis Hamon, contrôleur, baptisée dans la même église, eut pour parrain François Le Cordier de Bigars, conseiller du roi et président à sa chambre des comptes de Normandie, et pour marraine Elisabeth de la Tour d'Auvergne, duchesse d'Elbeuf.

Le surlendemain, on baptisa Jacques Carbon, fils du verdier d'Elbeuf. Jacques Desfossés, prêtre, bachelier de Sorbonne, habitant la paroisse de Saint-Pierre l'Honoré de Rouen, fut le parrain, et Marie Routier, femme de Pierre Chrestien, d'Elbeuf, conseiller à la table de marbre, la marraine. — Dans un acte postérieur, Charles Carbon est qualifié d'écuyer, sieur de Clermont.

A cette époque, Louis Le Cordier était lieutenant des gardes du duc d'Elbeuf ; Pierre Lefebvre, sieur de Thibouville, verdier de la forêt de la Londe. — Jean du Chesne, d'Elbeuf, écuyer, sieur des Chastelliers, bailli de Brionne, habitait Saint-Denis des Monts, avec Catherine de Plasnes, sa femme. — Au nombre des habitants d'Elbeuf, nous trouvons Paul-Michel du Bosc, arpenteur royal, et Jacques Lemeneu, « docteur en médecine ».

Nous avons déjà mentionné de nombreuses donations faites aux paroisses d'Elbeuf, pour avoir droit aux prières de l'Eglise. Voici, comme type, un acte passé le 20 mars 1667, devant les tabellions royaux de Bec-Thomas : presque tous les autres contrats de fondation de messes étaient conçus dans des termes analogues.

« ...Honorable homme Philippe Mouchard, maistre serrurier de Sainct Jean d'Ellebeuf, donne au trésor de cette paroisse, stipulé par discrette personne M⁰ Nicolas Duchesne, curé de lad. parroisse et par honnêtes hommes Jean Flavigny, Mathieu Poullain, Robert Viel, Nicolas Lucas, thresauriers..., 14 livres tournois de rente que ledit Mouchard a constitués sur sa maison... tant pour estre participant aux prières qui se font journellement à lad. eglise que au moyen que led. thresor sera tenu de faire celebrer le jour ou le lendemain de Saint Jacques et Saint Philippe, à l'intention du fondateur, de sa femme et de ses enfants, et de ses parents et amys trespassés son nocturne avec trois leçons qui se commencera par l'invitation *Regez cui oia* (sic)... et quatre messes desquelles il y aura deux basses, qui se diront pendant les deux aultres haultes, la première desquelles sera de *Beata*, la seconde de *Requiem*, avec *Dies illa, Dies iræ*, à diacre et sous diacre, à la fin de laquelle sera chanté le *Libera* et *De profundis* et autres oroisons accoustumez sur le tombeau où sera inhumé lesdits fondateurs en ladite eglise, sur lequel tombeau sera mis la monstre et drap mortuaire avec le luminaire accoustumé, lequel obit sera sonné à mort tant la veille que le jour et le dimanche precedent sera fait la memoration dudit obit au prosne de la messe paroissiale et sera obligée la Charité d'y assister en corps, comme elle a de coustume d'assister à d'autres.

« Le premier duquel obit sera célébré un an après le deceds dudit fondateur, et ainsy de continuer d'an en an a toujours et perpétuité, et aura le sieur curé ou vicaire pour celebrer la messe de *Requiem* et pour la recommandation le jour precedent la somme de 30 sols, et pour la messe de *Beata* et les deux messes basses 30 sols ; au clerc qui sonnera et pour ses aydes 15 sols, et pour les chappelains — dans d'autres fondations on lit « chappiers », c'est-à-dire membres du clergé auxiliaire portant la chape —, jusques au nombre de six, pour leurs aydes et assistans 42 sols, qui est chaqun 7 sols ; pour les petits clercs 2 sols ; pour le profit de la Charité 16 sols, pour les frères assistans 16 sols, pour les thresauriers 5 sols ; pour sonner l'appel 2 sols ; pour l'aumosne 2 sols ; et en outre sera dit le jour des Trespassez vigile et pour ce 10 sols, dont le sieur curé en aura 4 et 6 sols aux chappelains. Le tout par chacun obit qui seront payez par ledit thresor, lequel aussy sera tenu fournir le luminaire et ornemens... » — Cette donation fut revalidée le 21 septembre 1706 par les héritiers de Mouchard.

J. Peuchet, dans son *Dictionnaire de géographie commerçante*, dit que deux fabricants, Lemonnier et Lecointe, contribuèrent beaucoup aux progrès de l'industrie d'Elbeuf par les établissements qu'ils y firent en 1666.

Ils donnèrent, dit-il, une nouvelle forme de travail, fort différente de celle qu'on était en usage de suivre pour lors dans la province, où il se fabriquait de gros draps blancs d'une aune de large, avec les laines les plus communes du pays d'Espagne et de Portugal, que l'on faisait peigner au lieu de les carder.

« Ces fabricants employèrent, au contraire, de belles laines d'Espagne, les firent carder et filer au grand tour, à la broche de bois, comme en Hollande, ainsi qu'il se pratique encore aujourd'hui (1799).

« La plus grande partie des fabricants de ce temps étaient de la religion réformée... »

Cette dernière observation eût été plus exacte ainsi conçue : « Les auteurs de la réforme industrielle, à Elbeuf, étaient des protestants ». L'un d'eux, Nicolas Lemonnier, était même une notabilité de l'église de Rouen-Quevilly, où, dès 1639, il exerçait les fonctions « d'ancien », c'est-à dire de membre du consistoire de cette église.

Le système économique auquel on a donné le nom de colbertisme était né avant Colbert. On sait que son but était de poursuivre l'extension du commerce français, en éloignant les étrangers par de lourds droits d'entrée. Ce système était dû à Birague, chancelier de France, au siècle précédent, et avait été continue par Sully ; mais Colbert le compléta en réduisant les droits à la sortie sur les objets manufacturés dans le royaume, et à l'entrée sur les matières servant à la fabrication de ces objets.

En même temps, il fit venir des ouvriers étrangers, de Hollande surtout, pour instruire ceux de France dans des secrets professionnels qui faisaient la richesse de nos rivaux.

Aux Pays-Bas, vivait alors une famille de protestants drapiers, parents des Lemonnier d'Elbeuf, dont ils portaient le nom, du reste. Elle descendait d'un Simon Lemonnier, émigré, reçu bourgeois de Flessingues, dès 1587.

C'est probablement à cette circonstance que nos concitoyens les Lemonnier, et les Lecointe leurs alliés, se trouvèrent en relation avec Colbert, qui, ayant reconnu en eux des hommes probes, actifs et intelligents, résolut de les favoriser par la création d'une Manufacture royale.

Voici le texte complet des fameux Règlements qui régirent notre fabrique, sans modification très importante, jusqu'à la Révolution :

« *Reglemens & statuts concernant les manufactures de draps qui se font au bourg d'Elbeuf en Normandie, pour estre observez a l'avenir, sous le bon plaisir du roy* ».

« I. — Il est expressement defendu a tous maitres de manufacture de draperie audit bourg d'Elbeuf, de travailler ou faire travailler aucun ouvrier, pour quelque sujet ou pretexte que ce soit, les jours de dimanche, fêtes annuelles, fêtes de la Vierge ni des Apôtres, d'aller au cabaret pendant le service divin, & aux cabaretiers de les recevoir, a peine de vingt livres d'amende.

« II.— Comme aussi a tous maitres de moulins & a tous les foulons, de faire travailler aucun moulin a drap les jours de fêtes ci-dessus specifiées, depuis un minuit de la veille jusqu'a l'autre, a peine de six livres d'amende.

« III.—Comme aussi defenses expresses sont faites a tous maitres de manufacture, d'exposer en vente, a tous marchands dudit Elbeuf, & a tous marchands forains d'acheter aucune piece de drap les jours ci-dessus, a peine aux contrevenans de la confiscation de la marchandise et de vingt livres d'amende.

« IV. — Le corps du metier de draperie sera composé de tous les maitres qui, avant le 1ᵉʳ janvier 1666, travailloient auxdites draperies & ont depuis continué ; & quoiqu'ils n'aient fait aucun apprentissage, ils ne laisseront d'etre reputez maitres, & a cet effet ils bailleront leur nom, surnom & demeure, & se feront inscrire sur le registre, tant du greffe dudit Elbeuf, que de la communauté du corps du metier, par les maitres jurez en charge ; ce faisant ils seront incorporez audit metier, a quoi ils satisferont un mois apres la publication des presens statuts & reglemens ; & en consequence de ce signeront sur lesdits registres leur option et submission de satisfaire aux presens statuts & reglemens, sur les peines y contenues, dont leur sera delivré acte par le greffier, en lui payant quinze sols pour tous droits : & ledit mois passé ceux qui ne seront enregistrez & incorporez, ne pourront travailler ni faire travailler qu'ils n'aient fait apprentissage en la maniere ci-apres dite : toutes lesquelles choses ci-dessus seront observees par tous les ouvriers qui doivent composer ledit corps de metier.

« V. — Tous maitres drapiers & ouvriers forains & etrangers qui voudront s'etablir audit bourg d'Elbeuf, seront reçus dans ledit corps de metier, en faisant apparoir qu'ils sont passés maitres aux lieux qu'ils auront quittez, ou faisant apprentissage trois ans entiers & consecutifs, le tout a leur choix, apres quoi ledit etranger ou forain sera recu dans ledit corps, en payant les droits ci-après declarez & reglez, sans aucun frais de festin : & en consequence de leur reception, sous le bon plaisir du Roy, iceux ouvriers etrangers seront declarez naturels et regnicoles, & dispensez du droit d'aubaine, sans que pour ce ils soient tenus de prendre d'autres lettres de naturalité que les presentes, ni pour ce payer aucune finance : & jouiront eux, leurs successeurs, preneurs ou ayant cause, des biens & acquisitions qu'ils auront faites & feront ci-apres en ce Royaume, comme les autres sujets de Sa Majesté, en travaillant actuellement ou faisant travailler auxdites manufactures ; & en cas qu'ils quittent le royaume pour aller demeurer en pays etranger, tous leurs biens appartiendront à Sa Majesté.

« VI. — Les fils de maistre seront dispensez de passer brevet d'apprentissage, pourvu qu'ils aient servi chez leur pere l'espace de trois ans entiers et consecutifs ; & ayant l'age de quinze ans, & etant jugez capables d'exercer ledit metier, ils seront reçus maitres en pretant le serment par devant le juge dudit lieu d'Elbeuf, de bien & fidelement garder et observer les presens statuts & reglemens, & le tout gratis.

« VII. — Les veuves de maitre jouiront des memes privileges que leur mari, & si elles ont des fils, ils seront obligez de passer le tems de trois ans entiers & consecutifs chez elles, en cas qu'elles continuent de faire travailler auxdites manufactures, si non ils seront tenus de servir ledit tems de trois ans entiers chez d'autres maitres dudit metier, comme il est dit au precedent article : apres quoi ayant l'age de quinze ans, ils seront reçus maitres, etant presentez par le maistre qu'ils auront servi, le tout gratis.

« VIII. — Il ne sera desormais reçu aucun maitre drapier, qu'il n'ait auparavant fait apprentissage de trois ans entiers et consecutifs, & qu'il n'ait a cet effet passé un brevet pardevant notaires. Et ne pourra aucun maitre prendre par an qu'un seul apprentif, le maitre duquel sera tenu d'apporter au greffe du juge d'Elbeuf ledit brevet, pour y etre duement enregistré, comme aussi aux maitres jurez dudit metier pour lors en charge, qui seront tenus de l'inscrire sur le registre dudit corps de metier, qu'ils auront a cet effet ; & ayant achevé ledit tems de trois ans (ce qui sera verifié tant sur le registre du greffe, que sur celui dudit corps) ledit brevet etant rapporté auxdits maitres jurés par le maitre que ledit apprentif aura servi, qui certifiera au dos du dit brevet comme il aura bien & fidelement servi, & ledit brevet quittancé ; après quoi ledit aspirant se voulant faire recevoir, les maitres jurés lui ordonneront le chef-d'œuvre, qu'il fera non seulement en presence des maitres jurés, mais aussi de deux des plus anciens maitres dudit corps qui auront passé par la charge, que lesdits jurés seront tenus d'y appeler ; & ledit chef-d'œuvre ayant été trouvé bien fait, il sera reçu & inscrit au nombre des maitres dudit corps, en payant auxdits maitres jurés en charge chacun trente sols, et vingt sols a chacun des deux anciens qui y auront assisté, & pour les affaires du corps la somme de cent sols, sans aucuns frais de festin ni presens, ce que nous defendons, a peine de cinquante livres d'amende contre les contrevenans ; après quoi il pretera le serment devant le juge d'Elbeuf, de bien & fidelement garder & observer les presents statuts & reglements, & sera payé audit juge pour tous droits vingt sols, & dix sols au greffier pour son expedition.

« IX.— Si aucun maitre vient a mourir auparavant que quelqu'un de ses apprentis ait achevé le tems de son apprentissage, la veuve dudit maitre lui pourra faire achever le tems qui lui restera, si elle continue a faire travailler a la manufacture, si mieux elle n'aime le remettre entre les mains des maitres jurés, qui seront obligez de le pourvoir d'un autre maitre pour lui faire achever son tems ; & les maitres qui les auront, seront tenus de porter le brevet de leur apprentissage auxdits maitres jurez, & leur declarer depuis quel tems ils les auront pris a leur service, a ce que le dit tems de trois ans puisse etre entierement accompli, a peine de vingt livres d'amende contre lesdits maitres.

« X. — Il sera fait une assemblee generale en l'auditoire dudit Elbeuf, de tous les maitres de la draperie, pour etre a la pluralité des voix choisis et nommez deux d'entr'eux des plus anciens & plus habiles, pour etre maitres jurés dudit metier, scavoir, le plus jeune jusqu'au jour de saint Louis prochain, 25 aoust 1667, & le plus ancien jusqu'au jour de saint Louis, 1668, & au dit jour de saint Louis, 1667, sera fait pareille election d'un maitre juré a la place du plus ancien qui sortira de charge, & ainsi successivement d'année en année, en sorte qu'il y ait un ancien de deux ans en charge pour instruire le nouveau juré qui entrera en charge avec lui ; lesquels jurés après l'election faite, preteront le serment pardevant ledit juge d'Elbeuf, de bien & duement faire garder et observer les presens statuts & reglemens, dont leur sera delivré acte gratis.

« XI. — Lesdits maitres jurés seront obligez d'aller une fois la semaine en visite au bourg dudit Elbeuf chez tous les maitres drapiers, pour voir si tous les draps seront montez sur les metiers au nombre de fils, longueur & largeur portées par les presens statuts, & a cet effet seront tenus tous les maitres chez lequels se fera la visite, d'ouvrir leurs maisons, boutique & magasins ou seront leurs laines, marchandises pretes & non prete ; & s'ils en trouvent de defectueuses, ils les pourront saisir & enlever, & faire le rapport de leur procès-verbal pardevant le juge dudit Elbeuf ; & seront tenus lesdits jurés d'y appeler deux anciens dudit corps, pour bailler leur avis & etre le jugement rendu avec plus de connoissance de cause, le tout sur le champ & sans retard, a ce que ceux qui auront manqué soient condamnez en telles amendes que le cas requerra.

« XII. — Lesdits maitres jurés feront quatre visites generales l'annee chez tous les maitres dudit corps, pour voir tous les metiers battans, les rots et lames, pour reconnoitre s'ils sont propres pour bien faire ladite draperie en conformité des presens statuts & reglements ; & s'ils en trouvent qui n'y soient propres ou trop usez, ils ordonneront aux maitres qui les auront, de les changer dans quinzaine : et faute d'y satisfaire, en leurs visites suivantes il les feront enlever, a ce que cette manufacture qui est fine draperie, se perfectionne de plus en plus ; & prendront lesdits jurés deux des plus anciens jurés dudit corps pour les assister auxdites visites generales, pour lesquelles sera payé chaque fois cinq sols par chacun maitre, & ne prendront pour les visites ordinaires aucune chose : pourront neanmoins lesdits maitres jurés faire d'autres visites toute fois & quantes qu'ils le trouveront a propos pour l'utilité publique & pour le bien dudit corps, sans rien prendre que ce qui est dit ci-dessus, a peine d'interdiction de leur charge & etre degradez du corps de metier.

« XIII. — Lesdits maitres jurés s'assembleront avec leurs anciens, tel jour de la semaine qu'ils le trouveront a propos, en la chambre dudit corps, en laquelle seront apportez tous les draps en crud qui auront été fabriquez auparavant d'etre portez au moulin pour y estre foulez, afin de les voir & visiter, & qu'etant achevez ils puissent mieux juger les defauts des tisserands.

« XIV. — Lesdits maitres jurés s'assembleront avec tous les anciens dudit corps deux fois par an, aux jours qu'ils trouveront a propos, en la chambre dudit corps, pour voir & examiner leurs affaires & en arrêter les comptes : & ne pourront lesdits maitres jurés entreprendre aucun procès, au cas qu'il survienne quelques affaires extraordinaires concernant le corps dudit metier, qu'ils n'en aient auparavant communiqué a quatre anciens dudit corps, qui seront tenus de s'y trouver, y ayant été appellez, a peine de trente sols d'amende, & prendront lesdits jurés leur avis par écrit ; & s'ils en entreprennent mal a propos, ce sera a leurs propres frais & depens.

« XV. — Et en cas qu'il survienne quelque differend entre les maitres dudit corps pour le fait des manufactures desdites draperies, & aussi entre les ouvriers & compagnons, apprentifs ou autres employez a ladite fabrique, ils seront tenus de se pourvoir pardevant lesdits maitres jurés en charge, sur leurs differends, & faire assigner ceux contre lesquels ils auront contestation, a comparoir en la chambre dudit corps au jour de l'assemblee, pour y etre reglez sur leurs differends ; & ou l'un d'eux ne voudroit tenir le reglement fait par lesdits maitres jurés, il n'en pourra demander la cassation pardevant le juge dudit Elbeuf, qu'après au prealable avoir payé vingt livres d'amende au profit dudit corps & pour les affaires d'icelui : & sera delivré par lesdits maitres jurés leur avis & jugement par ecrit aux parties, pour leur servir ainsi qu'ils trouveront bon etre.

« XVI. — Il sera delivré aux maitres jurés en charge par le juge dudit Elbeuf, une commission pour les autoriser en leurs visites & fonctions de leur charge, si besoin est, & pourront prendre tel nombre d'officiers de justice qu'ils verront etre a propos ; faisant defenses expresses a toutes personnes de les empecher ni troubler auxdites visites, a peine d'etre procedé contr'eux extraordinairement.

« XVII. — Les draps blans ordinaires d'Elbeuf & les gris mêlez auront deux mille fils a trente deux fils chaque portee, pour revenir en toile a deux aunes de Paris de large, & au retour du moulin a une aune de Paris de large entre deux lisieres, & de treize a quatorze aunes de Paris de longueur avec cappe & queue.

« XVIII. — Les draps blancs, larges, grisbure & mêlez, façon d'Angleterre, très fins, auront deux mille six cens fils a quatrevingt deux portees, & chaque portee aura trente deux fils, pour avoir en toile deux aunes & un quart de Paris de large sur le metier, & au retour du moulin cinq quartiers de largeur entre les lits, & de dix sept a dix huit aunes de Paris de longueur.

« XIX. — Les draps blancs & mêlez, façon d'Espagne, très fins, auront trois mille cent seize fils & cent treize porteés, a trente deux fils chacune portee, pour avoir en toile sur les metiers deux aunes & demie de Paris de large, & au retour du moulin auront une aune de Paris de largeur.

« XX. — Les draps blancs très fins, déliez, filez, pour l'usage des femmes, auront trois mille six cens seize fils a cent treize portees, & auront trente deux fils chaque portee ; ils seront en toile sur le metier, de deux aunes & demie de large, & auront au retour du moulin & etant appretez, une aune & demie de Paris de large.

« XXI. — Tous les tisserands seront obligez de mettre au chef & premier bout de chaque piece de drap qu'ils feront, la première lettre du nom & le surnom tout au long de celui auquel appartiendra la piece de drap ; & seront faits lesdits nom & surnom sur le metier, & non a l'aiguille, auparavant que lesdites pieces soient portees au moulin pour y etre icelles foulees ; & nul des maitres ne pourra vendre aucune piece de drap, qu'elle n'ait eté vue, visitee et marquee par les maitres jurés, ainsi qu'il sera dit ci-après en l'article XXXI, a peine de confiscation et de cent livres d'amende pour la première fois, & en cas de recidive, degradé du corps de metier.

« XXII. — Lesdits tisserands qui feront de vilaines lisieres au drap, payeront dix sols d'amende pour chacune piece, & deux sols pour les ouvrages sales dont les fils n'auront eté tirez, & un sol pour n'avoir refait les avalees des filets ; & pour les trous de navettes, claire-voies, & n'avoir bien bandé la chaine & frappé egalement le tissu de chaque piece de drap, en sorte que les deux bouts soient de même force, ils payeront vingt sols d'amende pour chaque piece.

« XXIII. — S'il y a deux filets rompus du même pas, qui courent deux doigts, ou s'ils font des grappes ou pas de chat, ils payeront cinq sols de chacune.

« XXIV. — Un tisserand ne pourra quitter son maitre que la piece qu'il aura montee sur le metier ne soit achevée, & a ce sujet sera tenu d'avertir son maitre en montant la piece; & si l'ouvrier doit quelque chose a son maitre, celui chez lequel il ira travailler, sera obligé de s'informer des vie & mœurs dudit ouvrier, & du sujet pour lequel il a quitté ledit maitre, lequel sera tenu payer ce que ledit ouvrier devra au maitre qu'il aura quitté, comme aussi pour ce qu'il devra des fautes qu'il aura faites a sa besogne ; le maitre aussi ne pourra congedier un ouvrier qu'il ne l'ait averti vingt quatre heures auparavant.

« XXV. — Tous les ouvriers qui quitteront leur travail pour aller en debauche, payeront vingt sols d'amende ; defenses a tous cabaretiers de leur donner a boire ni a manger pendant les jours de travail, hors les heures du diner & souper, & de tenir prison pendant trois jours.

« XXVI. — Tous maitres drapiers seront libres de se servir & faire travailler sous eux telles personnes & tel nombre qu'ils aviseront bon etre; defenses de les en empecher, ni troubler les ouvriers en leur travail, a peine de soixante sols d'amende, & d'interdiction pour six mois a ceux des maitres jurés qui auront fait lesdits troubles.

« XXVII. — Si aucun manufacturier met un nom sur le chef & premier bout d'un drap, autre que celui auquel veritablement il appartiendra, & que la marque du lieu où ladite piece sera faite & fabriquée, il sera appliqué au carcan pendant six heures au milieu de la place publique, avec un ecriteau portant la fausseté qu'il aura commise.

« XXVIII. — Il est defendu a tous maitres de manufacture de prendre ni attirer par promesse ou argent aucun ouvrier les uns des autres, sur peine de trois cens livres d'amende & d'interdiction pour six mois de travailler ni faire travailler.

« XXIX. — Si un foulon par sa negligence gâte une piece de drap, la laissant echauffer, percer, vuider, par trop fouler, faute de soin de la retourner suffisamment et egalement dans le vaisseau, & qu'il y ait des trous, comme aussi faute de bien degorger, il sera condamné en l'amende ; le tout selon le dommage que les maitres jurés reconnoitront etre en la piece.

« XXX. — Defenses a tous regratiers de laine d'acheter aucunes laines qui s'apportent aux trois jours de marché qui se tiennent chaque semaine au bourg d'Elbeuf, soit aux halles ou partout ailleurs, qu'auparavant les maitres drapans n'en aient acheté la quantité qu'ils en auront besoin, jusqu'a l'heure de midi, laquelle heure est passée, sera loisible audits regratiers d'en acheter ; a peine contre les contrevenans au present article, de confiscation des laines & trois cens livres d'amende.

« XXXI. — Il sera tenu bureau en la chambre dudit corps un jour ou deux la semaine ; en laquelle tous les draps qui auront été foulez, réparez & tondus, seront apportez pour y etre vûs & visitez, & reconnoitre s'ils seront bien ouvrez & des qualités requises par les maitres jurés en charge ; & lesdits draps etant trouvez dans la perfection, ils seront marquez par l'un desdits jurés d'un sceau royal, ou seront empreintes d'un coté les armes de Sa Majesté & autour d'icelui gravez ces mots, *Louis XIV restaurateur des arts & manufactures*, & de l'autre coté la marque de la fabrique d'Elbeuf : & ou lesdits draps ne seroient de la qualité requise & reconnus defectueux, ils seront saisis par lesdits jurés, & sur leur rapport la confiscation en sera jugée sur le champ par le juge de police d'Elbeuf ; defenses de vendre, acheter ni teindre aucune piece ni morceau desdits draps, qu'après avoir eté visitez & marquez, comme dit est, dudit sceau royal, sur les peines portees a l'article XXI des presens statuts ; & sera ledit sceau royal enfermé sous la clef en ladite chambre du corps de metier.

« XXXII. — Les maitres dudit corps de metier qui travailleront a façon pour les autres maitres dudit metier, a cause de leur indigence, comme aussi les compagnons, ouvriers, peigneurs, fileuses & autres employez auxdites manufactures de draperie & dependances d'icelles, ne pourront vendre, engager ni retenir la marchandise, laines, ustensiles ni autres choses qui leur seront confiees & mises entre les mains pour travailler, a peine de punition corporelle comme voleurs domestiques ; & subiront lesdits maitres travaillant a façon, les memes loix que les compagnons : & ne pourront lesdites etoffes, laines, ustensiles ou autres choses servant auxdites manufactures de draperie, qui seront mises entre les mains desdits maitres, compagnons, apprentifs et autres, etre saisis pour leurs dettes particulières, amendes & autres choses semblables ; & sera permis auxdits marchands & maitres qui feront travailler, de reclamer, suivre & même enlever lesdites marchandises, laines, ustensiles, metiers & autres choses a eux appartenant, nonobstant toutes saisies, privileges, oppositions ou appellations & autres choses contraires, & ce en vertu de l'extrait du present article.

« XXXIII. — Sous le bon plaisir du Roy, les matieres, outils & ustensiles destinez & servant auxdites manufactures d'Elbeuf, ne pourront etre saisis ni enlevez pour quelque dette que ce soit des propriétaires d'icelles, si ce n'est pour loyers de maisons qu'ils occuperont ; & meme en consequence du reglement du conseil de Sa Majesté, du 4 juillet 1664, registré en la Cour des aides de Rouen, & de l'arret du Conseil d'Etat du 26 novembre 1665, donné en faveur des manufactures de la ville d'Aumale & dix lieues aux environs, portant que defenses seront faites a tous collecteurs des tailles et de l'impôt du sel, & a toutes autres personnes, pour quelque cause que ce soit, faire saisir ni enlever lesdites matieres, metiers & ustensiles servant auxdites manufactures de ladite ville & quatre lieues aux environs d'icelle, pourvu qu'ils travaillent actuellement auxdites fabriques ; & a tous huissiers et sergens de faire lesdites saisies, a peine d'interdiction de leur charge, cinq cens livres d'amende, & de tous despens, dommages & interest, & qu'a cet effet les presents statuts & reglemens, & les arrets & lettres patentes qu'il plaira au Roy d'accorder pour l'homologation d'iceux, seront enregistrez au greffe de l'election dudit bourg d'Elbeuf, & lus, publiez & affichez par tout ou besoin sera.

« XXXIV. — Seront les presents statuts & reglements observez & executez de point en point pour toutes les manufactures ci-dessus declarees, qui seront faites & fabriquees audit bourg d'Elbeuf : & pour les rendre notoires a un chacun, ils seront imprimez, lus, publiez, affichez & distribuez a tous les maitres & ouvriers dudit bourg d'Elbeuf, dont sera fait une liste, le tout a la diligence desdits maitres jurés en charge, aux frais & des deniers de la communauté dudit corps.

« XXXV. — Les amendes seront applicables, sçavoir, la moitié des pauvres du metier, un quart au corps du metier, & l'autre quart au denonciateur.

« XXXVI. — Tous les trois mois il sera tenu conseil de police audit bourg d'Elbeuf, au lieu accoutumé, devant le juge du dit lieu, auquel assisteront les marchands, gardes & maitres jurés en charge qui auront vaqué aux visites, ensemble tous les anciens dudit corps, pour donner leur avis sur le rapport que feront lesdits jurés des desordres qu'ils auront trouvez en leurs visites, afin de parvenir a mieux perfectionner lesdites draperies, & du tout en informer Monseigneur Colbert, surintendant des batimens de Roy, arts et manufactures de France ».

Une copie de ces Règlements est suivie de cette déclaration :

« Du 19 avril 1667, devant nous François du Chesne, ecuyer, sieur Desmonts, avocat au parlement de Rouen, bailli du duché d'Elbeuf, se sont assemblez Nicolas et Jean le Monnier freres, André le Cointe pere, Nicolas, Thomas, André, Jean & Charles le Cointe freres & enfans dudit André ; Nicolas & Jean le Monnier, fils dudit Nicolas Le Monnier, & Jean Bernard, demeurant audit bourg d'Elbeuf ; tous maitres drapiers drapans, lesquels nous ont dit avoir lu entr'eux & examiné les statuts & reglements de la manufacture de draps que monseigneur de Colbert nous a envoyez pour etre suivis a Elbeuf, auxquels ils n'ont trouvé rien a augmenter ni diminuer : leur ayant fait derechef relire d'article en article, nous ont declaré qu'ils etoients prets de les recevoir & les executer de point en point conformement a la volonté du Roy, se soumettant en cas de contravention, aux peines portées dans lesdits statuts, ce que nous leur avons fait signer double au bas d'iceux avec nous & notre greffier, pour en certifier mondit seigneur de Colbert, pour les faire, s'il lui plait, homologuer au conseil royal du commerce, lesquels sus nommez ont tous signé.

« Signé, F. DU CHESNE & CAPPLET,

« Lesdits statuts & reglements ont été homologuez par arrest du conseil royal du commerce du 11 mars 1667.

« Lus & publiez a l'audience du duché d'Elbeuf, ce requerant le procureur fiscal dudit duché & registrez au greffe dudit lieu, pour etre executez selon leur forme & teneur, le 2 août 1667 ».

C'est également à Colbert que Sedan dut le développement de son industrie lainière. Il donna des secours à Cadot, fondateur de la manufacture de Sedan ; mais la difficulté de se procurer de bons ouvriers faillit la ruiner dès sa naissance. Colbert usa d'un stratagème pour encourager l'achat des « pagnons » sedanais.

Il engagea Louis XIV à se faire faire un habit de drap vert rayé et léger, et, de dire devant la cour, au moment de partir pour la chasse, qu'il trouvait cette étoffe jolie. Les courtisans s'empressèrent d'acheter du drap pareil, et comme le ministre avait eu soin d'en faire fabriquer une grande quantité par la manufacture, qu'il voulait relever, il en résulta un profit considérable qui permit de faire venir des ouvriers hollandais. La vogue du drap de Sedan donna naissance à la fabrique de Reims.

A propos des statuts donnés par Colbert aux drapiers de notre localité en 1667. M. Guilmeth fait, dans son ouvrage, les réflexions suivantes, qui donneront une idée des principes économiques, politiques et sociaux de cet auteur :

« Les Règlements de ce grand ministre seraient encore applicables aujourd'hui si, dans son délire, la révolution de 1789 n'était venue implanter jusque dans la conscience du marchand, jusque dans les rapports mutuels du maître et de l'ouvrier, enfin jusque dans la manière de confectionner une étoffe, ses déplorables principes d'indépendance absolue ».

A l'époque où M. Guilmeth publia son travail, cet alinéa lui valut une belle collection de moqueries, de telle nature même qu'il arrêta presque subitement son *Histoire d'Elbeuf* ; mais il se vengea des plaisanteries qu'il s'était attirées en attaquant dans les pages qui suivirent plusieurs fabricants et bourgeois de notre ville.

Cependant, les Réglements de la Manufacture royale d'Elbeuf avaient soulevé les réclamations de plusieurs fabricants de notre bourg.

Ceux de la paroisse Saint-Etienne s'étaient assemblés au son de la cloche, le 21 avril 1667, dans le manoir presbytéral, où ils avaient constitué pour leur procureur général et spécial Louis Caumont, vicaire, avec pouvoir de présenter au Conseil du roi la défense d'entérinement d'une sentence, sur requête donnée par l'intendant de la généralité de Rouen en faveur de Nicolas et Jean Le Monnier, leurs enfants, et Jean Bénard, au désavantage des susdits paroissiens. Cette pièce est signée par Nicolas Le Cerf, Pierre Bonamy, Pierre Grandin, César Paris, Jean Bizet, Adrian Osmont Jean Dupont fils Jean, Louis Delarue, Pierre Regnault, Jacques Delarue, Richard Lamy, Louis et Pierre Le Sueur, Pierre Féret et Michel Bonamy, tous fabricants de draps. André Lemonnier, également présent, ne signa pas.

Peu après, le calme se rétablit, et chaque fabricant, ainsi que nous le verrons bientôt, n'eut d'autre souci que de profiter des priviléges octroyés à la Manufacture royale d'Elbeuf.

CHAPITRE XVI
(1667-1668)

CHARLES III DE LORRAINE *(suite)*. — ENQUÊTE SUR LES URSULINES. — LES OFFICIERS DE LA HAUTE JUSTICE D'ELBEUF. — TRISTE ÉTAT DES RUES DU BOURG. — CHARLOTTE D'ELBEUF AU COUVENT DES URSULINES. — PREMIÈRE RÉÉLECTION DES GARDES DE LA MANUFACTURE. — AGITATION PARMI LES OUVRIERS TAPISSIERS D'ELBEUF. — FRANÇOIS DU MANSEL, ABBÉ D'ÉCUREY.

Vers le 24 avril 1667, Jean Dupont vendit au trésor de Saint-Etienne, « stipulé par vénérable et discrette personne Robert Gossel, curé, Eustache Caumont, Thomas Piedeloup et Jean Garel, thrésauriers, la somme de 28 livres 11 sols 4 deniers de rente constituée sur ses héritages au denier quatorze par 400 livres tournois... » Etait présent Louis Caumont, vicaire de Saint-Etienne.

Le 2 juin, Louis Bénard vendit « à la Société des Dames de la Miséricorde, de la paroisse Saint Estienne, stipulée par Me Robert Gossel, curé, et MMes Louis Caumont et Jean Hue, prestres », une rente de 71 sols 5 deniers.

En ce même mois, une rente de 25 livres

14 sols fut achetée par le trésor de Saint-Jean, représenté par M° Nicolas Duchesne, curé, Jean Flavigny, Mathieu Poullain, Robert Viel et Nicolas Lucas, trésoriers.

Un acte de cette même époque concerne « l'annexe du Busc Chervin, sise au hameau du Buquet ».

Le 19 juin, Pierre Hesbert, bourgeois d'Elbeuf, prit à ferme, pour quatre années, de Claude Le Maréchal, prieur et curé de Canapville, la dîme de cette dernière paroisse, moyennant 1.240 livres par an.

Après la mort de Nicolas Bénard, ses enfants se séparèrent ses biens ; son fils Nicolas eut « un moullin à huille nommé le moullin à tan scis en la paroisse Sainct Estienne d'Elbeuf ». Ce moulin, nous l'avons déjà dit, devait une rente seigneuriale de 40 sols au duc d'Elbeuf.

Voici, par extrait, un autre contrat d'apprenti tapissier, il est daté du 27 juillet 1667 :

« Fut présent honneste homme André Delacroix, demeurant parroisse Saint Jean du bourg d'Elbeuf..., qui fit marché avec honneste homme Robert Boisselier le jeune, de la parroisse Saint Estienne, assavoir que ledit Boisselier sera submis et obligé de bien et deubment montrer le mestier de tapissier à Nicolas Delacroix, frère d'André, en tant qu'il en pourra comprendre, pendant le temps et espace d'un an, au moyen que luy Delacroix s'est submis et obligé payer audit Boisselier la somme de 30 livres..., à la charge que dit Boisselier payera audit Delacroix le mesme prix come à ses autres ouvriers de tout le travail qu'il pourra faire, par ce qu'en cas que ledit Nicolas quittast led. mestier, ledit André, son frère, sera obligé... lui payer la somme de 30 livres ».

Henry de Maupas, évêque d'Evreux, se trouvait à Elbeuf le 27 juin 1667. Au cours de sa visite, il confirma les statuts de la confrérie des Porteurs de grains, érigée sous l'invocation de saint Jean-Baptiste en l'église du même nom. Ce fut en cette même année que l'on imprima la plaquette portant pour titre : « Registre pour la confrérie de Monseigneur Saint Jean Baptiste... » dont nous avons publié le texte.

Joseph-Marie de la Houssaye, écuyer, enseigne des gardes et capitaine du duc d'Elbeuf, fut parrain en juillet, à Saint-Etienne.

A la suite de scandales qui s'étaient produits dans divers couvents de femmes, le roi avait ordonné une enquête sur chacun des monastères existant en France. Voici le texte du procès-verbal rédigé, après la visite des autorités locales, sur celui d'Elbeuf :

« Nous prestres curés des paroisses de Sainct Jean et Sainct Estienne d'Elbeuf ; François Duchesne, escuyer, bailly dudit lieu ; Jean Pollet, lieutenant, et autres officiers, marguilliers, tresoriers et habittans desdittes deux parroisses, attestons au Roy nostre souverain seigneur, à son conseil..., que sur l'ordre à nous donné que Sa Majesté, par sa declaration de décembre dernier, desire savoir l'estat des monastères de son royaume, le nombre de ceux ou celles qui les habitent et les services qu'ils apportent aux lieux de leur demeure, desquels est celuy et l'unicque fondé et estably au bourg d'Elbeuf, presentement possedé par les dames religieuses de l'ordre de Saincte Ursulle,

« Nous nous sommes aujourd'huy 19 juillet 1667, assemblés en la presence de M. le procureur du Roy, au siège de Pont de l'Arche, exprès venu en ce bourg pour dresser procès-verbal de l'estat dudit monastère, auquel nous avons dit et témoigné unanimement que, depuis la sortye d'autres filles Benedictines qui precedoient l'entrée desdittes dames ursullines dans le même monastère, qui fust il y a viron vingt années, elles ont toujours depuis leur establissement travaillé constamment et assiduement à l'education des jeunes enfans desdittes deux parroisses, ce qu'elles ont fait avec fruit et contentement public... » — Suivent les signatures.

Un acte du 1er août est une attestation du sieur de Beaulieu, marquis du Bec-Thomas, reconnaissant qu'il avait vendu six acres de labour, sis à Fouqueville, « aux religieuses de l'ordre de saincte Ursule du bourg d'Elbeuf, pour 2.000 livres ».

Le 9 du même mois, Hélie Bigot, curé d'Iville-sur-Seine, donna à ferme une petite salle « estant dans la cour de la maison du *Gros Chouquet*, sise au bourg d'Elbeuf ».

En cette même année, Pierre Grandin fit aussi une fondation de messes, moyennant l'abandon au trésor d'une pièce de terre sise à Bosnormand « triège de Dessus la Ville, hameau des Ecameaux ».

Citons encore une fieffe faite par Gilles Viel à Me Jean Hamon, avocat, « d'un corps de logis rue de la Rigole, borné par... la fontaine de Richard Patallier, d'un bout le courant de l'eau du noë du moullin à tan et d'autre bout ladite rue et estang de Son Altesse d'Elbeuf ».

Dans un autre acte, la « ruelle Carage » est mentionnée comme existant sur la paroisse Saint-Etienne. — Enfin, une autre pièce concerne la location d'une maison sise paroisse Saint-Jean, bornée par Robert Flavigny, la halle à boucherie, et M⁰ Jacques Dupont, chirurgien ».

Le 31, Laurent Pollet, demeurant à Caudebec, rétrocéda à Nicolas Bourdon, tabellion à Elbeuf, la recette du duché d'Elbeuf et de la seigneurie de Caudebec, dont il était adjudicataire. Bourdon s'engagea à payer chaque année au duc la somme de 1.210 livres. La duchesse Isabelle de la Tour d'Auvergne, femme de Charles de Lorraine, était présente au contrat et le signa.

Le même jour, à Elbeuf, Michel de Beaulieu, chevalier, seigneur de Richebourg et Guerguesalle, donna pouvoir au tabellion de Vimoutiers pour administrer ladite terre et et seigneurie de Guerguesalle.

Ce jour également, Louis Maille fils Louis, de la paroisse Saint-Jean, vendit moyennant 1.600 livres tournois le droit qu'il avait sur un bateau de deux cents tonneaux.

L'hôtellerie du *Gros Denier*, sise paroisse Saint-Etienne, fut baillée à ferme moyennant 120 livres de loyer annuel, par Claude Fosse, bourgeois d'Elbeuf, à Sanson Meurdrac. Le bail est daté du 17 septembre.

Aux assises mercuriales du duché, tenues à Elbeuf le mardi 20 septembre, étaient présents :

François Duchesne, écuyer, sieur des Monts, avocat à la cour, bailli ; Jean Pollet, son lieutenant ;

Jean-Baptiste Périer, avocat fiscal ; Robert Viel, procureur fiscal ;

Louis Duperré aîné, Jacques Bigot, Louis Duperré jeune, Louis Bigot, Jean Gemblet, Jean Hamon, Pierre Mullot et Thomas Bourdon, tous avocats au siège d'Elbeuf ;

Le verdier du duché ; Antoine Beaudouin, lieutenant de la verderie.

Les sergents suivants : Jean Saint-Ouen, du duché d'Elbeuf ; Claude..., de la basse justice du même lieu ; Osmont Lefebvre, de Boscroger ; Girard Saint-Ouen, de la Haye-du-Theil ; Jacques Martin, de Boissey-le-Châtel ; Jacques Prévost, de Couronne ; Guillaume Fréret, sergent de l'eau et rivière de Seine ;

Les tabellions : Nicolas Bourdon et Pierre Lefebvre, d'Elbeuf ; Guillaume Auger, du Gros-Theil ; Pierre Belley et Charles Hermier, de Boissey-le-Chastel ; Jacques Prévost, de Couronne ;

Jean Posteau, concierge et garde des prisons du duché d'Elbeuf ;

Louis Maille, fermier de la voiture d'eau ; Etienne Lefrançois, fermier de la voiture de terre.

Les jaugeurs suivants : Jacques Delacroix, d'Elbeuf ; Girard Saint-Ouen, de la Haye-du-Theil ; Denis Lemonnier et Guillaume..., de Boissey-le-Chastel ;

Etienne Roussel, peseur ; Nicolas Esloy, voyer ;

Louis Dugard et Jean Osmont, gardes en charge du corps des boulangers d'Elbeuf ;

Les messiers suivants : François Helye et Isaac Gourdel, de Caudebec ; Guillaume Boucher, d'Elbeuf ; Ambroise Allain, de Thuit-Signol ; Jean Dugrenier, de Thuit-Anger ; Nicolas Pinel, de la Haye-du-Theil ; Louis Boudin et Georges Féron, du Gros-Theil ;

Guillaume Julianne et Denis Lemonnier, de Boissey-le-Chastel ; Jean Petit, de Boscroger ; Jean Dugrenier, de Saint-Martin-la-Corneille, et..., messier de Mandeville.

Le 8 octobre, « noble et discrette personne M⁰ Nicolas Duchesne, curé de Saint Jean », se rendit adjudicataire d'une quantité de grains et fourrages, provenant des dîmes de Caudebec, à la vendue faite par Robert Coqueterre, sergent, sur la requête de Fouques de Grandmaison, receveur de l'abbaye de Saint-Taurin d'Evreux, aux prix suivants : blé, méteil, orge et avoine, 5 sols la gerbe ; la vesce, 15 livres le cent de bottes. Il revendit le tout à Thomas Duval, d'Elbeuf, pour la somme de 505 livres.

Ce Thomas Duval avait pris à ferme, trois jours auparavant, de Jean Le Diacre, écuyer, seigneur des Essarts, secrétaire du roi aux finances, époux de feue Françoise de Nollent, et père et tuteur de Jean-François Le Diacre, écuyer, sieur de Saint-Cyr-la-Campagne, la recette de la seigneurie de Saint-Cyr, moyennant 250 livres par an.

Le 5 novembre « vénérables et discrettes personnes MM^{es} Barthélemy Hays, doyen ; Anthoine de Saint-Ouen, Louis Bigot, François Dagoumet, François du Perré, Jacques du Guernier et Charles de Saint-Ouen, tous prestres, doyen, chanoines et chantre de l'église Saint Louis de la Saussaye, lesquels, tant pour eux que pour les autres chanoines de ladite église et suivant le pouvoir qu'ils en ont reçu par acte capitulaire en dabte de vendredy dernier, ont fait et constitué leur procureur général et spécial la personne de (*le nom n'est pas indiqué*), auquel ils ont donné pouvoir et puissance de, pour eux en leurs noms et au nom dudit chapitre, poursuivre par toutes voyes deubs et raisonnables Messeigneurs le duc d'Elbeuf et ses frères, enfans héritiers de feu Son Altesse Monseigneur le duc d'Elbeuf, pour avoir le payement de la somme de douze mil livres qui légué et donné a esté par led. feu seigneur aud. chapitre par son testament, ensemble pour avoir les inthérests et lad. somme depuis le deceds de sadite Altesse jusques à l'entier payement d'icelle, et pour pouvoir faire toutes diligences, réquisitions, sommations et protestations à ce requises... » — Suivent les signatures des chanoines, qui, nous l'avons déjà dit, n'eurent point gain de cause dans cette affaire.

A cette époque, Nicolas Malassis était receveur de la seigneurie et manoir de la Saussaye.

Pierre Dupont fils Pierre donna au trésor de Saint-Jean, le 1er décembre, une rente de 7 liv. 10 sols.

Les registres paroissiaux de Saint-Jean, pour l'année 1668, sont assez intéressants.

Adrien Delacroix, Guillaume Dugard, Michel Boisguillaume, Jean Hamon et Louis Patallier étaient prêtres dans cette église. L'écriture de ce dernier est remarquable par sa régularité.

Le 13 janvier, on baptisa une fille de Jean Hamon, avocat au grand conseil. L'enfant eut pour parrain Joseph-Marie de la Houssaye, écuyer, sieur de Rougemontiers, capitaine des gardes du duc d'Elbeuf, et pour marraine damoiselle Charlotte d'Elbeuf, fille naturelle de feu Monseigneur le duc d'Elbeuf ».

Un mois après, on inhuma dans l'église Saint-Jean le corps de Thomas Lemonnier, prêtre, décédé à l'âge de vingt-cinq ans. — Louis Fosse et Jean Huet étaient également prêtres en cette paroisse.

On ne se contentait pas d'enterrer les ecclésiastiques dans l'église ; beaucoup de paroissiens y avaient aussi leur sépulture.

Charles de Lorraine, étant à Montreuil, le 30 janvier, écrivit au bailli d'Elbeuf :

« Jay receu une lettre de Mons. de Montpoignant qui se plainct que lon ne luy veut pas souffrir mestre ses bois sur les quets d'Elbeuf.

« Sy cela ne me faict point de tort en aucune façon, jy consens très volontiers, estant mon dessein de luy faire plaisir en tout ce que je peux. Vous me manderez le detaille de ceste affaire. — LE DUC D'ELBEUF ».

Le 13 juin, Me Robert Viel, avocat, procureur fiscal au duché d'Elbeuf, vendit à Jacques Bigot, avocat au Parlement, procureur fiscal au marquisat de la Londe, une maison sise à Saint-Étienne d'Elbeuf « rue des Archers ».

Le 7 juin, Jacques Hamon, d'Elbeuf, curé de Touville-en-Roumois, pourvu de la cure de Catelon, résigna son bénéfice de Touville en faveur de son neveu Pierre Hamon, prêtre diacre en cette dernière paroisse.

Chaque année, l'avant-veille de la Fête-Dieu, le bailli ordonnait aux habitants de notre bourg de nettoyer les rues et de tendre de tissus le devant des maisons, à l'occasion de la procession du Saint-Sacrement, sous peine d'une amende de 50 livres contre chaque contrevenant.

En 1668, après avoir rendu la même ordonnance, le bailli ajouta : « ...Et à cause des ravines qui passent au travers de ce bourg, lesquelles ont apporté quantité de graviers à Saint Estienne et rompu le pavé, assigne les habitans en estat de commun, dimanche prochain, à comparoistre en nostre hostel, issue de la procession, pour trouver les moyens de nettoyer lesdittes rues ».

Un traité fut conclu le 28 juin entre Mᵉ Jean Pollet, avocat au Parlement, lieutenant général du duché d'Elbeuf et de la baronnie de Quatremares, d'une part, et Mᵉ Jacques Pollet, licencié ès-lois, son fils, par lequel Jean cédait à Jacques sa lieutenance d'Elbeuf, moyennant 2.000 livres, que Jean Pollet reconnut avoir reçues tant de Jacques Hamon, curé de Touville-en-Roumois, que de Jeanne Hamon, sa sœur, oncle et tante maternelle dudit Pollet fils, par amitié pour lui.

Aux plaids du duché, tenus le mardi 10 juillet se trouvaient le verdier d'Elbeuf ; Louis Saint-Ouen, sergent du duché ; Lefebvre, sergent royal de Boscroger ; le sergent de la basse justice d'Elbeuf ; Jacques Martin, sergent de Boissey-le-Châtel ; Girard Saint-Ouen, sergent royal à la Haye-du-Theil et au Theil ; le sergent de Couronne ; Guillaume Fréret, sergent de l'eau de Seine ; Jean Osmont et Louis Dugard, gardes du métier de boulanger.

Nous avons déjà parlé de l'insalubrité des rues de notre ancien bourg et nous aurons bien des fois l'occasion d'y revenir. On se fera une idée de l'état de la voirie par l'ordonnance suivante, rendue par le bailli, le mardi 17 juillet 1668. C'est la plus ancienne du genre que nous connaissions :

« Sur la requeste du procureur fiscal disant qu'on est malade de maladies contagieuses...

et que le grand commerce qui se fait dans ce bourg et l'affluence des personnes qui y viennent pourraient être cause de quelque maladie, attendu que les rues sont pleines de graviers et d'immondices qui empêchent le cours ordinaire des fontaines qui nettoyent les rues, et causent une grande puanteur dans les rues et soubz les halles aux bouchers, ce qui pourrait infecter ledit bourg.

« Pour et en quoy remédier requiert qu'il soit enjoinct à tous les propriétaires de maisons de faire curer devant leurs portes et maisons, mesme aux fermiers des moulins de ce bourg de faire curer le cours ordinaire de l'eau qui va par derrière les maisons, depuis le moulin St Estienne jusques à celuy de St Jean, par où l'eau ne passe plus, et que à cette fin les tresoriers de St Jean et St Estienne de ce lieu fairont diligence avec le sergent de la basse justice de ce lieu conjoinctement à faire faire ledit curage, et que lesdits proprietaires et fermiers desd. moulins seront tenus y faire travailler incessamment xxiiii heures après la publication de la presente sentence, à faute de quoy faire, qu'il soit mis des personnes par lesdits tresoriers pour faire travailler à leurs despens, et que deffenses soient faites de laisser divaguer les porcs.

« Sur quoy faisant droit, nous avons ordonné que le contenu de ladite requeste sera exécutée. — Duchesne ».

Les riverains réclamèrent contre cette sentence, en représentant qu'ils n'avaient pas le temps de procéder au nettoyage des rues « à cause de leur grand travail ». Le bailli leur accorda un délai, mais, par une nouvelle sentence, il enjoignit aux bouchers, « qui menaçoient d'empoisonner le bourg » par les détritus qu'ils jetaient sur la voie publique, « de faire un ruisseau à prendre du carfour Saint Estienne », afin que l'eau des fontaines puisse passer dans les rues et les nettoyer. Il leur fit également défense de tuer des bestiaux sous les halles, mais seulement sur le quai.

Les fermiers du moulin Saint-Jean n'ayant pas procédé au curage qui leur avait été ordonné, le procureur fiscal commit des ouvriers pour exécuter le travail ; et, pour les payer, fit saisir par un sergent tout le blé qui se trouvait dans la huche du moulin ; ce blé fut vendu aux enchères.

En septembre, le cours d'eau auquel on donna plus tard le nom du Puchot était dégagé jusqu'à la Seine, et une tranchée avait été pratiquée depuis le Bout-du-Couvent jusqu'au fleuve, dans la couche de sables et graviers amenés antérieurement par les ravines. Quant aux immondices, elles continuaient à être déposées ou jetées dans les rues, qui n'étaient jamais nettoyées à fond que par les grandes pluies.

Les Archives départementales conservent la supplique suivante :

« A Messieurs de Marillac et Boucherat, commissaires deputez par Sa Majesté pour la liquidation des debtes et affaires de la succession de feu Son Altesse Monseigneur le duc d'Elbeuf.

« Supplie humblement Charlotte d'Elbeuf, fille naturelle de deffunct mondict sieur duc d'Elbeuf, disant que despuis dix années elle est dans le couvent des religieuses du bourg d'Elbeuf, moyennant 400 livres de pension par an, outre laquelle il lui convient pour son entretien pour le moings 200 livres par an, de laquelle pension elle est redevable audict couvent de trois années qui font 1.200 livres et plus de 600 livres pour son entretien, y ayant très longtemps que la suppliante n'a rien reçu.

« Faulte de payement desquelles sommes elle est journellement menassée d'estre chassée et mise hors de ladicte maison, en laquelle néanmoings, ou en telle autre qui sera par vous et Messieurs d'Elbeuf advisé, elle souhaiteroit de demeurer pour y faire profession ; mais comme il convient de faire un fonds pour dotter la suppliante, qu'elle vous supplie, Messieurs, vouloir ordonner estre dellivré aux religieuses où il sera advisé qu'elle fera profession. La suppliante cependant, qui est réduitte à la dernière misère, recour à vous, Messieurs, pour luy estre pourveu.

« Ce considéré, Nosseigneurs, ils vous plaise ordonner qu'en attendant qu'il luy sera pourveu un fonds pour sa dotte, que le couvent d'Elbeuf sera payé de la somme de 1.200 livres qu'elle doibt d'une part, et qu'à elle il luy sera donné 600 livres pour payer ses entretiens pour les trois années pendant lesquelles elle n'a pas receu, pour payer les frais d'une grande malladie qu'elle a eue... »

Cette lettre fut signifiée, le 5 mars, par exploit de Lambert, huissier, au duc d'Elbeuf, en la personne de Toussaint-François Chastellain, son secrétaire.

Le 21 juillet, de Marillac et Boucherat ordonnèrent de payer un acompte de 300 livres aux Ursulines ; mais le complément des arrérages se fit attendre, car nous trouvons la lettre suivante, sans date, adressée à ces commissaires :

« Supplie humblement sœur Charlotte Le Féron dicte de Sainte Marie, superieure du couvent des religieuses ursulines d'Elbeuf stipulant pour ledict couvent.

« Et vous remonstre que dès cy devant, aiant pris la liberté de vous présenter sa requestre soubs le nom de la damoiselle Charlotte d'Elbeuf, fille naturelle dudict feu seigneur d'Elbeuf, pour estre paiée d'une somme de 1.224 livres 10 sols, lors deus pour reste de plusieurs années expirées de sa pension, reglée au prix de 300 livres par an, quoique mediocre, néantmoins agreée au respect de sa naissance... »

La supérieure réclamait les 924 livres pour solde.

Les premiers gardes de la Manufacture royale d'Elbeuf avaient été Jean Lemonnier et Thomas Lecointe, deux des plus importants fabricants de notre bourg. Nommés pour un et deux ans, les pouvoirs de l'un d'eux expiraient en août. Le procès-verbal suivant va nous indiquer dans quelles conditions fut désigné le successeur de Jean Lemonnier, garde sortant :

« Le samedi 25 août jour de Saint Louis 1668, devant Me des Monts, bailly, présence du procureur fiscal et de Me Jean Capplet, greffier, se sont comparus Jean Lemonnier et Thomas Lecointe, guardes du mestier de drappier en ce bourg année présente, André Lecointe l'aisné, Nicolas Lemonnier, Nicolas Lecointe, André Lecointe le jeune, Jean Lecointe, Charles Lecointe, Nicolas Lemonnier le jeune, Jean Lemonnier le jeune, maistres dudit mestier, assemblez conformement à leurs statuts ;

« Lesquels ont eslu pour guardes dudit mestier, au lieu et place de Jean Lemonnier, ledit Nicolas Lemonnier l'aisné.

« A quoy se sont aussy presentés Louis Delarue et Pierre Regnault, lesquels ont demandé aussy à donner leur voix comme estant maistre drappiers, et qu'ils éliraient Nicolas Lemonnier l'aisné.

« A quoy par les dessus dits a esté dit qu'ils empeschoient les suffrages desdits Delarue et Regnault, attendu qu'ils ne sont drappiers...» (*le reste de cette pièce manque*).

Cependant, le nouvel élu prêta serment séance tenante et le procès-verbal fut signé par tous les maîtres drapiers présents, y compris Delarue et Regnault.

Une assez vive agitation régnait alors parmi les maîtres et ouvriers tapissiers de notre bourg. Sur une plainte, Jacques Bourdon, maître tapissier, fut poursuivi devant le bailli, le 13 octobre, pour avoir pris un apprenti sans le faire jurer, contrairement aux ordonnances du métier.

Nous relevons, à la date 27 octobre 1668, une requête présentée au bailli :

« Les gardes du mestier de tapissier, à l'adjonction du procureur fiscal, veu l'abus qui se commet parmy les compagnons tapissiers de ce bourg, sous pretexte que lors de la reformation des Ordonnances pour ledit mestier, on exempta tous ceux qui pour lors y travailloient d'aucun apprentissage et on les desclara tous compagnons ; il y en a en quantité depuis ledit temps qui se sont ingérés de travailler audit mestier sans faire de jurande;

« Requerrent, afin qu'il n'y arrive plus d'abus à l'advenir et que l'on cognoisse ceux qui, sans aucune qualité, travaillent audit mestier, que les compagnons ayent à prendre des lettres, et que deffenses soient faictes à tous maistres de leur donner à travailler sans la veue desdites lettres, et aux autres qui se sont ingérés dans ledit mestier depuis jusques à ce qu'ils ayent fait faire leur jurande, sur peine de xx livres d'amende, tant contre les maistres que contre les compagnons, et confiscation des marchandises qu'ils feront... »

Le bailli Duchesne rendit une sentence conforme à ces conclusions, le même jour.

Le 9 novembre, l'Elbeuvien, « messire François du Mansel, sieur du Busc, conseiller et aumosnier ordinaire du Roy, abbé commendataire de l'abbaye de Nostre Dame d'Escurey, au diocèse de Toul », que nous avons déjà mentionné en cette qualité en l'année 1650, « demeurant ordinairement en ladite abbaye et de present estant en ce bourg d'Elbeuf... », signa un acte avec Mathieu Frontin, de la paroisse Saint-Etienne.

Ecurey est une commune du département de la Meuse, arrondissement de Montmédy.

L'abbé d'Ecurey possédait aussi des biens à Caudebec, Saint-Didier, Vraiville, Mandeville et autres lieux ; quatre ans après, revenu à Elbeuf, il les loua à divers.

CHAPITRE XVII
(1669-1670)

Charles III de Lorraine (*suite*). — Un intérieur de maison bourgeoise. — Un vicaire député d'Elbeuf. — Encore la confrerie de Saint-Michel. — Tapisseries de haute et de basse lisses. — Le duc et l'octroi d'Elbeuf. — Le registre de la Charité de Saint-Jean ; l'extension de cette association ; l'affichage des « fréries » ; curieux détails.

Au 2 janvier 1669, Robert Viel, trésorier syndic de la paroisse Saint-Jean, plaidait devant la haute justice du duché contre « Robert Viel, procureur fiscal, receveur et fermier des six deniers pour pot de vin et autres boissons à l'equipolent » qui se vendaient et se distribuaient en détail au bourg d'Elbeuf.

Ce même jour, Jacques Pollet, lieutenant du bailli d'Elbeuf, étant allé demeurer chez son père, fit devant Mᵉ Bourdon, tabellion, la déclaration des meubles qu'il apportait, et parmi lesquels nous citerons :

Deux grands bouquets de cuivre, un lit complet avec ciel, pendants, dossier et couverture en drap à frange de couleur olive, la tenture de tapisserie qui ornait sa chambre, des tapis olive, douze chaises avec leur couverture de tapisserie ouvragée et à frange, six chaises façon d'ébène, un miroir, une mandole, un grand buffet à quatre armoires rempli de linge ; une aiguière, une salière et une écuelle en argent, etc.

« Lesquels meubles, ledit sieur Pollet père a recongneus devant nous, tabellion, et proche parent pour avoir eu l'honneur d'espouser la fille dudit sieur Pollet père, et sœur du sieur lieutenant, avoir esté achetés aux propres cousts d'iceluy sieur lieutenant... »

L'usage des tapisseries était alors déjà très répandu chez les bourgeois d'Elbeuf ; presque tous en possédaient, et certains avaient une ou plusieurs pièces de leur logement aux murs complètement tapissés, sans doute avec des produits de l'industrie locale.

Le 7 du même mois, le bailli fit enregistrer cette pièce sur les registres de la haute justice:

« A tous ceux qui ces presentes verront ou orront, Me François Duchesne, escuyer, sieur des Monts, advocat à la cour du Parlement de Rouen, bailly du duché d'Elbeuf, garde du scel aux obligations de la vicomté de ce lieu, salut ;

« Savoir faisons que par devant Me Guillaume Auger, tabellion juré pour le siège de la Haie du Theil et du Theil..., furent presents Jean Duchesne, escuyer, sieur des Chastelliers, bailly de Briosne, et damoiselle Catharine de Plasnes son espouze...; lesquels ont donné et delaissé audit Me François Duchesne, sieur des Monts, bailly d'Elbeuf, leur fils aisné, la terre de la Brière, assise au Thuithagron, et autant qu'il leur en estoit escheu tant de la succession du sieur de Freneuse que de celle de la dame de la Morandière..., et ce pour ayder à maintenir sa maison et famille... Présence de Mᵉ Guillaume Durand, curé de Manneville, et de Mᵉ Georges du Tertre, escuyer, seigneur de la Morandière... »

Le 17, devant le tabellion du Bec-Thomas, qui s'était rendu à Elbeuf, les habitants des deux paroisses de notre bourg, réunis en état de commun, donnèrent leur procuration à Louis Caumont, prêtre habitué à l'église Saint-Etienne, pour aller à Paris, au Conseil du roi, défendre les intérêts de la communauté, à laquelle, par jugement rendu contre elle, on réclamait des deniers qui, prétendait-on, avaient été perdus dans une rue d'Elbeuf. Au nombre des signataires de la procuration se trouvaient François Duchesne, et plusieurs portant les mêmes noms : Patallier, Delarue, Le Roy, Lemonnier, Carré, Lecointe, Bénard, Viel, Lamy, Lecomte, Dugard, Cousturier, Biset, Le Cerf, Portevin, Grandin, Flavigny, Bourdon, Boisselier, Renault, etc., appartenant tous à la bourgeoisie de notre localité.

Ajoutons que Mᵉ Louis Caumont, que nous verrons longtemps vicaire à Saint-Etienne, était considéré par ses contemporains comme un homme supérieur, car en maintes circonstances, les habitants de sa paroisse et même ceux de Saint-Jean, lui confièrent des missions les plus diverses, dont il s'acquitta toujours avec tact et beaucoup d'intelligence.

Un scandale éclata dans notre contrée au commencement de l'année. Une jeune fille de vingt ans, nommée Jeanne Gardin, née à Boscherville et y demeurant, déclara être grosse des œuvres de Nicolas Levillain, prêtre vicaire de Boscroger. On emprisonna Jeanne à Elbeuf ; mais, sur une demande de son père, appuyée par le procureur fiscal, le bailli Duchesne ordonna sa mise en liberté, le 9 février.

Le 25, Jeanne Pollet, veuve de Pierre Viel, d'Elbeuf, prit à ferme les dîmes de Surville, dont jouissait Pierre Boutelou, curé de cette paroisse, sauf la dîme des laines de l'année 1669. Ce bail fut consenti moyennant 1.400 livres par an et diverses autres conditions.

Marguerite Portien abjura le culte évangélique pour le catholicisme, le 20 mars, en l'église Saint-Etienne. — Un Portien fut curé de Saint-Jean pendant la Révolution.

Le 26, Daniel Roger, de Rouen, acheta « un droit de sac et porte grain au bourg d'Elbeuf, tenu par Alexis Lefebvre », moyennant la somme de 200 livres tournois et la charge de payer 40 sols par an au duc d'Elbeuf.

A cette époque, Etienne Boisselier, ancien fabricant d'Elbeuf, demeurait à Quatremares, dont son frère, Jacques Boisselier, était curé. — Vincent Doinville, leur parent, était vinaigrier en notre bourg.

Le 23 avril, Jacques Dehors, bourgeois d'Elbeuf, reconnut que « messire Guillaume Libor, conseiller du roi en ses conseils d'Estat et privé, luy avait fourni l'original d'une quittance » portant payement de diverses sommes par « Jacques Delacroix, fermier du jaulge d'Elbeuf, Nicolas Le Cerf, fermier de l'aunage dudit lieu, et Louis Maille, fermier de la voiture d'Elbeuf », en tout 585 livres, qui figurèrent dans les comptes des commissaires délégués par le roi à l'administration des revenus de la maison d'Elbeuf.

Par acte passé le lendemain 24, devant M⁰

Année 1669

Bourdon, tabellion au Bec-Thomas, Nicolas de Campion, chevalier, seigneur du Montpoignant, s'engagea envers Jean Lemire, charpentier de bateaux à Rouen, à lui faire livrer sur le quai de la Brigaudière, à Elbeuf, « les bois merriens provenant de son parc faisant l'enceinte de sa maison du Montpoignant, à condition de tout prendre... pour le prix de 30 sols pour chaque marque dudit bois, rendu et livré audit port de la Brigaudière, sis en la paroisse Saint Estienne d'Elbeuf, le long de la rivière de Seine... La livraison se fera sur le pied de cent quatre pour cent, paiables 200 livres comptant, le reste moitié à la Saint-Gilles prochaine et l'autre moitié le 1er de décembre ensuivant... »

Sur un contrat de mariage dressé le même jour au Bec-Thomas, figurent : Charles Cavé, sieur du Buschervin, de la paroisse Saint-Etienne d'Elbeuf, futur ; Catherine Morin, veuve du procureur fiscal de Mauny, future, fille de feu David Morin, greffier civil au Parlement ; Jacques Cavé, curé de Saint-Ouen, et Pierre Lailler, écuyer, sieur d'Orcher.

Le 8 juillet, devant Me François Duchesne, écuyer, sieur des Monts, bailli d'Elbeuf, et Jean-Baptiste Périer, avocat fiscal du duché, assistés de Pierre Capplet, greffier du bailli, se présenta Jean-Baptiste Conart, écuyer, sieur de la Patrière, seigneur de la Saussaye, et de Saint-Martin la Corneille, lieutenant des gardes de la porte du roi, lequel apporta un ordre du duc d'Elbeuf ainsi conçu :

« Le sieur Perier, advocat fiscal d'Elbeuf, fera mesurer les terres et bois que j'ay vendus à Mr de la Patrière, et en faira faire procès-verbal par le bailly d'Elbeuf et m'en envoira autant et en faira donner copie audit sieur de la Patrière. — CHARLES DE LORRAINE ».

On trouve aux Archives de la Seine-Inférieure un procès-verbal de plantation de bornes, au pied duquel est le plan des bois vendus par le duc au sieur de la Patrière.

Une procuration donnée à Thomas Lemonnier, fils aîné de Nicolas, nous apprend que ce Nicolas et son frère Jean, drapiers d'Elbeuf, étaient créanciers du roi et qu'ils touchaient la rente de la somme qui leur était due à l'hôtel-de-ville de Rouen. Cette créance nous paraît avoir été constituée pour cause de fourniture de draps de troupe.

La pièce qui suit concerne la confrérie de Saint-Michel, alors en grande vogue dans la paroisse Saint-Jean :

« Furent presents Me Jean Pollet, advocat en la Cour, heritier de feu Me Pierre Pollet, vivant prebtre curé de Sainct Jean d'Elbeuf ; son frère ; Me Charles Carbon, mareschal de l'artillerie de France ; Me Pierre Chrestien, escuyer, conseiller du Roy à la table de marbre du pallais, à Rouen ; MM^es Louis Bucquet et Louis Patallier, prebtres ; Nicolas Viel fils Nicolas, Jean Flavigny, Charles Revel, Marguerin de la Croix, Nicolas Le Sage, Pierre Dupont, Jean Benard, Me Pierre Vidame, Jacques Flavigny, Claude Michel et Robert Le Roy pour et au nom de son fils, tous les dessus dits ayant cy devant faict le pelerinage du Mont Sainct Michel et ayant fondé plusieurs messes, lesquelles ils faisoient celebrer et s'estoient submis faire payer et continuer quelques rentes chacun en particulier..., au moyen de quoy ils se sont submis et obligés payer au tnresor et fabrique de l'esglise de

Sainct Jean d'Elbeuf dans laquelle estoit dit et celebré les services, la somme de (*la ligne est en blanc*) ce qui a esté consenty et accordé par noble et discrette personne Me Nicolas Duchesne, prebtre curé de ladite parroisse, Robert Viel, Matthieu Poullain, Nicolas Lu... et ledit Jean Flavigny, thresoriers d'icelle esglise, et au moyen de quoy les dessus dits seront deschargés des charges à l'advenir du principal et arrerage des partyes de rentes en quoy ils estoient obligez par les contrats desdictes fondations.

« Au moyen de laquelle somme de quatre cents livres lesdicts sieur curé et thresoriers se sont submis faire dire et celebrer à l'advenir, à commencer au 15e octobre prochain 1669, les vespres dudit jour à l'honneur dudit St Michel avec l'antienne *Dominus secundum*, etc., et le lendemain sera dit une grande messe, après icelle messe sera chanté les litanies des Anges et ensuite les secondes vespres, le *Libera* sur la tombe du dernier desdits confrères, et le lendemain sera celebré la messe des Trespassez avec une nocturne et... la monstre et drap mortuaire sur la tombe à laquelle assistera deux chapiers et tous les prebtres habituez.

« Et en outre sera celebré douze messes basses les premier mercredy du mois, à neuf heures du matin, qui sera sonnée par le chapellain qui la dira et aura pour lesdites douze messes la somme de sept livres qui lui sera payée par ledit thresor, faire jouer des orgues la veille et le jour de ladite... (*ici plusieurs lignes illisibles*).

« ...Et aura ledit sieur curé pour son aide et assistance... et celebrer lesdites deux grandes messes cinquante sols, au clerc vingt sols, aux prebtres habituez, jusqu'au nombre de six. soixante sols, aux petits clercs de lutrin cinq sols, toutes lesquelles sommes seront payées par ledit thresor... » Suivent les signatures des frères de Saint-Michel.

En 1669, beaucoup d'enfants de notre bourg moururent d'une épidémie.

Le 28 octobre, on enterra dans l'église Saint-Jean, Jeanne Carré, âgée de 60 ans, femme de Jean Flavigny, apothicaire. — Alexandre Dumont était prêtre dans cette paroisse.

Il y avait alors quatre ans qu'un procès était pendant entre Louise Rengé, du hameau des Ecameaux, et Toussaint Lefebvre, du Thuit-Signol, devant le bailli d'Elbeuf. Louise avait fait enfermer Lefebvre dans la prison de notre bourg « à cause de la grossesse et enceinte qu'elle estoit pour lors, dont estoit issu un fils qu'elle disoit estre des œuvres dudict Lefebvre ; et iceluy Lefebvre auroit pour lors prins deffense du contraire, pour quoy fut eslargi, n'ayant ladicte Rengé eu de preuve assez convaincante pour faire condamner ledict Lefebvre à ses pretentions... ».

Le 1er décembre 1669, Lefebvre et Louise firent un arrangement. Celui-là s'engagea à donner à celle-ci six boisseaux de blé par an, durant quatre années seulement, avec la somme de 10 livres à payer le jour de la foire Saint-Gilles de l'année suivante, « afin d'ayder à la nouriture et entretenement de l'enfant de ladicte Louise Rengé, qui à ce moyen, s'oblige de nourir et entretenir son enfant la vie durante dud. enfant et d'elle, sans en rien inquiéter ny rechercher led. Lefebvre en aucune façon ni manière que ce soit, parce que les choses cy dessus donnez ne sont que par charité et non par obligation... Et au cas que lad. Louise irait de vie à trepas avant lesd. quatre ans, led. Lefebvre promet prendre l'enfant d'icelle et le nourir le reste desd. quatre ans... » — Après cet accord, le bailli mit les parties hors de cause.

En 1669, le duc Charles, qui ne se souciait point du chevalier d'Elbeuf, le Trembleur, né d'un premier lit, lui fit céder son droit d'aînesse à Henri de Lorraine, né de ses deuxièmes noces, et donna sa fille du premier lit en mariage à M. de Vaudémont ; les époux étaient âgés l'un et l'autre de vingt ans.

En cette même année, Charles III détacha le fief de Moulineaux du duché d'Elbeuf, en faveur d'une dame, qui le lui acheta.

Les mémoriaux de la Chambre des comptes pour l'année 1669, contiennent la copie des « lettres obtenues par Me Guy de Bonneval, président au Parlement de Rouen, portant érection de plusieurs terres situées au Grand-Couronne, acquises du sieur duc d'Elbeuf, par dame Marie Duval, sa tante, en plein fief de haubert, pour estre nommé le fief de Moulineaux, que Sa Majesté auroit desuni par les dites lettres du duché d'Elbeuf ».

En 1669 également, Charles Revel, de Caudebec, vendit « comme héritage et pour toujours un droit de sac à porter grains au bourg d'Elbeuf, de présent tenu à ferme par Alexis Lefebvre,... à Daniel Roger, bourgeois de Rouen, et marchand de la paroisse Sainct Maclou... Cette vendue ainsy faitte tant à la charge par l'acquéreur de payer à S. A. Mgr le duc d'Elbeuf 40 sols de rente deube à cause dudit droit, que moyennant le prix et somme de 200 livres tournois de prix principal, avec 100 sols au vin du marché ».

Sur la requisition du procureur fiscal, le bailli Duchesne ordonna, le 31 décembre, que Philippe Fauvel, compagnon miroitier de Paris, convaincu de vol d'argent chez Pierre Grandin, d'Elbeuf, serait battu de verges, pendant trois jours de marché, aux carrefours de notre bourg.

Le 21 janvier 1670, un accord mit fin au procès qui avait éclaté entre François Duchesne, bailli du duché, créancier de feu Jacques Poullain, en son vivant docteur en médecine, et les héritiers de Jeanne Pollet et de Jacques Poullain, élu à Pont-de-l'Arche, dont les biens étaient situés à Elbeuf.

Le même jour, « François Flavigny, apotiquaire, parroisse Saint Jean, estant en son lict malade », se souvint avoir, quelques années auparavant, fait dresser la minute d'un contrat de fondation, et, du consentement de Nicolas Duchesne, curé, Nicolas Lucas, Robert Viel, Bourdon, tabellion, et Jacques Bourdon, tous trésoriers de cette paroisse, constitua en faveur de la confrérie du Rosaire, créée en cette église, une rente de sept livres par an, pour la fondation d'une haute messe.

Le 22 février, Charles Carbon, maréchal général des logis de l'artillerie de France, et fils du sieur Carbon, que nous avons précédemment mentionné, vendit à Nicolas et Jean Lemonnier frères, drapiers à Elbeuf, les droits qu'il avait sur des propriétés sises à Moulineaux.

Le 13 mars, mourut François Flavigny, chirurgien, âgé de 48 ans; il fut inhumé dans l'église Saint-Jean. — Nous avons vu qu'il était aussi qualifié d'apothicaire. — Thomas Beaucousin, dit la Coudraie, né à Fouqueville, était également chirurgien en notre bourg.

A cette époque, Clément Le Cerf, de Saint-Nicolas-la-Corneille, était enfermé dans la prison d'Elbeuf, pour une somme de 60 livres qu'il devait au sieur de la Patrière, seigneur de la Saussaye.

Le 15 mars, devant le tabellion du duché, « damoiselle Charlotte d'Elbeuf, fille naturelle et légitimée de feu Monseigneur, recongnut que depuis traize années ou viron qu'elle avoit pris sa nourriture et logement dans le couvent et monastère des dames Ursulines du bourg d'Elbeuf, où elle auroit esté receue en pension réglée à 300 livres par an, pour faire l'entier paiement pour lesquelles traize années qui n'auroient expiré qu'au 7e de juin prochain, il s'en desfaudroit jusqu'à la concurrence de 600 livres..., laquelle somme de 600 livres ladite demoiselle promit paier ou faire paier incessamment... »

Le même jour, par acte passé à Elbeuf, Jean Hurard, curé de Martot et pourvu du bénéfice-cure de Criquebeuf-sur-Seine, donna à loyer, pour une année, l'exploitation de la cure de Martot, à Marin Carbonnier, prêtre, moyennant la somme de 200 livres.

Le lendemain, on fit trois lots des biens laissés par « feu Me Jacques Le Menu, advocat et docteur en médecine à Elbeuf ».

Voici le texte d'un acte passé le 19 mars, devant Me Bourdon, tabellion à Elbeuf.

« Pour l'exécution de la parole donnée, présence et pour le respect deub à S. A. Monseigneur le duc d'Elbeuf, sur la fin du mois de décembre dernier, entre h. h. Estienne Lefrançois, voicturier par terre pour la conduicte des marchandises de tapisserie qui se fabriquent en ce bourg, de ce bourg en la ville de Paris, d'une part, et h. h. Michel Bonamy, Mathieu Frontin et Pierre Paris, marchands maistres tapissiers du mesme bourg, d'autre part, touchant le prix et réglement pour le port par la quantité des marchandises ;

« Il a esté arresté que icelui Lefrançois aura et recevra doresnavand desdits Bonamy, Frontin et Paris, pour chacune somme de tapisserie, qui sera de dix-neuf pièces, tant haultes que basses et telles qu'elles seront baillées et apportées, la somme de neuf livres, sans que le présent escrit puisse tirer à conséquence pour les autres tapissiers de ce bourg, lesquels ne seront compris dans la teneur du présent, lequel subsistera et durera autant de temps que durera le bail vertu duquel jouist ledit Lefrançois, présentement [fermier] de ladite voicture... » Suivent les signatures des quatre intéressés et du tabellion.

On fabriquait donc à Elbeuf des tapisseries de haute et de basse lisses. La chaîne des premières était placée verticalement, et celle des secondes horizontalement.

Avant l'installation de Pierre Dupont dans les galeries du Louvre, on produisait déjà des tapisseries de haute lisse à Paris, car Henri IV avait créé un atelier de genre, en 1597, dans l'ancienne maison des Jésuites, au faubourg Saint-Antoine, sous la direction d'un habile praticien nommé Laurent.

Comme autre souvenir de l'industrie elbeuvienne des tapis de haute et de basse lisses, nous reproduisons deux planches publiées par

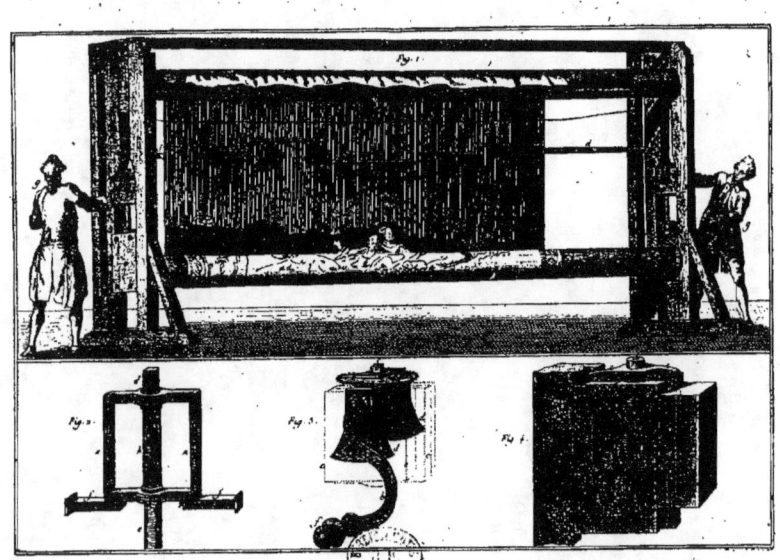

FABRICATION DE TAPISSERIES
MÉTIER DE HAUTE LISSE

Pankoucke dans son *Encyclopédie méthodique*. Inutile de dire que les costumes des personnages indiquent qu'elles furent gravées à une époque postérieure d'un siècle à celle où nous sommes ; les métiers et la manière de procéder avaient aussi été un peu modifiés depuis 1670.

Voici la description de la planche représentant un métier de haute lisse :

« Fig. 1. — Métier monté selon le projet de sa nouvelle construction, pour faciliter le bandage des fils, sans courir aucun risque pour les ouvriers, & avec deux seuls hommes. A, fils bandés : BB, rouleaux d'en-haut & d'en-bas, sur lesquels se roulent les fils de pîene & l'ouvrage fait : BB, cotrets séparés & assemblés pour retenir l'essor de la nouvelle jumelle : CC, montans pour soutenir la perche de lisse : D, perche de lisse : EE, nouvelle jumelle du métier de la haute-lisse : FF, mouvement en arrêt dans le cotret pour faire monter & descendre plus ou moins la jumelle dans laquelle est assemblé le rouleau, & par ce moyen, bander également les fils : GG, ouvrier occupé à faire tourner la manivelle pour bander les fils.

« 2. — Fer du mouvement : AA, bâti de fer qui retient la vis : BB, vis en arrêt dans le bâti par la platine : C, platine qui retient la vis dans le bâti de fer : D, tête carrée dans laquelle s'emmanche le mouvement de la manivelle, pour faire tourner la vis : FF, morceau de fer qui soutient à hauteur le bâti de la manivelle dans la rainure du cotret.

« 3. — Développement du mouvement de la manivelle avec sa roue d'engrenage : AA, roue d'engrenage : B, manivelle : C, tête de la vis : D, morceau de fer tenant ensemble la roue d'engrenage & ajuster pour emboîter le bâti de la vis & enfiler la tête de ladite vis dans la grande roue d'engrenage pour la faite tourner: EEE, lignes ponctuées qui dessinent la forme du bâti de la vis.

« 4. — Jumelle en grand, dans laquelle est emboîté le rouleau d'en-bas : A, tête du rouleau : BB, les deux parties du cotret dans lesquelles s'emboîte la jumelle : CCC, bâti de fer qui serre les deux parties de la jumelle : D, pas de vis pris dans le chassis de la jumelle avec sa vis, pour la faire monter ou descendre à volonté ».

Suit maintenant la légende accompagnant la gravure montrant un atelier de basse lisse :

« AAA, ouvriers occupés à travailler : B, ouvrier devidant des écheveaux de laine de couleur sur les flûtes : C, ouvrier calquant les tableaux, lesquels calques servent à diriger les ouvriers dans le dessin de leurs ouvrages : D, ouvrier faisant le service de bander les fils en tournant la vis de la jumelle : E, tambour ou tebleau roulé sur deux rouleaux, & retenu par une crémaillère : FF, ouvrier cherchant à assortir les couleurs : G, cabinet pour serrer les laines de couleur, soies & autres parties nécessaires à l'ouvrage : H, grande perche suspendue au plancher par deux poulies pour voir les pièces terminées : I, planche sur laquelle se mettent les ouvriers pour choisir les couleurs : L, grand crochet de bois en saillie, pour soutenir les rouleaux & perche inutile : M, armoire pour serrer les couleurs ».

Le duc d'Elbeuf était dans notre bourg le 2 avril ; il y signa une obligation concernant son comté de Lillebonne.

Le 5, Louis Maille, d'Elbeuf, fermier de la

FABRICATION DE TAPISSERIES
MÉTIERS DE BASSE LISSE

voiture d'eau, céda ses droits à Laurent Bachelet, de Saint-Aubin, pour six années, savoir : « charger et voicturer du costé de la rive de Saint Aubin, depuis le pont de Pont de l'Arche jusqu'au Gravier d'Orival toutes marchandises et denrées et en faire la conduite ainsi que de toutes sortes de personnes en la ville de Rouen, sans prendre aucune marchandise pour quelque cause et pretexte que ce soit du costé de deçà, mais seulement du costé de Saint Aubin ». Cette cession fut consentie moyennant 80 livres de loyer par an, plus les charges ordinaires.

Ce même jour, le duc d'Elbeuf apposa sa signature au bas de l'acte qui suit :

« Fut present h. h. Louis Viel, d'Amfreville la Campagne, s'estant rendu cedit jour adjudicataire de la ferme des six deniers pour pot de vin, quatre deniers pour pot de cidre et autres boissons à l'equipollent, par acte passé au bailliage d'Elbeuf, par le prix de 750 livres par chacun an, outre les charges et submissions y réservées, et ce soubs l'authorité de très haut et très puissant prince Monseigneur le duc d'Elbeuf ;

« Lequel Viel a recongneu quoyque par ledit acte le prix ne soit que de 750 livres, il a esté neanmoins arresté que, outre, ledit Viel sera tenu et obligé paier par chacun des cinq années six mois mentionnées, la somme de 600 livres aux mesmes termes, mesme d'en paier une année par avance, avec les 750 livres portées en ladite adjudication, soit 1.350 livres, total du bail de ladite ferme.

« Et laquelle somme de 600 livres sera paiée, moïennant le consentement de Mess. les commissaires députés par Sa Majesté pour la direction des affaires de la succession de feu Monseigneur, aux habitants d'Elbeuf par chacun an, pour la gratification que Messeigneur feux ses prédécesseurs ont eu la bonté d'exercer vers lesdits habitants pour subvenir aux nécessitez et commoditez dudit bourg ; ce que d'abondant mondit Seigneur confirme par ces présentes et ce qui a aussi pareillement esté confirmé par nosdits Seigneurs les commissaires... »

En deux mots : le duc s'étant aperçu que l'octroi rapportait plus de 600 livres, fit rentrer les 750 de surplus dans son coffre, et les Elbeuviens, qui payaient les tarifs, durent encore lui dire merci pour les 600 qu'il daignait leur laisser.

Le 9, Charles de Lorraine, après avoir entendu la lecture d'un contrat de vente faite par lui à Robert Flavigny, le 16 mai 1662, « de certaine quantité de bastiments sis à Elbeuf, paroisse Saint-Jean, faisant partie de la maison et hostel de mondit seigneur, bornés et spécifiés audit contrat, déclara et recongneut avoir encor, outre, permis aud. Flavigny en bastissant avancer sondit bastiment sur la cour de mondit seigneur l'espace de deux pieds sur la longueur de ladite quantité acquise, et ce moiennant la somme de cent livres presentement paiée à mond. seigneur ».
— Suit la signature du duc.

Le 15, Jean Pollet, lieutenant du duché, bailla à ferme pour six ans, à Jean Féré, sergent royal au bailliage d'Elbeuf, demeurant paroisse Saint Jean, la sergenterie de la basse justice d'Elbeuf, moyennant 120 livres par an.

Jean Regnault, de complicité avec Roger Dugard, tous deux d'Elbeuf, avait donné un violent coup d'épée à Adrien Harenc, également de notre bourg. Afin d'éviter un procès devant le bailli de la Londe, dans la juridiction duquel le fait s'était produit, Dugard s'obligea, le 29 avril, à payer à Harenc 60 livres tournois pour les trois premières semaines de sa maladie et ensuite 15 livres par semaine également, jusqu'à sa complète guérison, plus lui fournir le linge nécessaire pour les pansements.

Etant à Elbeuf, le 8 juin, Jean-Baptiste Conart, écuyer, sieur de la Patrière, fit un marché avec les frères Denis et François Cauchois, de Caudebec, pour la construction « d'un tour et dedans de pressoir et d'un estramiteur à faire et placer dans le lieu qui est à usage de grange dans le ténement du manoir de la Saussaye, appartenant audit sieur de la Pastrière » ; les bois d'un ancien pressoir devaient être employés. Les charpentiers s'engagèrent également à « arronder la roue et creuser la gatte du pressoir » et à faire divers autres travaux de réparation au manoir.

Ce même jour, Antoine de Beaumer, écuyer, sieur de Chantelou, gagna un procès devant le bailli d'Elbeuf, sur un habitant de Tourville-la-Campagne.

Par acte passé à Elbeuf, le 18 juin, « dom Laurens Dumonstier, religieux cellerier de l'abbaye de Bonport », au nom du monastère, bailla à ferme à Louis Hamon, les revenus de « la chapelle Notre Dame de Saint Fiacre », à Thuit-Signol, à charge de payer 40 livres par an au prêtre qui dirait la messe dans cette chapelle de la part du prieur de l'abbaye, de « recevoir et traiter le cellerier et sa compagnie la veille et jour qu'il yra faire le service de Sainct Fiacre et cedit jour présenter un pain benit de cinq sols, entretenir les meubles de ladite chapelle », payer plusieurs petites rentes et, en outre, 180 livres de loyer par an.

Le 30 du même mois, Mathieu Duguernier, de Caudebec, « estant en dessein d'apprendre le mestier de tapissier et aiant cy devant faict escript avec Toussainct Delacroix, maistre tapissier, pour travailler chez luy en sa boutique, s'engagea envers Nicolas Delacroix de fournir par chacune chaisne de tapisserie qu'ils fabriqueront ensemblement pendant un an la somme de 60 sols ou souffrir qu'il la prenne sur sa cotte part jusques toutesfois au nombre de six et non en plus outre.

« Et ce au moien et parce que iceluy Nicolas Delacroix, travaillant avec ledit Duguernier, luy aidera et fera tous les efforts pour faire en sorte qu'il puisse apprendre ledit mestier de tapissier auquel il n'est expert ; et stipule que lesdits Nicolas Delacroix et Duguernier ne pourront desemparer ny discontinuer leur travail sans que l'absent ne soit dès à present engagé envers l'autre, present, au paiement de dix sols par chaque jour, à la reserve que si l'on ne defaille qu'un jour par semaine, l'on ne pourra se rien demander pour le jour de manque... »

Les Archives départementales possèdent un intéressant recueil in-folio, portant pour titre : « Registre de la Charité de Saint Jean d'Elbeuf ». Cette association était aussi en très grande vogue à cette époque, car les 192 pages de ce registre sont en presque totalité consacrées à l'inscription des « noms et surnoms des frères et sœurs associeez à la Charité de Saint Jean ».

Au commencement, se trouve un obituaire

où l'on voit indiqués des services religieux pour une assez grande quantité de trépassés, notamment pour feu Pierre Pollet, ancien curé de la paroisse ; Me François Duchesne, ancien bailli ; Marguerin Caben, ancien prieur de Saint-Auct ; Jacques Saint-Ouen, curé de Caudebec ; Jacques Pollet, procureur fiscal du duché ; Nicolas Capplet, orfèvre, de Rouen, etc.

Le nombre des associés est tellement considérable qu'on peut considérer ce registre comme l'*Annuaire* de la population catholique de la paroisse Saint-Jean pour l'année 1670, et annuaire très détaillé, car les familles y sont souvent complètes et l'on y trouve jusqu'aux noms de leurs domestiques, sociétaires eux-mêmes. Nous nous contenterons de relever quelques-uns de ces noms, que nous ne retrouverions peut-être pas ailleurs :

« Louis Hamon, officier de Son Altesse, et Marie Harenc, sa femme ; Me Richard, prêtre, religieux pénitent ; MMes François et Étienne, prêtres ; Louis et François Patallier, chapelain de la Charité ; Jean Hamon, prêtre clerc ; Jean Beaucousin, Louis Bucquet, Michel Boisguillaume, Pierre Sentier, Jacques Delacroix, tous prêtres ; Etienne Bénard, curé de Saint-Philbert ; frère Donat de Saint-Christ, jadis Bernard Letellier du Thuit-Anger ; Richard Tallon, ci-devant curé du Thuit-Simer ; Pierre Flavigny, curé de Chrétienville ; Hélie Bigot, curé d'Yville-sur-Seine ; Philippe Capplet, curé de Céré, etc. Si à ces prêtres et religieux on ajoute Nicolas Duchesne, curé, et Michel Le Sueur, vicaire, on trouve que le nombre des ecclésiastiques est de dix-neuf, dont la majeure partie habitait la paroisse Saint-Jean en 1670.

François Duchesne, bailli, Marguerite Vallet, sa femme, Charles, Nicolas et Marguerite, leurs enfants, faisaient également partie de la confrérie, ainsi que Jean Pollet, avocat à la cour, et Jacques Pollet, son fils, lieutenant au duché d'Elbeuf ; de même aussi Antoine Coullaré, sieur des Fontaines, damoiselle Descambos, sa femme et leur fille ; Ch. Carbon, verdier, Marie Chrestien, sa femme, et leurs deux filles ; Claude Heaulmey, greffier de Quatremare et sa femme ; Élisabeth du Manssel, fille du sieur du Busc ; une infinité d'autres, parmi lesquels plusieurs étaient entrés en 1614 et 1615.

Des paroissiens de Saint-Etienne étaient également affiliés à la Charité de Saint-Jean, et en quantité si grande que leurs noms couvrent seize pages du registre. Du nombre étaient M⁰ Robert Gosset, curé ; un autre Robert Gosset, chirurgien, la femme de celui-ci et leurs trois enfants.

A Caudebec, la confrérie de Charité de Saint-Jean avait un nombre plus considérable encore d'affiliés ; l'écrivain dut employer quarante-quatre pages pour les inscrire tous. Parmi ces habitants de Caudebec se trouvaient: Pierre Pollet, curé ; Simon Esloy, curé de Montaure ; Laurent Cauchoix et Marin Carbonnier, prêtres ; Jean Pollet, frère du curé ; Jacques de Beausse, fermier des forêts des Ifs et de Nonancourt, Marie Martel sa femme, et beaucoup d'autres.

Ce n'est pas tout ; le registre consacre quatre pages aux habitants de Martot faisant partie de la confrérie ; treize pages à ceux de Criquebeuf-sur-Seine, parmi lesquels nous trouvons dom Louis Le Marchand, curé du lieu et sous-prieur de l'abbaye de Bonport, et deux pages à ceux de Pont-de-l'Arche.

La Charité de Saint-Jean comptait aussi de fort nombreux sociétaires de l'autre côté de l'eau.

Il fallut quatorze pages pour enregistrer ceux de Saint-Aubin, parmi lesquels se trouvaient Guillaume Lair, le nouveau curé de la paroisse ; Pierre de Bessin, curé de Motteville; Louise de Campion ; les enfants de Pierre Maille, receveur des tailles, et Guillaume Maille, contrôleur des eaux et forêts de Pont-de-l'Arche.

Les sociétaires habitant Cléon remplissent de leurs noms seize pages du registre ; nous y voyons figurer Robert Herouët, curé de la paroisse.

Freneuse emploie huit pages, avec Jean Farin, curé, en tête, suivi d'Antoine de Pilère, prêtre.

Parmi les autres localités des environs, possédant des associés à la Charité de Saint-Jean d'Elbeuf, nous citerons : Saint-Pierre de Lierroult, avec Pierre Lemonnier, curé; Boscroger, avec Thomas Dossemont, écuyer, sieur de Siglas ; La Saussaye, avec Fossard, curé de Saint-Nicolas-du-Bosc-Asselin, Louis Bigot et Jacques Harel, chanoines de Saint-Louis ; Thuit-Anger, avec Brigitte de Nolent, veuve du sieur Doudemare ; Rouen, avec Marie Havard, veuve de Pierre Dennet, greffier de la vicomté de l'Eau ; Sotteville, avec Nicolas Le Cauchoix, architecte du roi ; Louviers, avec Adrien Laguet, prêtre.

Enfin, cette vaste confrérie, qui disposait de sommes importantes malgré la modicité des cotisations, avait encore des associés à

Saint-Cyr-la-Campagne, Pasquier, La Londe, Saint-Ouen du Thuit-Heudebert, Thuit-Signol, Bec-Thomas, La Harangère, Fouqueville, Vraiville, La Haye-Malherbe, Surtauville, Montaure, Tostes, Mandeville, Orival, La Bouille, Moulineaux, Le Val-de-la-Haye, Grand et Petit-Couronne, Oissel, Saint-Sever, Les Authieux-sur-le-Port Saint-Ouen, Poses, Amfreville-la-Campagne, Le Neubourg, Iville, Fontaine-la-Soret, Saint-Pierre-des-Cercueils, Tourville-la-Campagne, Crosville-la-Vieille, Marcouville, Thuit-Simer, Saint-Cyr-du-Vaudreuil, et même jusqu'à Paris, où habitaient les sociétaires Claude Legrand, « cocher de Son Altesse Madame », Claude Gesson, serviteur de la duchesse d'Elbeuf, et autres.

Il existait une singulière coutume à cette époque. Elle consistait à placarder, au moyen de colle de farine, une « enseigne » de chaque confrérie à la porte extérieure de toutes les maisons habitées par un ou plusieurs frères ou sœurs affiliés à cette même confrérie. On conçoit combien devait être considérable le tirage de ces enseignes ou « fréries ». Celle de la Charité de Saint-Jean d'Elbeuf, dont nous avons publié une reproduction tome II page 135, avait été tirée à 1.300 exemplaires, au prix total de 4 livres 8 sols, en 1655 ; des comptes publiés par M. Ch. de Beaurepaire, auxquels nous empruntons ces détails, nous apprenons également qu'en 1674, le tirage fut de 1.200, et que la Charité paya ce travail 4 livres 4 sols. A Rouen, certaines confréries de Charité tiraient leurs enseignes ou fréries jusqu'au nombre de plus de 4.000 exemplaires.

Quant à l'affichage à la porte des maisons, l'usage en cessa à Rouen avant le milieu du xviie siècle ; mais il était encore pratiqué à Saint-Etienne d'Elbeuf en l'année 1658. Plus tard, les confrères placardèrent ces gravures à l'intérieur de leurs habitations. Dans les derniers temps même, beaucoup les faisaient placer sous verre, dans un cadre, et il existe encore un grand nombre de ces images dans notre ville et aux environs.

Le 8 août 1670, « Jacques Bourdon, fils de feu Me Gilles Bourdon, vivant tabellion royal à Bethomas, ayant renoncé à la succession d'iceluy, mais heritier en quatriesme partie de Catherine Le Cerf... receut de h. h. Robert Flavigny, maistre brodeur, et un des brodeurs de Sa Majesté, demeurant au bourg d'Elbeuf, la somme de 254 livres pour le franchissement de sa quatriesme partie en principal et arrerages de la somme de 1.000 livres, pour la fieffe de la maison vulgairement nommée *la Rose*, sise en ce bourg, acquise par led. Flavigny ».

Robert Bourdon, avocat au Parlement, bailli de Routot, fut parrain à Saint-Jean, le 24 août.

Par contrat passé à Elbeuf, le 14 septembre, le procureur du chevalier d'Harcourt, abbé de Royaumont, donna son consentement pour l'exploitation, par deux associés, de la seigneurie de la Haye-Malherbe, appartenant à l'abbé, affermée pour le prix annuel de 840 livres, plus diverses conditions.

Plusieurs actes de cette époque nous apprennent que le prix d'apprentissage du métier de tisserand en drap variait de 27 à 35 livres, pour une durée d'un an. Quelquefois, l'apprenti recevait de l'ouvrier avec lequel il avait traité, une somme de 20 sols par chaîne.

Il y avait toujours pénurie d'ouvriers tapissiers, car les apprentis ne payaient que de 8 à 12 livres pour un an ; et encore le compagnon maître s'engageait-il à rétribuer l'apprenti, après un certain temps d'essai, à raison de cinq à sept sols par jour. Des maîtres tapissiers durent même aller recruter des apprentis dans les paroisses voisines, et les payer dès le jour de leur entrée en apprentissage.

Un des plus anciens actes concernant la corporation des drapiers d'Elbeuf, après les Règlements donnés par Colbert, est le suivant :

« Par sentence de M. le bailly du duché d'Elbeuf, le lundy 29 septembre 1670, rendue en la chambre du commerce de la draperie, en presence de M° Jacques Picquet, commis par Sa Majesté sur les manufactures de la generalité de Rouen, et des gardes et maistres du mestier de drapier et des autres maistres dudit mestier audit duché d'Elbeuf ;

« Après que visite a esté faite de plusieurs pièces de draps representées en ladite chambre de commerce par Louis de la Ruë, Jean Bizet, Jacques de la Ruë, Pierre Regnaut, Robert Boisselier le jeune et Michel Le Cerf, par eux faites fabriquer et iceulx draps trouvez bien fabriquez, conformément aux statuts ;

« Ont esté lesdits Louis et Jacques de la Ruë, Bizet, Regnaut, Boisselier et Le Cerf reçus maistres en la maistrise dudit mestier de drapier audit Elbeuf, et fait le serment en tel cas requis ;

« Et a esté ledit Louis de la Ruë eslu garde dudit mestier ».

Le 11 octobre, Etienne Gaillebert, marchand de chevaux, paroisse Saint-Jean, fonda une haute messe annuelle dans cette église, moyennant la somme de 100 livres à prendre sur la vente de ses meubles, qui devait se faire incessamment.

Le 23, à Elbeuf, « Denise Gosselin, dame et baronne de Saint Desir (Saint-Didier), espouse et procuratrice de Jean de Monstiers, baron de Boudeville, seigneur de Boscroger, bailla à ferme pour neuf ans à Jean Cartier, bourgeois de Rouen, la recette totale de la baronnie de Saint-Didier avec ses extensions sur Mandeville, Vraiville, le Becquet et Saint-Cyr, pour le prix annuel de 2.400 livres par an et diverses charges figurant au contrat.

Vers cette époque, Guillaume Scott, écuyer, sieur de la Mésangère, conseiller du roi, passa plusieurs actes devant les tabellions d'Elbeuf, qu'il faisait venir à cet effet à son château.

Le 13 décembre, Antoine Le Mercier, écuyer, sieur de Gruchet, capitaine des chasses du duc d'Elbeuf, fut parrain à Saint-Etienne, avec « damoiselle Charlotte d'Elbeuf ».

D'après M. Guilmeth, en 1670 et 1671, le maître de chaque bateau qui remontait la Seine un dimanche ou un jour de fête, était obligé, pour passer devant Elbeuf, de payer au trésor de l'église Saint-Jean une taxe, qui variait ordinairement de 3 à 58 sols.

Cette année-là, le bailli François Duchesne, prononça des condamnations contre plusieurs maîtres tapissiers, qui avaient débauché des compagnons pour les attirer dans leurs ateliers.

En cette année également, on mit en adjudication la ferme du duché d'Elbeuf, et l'on fit des réparations au moulin de Saint-Jean et à la prison ducale.

CHAPITRE XVIII
(1671-1673)

Charles III de Lorraine (*suite*). — Contrats divers. — Le chartrier ducal d'Elbeuf. — Le receveur du chapitre de la Saussaye. — La « Grande Maison » d'Elbeuf. — Une mission a Saint-Jean. — Le Père Eudes. — Deux faits extraordinaires. — Les Trois-Cornets. — La chapelle Sainte-Marguerite.

Nous n'avons recueilli que fort peu de faits locaux datant de l'année 1671.

Jacques Hamon, chanoine de la Saussaye, fut parrain à Saint-Jean, le 19 janvier, d'une fille de Jacques Pollet, lieutenant général du duché d'Elbeuf.

Le 1er avril, on baptisa, à Saint-Jean, Anne, fille de François Duchesne, bailli d'Elbeuf, et de Marguerite Vallet. Le parrain fut « François de Mansel, conseiller et aumosnier du Roy, abbé commendataire de l'abbaye de Nostre Dame d'Escurey, ordre de Cisteaux sieur du Busc et autres lieux ».

Le 20 mai, François Duchesne, bailli, fut parrain à Saint-Jean avec « damoiselle Charlotte d'Elbeuf, fille naturelle de feu monseigneur le duc ».

Le lendemain 24, on baptisa dans la même église une fille de « Charles Carbon, mareschal des logis general de l'artillerie, verdier des eaux et forests de Son Altesse, et de Marie Chrestien sa femme ». — A cette date, Pierre Vidame était chirurgien dans notre bourg.

Par acte passé devant Mᵉ Baudry, notaire à Paris, le 4 juillet 1671, Charles de Lorraine, duc d'Elbeuf, donna à Henri de Lorraine, son frère consanguin, la somme de 317.388 livres, due au donateur par la succession de Charles de Lorraine, son père, pour le reliquat de son compte de tutelle.

Cette année-là, à l'église Saint-Jean, « on fit faire le banc de l'œuvre, dont le tresor paya 14 livres pour la façon, et le sieur Jacques Bourdon, pour lors tresorier en charge, fit don des materiaux ». Ce banc ne dura que vingt ans, par suite d'un accident que nous rapporterons plus tard.

Jean Duchesne, écuyer, sieur des Monts, avocat à la Cour, bailli de Brionne, mourut à Elbeuf, le 4 janvier 1672, à l'âge de 69 ans, et fut inhumé dans le chœur de l'église Saint-Jean. Jean Hamon et François Patallier étaient prêtres de cette paroisse, et Michel Le Sueur, vicaire.

Le 15, à Elbeuf, Jean Vannier et Jacques Bourdon, tous deux curés de la Haye-du-Theil, signèrent un acte de donation en faveur du trésor de cette paroisse.

En ce même mois, Robert Flavigny constitua une rente, moyennant 200 livres, au trésor de Saint-Jean, représenté par Nicolas Duchesne, curé, et Nicolas Bourdon, procureur fiscal, Jacques Bourdon, Mathieu Hesbert et Jacques Divory, trésoriers.

Le duc d'Elbeuf, stipulé par Nicolas Bourdon, procureur fiscal, donna à bail, le 6 février, à Jacques Caben, de Caudebec, la recette de cette paroisse, moyennant 1.100 livres par an.

Sur le contrat de mariage, daté du 8 février 1672, entre Thomas Saint-Amand et Marie Paris, tous deux de la paroisse Saint-Etienne, il est stipulé que la cérémonie aura lieu « au plaisir de Dieu, en face de l'Eglise universelle » Le tabellion avait d'abord écrit « Eglise catholique », mais il ratura ce dernier mot. Un autre contrat de mariage, du 19 mai, entre Jean Deparry ou Paris, et Marthe Ferré, de la même paroisse, porte que « les solennitez accoustumez auront lieu en face de l'Esglize Crestienne ».

Le 21 février, « Joseph-Marie de la Houssaye, escuyer, sieur de Rougemontiers », vendit un labour sis paroisse Saint-Etienne, « dans le fond de la vallée de l'Espine, entre les deux costes de la forest des Monts le Comte ».

Un contrat signé à Elbeuf, le lendemain 22, a pour objet la vente d'une masure sise à Moulineaux, près le grand moulin, par « M° Charles Carbon, mareschal general des logis de l'artillerie de France, demeurant à Elbeuf », à Nicolas et Jean Lemonnier, frères, drapiers drapants.

Nicolas et Jean possédaient déjà des biens dans un assez grand nombre de paroisses des environs. Quelques jours après leur acquisition de Moulineaux, ils achetèrent un autre immeuble sis à Limbeuf, que leur vendirent Nicolas et Robert Flavigny, fils Nicolas.

Jeanne Pollet, femme d'Etienne Auvray, écuyer, sieur du Manoir, fille et héritière de feu Jean Pollet, lieutenant du duché, vendit à Thomas Lecointe, le 15 mars, plusieurs tènements de maisons sis dans la rue Saint-Jean actuelle, bornés d'un côté « par la ruelle Beaumont, d'un bout le pavé de Monseigneur et d'autre bout le chemin bornant les champs », c'est-à-dire la rue de Seine actuelle. — Le dimanche suivant, on fit lecture du contrat de vente à la sortie de la messe, devant Adrien Delacroix et Louis Pastallier, prêtres de Saint-Jean, et plusieurs autres.

Le 19 du même mois, Jean Lamy vendit aux Ursulines d'Elbeuf : un clos sis paroisse Saint-Etienne, au Mont-Rôty ; une masure de la même paroisse, au triège de la Croix-Féret ; une acre de terre sise en partie sur Saint-Jean et l'autre sur Saint-Etienne, au triège de la Justice, et une demi-acre de terre au triège des Traites.

Le 31, Madeleine Fosse fonda un obit moyennant 108 livres, en l'église Saint-Etienne, représentée par Robert Gosset, curé, Pierre Paris, Guillaume Divory, Jacques Bourdon et Thomas Cavelier, trésoriers.

Le 5 avril, « Messire François du Mansel, conseiller et ausmonier ordinaire du Roy, abbé commendataire de l'abbaye de Nostre Dame d'Escurey, ordre de Cisteaux, diocèse de Toul, sieur du Buc et autres lieux, demeurant en ladite abbaye », se trouvant à Elbeuf, donna à loyer à Antoine Bérenger, boulanger de la paroisse Saint-Jean, une pièce de terre sise au triège « du Camp en pot, près le triège des Trestes ».

L'abbé d'Escurey bailla à ferme, le même

jour, une propriété sise à Boscroger, et, quelques jours après, plusieurs propriétés situées à Caudebec, et une autre à Elbeuf au triège de la Fosse-Léonard.

La famille Bourdon comptait alors de nombreux membres. Le 18 avril, Nicolas Bourdon, procureur fiscal du duché, vendit à Jacques Bourdon fils Jacques fils Etienne, une maison sise à Elbeuf, bornée par Jacques Bourdon, curé de la Haye-du-Theil.

Charles de Lorraine étant en son bourg d'Elbeuf, le 7 mai, vendit à Jacques Bourdon fils Jacques fils Etienne plusieurs corps de bâtiments, cour et jardin, en un seul tenant, sis près la place du Coq, moyennant 4.000 livres, « de laquelle somme 200 livres sont demeurées es mains dud. sieur Bourdon pour estre incessamment employée à faire construire une chambre au lieu et bastiment de la geole ou ailleurs en tel autre endroit qu'il sera ordonné par mondit seigneur, pour y transporter et mettre les papiers et tiltres du duché, qui sont de present repostés dans l'un des appartements de ladite maison vendue... Et d'autant que tout ledit tenement de maisons est en voye de tomber en ruine, pour y obvier ledit Bourdon demeure permis d'y faire faire les réparations nécessaires même pour la rendre plus logeable..., changer le puids, faire advancer soubz l'avant saillie à la devanture sur la rue les boutiques qui y ont ouverture, pour les aggrandir jusques à la moityé de la largeur dudit dessous d'avant saillie... et y employer jusqu'à la somme de 1.500 livres dont il serait remboursé en cas de clameur..., suivant les acquits qu'il en representera, visés des sieurs bailly et procureur fiscal..., et auxquels pouvoir a esté donné de faire travailler incessamment des deniers cy dessus à la construction de ladite chambre pour servir de chartrier... » Témoins : Jacques-Marc-Antoine de Beaumer, chevalier, sieur de Chantelou ; Toussaint-François Chastellain, intendant du duc d'Elbeuf, lequel signa également le contrat de vente.

Le même jour, par un second acte, Charles de Lorraine permit à Nicolas Bourdon, son procureur fiscal, « de faire advancer sur la rue le bastiment qui lui appartient en partye, joignant la maison cy dessus vendue de la mesme largeur que sera l'avancement que doibt faire led. Bourdon cy-dessus dénommé..., en sorte que les boutiques desdites deux maisons se joignant seront aussy advancées et à droicte ligne l'une de l'autre, sans que aucun des vassaux de mondit seigneur y puisse former objection, parce que du prix convenable pour ladite permission, mondit seigneur a déclaré en estre deubment satisfait ». — Suivent les mêmes signatures.

Un des gardes du corps du duc Charles était Guillaume Lambert, originaire de la paroisse Saint-Jean. Dans un acte de cette même année, il est qualifié de sieur des Fontaines, garde des chasses du duc d'Elbeuf. Il acheta des terres sises à Saint-Pierre-du-Bosguérard.

Suit un extrait des registres du tabellionage du Bec-Thomas, à la date du 27 mai :

« Furent presents discrettes personnes Mes Berthelemy Hays, Antoine de Saint-Ouen, Jacques Harel, Louis Bigot, François Dagomer, Charles de Saint-Ouen, Pierre Auber et Jacques Hamon, tous prestres, doyen, chantre et chanoines, residents de present en l'eglise collegiale de Saint Louis de la Sausaye et capitulairement assemblés au son de la cloche en leur chapitre... »

L'assemblée bailla à ferme pour six années, à Robert Viel, avocat au Parlement, demeurant à Saint-Jean d'Elbeuf, toutes les dîmes appartenant au chapitre à lever en la paroisse de Boscroger, y compris les dîmes sur de nouvelles terres défrichées, moyennant le prix de 1.400 livres par an, plus 200 boisseaux de blé et 1.000 gerbes également par an à payer à l'ordre du chapitre à Elbeuf ou à la Saussaye... etc. L'obligation de fournir le vin pour la communion pascale et autres, que nous avons déjà relevées, figurent également à ce nouveau bail, qui fut signé par le doyen et les chanoines de la Saussaye.

Le 30 mai, « M° Nicolas Duchesne, prestre, curé de Saint-Jean, aiant une pension créée en cour de Rome de 800 livres par an, à prendre sur le benefice-cure de N.-D. de Caudebec, lequel, à la prière de M° Pierre Pollet, curé dudit Caudebec, de luy remettre une partie de lad. pension, attendu la vilité du prix des grains et autres considerations, a déclaré que pour la bonne amitié qu'il porte aud. sieur Pollet, curé, et par un acte de sa pure bonté et liberalité, il lui promet de se contenter à l'advenir de la somme de 450 livres par an, à quoy lad. pension demeure reduicte irrevocablement ».

Un contrat d'apprenti cordonnier-savetier de cette année porte que la durée d'apprentissage sera de deux ans. Nicolas Revel, le maître cordonnier, de la paroisse Sain-Etienne, promit nourrir, coucher et héberger le jeune homme pendant ce temps, moyennant 35 livres.

Année 1672

Le 11 juillet, on baptisa une fille de François Duchesne, bailli d'Elbeuf ; l'enfant eut pour parrain Jean Duchesne, écuyer, sieur de Beauchamp, fils de feu Jean Duchesne, bailli de Brionne, et pour marraine la fille de Henri du Hazé, écuyer.

Il y avait déjà au moins neuf ans qu'une autre association religieuse existait à Saint-Etienne, car un acte daté du 11 juillet 1672 porte que « M⁰ Louis Caumont, prestre, directeur de la Societté des Dames de Charité, erigée et establie en la paroisse de Saint Estienne d'Elbeuf », reconnut avoir reçu de Nicolas Bourdon, procureur fiscal, la somme de 140 livres pour le remboursement d'une partie de 10 livres de rente, constituée par Bourdon en faveur de cette société, le 16 mai 1663. — Témoin : Robert Gosset, curé de la paroisse.

Par contrat signé à Elbeuf, le 16, Jacques-Nicolas Colbert, « prieur et seigneur spirituel et temporel de Notre Dame de la Charité et abbé commendataire de l'abbaye du Bec Hellouin, stipulé par Jean Hamon; receveur general de lad. abbaye, demeurant à Rouen », bailla à ferme les dîmes du Gros-Theil, moyennant 1.400 liv. par an et diverses charges.

François du Mansel, abbé d'Escurey, signa de nouveaux contrats à Elbeuf en juillet, à propos de divers biens qu'il possédait à Caudebec, à Boscroger et à Elbeuf.

Une autre obligation concerne des bois provenant du parc de Calleville, que l'on était venu embarquer à Elbeuf, au quai de la Brigaudière, et dont un bourgeois d'Evreux se rendit acquéreur.

Nicolas Bourdon, procureur fiscal du duché, et la femme de Robert Gosset, apothicaire, de la paroisse Saint-Etienne, furent parrain et et marraine, à Saint-Jean, le 10 août, d'une fille de « Guillaume Lambert, sieur des Fontaines, garde de Son Altesse ». — Le même jour, en la même paroisse, Georges Puchot, sieur d'Amfreville, fils de Charles Puchot, sieur du Plessis, conseiller au Parlement, tint également un enfant sur les fonts baptismaux.

Le 17 septembre, devant les tabellions d'Elbeuf, « François Nicolle, peintre, natif de Louviers, à present demeurant en la ville de Rouen, parroisse Saint-Maclou, rue de la Miette, estant en ce bourg, lequel a plegé et contreplegé, plège et contreplège la personne de h. h. Robert Flavigny, maistre brodeur, demeurant aud. bourg d'Elbeuf..., pour M⁰ Jean Hamon, advocat au grand conseil du Roy, demeurant aud. Elbeuf, de la somme de trois cents livres tn. » — Suit la signature de François Nicolle, que nous croyons être le fils de Jean Nicolle, artiste de mérite, qui avait peint six tableaux pour l'église de la Croix-Saint-Leufroy, de 1630 à 1650.

Le 23 du même mois, devant M⁰ Pierre Harenc, tabellion au Bec-Thomas, et Louis Lechartier, greffier du marquisat du même lieu, MM⁰ˢ Barthélemy Hays, doyen, Antoine de Saint-Ouen, chantre, Jacques Harel, Louis Bigot, François Dagomer, Pierre Aubert, et Jacques Hamon, tous chanoines de la Saussaye, nommèrent leur collègue Charles de Saint-Ouen, résidant comme eux en la collégiale de Saint-Louis, leur procureur pour six années, pour «recepvoir tout le revenu general qui appartient auxdits sieurs chanoynes, chapitre et thresor, chapelles Saint Jean et Saint Michel et enfans du chœur de ladite eglise,

Année 1672

consistant en rentes foncières, sieurialles et hypothecques, fermages et dixmes..., reservé seulement les gros des prebendes des chanoynes, qui seront receubs par ceux auxquels ils appartiennent, mais receubvra les gros qui leur sont deubs sur la prevosté du duché d'Ellebeuf et M^r le baron du Bourgtheroulde..., et en payera lesdits sieurs chanoynes après chacun terme escheu ; reservé aussi le revenu du fermage de la dixme du Boscroger, tant en argent qu'en bled, que lesdits sieurs chanoynes recepvront par leurs mains... Si par ordre du chapitre il se fait un repas, les deniers et despenses dudit repas seront payés des deniers dudit chapitre ».

Le procureur « ne pourra mettre aucuns deniers en reprise à raison de l'insuffisance et pauvreté des obligés des rentes..., sera subjet de poursuivre tous les procedes qui seront intentés à ses despens pour lesdits chapitres, tresor, chapelles et enfans du chœur... Item sera tenu de faire revalider toutes les rentes appartenant au chapitre, thresor, chapelles et enfans de chœur... Item sera tenu de faire un papier journal contenant nouveaux bouts et costés et trièges des heritages obligés aux rentes et les noms des obligés... Item ledit recepveur communiquera et fera entendre au chapitre les affaires qui se presenteront, tous les moys un jour, et sera subjet de garder les ordonnances dudit chapitre pour le fait des deniers qui seront arrestés en ses mains.

« Item ledit recepveur payera lesd. sieurs chanoynes, chappelains et autres personnes habituées en ladite esglise, en leurs maisons, huict jours après le moys escheu... Item led. recepveur payera toutes les mises qui se feront pour led. chapitre... Item payera et portera les dixmes aux recepveurs establis par le Roy à ses despens et rabattra les deniers des dites dixmes à chacun desd. sieurs du chapitre...

« Et pour les gages, peines et vacations dudit de Saint-Ouen... il aura la somme de 300 livres tournois par an, outre les droits des vins et vinages des fermages des dixmes et terres qui seront baillées pendant le present bail... Le present passé presence de Vincent Morisse et Nicolas de Saint Ouen, chapelain en ladite esglise, M° Louis de Saint Ouen, sergent du Bec-Thomas, père dudit Saint-Ouen procureur et recepveur ».

Le 7 octobre, étant à son lit de mort, Jeanne Carré, veuve de Jean Flavigny, chirurgien, fonda un obit en l'église Saint-Jean, moyennant une donation de 80 fr. faite au trésor. — Elle laissait un fils, Jean Flavigny, qui exerçait aussi la chirurgie. — Noël Jouanne était également chirurgien à Elbeuf à cette époque.

Un acte de vente, daté du 18, concerne « Robert Flavigny, maistre brodeur du Roy, demeurant paroisse Saint Jean ». — Un autre, du même mois, « Louis Hamon, officier de Son Altesse monseigneur le duc d'Elbeuf ». — Enfin, dans un troisième, est cité Louis de Martel, écuyer du duc d'Elbeuf; il habitait Saint-Pierre-de-Lierroult.

Le 1er décembre, Michel Dubosc, arpenteur royal juré des Eaux et forêts, demeurant à Elbeuf, reçut l'ordre du bailli de se transporter « à la limite de la forêt des Monts-le-Comte, proche et aux environs du manoir de la Saussaye, où il reassit trois bornes en remplacement de trois autres, detruites par les gelées, qui avoient esté posées le 8 juillet 1669 », et sous chacune desquelles il avait placé un tuileau portant son nom et sa signature.

Le 17, « François Dupont, bourgeois de Rouen, fils et heritier par benefice d'inventaire de feu Mͤ Mathieu Dupont, en son vivant vicomte de Briosne », vendit une pièce de terre sise à Caudebec.

Des actes de cette année mentionnent ou concernent : Guillaume Cavé, prêtre aux Essarts ; Michel Le Sueur, vicaire de Saint-Jean, et Claude Le Sueur, vicaire de Saint-Aubin, parents ; Thomas Piédeloup et Jean Dupont fils Jean, tapissiers, paroisse Saint-Jean ; Michel Dugard, teinturier à Elbeuf ; Richard Boisselier, tapissier, paroisse Saint-Etienne ; Abraham Lefebvre, chirurgien, paroisse Saint-Jean.

Vers cette époque, le duc d'Elbeuf intervint dans un débat qui était survenu entre les chanoines de la Saussaye et leur doyen au sujet de la célébration des offices religieux. Le différend fut même porté devant le bailliage de Pont-de-l'Arche. Les Archives de l'Eure conservent plusieurs pièces de ce procès, qui dura environ dix ans et ne prit fin que vers 1680.

On trouve dans les comptes de l'ancienne paroisse Saint-Jean, de Rouen, que, vers 1672, il fut payé au sieur Pierre Flavigny, brodeur à Elbeuf, pour les orfrois et chaperon d'une chape en fond jaune, suivant marché fait avec lui, la somme de 200 livres. On y voit également qu'il fut payé aux sieurs Flavigny père et fils, maîtres brodeurs à Elbeuf, une somme de 411 livres, pour le marché de deux orfrois.

Le 23 février 1673, Jean Regnault, receveur de la seigneurie de la Haye-du-Theil, appartenant au duc d'Elbeuf, se trouvait en notre bourg, où il bailla à ferme à François Quesné, du Theillement, le tabellionage de Boissey-le-Châtel, moyennant 36 livres par an.

Ce fut en cette année que Nicolas Lemonnier fit bâtir « la grande maison » dont ont parlé plusieurs auteurs, en la confondant avec le château ducal d'Elbeuf. Cette « grande maison » n'était qu'une fabrique, peut être avec logements pour le propriétaire et sa famille. Elle fut achetée plus tard par un duc d'Elbeuf qui, après l'avoir un moment habitée, la fit démolir pour construire le château que l'on voit encore actuellement, lequel est partiellement bâti sur l'emplacement de cette « grande maison ».

Louis Caumont, prêtre à Saint-Etienne était administrateur de l'hôpital, et, en cette qualité, fit revalider, le 18 avril, neuf contrats passés antérieurement en faveur de cet établissement, dont un concernait les Ursulines et un autre la maison « où pendoit ansiennement *les Maillets* ».

Michel Dugard, qui nous paraît avoir été un des principaux teinturiers de notre bourg, n'était pas riche, car nous le voyons compter, le 25 du même mois, avec Guillaume Boissel, maître tapissier, et, reconnaissant qu'il redevait à celui-ci 150 livres, trop payées sur des travaux de teinture, abandonner à Boissel ses droits sur une succession. Par le même acte, Boissel transporta son droit à André Lemonnier, autre maître teinturier, qui, au contraire de Dugard, faisait de bonnes affaires. — Michel Dugard mourut en juin suivant ; ses héritiers renoncèrent à sa succession.

Quant à André Lemonnier, parent des fabricants protestants de ce nom, il était catholique, car son fils Thomas se maria en juin, de la fille de Charles Leguay, « blanchœuvre », à l'église Saint-Etienne.

Thomas reçut 800 livres de son père « pour luy aider à s'establir au mestier et négoce de tapissier », dont 600 en argent et 200 « dont ledit André Lemonnier promist de teindre en laines au commencement du négoce de son fils ». La future apportait 300 livres et un trousseau ; son père promit, en outre, de donner 50 autres livres à la naissance du premier enfant des jeunes époux. André Lemonnier ne voulut pas être en reste, il donna à son fils « trois mestiers à tapissier, un de sept quarts, un de cinq et l'autre d'une aulne, fournis de navettes ».

Dans son aveu au roi, daté du 4 mai 1673, François Le Cordier de Bigars, marquis de la Londe, dit avoir le droit de présentation aux chapelles de Saint-Auct et Saint-Félix et de Sainte-Marguerite d'Orival-Elbeuf, et rappelle qu'il a le droit de faire tenir séance devant le presbytère de l'église Saint-Etienne d'Elbeuf, le long du mur, que son sergent de Saint-Auct doit garnir de feuillages. Il mentionne également ses droits sur plusieurs carrières d'Elbeuf.

C'était à tort que Le Cordier de Bigars disait avoir droit de présentation aux deux chapelles mentionnées ci-dessus, car les ducs d'Elbeuf continuèrent à y présenter, ainsi que nous le verrons par la suite.

Ce même jour 4 mai, mourut Jean Hamon, avocat au grand Conseil, âgé de 41 ans ; il fut inhumé dans l'église Saint-Jean.

Le 8 juin, une mission fut commencée dans

l'église Saint-Jean par le célèbre Eudes, fondateur de l'ordre des Eudistes, et frère du non moins célèbre Eudes de Mezerai, l'un de nos meilleurs historiens de France. Cette mission fut marquée par des faits que le Père Eudes consigna de sa main sur le journal de sa congrégation, et que nous reproduisons textuellement :

« En l'année 1673, nous fîmes une mission à Elbeuf, au diocèse d'Evreux, par l'ordre de Monseigneur d'Evreux, qui fut defrayée partie par l'ordre de mondit seigneur, partie par M^r le curé d'Elbeuf (M. Duchesne) et par M^r Le Sueur, son vicaire. Il arriva deux choses extraordinaires dans cette mission.

« La première au quatrième jour de la mission, onzième jour de juin. Comme je me disposais à monter en chaire pour prêcher, voilà un épouvantable coup de tonnerre qui remplit tous les cœurs d'une étrange frayeur et qui tomba dans l'église, où il laissa des marques de sa violence partout et même au grand autel, mais il ne tomba point à l'autel de la Sainte-Vierge, dont plusieurs attribuèrent la cause à la dédicace qui avoit été faite dès les premiers jours de la mission en l'honneur de son très saint cœur.

« Il brisa deux petites colonnes de pierre qui étoient des deux côtés d'une image en bosse de la même vierge, laquelle est sur une petite porte de l'église, par laquelle on entre dans la nef ».

François Dupont ajoute, par parenthèse, à ce récit que la porte dont il s'agissait, démolie en 1774, était « sous la quatrième vitre laté-
« rale de la chapelle de la Vierge et qui est
« aujourd'huy (1782) sous la troisième, étoit

« appelée la porte de Notre-Dame de Pitié, à
« cause de cette image qui étoit au-dessus et
« que l'on a replacée, dans une niche faite
« exprès, dans le vieux pilier butant, depuis
« la reconstruction ». — Nous revenons au
tonnerre et aux malheurs qu'il causa d'après
le récit du Père Eudes :

« Il frappa un prestre qu'on emporta demi-
mort et dont on trouva la chemise en feu,
quoi qu'il n'en parut rien au dehors. L'usage
de la raison, qu'il avait perdu, lui étant revenu,
il se confessa, reçut tous les sacremens et
mourut chrétiennement. Le tonnerre ne tua
que ce prestre, mais blessa plusieurs personnes, entre autre une qui n'etoit pas des plus
modestement posées.

« La seconde chose qui arriva en cette mission fut ce que je vas dire.

« Le deuxième jour de juillet, ayant fait
une prédication sur la sainte Vierge, comme
je commençais à la fin de parler contre le vice
qui est incompatible avec la devotion à la reine
des vierges, voilà que tout le monde commence
à entendre, sur la voûte de l'église, comme un
coup de tonnerre effroyable, et quoique le
temps fut serein et sans aucun nuage.

« On crut neanmoins d'abord que c'estoit le
tonnerre, mais comme l'on fit reflection qu'il
duroit longtemps, c'est-à-dire pendant l'espace
d'un *Miserere* ou environ et qu'il étoit sur la
voute de l'eglise, on crut qu'elle s'ouvroit,
qu'elle alloit écrouler et que tout le monde
alloit estre ecrasé.

« Alors vous eussiez vu une desolation la
plus grande du monde. Toute l'eglise reten-
tissoit de cris, de pleurs, de gemissemens et
lamentations pitoyables.

« Les uns crioient misericorde, les autres appelloient la sainte Vierge et les saints à leur secours ; les uns se prosternoient sur terre, les autres se jetoient aux pieds des prestres proches desquels ils se rencontroient, les suppliant de leur donner l'absolution de leurs péchés.

« Enfin le bruit ayant cessé, chacun se retira plus mort que vif. Pour moi, je me mis à genoux dans la chaire pour adorer la divine justice, et faire ce que je devois faire pour mes auditeurs et pour moi.

« On n'a point sceu au certain quelle fut la cause de cet accident, car sitot qu'il fut cessé, on alla promptement sur la voute ; mais on n'y trouva rien du tout.

« Tout le monde a pourtant jugé que c'etoit un effet de la rage du démon contre la mission ; mais la confusion lui en demeura, car Dieu se servit de ces deux coups de tonnerre pour amolir les cœurs endurcis, et pour les disposer à recevoir la grâce de la mission dont les fruits furent très grands... »

François Dupont ajoute : « Ces deux événements extraordinaires firent un tel effet sur les esprits que la mémoire s'en est conservée jusqu'à ce jour. M. l'abbé Béranger, mort depuis deux ans à l'âge de 93 ans, a dit que sa mère, qui étoit présente, les lui avoit contés plusieurs fois. Mlle Prevost, qui vient de mourir en cette année 1782, a dit que le prêtre qui fut frappé du coup de tonnerre s'appeloit Prevost et étoit de sa famille. Ce même fait est consigné dans les registres de l'année 1673 de la paroisse de Caudebec ».

François Dupont commenta ainsi le dernier fait :

« M. Beurier, de la même congrégation dont M. Eudes a été le fondateur, prêchant une retraite dans l'église de Saint Jean, en 1678, a dit que toutes les fois que le Père Eudes avoit traité la même matière en différents endroits, pareil événement lui etoit arrivé, et que le demon en etoit l'auteur.

« Pour moi, j'avouerai que cet évenement, dont les petits enfants de nos pères qui y etoient presents parlent encore, me paroit des plus extraordinaires. La cause de cet horrible tintamarre sur les voûtes ne peut être attribuée à la malice de quelques particuliers puisque :

« 1º dans le moment où le bruit cessa, on se transporta sur les voûtes et qu'on n'y trouva ni remarqua rien, et qu'il n'y avoit pas plus qu'aujourd'hui d'autre issue pour s'evader que l'escalier qui etoit pour lors hors de l'eglise, mais à la porte. Que certainement, dans ce moment de frayeur, ceux qui etoient dans l'eglise et les plus voisins de la porte, en profitèrent pour sortir promptement et auroient dû voir descendre des voûtes et fuir les auteurs du bruit.

« 2º Ce ne pouvoit être un coup de tonnerre puisque le tintamarre dura l'espace d'un *Miserere*, et que si c'eût été réellement l'effet du tonnerre, certainement le bruit horrible qui en resulta n'auroit pas été concentré dans l'eglise seulement : il auroit été par toute la ville et les environs. Or, il y avoit pour lors deux dixièmes des habitans qui professoient la religion pretendue reformée, qui auroient bien su reduire à sa juste valeur cet evenement regardé comme surnaturel ».

Le Père Eudes était né en basse Normandie

en 1601. En 1640, devenu supérieur des Oratoriens de Caen, il avait formé le difficile projet de réformer les mœurs du clergé, car une licence épouvantable s'était introduite dans les couvents ; dans de nombreuses localités même, les prêtres séculiers se livraient aux plus scandaleux désordres et, par suite, perdaient toute autorité sur leurs paroissiens.

Jean Eudes résolut donc de créer une nouvelle congrégation pour rallumer la vertu dans les villes et les campagnes. Aidé d'abord dans cette entreprise par les Oratoriens, il fut ensuite persécuté par eux et par quelques évêques. Il faut convenir que son zèle trop ardent et peu discret, dit-on, donna au moins quelque apparence de raison aux attaques dont il fut l'objet. Néanmoins quand il mourut, il eut la satisfaction de voir son institution en pleine prospérité, et une amélioration notable dans les mœurs du clergé.

Thomas Delaquaize, boulanger, de la paroisse Saint-Jean, prit Jacques Caben comme apprenti, le 20 juin. Le jeune homme s'engageait à rester trois ans chez son maître et à payer 50 livres à celui-ci, qui, par contre, devrait nourrir Caben et lui fournir « trois paires de semelles et neuf paires de chausses d'estame ou autres de bonne estoffe, pendant ledit temps de trois ans ».

Le 21, on inhuma dans le chœur de l'église Saint-Jean Mᵉ Guillaume Dugard, prêtre, âgé de 34 ans, décédé la veille. — Nous trouvons quelques jours après le nom de Louis Bucquet, prêtre de la même paroisse.

C'est vers cette époque que l'on commença, à Elbeuf, à donner deux prénoms aux nouveaux-nés. Nous en trouvons deux exemples sur les registres de Saint-Etienne de l'année 1673 : Jean-Charles Dupont et Marie-Charlotte Tassel.

De nouvelles plaintes contre les chanoines de La Saussaye ayant été portées à l'évêque d'Evreux, celui-ci se rendit à la collégiale le 26 juin ; mais, sans doute pour éviter un scandale, le prélat ne sévit point.

Le 6 juillet, « reverend Père Dom Adrien Paulmier, prestre », un des religieux de l'abbaye du Bec-Hellouin et porteur de leur procuration, vint à Elbeuf, où il bailla à ferme pour trois années, à Pierre Viard, laboureur à Thuit-Anger, les grosses dîmes de cette paroisse, moyennant 160 livres par an. Témoin : Simon Drouard, curé de Thuit-Anger.

Le 11, Louis de Martel, écuyer du duc d'Elbeuf, et Louis de Hesbert, écuyer, sieur de la Garenne, demeurant à Caudebec, reconnurent que « le don faict aud. sieur de la Garenne par le Roy, de la succession revenant à Sa Majesté à droit de desherence de Anne Duhamel, de Rouen, auquel don ledit sieur de la Garenne avoit associé verbalement led. sieur de Martel, a été par eux cedé à... Marpelé, president de l'eslection de Caudebec (en Caux) par le prix et somme de 1.350 livres, dont ledit sieur de Martel a receu 675 livres... »

Le 18 de ce même mois, Pierre Chrestien, conseiller à la table de marbre du Palais à Rouen, donna à loyer à Jean Marc, de Saint-Jean d'Elbeuf « une masure close et bastie vulgairement appelée les Trois Cornets, à la reserve du principal corps de logis, qui est un pavillon qui demeurera en son entier reservé par led. sieur Chrestien, avec la liberté de mettre son cheval, lorsqu'il viendra en ce bourg, dans les escuries, de faire nourrir aussy dans lad. masure quelques canards et autres volailles pour sa nécessité ; demeure encore reservé la moityé de la grange pour l'occuper ainsi qu'il verra bon ; aura aussy à son profict les palissades d'autour du jardin et les nains en bouquet (arbres à fruits en espalier et autres greffés en pied maintenus à basse tige), avec les deux parterres estant à la devanture dudit pavillon ; à la reserve encor d'un pommier de rainettes rousses, deux ceriziers et d'un noyer estant près la porte...

« Pareillement faict bail audit Marc d'un clos estant viz à vis du potuis du sieur Chrestien, de l'autre costé de la rue qui tend à la vallée de la Saussaye (la rue des Trois-Cornets)... ; ledit sieur Chrestien retient les palissades et nains en bouquet... ; à la charge par le preneur de les tailler à ses frais chacun an... d'eschalarder, tailler et reprovigner bien et deuement la vigne estant dans ledit clos... » Le bail fut consenti moyennant 140 livres par an, plus diverses autres conditions non mentionnées ci-dessus. — Voilà ce qu'étaient les Trois-Cornets, en 1673.

Le 2 avril, Richard Boisselier, maître tapissier, et Michel Leignet, teinturier, s'associèrent « pour faire le negoce de teincture de draps, droguets, laisnes et autres marchandizes, et se submirent de contribuer chacun par esgale portion à toutes les advances pour avoir les ustenciles, drogues et marchandizes propres audit mestier, payer les compagnons qui travailleront soubz eux et le fermage de la maison où ils fairont ledit mestier de teinture ». — **La durée de la société fut fixée à quatre ans.**

Pierre Boissel, bourgeois, était alors emprisonné pour 20 livres des deniers de la taille qu'il n'avait pu rendre. Pierre Grandin, son beau-frère, paya cette somme, et Boissel fut rendu à la liberté.

A cette même époque, André Lemonnier, teinturier, poursuivait Nicolas Maille, maître tapissier, qui lui devait 400 livres pour travail de teinture. Un arrangement survint le 9 août.

Le 21, « devant le tabellion de la haute justice d'Elbeuf, fuct presente trais puissante princesse madame Elisabet de la Tour d'Auvergne, espouze de trais illustre prince monseigneur Charles de Loraaine, duc d'Elbeuf, pair de France, gouverneur et lieutenant general pour le Roy aux provinces de Picardye, Artois, Boullonnois, costes de Haynault et des ville et citadelle de Montreuil sur Mer, comte de Rieux, Lillebonne et autres lieux, stipullé par Me Toussaint-François Chastellain, son intendant... » Il s'agissait de l'affermage, à Guillaume Fréret, sergent de l'Eau d'Elbeuf, demeurant à Freneuse, de la recette des fiefs de Saint-Gilles, Cléon et la Heuse, dépendant du duché, moyennant 130 livres par an et diverses conditions figurant au contrat.

Il y avait alors procès entre « Germain Telée, facteur de bois sur le quay de la Brigaudière, et François Dugard, maistre tapissier, de la paroisse Saint Estienne », au sujet d'une maison sise au triège du Mont-Roty.

Nous avons publié dans notre notice sur Orival de nombreux actes concernant l'ancienne maladrerie d'Elbeuf-Orival, qui nous ont dispensé de les mentionner dans ce présent travail. En voici un autre, que nous ne possédions pas alors ; il porte la date du 8 octobre 1673 :

« Nicolas Bourdon, procureur fiscal du duché d'Elbeuf prist à ferme par continuation et pour six années, de messire Charles Marchand, escuyer, sieur de la Motte et Champ..., conseiller et ausmonier de S. A. monseigneur le prince, et prieur de la chappelle Sainte Margueritte lez Elbeuf, c'est asçavoir les terres en pré et labeur au nombre de quatorze vergées faisant le revenu temporel de lad. chappelle..., tant aux charges portées aux anciens baux, qui sont de faire dire et celebrer tout le service ordinaire de lad. chappelle, payer les decimes ordinaires..., fournir jusques à 20 sols par an pour employer aux menues reparations, que pour le prix et somme de 50 livres de ferme par chacun an... »

L'acte suivant est daté du 10 octobre de cette même année 1673 :

« Il a esté arresté entre M. le curé de Saint Jean d'Elbeuf, ayant fait saisir les meubles de Mᵉ Thomas Bourdon pour recouvrer le payement de 2.100 livres restant deubz pour la dixme de la bourgeoisie dud. Elbeuf, que ledit sieur curé avec Mʳ le curé de Caudebec avoit baillé à ferme audit sieur Bourdon, Louis Dugard et Thomas Delacroix, le 7 juillet 1669... que, en consideration que lesdits preneurs ont dit avoir souffert sur le provenu de ladite ferme, ledit sieur curé leur a fait vollontairement remise et s'est contenté de la somme de 1.700 livres pour payement... » — Bourdon transporta au curé une rente de 78 livres pour s'acquitter.

Par acte passé à Elbeuf, le 3 novembre, Henri de Campion, écuyer, seigneur de Limare, agissant comme tuteur des enfants de feu Nicolas de Campion, seigneur du Montpoignant et obéissant à une sommation de Louis Lechartier, sieur de Saint Pierre-des-Cercueils et bourgeois de Rouen, ayant auparavant vendu la terre de Saint-Pierre à feu Nicolas de Montpoignant, signa un arrangement avec Louis Lechartier.

A cette époque, Jean Lechartier, seigneur de Portpinché, à Saint-Pierre, demeurait à Rouen, rue Coignebert.

Un acte de fondation à Saint-Jean, daté du 22 décembre, est assez intéressant par ses détails :

Nicolas Duchesne, curé, Jacques Divory, Mathieu Hesbert, Nicolas Flavigny et Nicolas Lesage, trésoriers en charge, traitèrent avec Nicolas Bourdon, avocat à la Cour de Rouen et procureur fiscal du duché d'Elbeuf, et Elisabeth Pollet, sa femme, et convinrent qu'il serait dit chaque année vingt-neuf messes basses à l'intention de ces derniers.

Bourdon ferait choix parmi les six prêtres habitués de Saint-Jean pour célébrer ces messes. En plus, un office solennel serait célébré, le 8 février, avec premières vêpres, matines, grand'messe, procession, secondes vêpres et salut ; « les chapiers seront tous revêtus des plus beaux appareils, avec ornements, son d'orgues et de grosses cloches en vol et en carillon, avec encensements... ; pendant la procession le sieur curé tiendra l'image de la Vierge en main, et seront chantées les litanies à double responds, le premier par les choristes et le second par le reste du clergé et le peuple... » Cette fondation fut faite moyennant une rente de 36 livres, avec faculté de rachat au denier dix-huit, prix autorisé par le roi.

Les Archives de l'Eure conservent une déclaration des fiefs et colombiers existant dans l'étendue de la paroisse de Mandeville et appartenant au duc d'Elbeuf, au chapitre cathédral de Rouen, à Mademoiselle Anne de Nollent et à Pierre Bigot, écuyer, sieur des Pasquets.

Des actes de cette année 1673 sont signés des noms suivants : Jean Dupont fils Jean, tapissier, paroisse de Saint-Etienne ; Jacques Dupont fils Pierre et Jean Osmont, tous deux boulangers en notre bourg ; Nicolas Féré, marchand mercier, et Nicolas Lucas, échopier, tous deux de la paroisse Saint-Jean. — César Paris, tapissier de la paroisse Saint-Etienne, ne savait pas signer son nom, tandis que le protestant Paris avait une fort belle écriture.

CHAPITRE XIX
(1674-1675)

Charles III de Lorraine *(suite)*. — Corporations professionnelles elbeuviennes. — Introduction des premiers métiers « a la tire ». — Inhumations dans les églises. — Un autre député d'Elbeuf. — Le jeune Henri de Lorraine et son oncle Turenne. — Les dimes de Saint-Jean et de Saint-Etienne. — Une liste d'Elbeuviens.

Un bail, daté du 13 janvier 1674, nous fait connaître le degré de parenté de plusieurs membres des familles Lecointe et Lemonnier, qui étaient alors à la tête de l'industrie drapière elbeuvienne : « Anne Lemonnier, veuve d'André Lecointe ; Thomas, André, Jean et Charles Lecointe tous frères et fils dudit feu sieur Lecointe ».

Par acte passé le 23 février, devant M⁰ Robert Bourdon, tabellion royal du Bec-Thomas, et Jean Ferré, sergent royal au duché d'Elbeuf, pris pour adjoint, « damoiselle Catherine Durand, de Manneville, transporta une somme de mil livres à damoiselle Catherine Marguerite du Chesne, sa filleule, stipulée par François du Chesne, escuier, sieur des

Monts, bailly d'Elbeuf ». Cette somme, dot de la jeune Catherine-Marguerite, avait été mise aux mains de feu Jean Duchesne, écuyer, sieur des Chasteliers, bailli du duché, père de François Duchesne « à promesse de la rendre par damoiselle Catherine de Plasnes, mère de ladite damoiselle Durand, suivant acte du 11 mars 1638... »

Le 11 mars, Jacques Divory, en qualité de trésorier de Saint-Jean, bailla à ferme plusieurs pièces en labour, sises au triège des Terres le Roy, dit aussi du Maurepas ; l'une d'elles était bornée par le chemin tendant au Pont-de-l'Arche, c'est-à-dire la rue de la Porte-Rouge ou celle des Champs.

Le 31, Barbe Mansel fille Nicolas donna une rente de 4 livres 15 sols 3 deniers au trésor de Saint-Jean, stipulé par « noble et discrette personne Nicolas Duchesne, prestre, curé de lad. paroisse, Jacques Divory, Mathieu Hesbert, Nicolas Flavigny le jeune et Nicolas Lesage, tresoriers ». Cette donation faite pour la fondation de quatre messes basses par chaque année et diverses prières pour le repos de l'âme de la fondatrice.

Le 18 mai, Louis Hesbert fils Mathieu fonda une haute messe à Saint-Jean, moyennant 150 livres payées comptant.

Le 29, Marie Turgis, veuve de Michel Malapert, de Rouen, constitua 40 livres de rente au couvent des Ursulines d'Elbeuf, où était religieuse sa fille Anne, dite de Sainte-Agathe.

— A cette époque, Geneviève Mulot dite de Saint-Bernard était supérieure du couvent ; Marie Maille de Sainte-Ursule, assistante, Elisabeth Duchesne de Saint-François, zélatrice ; Catherine Le Féron de Jésus, dépositaire, et Charlotte Le Féron de Sainte-Marie, simple sœur.

Le 5 juin, à l'instance du procureur général du roi, Nicolas Lucas, huissier, saisit une partie des revenus temporels des Ursulines d'Elbeuf, faute par elles d'en avoir baillé déclaration au roi. Elles adressèrent une requête pour que ces revenus leur fussent rendus, et, le 14 décembre suivant, la Chambre des comptes leur accorda main-levée.

Par acte passé à Elbeuf, le 14 juin, Gabriel Baillehache, curé de Boscroger, cautionna un laboureur de cette paroisse que François du Mansel, aumônier du roi, abbé commendataire d'Escurey, alors à Elbeuf, allait faire saisir.

Le lendemain, Catherine Paris, veuve de Michel Bonnamy, fonda une haute messe à Saint-Etienne. La fabrique était représentée par Robert Godet, curé, Laurent Lemonnier, Jean Boissel, Pierre Lesueur et Pierre Saint-Amand, trésoriers en charge.

Le 28, Laurent Martel, greffier de la ville d'Evreux, fondé de pouvoirs de l'abbaye de Saint-Taurin, vint à Elbeuf, où il bailla à ferme à Jacques Caben, receveur de Caudebec, les grosses dîmes appartenant à l'abbaye dans l'étendue des paroisses de Caudebec, Saint-Jean et Saint-Etienne d'Elbeuf, moyennant 400 livres pour l'année courante.

Le même jour, Laurent Martel, qui s'était précédemment rendu adjudicataire des « dixmes entières de Caudebec » rétrocéda ses droits à Caben, moyennant 1.300 livres pour l'année en cours.

Le 16 juillet, Jean Haudard, bourgeois de Rouen, fermier des moulins, coutume et prévôté d'Elbeuf, rétrocéda son bail à Yves Delacroix, de la paroisse Saint-Jean. — Robert Flavigny était alors principal collecteur des deniers de la taille pour cette paroisse.

Dans une vente de biens, situés paroisse Saint-Etienne, faite par Pierre Bonamy, sont mentionnés le clos et la côte des Vignes, la cavée de Saint-Auct, la côte Berthelot et la carrière Mulot.

On pourrait estimer approximativement l'importance de notre bourg, à cette époque, par le nombre des membres de plusieurs corporations, autres que celles de la draperie et de la tapisserie.

Par exemple, il y avait à Elbeuf quatre maîtres dinandiers : Moïse Leprévost, Nicolas Laurent, Jacques Lefrançois et Gilles Dubreuil. Ces quatre négociants avaient la meilleure partie de leur clientèle parmi les laboureurs des vingt ou trente paroisses des environs qui apportaient leurs grains à notre halle. Ces marchands, que nous désignons de nos jours sous le nom de quincailliers, étaient érigés en corporation, dont le garde, nommé le 1er septembre pour l'année à venir, fut Moïse Leprévost.

Nous avons déjà parlé des cordonniers et nous y reviendrons encore. En 1674, Nicolas Deshayes, Pierre Delaporte, Pierre Dumouchel, Pierre Périer et Georges Leriche, maîtres cordonniers, nommèrent Pierre Leriche, garde du métier.

Les « savetiers-careleurs » formaient une corporation distincte des cordonniers : ceux-ci travaillaient « le neuf en bouticque », ceux-là « le vieux en bureau ». Les bureaux étaient des échoppes portatives, à roulettes quelquefois, que leurs propriétaires transportaient ou poussaient aux abords de la halle le matin des jours de marché. Jean de Saint-Pierre et Noel Dumoulin, « maistres du mestier de carleur » nommèrent leur confrère Michel Dumoulin, garde de leur corporation, le 1er septembre également.

Les brocanteurs étaient au nombre de cinq: Jean Toques, Robert Letainturier, Nicolas Gosselin, Guillaume Aubert et François Lemercier. Ce dernier fut élu, le même jour, « garde du mestier de chincher ».

Enfin, toujours le 1er septembre, Jacques Delaunay fut élu garde des cardiers ; Etienne Lemonnier, garde des chapeliers, et Michel et Nicolas Bénard, gardes de la corporation des maîtres drapiers.

Le 22 septembre, Jeanne Cauchoix donna au trésor de Saint-Jean une maison à deux étages, sise rue Meleuse, et une rente de 7 livres 2 sols 6 deniers, pour faire célébrer le 19 mars de chaque année, jour de saint Joseph, un office solennel de ce saint, avec petites heures, « ton d'orgues, son de cloches, procession pendant laquelle le sieur curé portera un cierge ardant de cire blanche du poids de deux onces et les autres prêtres un cierge d'une once ».

On ne connaissait pas encore à Elbeuf, à cette époque, les métiers de tapisserie dits à la tire, ainsi nommés parce que c'était en tirant des ficelles ou lacs, suivant un certain ordre, que l'on faisait exécuter aux maillons les mouvements nécessaires pour former des dessins. Le contrat suivant va préciser la date de ce premier perfectionnement dans l'outillage de l'industrie elbeuvienne :

« Le 10ᵉ d'octobre, à Elbeuf, devant les tabellions royaux du Bethomas, fut present h. h. Charles Guenet, rubannier, demeurant en la ville de Paris, lequel a promis de monter un mestier de sept quarts en la bouticque du sieur Laurens Lemonnier, marchand tapissier à Elbeuf, pour faire des tapisseries qui s'ouvragent à la tire, et de monstrer audit sieur Lemonnier à monter luy mesme led. mestier et luy aider à en monter un de cinq quarts dans le mesme temps qu'il montera celuy de sept, ensemble monstrer audit sieur Lemonnier à travailler auxd. mestiers et à les raccommoder en cas qu'il y arrive quelque inconvénient et rupture, en sorte qu'iceluy sieur Lemonnier puisse gouverner et conduire, monter et raccommoder lesd. mestiers à tire, s'obligeant ledit sieur Guenet de demeurer à cet effet chez ledit sieur Lemonnier autant de temps que besoing sera pour luy faire comprendre ce que dessus.

« Parce que led. sieur Lemonnier de sa part s'est submis fournir toutes les ustenciles nécessaires pour ce, et nourrir honnestement led. Guenet pendant ledit temps, et outre ce, de luy donner lorsqu'il aura achevé ce que dessus et que lesd. métiers seront en train de travailler et led. sieur Lemonnier sçaura ledit monter, raccommoder et conduire, la somme de 40 livres et un tapis pour son salaire, à promesse faicte par iceluy Guenet qu'il n'abandonnera point led. sieur Lemonnier dans le temps suffizant pour ce que dessus. et ne monstrera ny pendant led. temps *ny après* à aucun autre de ce bourg d'Elbeuf, y travaillant soit de maistre ou compagnon, le secret susdit, ains se retirera incontinent où il luy plaira, ailleurs du moins que trois lieues dudit Elbeuf, à peine de perdre le salaire cy dessus promis et de 400 liv. applicables moityé aud. sieur Lemonnier pour sa récompense des despens qu'il luy conviendra faire pour à ce parvenir, et l'autre moityé aux pauvres de ce lieu.

« Et encor a ledit Guenet promis qu'en cas qu'après son départ lesd. mestiers se rompissent ou brouillassent et ne pust led. sieur Lemonnier les raccommoder et conduire, il reviendrait sur la simple semonce que led. sieur Lemonnier lui en ferait faire, du lieu où il serait en ce bourg, pour les raccommoder les remettre en train de travailler, parce que led. sieur Lemonnier lui payerait les frais de son voyage de venir et retourner.

« Et quant à la promesse de ne monstrer ledit mestier à aucun autre faicte par ledit Guenet, elle s'entend dans le bourg d'Elbeuf et à trois lieues aux environs... » — Guenet ne savait pas écrire son nom.

Les tapisseries de la fabrication elbeuvienne n'avaient évidemment pas la valeur artistique des tapis des Gobelins ou d'Aubusson. Cependant la classe bourgeoise, la petite noblesse, les gens de robe ou d'église des provinces les recherchaient à cause de leur bas prix ; mais cette prospérité engendra des abus, et petit à petit ces tissus perdirent la réputation qu'ils avaient précédemment acquis dans la France entière et même en dehors.

Nous verrons bientôt que Charles Guenet alla s'installer à Rouen et qu'il ne tint aucun compte de la promesse qu'il avait faite à Laurent Lemonnier de ne jamais montrer à d'autres l'emploi du métier à la tire, car, moins de huit mois après, il prit un engagement du même genre vis-à-vis de trois autres maîtres tapissiers d'Elbeuf.

Louis Hesbert, désirant participer aux prières des fidèles, fonder des messes et avoir sa sépulture dans l'église Saint-Jean, donna au trésor de cette paroisse, le 15 octobre, une demi-acre de terre sise à Caudebec.

Le 20, Louis Godard, chirurgien, de la paroisse Saint-Jean, s'engagea envers Moïse Leignet, de la paroisse Saint-Etienne, « à lui monstrer la profession de chirurgerie et barberie en toutes ses singulières parties en tant que son esprict le pourra comprendre, le nourrir et le loger pendant l'apprentissage, le mener avec luy en ses praticques aux fins de voir et apprendre la methode et d'exercer lad. profession, parce que ledit Leignet a promis demeurer chez led. Godard jusques à la fin du mois de juillet de l'an prochain, se rendre et tenir assidu en sa bouticque et prompt à executer ses commandements... et en outre à lui payer la somme de 40 livres... »

Mademoiselle de Montpensier rapporte, dans ses *Mémoires*, que « M. de Turenne eut une grande envie de marier le duc d'Yorck avec une des filles du duc d'Elbœuf ; mais le Roi ne le voulut pas : ainsi tous les mouvements qu'il s'etoit donnés là dessus furent inutiles...

« ...Il me souvient que le Roi et la Reine allèrent un soir souper à l'hôtel de Guise, où il y eut un grand bal pour les nôces de Mademoiselle d'Harcourt, qui avoit epousé, par procureur, le duc de Cadaval, portugais. J'avois eté priée de me trouver aux fiançailles, qui se firent chez la Reine. M. d'Elbœuf, qui est le chef de toute cette maison, me conjura de n'y pas aller : je n'y allai point ».

Jacques Flavigny, décédé à l'âge de 62 ans, le 2 décembre, fut inhumé le surlendemain dans la chapelle Saint-Nicolas de l'église Saint-Jean.

Le 7 du même mois, on inhuma, dans la même église, Jean Pollet, avocat à la Cour, ci-devant lieutenant général du duché, décédé à l'âge de 73 ans.

Des actes, datés de décembre 1673 et 22 mars 1674, conservés à Bourgtheroulde, concernent un descendant des Le Roux, anciens vicomtes d'Elbeuf. — Louis Le Roux, chevalier, seigneur d'Infreville, était alors « capitaine d'un vesseau de guerre pour le roy en son armée navalle ». Son père, portant également le prénom de Louis et aussi seigneur d'Infreville, avait eu, quarante ans auparavant, le titre de commissaire général de la marine de France ; celui-ci était fils de Nicolas Le Roux, baron du Bourgtheroulde. Cette branche des Le Roux possédait plusieurs terres relevant du duché d'Elbeuf et même quelques-unes dans l'étendue de notre bourg.

Le 24 janvier 1675, Pierre Lefort, de Rouen, entra en qualité d'apprenti chez Pierre Regnault, et Laurent Lemonnier chez Louis Delarue ; les deux apprentis étaient l'un comme l'autre gendre de leur maître d'apprentissage. Ce cas se présentait assez fréquemment ; d'autres apprentis drapiers étaient les futurs époux de filles de fabricants.

Le 4 avril, Jacques Pollet, lieutenant, et Jean Capplet, greffier du duché ; Nicolas Lemonnier, Nicolas Flavigny l'ainé, Robert Le Roy, Louis Pastallier, Robert Boisselier,

Etienne Roussel, Jacques Bourdon, Jean Bizet, César Paris, Nicolas Le Cousturier, Mathieu Hesbert, Laurent Lemonnier et François Deriberpré, tous habitants d'Elbeuf, s'assemblèrent en « estat de commun pour deliberer sur la signification à eux faicte ce dit jour, et commandement de payer la somme de 5.000 livres, à quoi les habitants des deux paroisses Saint Jean et Saint Estienne avoient esté taxés par un roole arresté en Conseil royal, en execution de la declaration de Sa Majesté du mois de mars 1672, et ce pour le franc alleu et autres droits pretendus sur la generalité des dites deux paroisses.

« Lesquels, d'un commun advis, ont deputé pour deffendre ladite demande ou de regler autrement, la personne de maistre Jean Gemblet. advocat, l'un de leurs dits habitants, auquel ils ont donné solidairement pouvoir de se transporter incessamment en la ville de Paris, pour faire toutes remonstrances et requestes necessaires où besoing sera pour obtenir la descharge entière ou moderation de la taxe faicte sur lesdits habitants, ou en traiter autrement, selon qu'il sera par luy jugé à propos pour le bien de la chose, lequel sieur Gemblet, à la prière qui lui en a esté faicte et pour le service qu'il veut bien rendre audit bourg, a accepté ladite charge au moyen qu'il luy soit fourny deniers incessamment selon l'exigence du cas ; promettans lesdits sieurs constituants tenir tout ce que par ledit sieur Gemblet aura esté faict et lui faire compte des frais qu'il aura faicts, dont il sera creu à sa legalité... » — Suivent les signatures.

Le 22 mai, en présence du curé, de Louis Caumont, vicaire, Louis Fosse et François

Lotin, prêtres de Saint-Etienne, Augustin Saint-Amand et Etienne Cussey abjurèrent le protestantisme pour la foi catholique.

Le 14 juin, devant les tabellions d'Elbeuf, la veuve de Jean Pastallier fit remise à Jean-Baptiste Conart, écuyer, sieur de la Patrière, seigneur de la Saussaye et de Saint-Martin-la-Corneille, lieutenant des gardes de la porte du roi, du manoir seigneurial de la Saussaye et de ses dépendances, que la veuve avait pris à ferme.

Le 20, Georges Sanson, adjudicataire de la dîme de Caudebec, par adjudication faite par le lieutenant général de Pont-de-l'Arche, le 27 mai précédent, transporta son droit à Jacques Caban, receveur du duc d'Elbeuf en sa seigneurie de Caudebec.

Adrien Delacroix, prêtre, fut enterré dans le chœur de l'église Saint-Jean, le 23 juin ; il était décédé la veille, à l'âge de 58 ans.

Le 30, Jean Flavigny vendit à Louis Flavigny, son neveu, un ténement de maisons sis « proche la maison du *Dauphin* ». — Cette auberge était dans la rue Saint-Jean actuelle vers l'endroit où se trouve la rue Jacquard.— Une autre auberge d'Elbeuf portait pour enseigne « l'Escu de Lorraine » ; elle avait été achetée par Nicolas Flavigny, mais il dut la rétrocéder par clameur de lignage.

Voici un nouvel acte, daté du 4 juillet 1675, concernant les premiers métiers à la tire, qui firent époque dans l'industrie de la tapisserie à Elbeuf :

« Accord et convenant a esté faict entre Charles Guenet, marchand passementier demeurant à Rouen, ayant vendu plusieurs mettiers à la tire à h. hommes Richard Lamy,

Pierre et Louis Lesueurs, marchands tapissiers demeurant à Elbeuf, par lequel ledit Guenet a promis continuer montrer ausdits Lamy et Lesueurs à conduire lesdits metiiers; pourquoy il viendra chez chacun d'eux quand la necessité le requierera ou qu'il en sera requis par lesd. Lamy et Lesueurs, et ce par intervalles pendant le temps d'un an, durant lequel temps ledit Guenet s'oblige de ne montrer ny monter aucuns desdits mettiers à la tire, ny par luy ny par autres à aucunes personnes que ce soit, mesmes de ne vendre, donner ny pretter aucuns temples ni ustancilles propre aud. mettier et de n'en donner ouvertures ni congnoissance à qui que ce soit, directement ou indirectement par quels moyens que ce soit ;

« A raison de quoy se submettent lesdits Lamy et Lesueurs de payer aud. Guenet à cause dudit engagement la somme de 200 livres... Au moyen de quoy ledit Guenet a d'habondant promis abandonner les autres mettiers qu'il a montez ou faict monter, et s'oblige qu'au cas qu'il y manquera quelque chose de n'y remédier en aucune façon que ce soit, ny par luy ny par d'autres.

« A ce present, François Guenet, frère dud. Charles, lequel agrée et ratifie le present, s'obligeant aussy de sa part à l'entretient du present accord..., au moyen de quoy lesdits Lesueurs et Lamy se chargent du faict dudit Charles Guenet pour le procez contre luy intenté au siège d'Elbeuf par Laurens Lemonnier, dud. Elbeuf, et promettent l'en descharger pour l'advenir de ce qui pourroit estre faict à cause dudit engagement ; toutefois, au cas de contravention de la part dudit Guenet, il pourront poursuivre et continuer ledit procedz contre luy avecq leurs intherests et despens.

« Et s'obligent en outre lesdits Charles Guenet et François, son frère, que, contrevenants à quelques clauses cy dessus specifiées, ils restitueront ce qu'ils auront receu desdites 200 livres, et outre ce payeront la somme de 150 livres applicables à l'hospital dudit Elbeuf...

« Et si a esté encor convenu que lesd. Lamy et Lesueurs pourront continuer le present marché pour un autre an après l'expiration de l'an present, s'ils advisent que bien soit, et seront lesdits Guenet obligez le tenir soubz les mesmes peines, en luy estant encore payé pareille somme de 200 livres... » — Suivent les signatures des contractants ; Charles Guenet apposa « son merc ».

Mme de Sévigné raconte ainsi la mort du célèbre général Turenne, beau-frère de Charles III, duc d'Elbeuf, tué à Salzbach, le 27 juillet 1675 :

« Turenne monta à cheval le samedi à deux heures, après avoir mangé, et comme il avait bien des gens avec lui, il les laissa tous à trente pas de la hauteur où il voulait aller, et dit au petit d'Elbeuf : « Mon neveu demeurez
« là ; vous ne faites que tourner autour de
« moi, vous me feriez reconnaître ».

« M. d'Hamilton, qui se trouva près de l'endroit où il allait, lui dit: « Monsieur, venez
« par ici, on tire du côté où vous allez. —
« Monsieur, lui dit-il, vous avez raison ; je
« ne veux point du tout être tué aujourd'hui ;
« ce sera le mieux du monde ». Il eut à peine tourné son cheval, qu'il aperçut Saint-Hilaire le chapeau à la main, qui lui dit : « Monsieur,

« jetez les yeux sur cette batterie que je viens
« de faire placer là ».

« M. de Turenne revint, et dans l'instant,
sans s'être arrêté, il eut le bras et le corps fra-
cassés du même coup qui emporta le bras et la
main qui tenaient le chapeau de Saint-Hilaire.
Ce gentilhomme, qui le regardait toujours, ne
le voit point tomber ; le cheval l'emporte où
il avait laissé le petit d'Elbeuf ; il n'était point
encore tombé, mais il était penché le nez sur
l'arçon : dans ce moment, le cheval s'arrête ;
le héros tombe entre les bras de ses gens ; il
ouvre deux fois deux grands yeux et la bouche,
et demeure tranquille pour jamais : songez
qu'il était mort, et qu'il avait une partie du
cœur emportée.

« On crie, on pleure ; M. d'Hamilton fait
cesser le bruit et ôter le petit d'Elbeuf, qui
s'était jeté sur le corps, qui ne voulait pas le
quitter, et se pâmait de crier ».

Ce jeune garçon était Henri de Lorraine,
fils de Charles III, qui devint aussi duc d'Elbeuf, même avant la mort de son père, ainsi
que nous le verrons par la suite.

Turenne aimait tendrement son neveu Henri,
qui ne le quittait jamais, et l'enfant lui rendait, on vient de le voir, toute l'affection que
le grand homme avait pour lui.

Un jour Turenne avait envoyé Henri saluer
le duc de Lorraine, chef de la famille. Le prince
dit au jeune homme : « Mon petit cousin, vous
êtes trop heureux de voir et d'entendre à tout
instant M. de Turenne ; c'est votre vrai père :
baisez les pas par où il passe et faites-vous
tuer à ses pieds.

« Ce pauvre enfant, dit encore Mme de Sévigné, aujourd'hui désolé de la perte de son

protecteur, se meurt de douleur. C'est une affliction de raison et d'enfance qui ne se conçoit pas, et à laquelle on craint qu'il ne résiste pas. Le comte d'Auvergne l'a pris avec lui, car il n'a rien à attendre de son père ».
— M@@ de Sévigné connaissait bien le duc d'Elbeuf.

Le 3 septembre, Thomas Lecointe, maître drapier, de la paroisse Saint-Jean, promit, moyennant 200 livres, montrer son métier à Nicolas Triboult fils Thomas.

Le 28 septembre, devant M@ Bourdon, tabellion à Elbeuf, « hault et puissant seigneur Charles de Beaulieu, chevalier, seigneur marquis du Bethomas, donna, attribua et ausmona à la chapelle fondée et establye dans son chasteau de Bethomas en l'honneur de Saincte Catherine, vierge et martyre, les dismes novalles des desfrichements faicts et à faire tant de ses parcs, clos, prairies et autres non subjects jusques à present à aucun droit de disme, pour par le titulaire de lad. chapelle en jouyr et les percevoir... Cette donation et attribution ainsy faicte moyennant que ledict titulaire sera tenu et obligé d'augmenter le nombre des messes qu'il est obligé et tenu dire et celebrer ou faire dire et celebrer chacque sepmaine en lad. chapelle, à proportion des fruicts et augmentations qu'il percevra desd. dismes et suivant qu'il sera reglé et ordonné par monseigneur l'evesque d'Evreux ». — Témoins : Henri Martin, bailli de la Haye-Malherbe, et Jean Dupont fils Pierre.

Le 30, Pierre Grandin l'aîné et Louise Delamare, sa femme, fondèrent une haute messe, à Saint-Etienne, à célébrer chaque année le jour de saint André, moyennant 60 sols de rente.

Le 13 octobre, Robert Gosset, curé, Pierre Lesueur et Pierre Saint-Amand, trésoriers, de la paroisse Saint-Etienne, acceptèrent deux fondations de messes annuelles faites par feus Catherine Boivin et Jacques Tassel fils maître Jacques ; la première moyennant 63 livres, la seconde moyennant la moitié d'un troupeau de bêtes à laine à Saint-Pierre-des-Cercueils, estimée à 52 sols 6 deniers de rente.

Le 19, François de Bouessel, curé de Thuit-Signol, étant à Elbeuf, bailla à ferme, à Alexandre Saint-Amand, les vertes dîmes et dîmes domestiques de sa paroisse, plus les terres en labour appartenant au bénéfice cure, moyennant 500 livres par an. Il lui bailla également la dîme des fruits, moyennant 200 livres pour un an. Ils stipulèrent qu'en cas de contestation entre eux, elle serait réglée par Louis Duperré, bailli de La Londe, et Robert Bourdon, avocat.

Jean Hoc donna au trésor de Saint-Jean, le 3 novembre 1675, une rente de 92 sols 6 deniers. — Cette donation fut revalidée le 26 mars 1703 et le 25 juillet 1743.

Le 30 novembre, Laurent Martel, procureur et receveur de l'abbaye de Saint-Taurin d'Evreux, vint à Elbeuf, où étant et agissant au nom de Nicolas de Fresnoy, abbé commendataire du monastère, il bailla à ferme pour six ans, à Jacques Caben ou Caban et Richard Boisselier, les dîmes de la paroisse de Caudebec et celles des paroisses Saint-Jean et Saint-Etienne d'Elbeuf. Voici un extrait du contrat :

« A la charge par iceux preneurs de garder, conserver et maintenir les droicts et possessions de lad. abbaye, sans permettre aucunes

entreprizes ny innovations de quelque part
que ce soit, et pour laquelle manutention ils
seront tenus entreprendre et poursuivre à
leurs frais tous proceds jusques à presentation
par appel ou evocations aux cours souveraines;
par ce toutesfois qu'avant de former aucune
action, ils seront obligez d'en donner advis
audit seigneur abbé ou à son conseil ou d'en
prendre son consentement par escript.

« Ne pourront lesdits preneurs pretendre
ny demander aucune diminution des prix et
charges du présent bail, soit pour injures du
Ciel, stérilité, ravages d'eaux, passages ou
logements des gens de guerre, peste, famine,
ou pour quelle autre cause ou occasion que ce
soit, à laquelle diminution ils ont renoncé et
renoncent; paieront la pension ou pensions
qui pourroient estre deubs à cause desdites
dismes et toutes les charges qui peuvent estre
sur icelles, ensemble la pension de 100 livres
deube au sieur curé de Saint Jean dudit
Elbeuf...

« Pendant lesquelles six années iceux preneurs seront tenus de fournir et faire employer
par chacun an, à leurs despens, sur les granges desdites dismes trois cents de tuille si
tant en fault. Ne pourront faire remise du
present bail en association d'aucunes personnes avec eux sans l'expres consentement et
agreement dud. seigneur abbé ou dudit sieur
Martel; ny souffrir qu'aucuns gentilhommes
ou gens faisant profession de noblesse, ny
officiers de justice y ayent aucune part ny
proffict, soit directement ou indirectement...;
et de lui payer la somme de 1.150 livres, outre
les charges cy devant, au manoir abbatial

dudit Evreux, à leurs frais, en deux termes, à sçavoir Noel et Saint Jean...

« Au regard de la fourniture et emploi des trois cents de thuille, ladite submission ne subsistera, sinon qu'ils seront seulement tenus d'entretenir lesdites granges et le chancel de l'eglize de Caudebec, de Saint Jean et de Saint Estienne d'Elbeuf de menues reparations, après qu'ils y auront esté faict mettre en bon estat par ledict seigneur abbé... »

Le lendemain 1er décembre, Robert Gosset, chirurgien en notre bourg, promit montrer son métier à Jean Lheureux, d'Epégard, pendant deux ans, moyennant 150 livres. Me Gosset promit de nourrir, loger et blanchir son apprenti pendant toute la durée du contrat. Parmi les autres clauses de l'engagement se trouve celle-ci : « sera tenu ledit Lheureux se fournir d'estuict, boettier, razoirs et autres instruments ordinaires de ladicte profession..., et fournir et livrer audit sieur Gosset, dans le courant de la presente année, une charretée de bois en sa maison à Elbeuf, pour le vin du present marché... »

Les 19 décembre, Jean Osmont, d'Elbeuf, vendit la part d'héritage qui lui revenait de feu « Me Pierre Bachelet, conseiller du Roy, lieutenant honoraire à la table de marbre de Rouen, à Pierre du Lux, écuyer, sieur de la Barre ».

Houard rapporte, dans son *Dictionnaire de Droit normand*, un procès qui dura sept années entre Louis de Flavigny, d'Elbeuf, ayant Basnage pour avocat, et deux bourgeois de Paris, à propos de la coutume de Normandie sur la dot des femmes. Plusieurs arrêts, dont un de la grande chambre, donnèrent gain de cause à notre concitoyen, en décidant que les femmes mariées à Paris ne pouvaient aliéner leurs immeubles en Normandie, sans donner remplacement.

Pour terminer ce chapitre, citons quelques Elbeuviens dont les noms se trouvent sur diverses obligations de cette époque :

Paroisse Saint-Jean : Jean Dulondel, Guillaume Lefebvre, Nicolas Roblot, tapissiers ; André Lecointe, Thomas Lecointe, Nicolas Patallier, drapiers ; Simon Féré, Pierre Lemonnier fils feu Laurent Lemonnier, tous trois chapeliers ; Laurent Cocaigne, marchand mercier ; Jacques Bourdon, François Déribierpré, hôteliers ; Jean Bucquet, plâtrier ; Dubuc, Antoine Béranger, boulangers ; Abraham Lefebvre, chirurgien ; Michel Lesueur fils Pierre, vicaire ; Louis Patallier, prêtre.

Paroisse Saint-Etienne : Abraham Roblot, Richard Boisselier, Catherine Dugard veuve Thomas Triboult, François Dugard, Richard Lamy, Pierre Grandin fils Pierre, Pierre Poitevin, Jean Dupont fils Jean, Madeleine Féret veuve Pierre Frontin (ne savait pas écrire), Pierre Frontin fils Pierre, Mathieu Frontin fils Pierre, Jacques Bourdon, Laurent Lemonnier (trésorier de Saint-Etienne en 1675), tous tapissiers ; Alexandre Cèbe, André Lemonnier, teinturiers ; Pierre Regnault, Louis Delarue, André Lecointe, Thomas Cousturier, Jean Bizet aîné, drapiers ; Jacques Hertout, forgeur de fil d'acier ; Adrien Osmont, corroyeur.

Sans indication de paroisse : Robert Chrestien, verdier de la Londe ; David Mesengue, quincaillier ; Jean Bénard, cirier ; Lemarchand, mégissier.

CHAPITRE XX
(1676-1677)

CHARLES III DE LORRAINE (*suite*). — LA VOITURE PAR TERRE D'ELBEUF A PARIS. — DEUX CONFRÉRIES DE CHARITÉ A SAINT-ETIENNE. — UNE LISTE DE PROTESTANTS ELBEUVIENS. — LE TEMPLE DE BOSCROGER ; PROCÉDURE CONTRE CE PRÊCHE. — RECTIFICATION D'UNE ERREUR.

Dans un contrat daté du 9 janvier 1676, Pierre Lesueur est qualifié de « trésorier sindic de la paroisse Saint Estienne ».

Le 12 février, on inhuma, dans la chapelle du cimetière Saint-Jean, le corps de Jean Flavigny, mort la veille à l'âge de 54 ans. — Cinq jours après, Simon Flavigny, chirurgien, fils de feu François, fut inhumé dans l'église. Il était âgé de 24 ans.

Jacquette Talon, veuve d'Etienne Flambart, fit une donation à l'église Saint-Etienne, le 22 du même mois, à charges de prières pour le repos de son âme.

Le 27, Jacques Delarue, drapier de la paroisse Saint-Etienne, promit à Pierre Maille, tabellion, demeurant à Saint-Aubin, de montrer à son fils Marin Maille, le métier de drapier, jusques au point qu'il puisse être reçu maître « ce toutefois autant que son esprit le pourra comprendre ». La durée du contrat fut de trois années et le prix de l'apprentissage de 200 livres.

Une autre donation au trésor de Saint-Etienne porte la date du 1er mars. Michel Lesueur, curé de Surtauville, tuteur des enfants de Louis Lesueur, donna, du consentement de Claude Lesueur, vicaire de Saint-Aubin, et de Marie Le Cerf, femme du défunt, au trésor de Saint-Etienne, 7 livres de rente, pour deux services annuels en mémoire du décédé.

Une obligation du 31 mars concerne Anne Duchesne, civilement séparée de Nicolas Trevet, écuyer, demeurant à Gaillon, propriétaire d'un immeuble « dans la vallée aux Trois Cornets » à Elbeuf.

Charles de Lorraine, étant à Elbeuf le 1er juin, bailla à fieffe à Nicolas Osmont, cordonnier, « une portion de terre inculte faisant partie de la coste de la Justice, bornée d'un costé et des deux bouts par la cavée ou grand chemin de ladite coste de la Justice tournoyant autour de ladite portion de terre... Cette baillée faicte à la charge par ledit Osmont de tenir ladite portion de terre de Son Altesse en la bourgeoisie de son duché, par la faisance d'un boisseau d'avoine de rente seigneuriale par an... »

Le surlendemain, le duc d'Elbeuf vendit à Jean Baudouin, de Rouen, une petite masure sise à Damneville ; puis il l'autorisa à bâtir dans l'étendue de cette paroisse un colombier à pied, moyennant une rente annuelle perpétuelle et irracquittable de deux douzaines de pigeons. Témoin : François Chastelain, intendant du duc.

« Le 10ᵉ jour de juin 1676, étant en ce bourg, très-hault, très-puissant et très-illustre prince monseigneur Charles de Lorraine, duc d'Elbeuf, pair de France, bailla à ferme pour six années... à Jacques Bourdon, bourgeois marchand, demeurant en la parroisse Saint Estienne, c'est asçavoir :

« La voicture par terre appartenant à mondit seigneur pour la commodité et facilité de laquelle les drapiers et tapissiers de ce bourg font porter les marchandizes de draperie et tapisserie qu'ils font fabricquer dans leurs bouticques, en la ville de Paris, et font rapporter celles qu'ils acheptent en ladite ville de Paris pour venir en ce lieu.

« Ce bail fait... moyennant le prix et somme de 300 livres de ferme par chacun an, revenant le prix entier desdites six années à la somme de 1.800 livres ; laquelle somme mondit seigneur a dès à present affectée et destinée pour le remboursement de 1.570 livres qui luy ont esté fournyes par lesdits drapiers et tapissiers à la pluspart et auxquels en sera par ledit Bourdon fait le payement chacun à portion et au marc la livre de leurs debours ; lad. advance ou prest ayant esté ainsy par eux faict et arresté avec eux soubz cette condition.

« Et outre, il a esté par ledict Bourdon payé à mondict seigneur 400 livres en argent comptant, pour le vin du present bail...

« Et promit mondict seigneur faire intervenir lesdicts drapiers et tapissiers avant que de commencer la presente jouyssance pour arrester le prix des voitures dont ils ont convenu avec mondict seigneur, par surcroist des precedens traictez... » Suivent les signatures du duc d'Elbeuf, de Jacques Bourdon et des témoins.

Au mois de janvier suivant, Jacques Bourdon traita avec Pierre et Etienne Duprey, père et fils, demeurant à Seglas — fief sis à Boscroger ; — ces derniers prirent l'engagement « de charier et voicturer à leurs frais et despens toutes et une chacune les marchandises tant de draps, droguets, tapisseries qu'autres denrées qui leur seront pour ce delivrées par ledit Bourdon, en ce bourg d'Elbeuf, les conduire et descharger à Paris, en la rue de St Denys et autres rues et lieux qui leur seront indicqués ; comme aussy de rapporter dudit Paris en cedit bourg toutes les laisnes et autres marchandises..., à les prendre en l'hostellerie de *la Roze blanche* audit Paris ou à St Denys en France, les acconduire et descharger en cedit bourg...

« A cette fin, lesdits Duprey rendront leurs charrettes en cedit bourg toutes fois et quantes que led. Bourdon le souhaittera et au simple advertissement qu'il sera tenu leur en faire deux jours avant chaque voyage.

« Ce marché ainsy faict au moyen que, pour tout salaire, il sera payé par ledit Bourdon auxdits Duprey par chacune charretée de marchandise, à raison de deux mil quatre à cinq cents pezans, la somme de 60 livres, sans que pour le rapport qui se faira dudit Paris ou dudit St Denys des marchandises qui se presenteront à charier, lesdits Duprey puissent demander aucun salaire ny aucune autre chose...

« Et stipulé qu'au cas que lesdits Duprey chargent en cedit bourg plus de 2.500 pezans ou moins de 2.400, le salaire augmentera ou diminuera à proportion...

« Et sera led. Bourdon tenu de payer le droict d'entrée qui sera deub par chacune charretée en lad. ville de Paris et en acquitter deubment lesdits Duprey... »

Il faut croire que l'entreprise devint prospère, car le matériel dont pouvaient disposer Duprey père et fils fut insuffisant, et, l'année suivante, ils s'associèrent Jacques et Jean Pestel frères, de Montaure, pour voiturer les marchandises de la fabrique elbeuvienne à Paris.

Nicolas Le Cousturier, fabricant d'Elbeuf, avait acheté des terres à Saint-Ouen de la Londe, qui lui furent clamées à droit de lignage, le 11 juin, par « Michel Pain, peinctre de la manufacture de fayence, demeurant à Saint Sever lez Rouen ».

Le dimanche 14 du même mois, à l'issue de la messe paroissiale de Saint-Jean, M° Robert Bourdon, avocat à la cour de Parlement, tabellion du duché d'Elbeuf, donna lecture d'un contrat par lequel M° Nicolas Viel, également avocat à la cour et alors demeurant à Louviers, avait vendu à Louis Flavigny, d'Elbeuf, son beau-frère, «une maison sise paroisse Saint Jean près les halles aux mars, bornée d'un costé le sieur Saint Ouen de Raffetel, garde du Roy, d'autre costé Jean Flavigny, d'un bout le pavé de monseigneur le duc et d'autre bout le no ou courant d'eau du moulin..., par le prix de 2.800 livres de principal 60 livres de vin, et la faisance de 10 livres de rentes foncières à la fille soubzagée de M° Robert Levavasseur... »

Le 20, « M° François Dupont, fils et heritier

de feu Mᵉ Mathieu Dupont, vivant vicomte de Briosne, demeurant à Rouen, rue du Cordier, paroisse Saint Godard, vendit à Nicolas Bourdon, avocat à la cour, procureur fiscal du duché d'Elbeuf, plusieurs tenements de maisons sis près l'eglise Saint Jean, bornés d'un bout par le cimetière et d'un côté une allée tendante de la grande porte des champs pour sortir d'icelle et aller à la ruelle Banastre le long des masures de Robert Delacroix, de Mᵉ Jacques Pollet, lieutenant, et de Thomas Le Cointe, sur laquelle allée lesdits aboutants n'ont droict de sortie... » La vente, qui comprenait aussi plusieurs pièces de prairie, s'éleva à 6.000 livres, sur laquelle somme 3.496 livres furent employées à acquitter des dettes laissées par les aïeux de François Dupont et de Mathieu Dupont, vicomte de Brionne, père du vendeur.

A cette époque, Philippe de Saint-Ouen, écuyer, sieur de Raffetel, garde du roi, demeurant à Bourgtheroulde, était propriétaire d'une maison sise paroisse Saint-Jean « proche la grande halle aux mars, bornée d'un bout le duict ou no du moulin et d'autre bout le pavé de monseigneur », c'est-à-dire la rue Saint-Jean actuelle. Nous avons déjà mentionné cette maison en la page qui précède.

Un accord, signé le 14 juillet mit fin à un différend survenu entre Charles de Lux, écuyer, sieur des Rousseaux, représenté par Pierre de Lux, aussi écuyer, sieur de la Barre, son fils, d'une part, et François Patallier, avocat à la cour, au sujet « de la maison et masure du Bout du Gard, d'une maison sise à la Londe et du mur d'un clos assiz à Elbeuf près la Croix de Caudebec ».

Hélie Bigot fils Hélie, originaire d'Elbeuf, était alors curé d'Iville-sur-Seine.

Le 2 août, Pierre Flavigny, brodeur, déclara quitter Elbeuf, pour aller habiter Notre-Dame de Girocourt, élection de Pontoise.

Le même jour, Pierre Bunel fonda une messe perpétuelle à Saint-Jean, au moyen de 8 livres tournois, versées au trésor, représenté par Nicolas Duchesne, curé, Nicolas Flavigny le jeune, Jean Gemblet et François Dériberpré, trésoriers en charge.

Le 6, Guillaume Lefebvre fonda plusieurs messes au moyen d'une donation de 26 livres faite au même trésor, représenté par les mêmes que dessus, plus Nicolas Lesage, syndic.

Le même jour, Pierre Grandin donna à la fabrique paroissiale de Saint-Etienne, stipulée par Robert Gossel, curé ; Michel Le Cerf, syndic ; Jean Davout, Jean Grandin et Antoine Bucquet, trésoriers, une rente de 60 sols, plus 18 livres tournois, à charge par le trésor de faire dire à perpétuité une haute messe le 9 septembre « laquelle messe sera precedée d'une procession solennelle pareille à celle qui se faict tous les mardis de chaque sepmaine, à laquelle assisteront led. sieur curé, tout son clergé, les echevins, prevosts et tous les frères servants des charités de Saincte Croix et de Sainct Roch ».

Suivent beaucoup de détails sur l'acte, intéressant surtout parce qu'il indique clairement l'existence de deux confréries de charité à Saint-Etienne :

« Le luminaire sera fourni aux despens du thresor et distribué par l'eschevin de la charité de Saincte Croix aux frères de ladicte charité... Ledict eschevin de la charité de

Saincte Croix paiera à la charité de Sainct Roch la somme de vingt sols par chacun an, dont les frères auront aussy chacun un sol ».
— Témoins : Louis Caumont, vicaire ; Thomas Lemonnier, deux paroissiens du nom de Dupont, deux du nom de Grandin, et autres.

Nous avons mentionné la fondation d'une confrérie de charité, dans cette paroisse, en 1498 ; c'était celle qui prit plus tard le nom de Sainte-Croix. Voici, à ce sujet, quelques renseignements intéressants, que nous devons à M. E. Pelay, de Rouen, qui possède un exemplaire des « fréries » de Sainte-Croix et le décrit ainsi :

« La noble Confrerie et Charité de léglise de St Etienne Delbeuf en l'honneur de Ste Croix et Passion de Notre Sauveur et Redempteur Jesus Christ, instituée à lordre de Dieu pour tous les Confraires et Soeurs qui sont de ladite confrérie, ont part aux prières qui se diront toute lannée avec indulgences plainières accordées par Notre St Père Le Pape Jules 1498. Regravés l'an 1809 ». — Planche sur cuivre.

A noter que le pape Jules, IIe du nom, dont il s'agit ici, siégea de 1503 à 1513. La date 1498 ne correspond donc pas à la création des indulgences, mais à la fondation de la confrérie.

L'inscription que nous venons de relever, conforme à l'original, se trouve à la partie inférieure de la planche, au centre de laquelle figure le Christ en croix ; à gauche, le soleil ; au-dessus un ange en adoration tenant un vase dans lequel il recueille les gouttes de sang tombant de la main du Christ, et la Vierge Marie au pied de la croix ; à droite, la lune, au-dessous un ange dans la même attitude que celui de gauche, et saint Etienne au pied de la croix ; le tout encadré dans une bordure de têtes de morts avec os en sautoir et larmes ; au centre un cartouche portant le monogramme du Christ accosté de deux vases.

Cette planche, datée de 1824, a été imprimée à Rouen, chez C. Bloquel. L'échevin était alors Jacques Pierre Guichard et le prévôt Philippe Mouchard. Suivant l'usage assez général, elle porte un acrostiche fait des prénoms et nom de Guichard.

Nous ne connaissons pas de « frérie » de la charité de Saint-Roch, fondée également, comme on vient de le voir, en la paroisse de Saint-Etienne. Si quelqu'un en possédait une et qu'il voulût bien nous la confier, nous la reproduirions avec plaisir.

Le 6 août 1676, la veuve de Michaud Dugard, teinturier, donna 72 livres tournois au trésor de Saint-Etienne, pour fondation d'une haute messe le 22 septembre de chaque année.

Encore le 6 août, la veuve de Nicolas Le Cerf, marchand tapissier, aumôna de 108 livres tournois le trésor de cette même paroisse, pour la célébration à perpétuité de deux hautes messes et d'un service funèbre.

Nous avons déjà dit que les bourgeois elbeuviens ne se renfermaient pas exclusivement dans une seule branche d'activité industrielle ou commerciale, et qu'il en était de même des officiers publics, qui, quand l'occasion s'en présentait, se livraient à diverses exploitations.

Le 16 septembre, Pierre Regnault, fabricant et fermier pour moitié des dîmes de Saint-Ouen de la Londe, rétrocéda pour quatre années à Marin Bénard, avocat au Parlement, demeurant à Elbeuf, ses droits sur cette moitié des dîmes pour les percevoir avec la veuve et les héritiers de Jacques Delarue, en son vivant fabricant également, aux conditions établies par Jacques Cavé, curé de la paroisse de Saint-Ouen.

Jacques Caben et Richard Boisselier étaient aussi associés, à cette époque, pour la perception des dîmes de Caudebec. Leurs cantons respectifs furent fixés par voie de tirage au sort.

Le 22, devant les tabellions d'Elbeuf, François Héron, procureur de « messire Charles de Fouilleuze, chevalier, seigneur marquis de Flavacourt, chastelain de Villers et de Barentin », bailla à ferme les maisons que le marquis possédait à Boscroger, moyennant 1.000 livres par an et diverses conditions.

Une nouvelle donation au trésor de Saint-Etienne porte la date du 11 octobre. Marion Paluel, veuve de Jean Josselin, précédemment encore veuve de Jean Rousselin et alors femme de Marc Lyot, donna 24 livres de rente à l'église, pour la fondation de deux services et de plusieurs messes, auxquels les frères des deux confréries de charité de la paroisse seraient tenus d'assister.

Si nous nous basons sur l'extrait de contrat suivant, les ouvriers teinturiers étaient ceux qui recevaient le plus fort salaire :

« Marché a esté faict entre Michel Leignes, teincturier à Sainct Estienne d'Elbeuf, et Jacques Lebarbier, compagnon teincturier, de la mesme paroisse, par lequel ledit Lebarbier s'est submis travailler en la maison et bouticque dud. Leignes dudit mestier de teinctu-

rier, le temps et espace de six années...,
parce que pour salaire ledit Leignes payera
audit Lebarbier la somme de 600 livres par
chacun an, et outre ledit Leignes s'est submis
fournir audit Lebarbier trois habits à son
uzage de drap ; sçavoir, un avant que de commencer le travail, un autre au bout des deux
premières et encore un autre à la fin des deux
années suivantes; et si, en outre, Leignes promet fournir audit Lebarbier un logement suffisant pour luy et sa famille, sans en payer
aucun loyer... »

Le 2 novembre, Pierre Guéroult fils Pierre
vendit « à Mᵉ Abraham Lefebvre, chirurgien,
de la paroisse Sainct Jean, le tiers d'un sac
ou office de porteur »; les deux autres tiers
appartenant aux frères du vendeur. Cette
cession fut consentie pour le prix de 77 livres
tournois, plus 3 livres de vin.

Un des premiers membres de la nombreuse
famille Flavigny qui entrèrent dans la fabrication des draps fut le jeune Nicolas, originaire de la Haye-Malherbe. Voici dans quelles
circonstances :

Le 21 janvier 1677, « Michel Le Cerf, marchand drapier, de la paroisse Sainct Jean,
a recongneu avoir faict marché avec Nicolas
Flavigny le jeune, demeurant à la Haye-Malherbe, par lequel led. sieur Le Cerf a promis,
s'est submis et obligé monstrer à Nicolas Flavigny fils dudit Nicolas, son mestier de drapier, en toutes ses singulières partyes, circonstances et dependances, en sorte que led.
Flavigny puisse estre receu maistre dud. mestier, pourveu toutes fois que son esprict et
son industrie coopèrent suffisamment aux
soings que led. Le Cerf promect prendre à cet

effect, et ce pendant le temps de trois ans entiers et consecutifs, à commencer de ce jour... Parce que ledict Flavigny fils, apprenty, se submet et oblige demeurer en la maison dud. sieur Le Cerf pendant led. temps de trois ans, se tenir assidu à travailler aux jours ouvrables à tout ce que led. sieur Le Cerf luy commendera dependant dud. mestier, luy porter respect, et outre au moyen et parce que pour led. apprentissage lesd. sieurs Le Cerf et Flavigny père ont convenu de la somme de trois cents livres, laquelle led. sieur Flavigny père promet payer aud. sieur Le Cerf en trois payements esgaux, à raison de cent livres par chacun an et ce par advance... » Témoins : Nicolas et Nicolas Mansel.

Le 30 avril, François Patallier, prêtre, directeur et procureur des Ursulines, acheta en leur nom plusieurs immeubles, dont un était sis au « triège de la Barrière, à Elbeuf ».

Le 15 mai, le même François Pastallier vendit aux religieuses deux petites maisons, sises rue Meleuse, bornées par le couvent, pour le prix de 1.240 liv. tourn. Les principales du monastère étaient alors : « reverendes mère Charlotte Le Feron dicte de Saincte Marie, superieure ; sœur Elisabeth Duchesne dicte de Sainct François, assistante ; sœur Marie Maille dicte de Saincte Ursule, zelatrice ; sœur Françoise Feron dicte de Sainct Jean Baptiste ; sœur Genevielve Mulot dicte de Sainct Bernard, depositaire ; sœur Marguerite Le Cœur dicte de Sainct Dominique ; sœur Marguerite Lemoine dicte de Saincte Claire ».

Le 18, Jean Bizet, drapier, donna au trésor de Saint-Etienne, sa paroisse, deux petites rentes destinées à la fondation d'une haute messe à célébrer chaque année, le lendemain de la Saint-Jean, à l'autel principal de l'église, pendant laquelle une basse messe serait dite devant l'autel de la Vierge.

Le 10 juin, Jean et Étienne Lamy, tapissiers, de la paroisse Saint-Etienne, vendirent à Pierre Hayet, drapier, de la paroisse Saint-Jean, une propriété bâtie, bornée « d'un costé la ruelle Marchandize tendant de la grande rue de ce bourg au chemin du Neubourg... » — On sait qu'il s'agit des rues du Centre, de Saint-Jean et de la Justice.

François Lotin, prêtre, chapelain de la charité de Saint-Etienne, âgé de 45 ans, mourut le 18 juillet. — A cette époque, Jean Chrestien, d'Elbeuf, était curé de Grossœuvre.

Le 28, Guillaume Aillet fils Jean, savetier, constitua une rente de 111 sols 1 denier en faveur des Ursulines, pour le prêt de 100 livres tournois que lui fit le monastère, afin de lui donner le moyen de réparer une maison contiguë à celle du couvent.

Robert Viel, avocat à la cour, quitta la paroisse Saint-Jean, le 6 août, pour remplir l'office de procureur du roi en la gruerie de Routot dont il avait été pourvu.

M. E. Lesens nous a communiqué une liste de protestants d'Elbeuf figurant sur les registres de l'église de Rouen-Quevilly, au XVIIe siècle ; la voici :

Barbanson ; Bellenger ; Bénard, drapier ; Bertin ; Blanchard ; Bled ; Boisselier ; Brière ; Camin ; Cappery ; Capplet ; Chrétien ; Cent-Sols ; Couturier ; Doblet ; Duchesne ; Dehors ; Démare ; De Paris ; Duc ; Dugard ; Dupont ; Duval ; Dupuis, drapier ; Fagot ; Féray, boucher ; Foulon, drapier ; Frontin, drapier ;

Gaillard, mercier ; Gas ; Godin ; Gosmont ; Harache ; Hébert ; Heurtaut ; Hue, tapissier ; Jean, compagnon drapier ;

Larible ; Lavotte ; Leboulanger ; Lecointe, drapier ; Leconte, Lefebvre, Lecouturier ; Lefrançois ; Longué ; Lelièvre ; Lelong ; Lemonnier ; Leloué ; Lhuillier ; Lenud ; Lesueur ; Levasseur ; Lissent ; Martin ; Michel ; Néel ; Noury ; Oursel ; Périer ; Poitevin ; Pollet ; Poulain ; Quéruel ; Robelot, tapissier ; Roussel ; Saillard ; Saint-Amand ; Salles ; Suzanne ; Tribout ; Varin.

Cette liste, à défaut d'autres documents, nous fournirait la preuve que la majeure partie des réformés d'Elbeuf faisaient partie de l'église de Rouen-Quevilly, et non de celle de Boscroger, ainsi que l'ont pensé plusieurs auteurs.

Nous n'avons jamais cru que le Boscroger dont il s'agit était la localité de ce nom située entre Elbeuf et Bourgtheroulde ; car les Guises et les ducs d'Elbeuf n'auraient point laissé bâtir un temple dans cette seigneurie qui leur appartenait. Nous n'avions, d'ailleurs, rencontré aucun document précisant l'existence d'une église protestante dans ce grand village, et nulle tradition, aucun lieu, n'y rappelait l'établissement de réformés.

Nous en étions cependant encore au doute, quand le hasard nous fit tomber sur un acte de l'ancien tabellionage de Bourgtheroulde dont voici copie :

« Du 6 juin 1627, au manoir sieurial du Boscroger,

« Fut present Louis Mustel, escuier, sieur du Bosroger, Penileuze, Franquesne et la Boullaie, demeurant à Bosroger, aiant consideré qu'ez annéez 1596 et 1597 le presche publicq et tous autres exercices de la Religion se sont faits en son manoir seigneurial dudit lieu de Bosroger, comme il appert par les registre des baptesmes, mariages et consistoires, en mesmes par les actes des collogues tenus audit lieu, et que suivant la vollonté de Sa Majesté, portés par plusieurs desclarations conformement à l'article neufviesme de l'Edit de Nantes, l'exercice de ladite religion peult et doibt estre continué audit lieu, comme en effaict il s'est tousjours praticqué jusques à present, et que sur l'aucgmentation de la famille dudit sieur de Bosroger luy occuppa sa maison plus que par le passé, l'esglize quy s'assemble audit lieu reçoit de l'incommodité..., il a trouvé bon de sa franche vollonté, sans contrainte, comme dit est, et pour tesmoigner sa pietté et affection envers de ladite esglize, de donner, quitter, ceder et delaisser à la communauté dicelle esglize faisant profession de ladite religion, comme dès à present il donne quitte et delaisse à ceulx de ladite communauté faisant ladite profession dicelle religion audit lieu du Bosroger... ; assavoir ung lieu et place dedans l'enclos de son dit lieu et manoir du Bosroger proche de la grande porte d'icelluy, contenant soixante piedz de long et trente cinq pieds de large ou environ, bournée des deux costées et des deulx boutz ledit sieur donateur, pour en jouir de ce jour à l'advenir par ladite communauté et ses successeurs quy s'assemblent es assemblées audit lieu de Bosroger, stipullez par Nicollas de Caux et Ysaïe Pain, antiens de ladite esglize, demeurant ledit de Caux à Anneville (?) et ledit Pain à Routot, lesquels stipullant audit nom ont accepté ladite donation aux fins que dessus, à l'intervention et consentement de noble seigneur Louis Mustel, sieur de Penilleuze, seul fils et heritier dudit sieur de Bosroger...; à la reserve par lesdits sieurs donateurs de placer ung banc dans le temple qui sera fait et construit pour ledit exercice, tant pour ledit sieur que pour sa famille, en tel lieu qu'il lui plaira... » Témoins : « Jehan Gouel, escuier, sieur du Bec, demeurant en la paroisse de Tourville, et Michel Le Sueur, bourgeois de Rouen ». Suivent leurs signatures et celles de Louis Mustel, Loys Mustel, etc.

Or, ce Louis Mustel, fondateur du temple dont il s'agit, possédait son manoir seigneurial à Boscroger, paroisse de Bouquetot en Roumois. D'un autre côté, MM. Charpillon et Caresme, bien qu'attribuant un temple au Bosroger notre voisin, disent qu'il fut démoli par des charpentiers de Bouquetot.

Il est donc certain que le lieu du nom de Boscroger qui eût un temple protestant au xviie siècle fut celui près Bouquetot et non un autre.

Le 4 septembre 1677, « M[o] Abraham Congnard, ministre en l'eglize P. R. du Bosroger », emprunta 350 livres tournois à Jean Lemonnier, fabricant de la paroisse Saint-Etienne d'Elbeuf, qui, on le sait, appartenait à la religion protestante. — Témoins : Jean Lemonnier et Charles Lecointe, neveux du prêteur, qui signèrent aussi l'acte de constitution de 17 livres 10 sols de rente que passa Congnard en faveur du maître drapier.

Quoique fréquentant plus particulièrement le temple de Quevilly, les réformés d'Elbeuf étaient donc aussi en relations avec ceux de

Boscroger, dont l'église était une annexe de celle principale de Pont-Audemer, laquelle avait également dans son ressort les temples de Honfleur, de Pont-l'Evêque et de Quillebeuf.

Les protestants avaient aussi un temple — qui existe encore — à Guenouville, ancienne paroisse sise entre Bourgachard et Le Landin, et aujourd'hui réunie à Honguemare. Un autre prêche, nous l'avons déjà dit, avait été fondé à Bosguérard-de-Marcouville, par Scott, seigneur de la Mésangère ; celui-ci, comme le précédent, était desservi par les pasteurs de Boscroger.

Le ministre Abraham Congnard, dont nous venons de parler, avant d'exercer à Boscroger, avait été pasteur à Lauriol en Dauphiné. Il mourut en cette même année 1677. Il était cousin des Basnages ; la mère du pasteur Jacques Basnage était née Congnard.

Les autres ministres connus ayant auparavant officié à Boscroger étaient de l'église de Pont-Audemer : Claude Picheron, en 1603 ; Nicolas Gaussent, en 1620 ; Guillaume Cacherat, en 1626 ; David de Caux, en 1637. Les pasteurs de Rouen-Quevilly firent aussi parfois, de 1603 à 1637, le service à Bosroger.

M. Lesens nous a communiqué une liste de plusieurs « anciens du consistoire de Boscroger ». Nous y trouvons celui d'un de nos concitoyens : Jean Dupont, demeurant à Elbeuf en 1604. Les autres sont Jean Dollebec, de Bosguerard-de-Marcouville (1617); Richard Letestu et Philippe Rouchon (1642) ; Jean Labbé (1662). C'est tout ce que l'on en connaît, les registres ayant été détruits.

On a vu que l'église protestante de Boscroger remontait à 1596, ce qui était prouvé par les registres de baptêmes ; néanmoins les catholiques prétendirent que ce temple devait disparaître parce qu'il ne rentrait pas dans les conditions de l'article 9 de l'Edit de Nantes.

Voici un extrait de mémoire, dont nous devons également la connaissance à M. Lesens, présenté par « Mᵉ Antoine Gaulde, prestre, docteur de la maison et Société de Sorbonne, grand archidiacre et chanoine de l'eglise cathedrale de Rouen, sindic du clergé de la province de Normandie ; contre les ministres anciens et autres de la R. P. R., deffendeurs des temples et exercices publics de ladite religion faits dans les temples de Hougerville, Maupertuis, Bacqueville, Luneray, Lintot, Criquetot, Boscroger et Quillebeuf.

« Le temple de Boscroger est celuy de tous qui a le moins de pretextes pour se soutenir, d'autant que les deffendeurs, qui ne remettent aucune pièce qui fasse voir qu'il se fit aucun exercice de leur religion audit lieu de Boscroger aux années 1596 et 1597, ni public ni particulier.

« De toutes les pièces qu'ils ont remises pour la deffence dudit temple, il n'y a qu'un seul pretendu registre de baptêmes et de mariages qui parle d'un exercice de ladite religion audit lieu de Boscroger. Ce pretendu registre porte pour titre ces termes : « Ensuit l'état et mé-
« moire des baptêmes qui se sont faits en l'é-
« glise réformée recueillie tant en la maison
« et manoir des sieurs de Boscroger qu'en l'é-
« glise de Quevilly et autres lieux où se fait
« l'exercice du prêche, commençant en l'an
« 1602 ».

« On laisse à juger si c'est là un titre authentique pour prouver qu'il y avait un exercice public de la dite religion etably audit lieu de Boscroger, aux années 1596-1597.

« On pourrait prendre droit, par cette même pièce pour prouver le contraire, puisqu'elle enseigne deux choses entièrement contraire à la pretention des deffendeurs.

« La première, que l'on ne commença à faire l'exercice de ladicte religion audit lieu de Boscroger qu'en l'année 1602, et par conséquent qu'il ne s'y faisait pas encore en 1596-1597.

« La seconde, que cet exercice n'était qu'un simple exercice personnel de fief, qui se faisait dans la maison et manoir seigneurial du sieur de Boscroger, lequel, par conséquent, on n'a pas pu depuis ériger en un exercice réel et public, en baptisant un temple hors ledit manoir seigneurial. D'ailleurs, on ne peut pas dire que ce prétendu registre porte aucunes marques d'ancienneté d'un exercice public audit lieu de Boscroger, puisqu'il ne parle que de baptêmes et de mariages qui auraient été faits depuis ladite année 1602 audit lieu de Boscroger, mais aucun à Quevilly et autres lieux.

« Et dans la vérité, ce n'est pas un registre public, c'est seulement un mémoire de quelque zélé de la religion, de ce pays-là, qui prenait soin de remarquer tout ce qui se faisait dans son pays pendant ce temps-là.

« Ce qui est si vrai que, dans l'article 3 du 6e feuillet, verso, marqué à la marge d'une croix, il est porté : « qu'un religieux bernardin « avait, en présence de toute l'assemblée, re- « noncé aux abominations et idolâtries de la « papauté, en déclarant les abus et méchan- « cetés qu'il avait vus ».

« Aucune des autres pièces remises par les deffendeurs ne parlent d'aucun exercice de ladite religion fait audit lieu de Bosroger; c'est pourquoy on ne s'arrêtera point icy à répondre aux inductions imaginaires que les deffendeurs en veulent tirer : il suffit de dire qu'ils ne prouvent aucune des trois conditions requises par l'art. 9 de l'Edit de Nantes qu'ils réclament, et par conséquent que mal à propos ils prétendent être maintenus à faire un exercice public de leur religion dans ledit temple ».

Nous avons reproduit ce texte surtout dans le but de bien déterminer le Boscroger dont il s'agit.

M⁰ Gaulde eût évidemment employé le terme de « paroisse de Boscroger » et non celui plusieurs fois répété de « audit lieu de Boscroger » s'il avait voulu désigner la paroisse Saint-Pierre de Boscroger, sise entre Elbeuf et Bourgtheroulde. En outre, dans cette dernière, il n'existait ni fief, ni manoir seigneurial appartenant à un sieur de Boscroger ; depuis le xiv⁰ siècle, cette localité n'avait plus de seigneurs particuliers, la paroisse faisait partie du duché d'Elbeuf et les chanoines de la Saussaye présentaient à la cure.

Pour terminer cette notice sur l'église protestante de Boscroger, nous dirons que Louis Mustel, son fondateur, était frère de Jean Mustel, avocat au bailliage de Rouen, martyrisé dans des circonstances les plus odieuses, par les catholiques de Rouen, en 1572. Les détails de ce crime horrible et sans précédent sont assez connus par ce qu'en ont dit de Bèze, Vieilleville, MM. Floquet, Duchemin et autres, pour que nous ne les reproduisions pas à nouveau.

En résumé, il nous est clairement démontré que les réformés d'Elbeuf étaient de l'église de Rouen-Quevilly plutôt que de Boscroger, laquelle avait son temple à Bouquetot, où cependant se marièrent un certain nombre d'Elbeuviens.

Des contrats de 1677 portent les noms de Pierre Féret jeune, hôtelier ; Jacques Boisguillaume, Jacques Dugard, boulangers ; Jean Lecointe, drapier ; César Pavie (ou Paris), tapissier ; Marthe Boissel veuve Jacques Delarue, drapière ; Thomas Masselin, forgeur d'acier, au Buquet, tous de la paroisse Saint-Etienne ; et de Jacques Heudron jeune, huissier au grenier à sel de Pont-de-l'Arche ; Pierre Périer, cordonnier ; Jacques et David Mesnage, poulaillers ; Jean Leclerc, boulanger ; Jean Gemblet, avocat, tous de celle Saint-Jean.

CHAPITRE XXI
(1678-1680)

Charles III de Lorraine *(suite)*. — Une association de maitres drapiers. — L'office de saint François de Sales a Saint-Jean. — Actes divers. — Un procès scandaleux. — Un évêque. — Une abjuration. — Trois abbés de Bonport. — Deuxième veuvage et troisièmes noces du duc d'Elbeuf.

Le duc d'Elbeuf, nommé aide de camp de Louis XIV, fit, avec le roi, la campagne de Flandre au printemps de 1678, assista à la prise de Gand et à celle d'Ypres, où il eut la jambe cassée pendant le siège.

Le 21 mars, on inhuma « dans le porche de l'église Saint-Jean » le corps d'Anne Bourdon, veuve de feu Yves Delacroix, décédée à l'âge de 61 ans, et, le surlendemain, on plaça dans le même endroit les restes de Jacques Delacroix, mort à l'âge de 38 ans.

Le 25 du même mois, « Georges Bavel, droguetier, de la paroisse Saint Jean, promit montrer à Nicolas de Saint Ouen fils Barthelemy, de la mesme paroisse, le mestier de faire et ouvrer du droguet et de la ratine, en tant toutesfois que l'esprict dud. Saint-Ouen en pourra comprendre, pendant un an..., à condition que le travail dudit Saint-Ouen pendant les six premiers mois vertira au benefice dudit Bavel, sans aucun salaire et qu'iceluy Bavel ne luy paiera que demy salaire pour les derniers six mois, et encore au moyen de 15 livres dont 100 sols le jour de demain, 4 livres à Pasques et le surplus au bout desdits premiers six mois... »

Le 15 avril, Toussaint-François Chastelain, conseiller du roi, stipulant pour Elisabeth de la Tour d'Auvergne, épouse de Charles de Lorraine, duc d'Elbeuf, bailla à ferme pour six années, à Michel Lecoupeur dit La Vallée, de Criquebeuf-sur-Seine, « la recepte des fiefs de Saint-Gilles, Cléon et la Heuze, unis et incorporés au duché d'Elbeuf, consistant tant en domayne fieffé que non fieffé, reliefs, treiziesmes, droits et devoirs seigneuriaux..., etc., à la charge de faire revalider les rentes seigneuriales..., faire tenir tous les ans les plaids et gaige plèges desdites seigneuries par les officiers pouvus par sadite Altesse, payer leurs gaiges, faire bon et fidèle registre où tous les vassaux seront desnommés avec leurs heritages et rentes deues, poursuivre les procès qui se pourroient arriver... et en outre payer 130 livres tournois de ferme par chacun an... »

Le lendemain 16, Guillaume Fréret, de Freneuse, sergent de l'eau et rivière de Seine, appartenant au duc d'Elbeuf, vendit « à saditte Altesse, stipulée par François du Chesne, escuyer, sieur des Monts, bailly de son duché, et M° Nicolas Bourdon, son procureur fiscal...

la dicte sergeanterye de l'eau... Mondict seigneur sera tenu payer et faire continuer au thresor de l'eglise de Saint Jean 10 livres et quatre plats de poisson de rente qui lui sont deubs d'antienneté sur lad. sergeanterye... » Fréret devait au duc une somme de 260 livres pour la jouissance des fiefs de Saint-Gilles, Cléon et la Heuze, et ce fut pour se libérer de cette dette qu'il abandonna la sergenterie de l'eau.

Jean Cappelet, greffier, décédé à l'âge de 49 ans, fut inhumé dans l'église Saint Jean le 21 du même mois.

A partir de cette époque, les inhumations dans l'église Saint-Jean devinrent moins nombreuses ; on n'y enterra plus guère que des ecclésiastiques, des enfants et quelques vieillards notables.

Le 29, Jean Lemonnier, drapier, prit Jacques Marsollet comme apprenti ; celui-ci devait rester trois ans chez son maître et lui payer 400 livres.

Le 1er mai, Jean Engren et sa femme fondèrent une haute messe annuelle à Saint-Etienne, moyennant 60 sols de rente.

Ce même jour, Laurent Lemonnier, tapissier, et Jean Delarue fils Louis, drapier, contractèrent une association pour fabriquer des draps et des droguets. Le premier mit 2.000 livres dans l'affaire, le second 1.000. Il fut dit que Delarue, ayant seul qualité pour exercer le métier de drapier, prendrait la conduite de la fabrication et se transporterait à Rouen, à Paris et même ailleurs si besoin était, pour acheter des laines, huiles, etc., qu'il choisirait les ouvriers et les ferait travailler, qu'il aurait l'œil sur tout afin d'éviter les défauts, et se comporterait comme les plus vigilants et soigneux maîtres drapiers du bourg.

Les pertes et profits seraient attribués pour deux tiers à Lemonnier et pour un tiers à Delarue, mais celui-ci, pour ses soins, prélevera 100 sols par semaine sur la masse commune, afin de subvenir à sa nourriture et à son entretien, plus 18 livres par an pour l'indemniser de menues dépenses, plus ses frais de voyages quand il irait à Paris et l'entretien de son cheval pendant ces voyages et ceux qu'il ferait au moulin à foulon ; les voyages à Rouen ne lui seraient pas remboursés, de même qu'il n'aurait pas droit aux 100 sols par semaine quand il irait à Paris ou au moulin. La société aurait une durée illimitée.

Une convention de cette même année nous fait connaître qu'il en coûtait 40 livres pour apprendre « le mestier de tisserand en droguet » ; mais à ce prix, l'apprenti touchait intégralement le produit de son travail. Le contrat dont nous parlons stipulait une durée de neuf mois pour l'apprentissage.

Pour apprendre le « mestier de drapier tisserand au grand mestier », un apprenti paya 22 livres pour un an, mais il devait recevoir 30 sols par chaque chaîne.

Le 20 juillet, les trésoriers de Saint-Etienne reçurent 72 livres pour une fondation de messe faite par feu Me François Lotin, originaire de Conches, décédé à Elbeuf, où il avait vécu un certain nombre d'années.

Un nouvel office religieux fut fondé à Saint-Jean, le 27 septembre, par l'acte dont extrait suit :

« Furent presents noble et D. P. Me François du Chesne, pbtre curé, Me Jean Gemblet, thresaurier sindic, h. h. Nicolas Flavigny, Nicolas Le Sage et François de Riberpré aussy thresoriers en charge de l'eglize paroissialle de St Jean d'Elbeuf, lesquels à la plus grande gloire de Dieu et secondant les pieux désirs de Me François Pastallier, pbtre, demeurant en lad. parroisse, ont declaré avoir accepté la proposition qu'il leur a faicte de le recevoir à fonder en leur dicte eglize, à perpetuité, la celebration par luy depuis quelques ans encommencée de l'office entier du glorieux sainct François de Sales, au jour de sa feste, echeante le 29° janvier par chacun an.

« Lequel office consiste aux premières vespres la veille, et le jour de la feste aux matines, grande messe, secondes vespres et salut, qui se commence par l'hymne *Iste confessor*, pendant lequel hymne se faict la procession autour de l'eglize en dedans, par Messrs les curé et pbtres, tenants tous chacun un cierge ardant en main ainsy que les thresoriers ; et estants parvenus en la chapelle de la très Ste Vierge, se chante l'antienne *Anima mea* avec le verset et l'oraizon du temps, après laquelle se chante l'antienne *Ama...* *(ici un passage en interligne peu lisible)* en retournant au au chœur, au milieu duquel les sieurs curé et pbres chantent le respond *O Ste Francisce* avec le verset, le *Gloria patri* et l'oraizon dudit saint ; après laquelle se dict le *De profundis* et l'oraison *Fidelium*.

« Tout lequel office led. sieur curé et thresoriers s'obligent pour eux et leurs successeurs faire dire et celebrer à tousjours en leurdite eglize, avec la même celebrité du chant, orgues, luminaire, son de cloches et ornements qui s'observe et praticque es festes triples en lad. eglize, sans restriction quelconque...»

Suit la désignation des sommes qui seront allouées au curé pour la messe et les recommandations au prône, aux six prêtres assistants, à l'organiste, aux petits clercs, aux trésoriers, au coutre, pour les seize cierges, etc.

Pour cette fondation, M⁰ Pastallier donna au trésor 14 livres 10 sols de rente en deux parties sur ses frères Louis et Nicolas, plus une troisième rente de 110 sols qu'il créa sur ses biens propres.

« Messire François du Mansel, conseiller et ausmonier du Roy, abbé commendataire de l'abbaye de N. D. d'Escurey, ordre de Cisteaux, diocèze de Toul, sieur du Buc », était à Elbeuf le 30 septembre, où il donna à loyer une maison qu'il possédait dans notre bourg.

Le 26 novembre, Nicolas Bourdon, procureur fiscal du duché, fit remise entre les mains du duc d'Elbeuf du « tabellionnage dud. duché qui luy avoit esté aliéné par mondit seigneur le xxᵉ may mil vɪᶜ ʟxvɪɪ.

« Ce faict au moyen et parce que pour le montant du prix montant à 1.500 livres, mond. seigneur a quitté aud. Bourdon le fond de propriété de deux acres de terre au triège de la Veoye jurée evaluées à 500 livres ; une acre au clos Linger evaluée à 200 livres ; cinq vergées et demye au Poirier de Noel ; trente-cinq perches aux Petites Cavées, ces dites deux dernières evaluées à 350 livres ; cinq vergées au Clos Mare evaluées à 280 livres ; le tout sis au Theil, plus une autre propriété estimée à 222 livres ». Bourdon remit 52 livres de soulte au duc, à Elbeuf, en présence de Nicolas Flavigny.

Année 1678

L'auberge du *Gros Denier*, paroisse Saint-Etienne, était alors la propriété de Pierre Paris, fabricant, et exploitée par Thomas Bérenger ; elle était sise rue Meleuse, près la ruelle de l'Hôpital, sur laquelle se trouvait la sortie d'une cour, où l'on voyait une tonnelle. Elle rapportait 100 livres de rente à Pierre Paris, par le loyer qu'il en tirait. — On vit longtemps, devant la porte de cette auberge, un pieu fiché en terre, qui marquait jusqu'où la Seine était montée pendant la terrible inondation de 1658.

François Patallier, prêtre, frère de Louis Patallier, ce dernier bourgeois de notre bourg, était toujours directeur des dames du couvent des Ursulines d'Elbeuf ; il possédait des immeubles à Caudebec. — Louis Broussaud, conseiller du roi, receveur des bailliages de Rouen et Caux, était propriétaire à Elbeuf. —

En ce même temps, Alexandre Cèbe, teinturier, agrandit son atelier de teinture, situé « au bord du duict » paroisse Saint-Etienne.

Le 1er mai 1678, Antoine Baudouin, lieutenant de la verderie d'Elbeuf, donna au trésor de Saint-Etienne, stipulé par Robert Gosset, curé, Jean Davoult, syndic, Antoine Bucquet et Jean Mallet, trésoriers en charge, deux parties de rente formant ensemble 8 liv. 10 s. 8 den., plus 20 livres une fois payées, pour la fondation d'un office solennel le jour de saint Joseph (19 mars) de chaque année, et une haute messe de *Requiem* le jour de saint Antoine (17 janvier).

La pièce qui suit est extraite des archives de l'ancien tabellionage d'Elbeuf :

« Comme ainsy soit que sœur Elisabet Chappel, fille du sieur Claude Chappel et de damoiselle Marie Berenger, ledict sieur Chappel absent hors royaume..., aye esté receue dès il y a deux ans dans le convent et monastère de Saincte Ursule fondé et establly en ce bourg d'Elbeuf parroisse de Sainct Etienne, et faict son novitiat et preuve en iceluy pendant ledit temps en esperance de parvenir à y faire une profession actuelle, et que elle aye estée jugée de ce capable tant par la dame superieure dudict convent que par les autres sœurs assistantes et autres qui font le corps dud. monastère.

« Ont, avant lad. profession à faire presentement icelles dames superieure et religieuzes toutes discrettes stipulantes le bien et soustient dud. convent... ; la damoiselle Berenger pour subvenir aux entretiens de lad. sa fille et ayder à faire subsister led. convent, qui n'est pas suffizamment fondé, s'est submize et obligée de faire à l'advenir et payer aud. convent en ce bourg, par forme de pension viagère 150 livres de revenu annuel », etc.

Cette constitution de rente est signée des sœurs ursulines d'Elbeuf : « † Charlotte Le Feron de Ste Marie ; † Elisabeth du Chene de de St François ; † Catherine Le Feron ditte de Jesus ; † Geneviefve Mullot ditte de St Bernard ; † Marie-Catherine de Vincy dict de St Cecile ; † Marguerite Le Cœur de St Dominique ; † Marguerite Le Moyne de Ste Claire », de la postulante, de sa mère, et des notaires d'Elbeuf.

Quelques jours après, les Ursulines achetèrent, moyennant 1.173 livres tournois, un corps de logis, situé rue Meleuse, attenant à d'autres propriétés du monastère.

Depuis quelques années, un procès assez

peu ordinaire faisait l'objet de nombreux commentaires à Elbeuf, à Bourgtheroulde et dans toute la contrée.

Le sieur Jean Le Roux, président aux requêtes du Palais à Rouen, descendant des anciens vicomtes d'Elbeuf, étant marié, avait eu un enfant d'une demoiselle Le Mercher, fille du greffier en chef des requêtes du Palais. Il l'enleva et la conduisit à son château de Bourgtheroulde, puis lui fit épouser un sieur de Bruyères, qui était venu demeurer dans le bourg.

Après sept ou huit ans de mariage, la fille Le Mercher devint veuve. Jean Le Roux, devenu veuf aussi, l'épousa, ou du moins Gaston Dumoulin, curé de Bourgtheroulde, lui délivra un certificat de mariage, qui n'était signé d'aucun témoin, et même il contenait au commencement de son contexte deux dates différentes. Ce curé était mort en 1661. La demoiselle Le Mercher alla demeurer à Rouen, dans l'hôtel du sieur Jean Le Roux. Toute la famille la regarda comme la femme de celui-ci, et fut reçue comme telle dans la société. Plus tard, elle eut deux nouveaux enfants qui furent tenus sur les fonts baptismaux par les enfants du premier mariage de Jean Le Roux ; dans l'acte de baptême, ils furent dits enfants légitimes de M. Le Roux et de la demoiselle Le Mercher.

Huit ans après cette union, Le Roux mourut. Nicolas Le Roux, son fils du premier lit, interjeta appel comme d'abus du mariage prétendu de son père avec la demoiselle Le Mercher. Une fille restée seule de ce mariage en soutint la validité.

On comprend qu'un procès engagé dans ces

conditions piqua la curiosité des habitants de notre région.

Les moyens de l'appel comme d'abus étaient l'insuffisance du certificat donné par le curé, l'adultère commis durant le mariage du sieur Le Roux, et la preuve qu'on offrait de l'intimité avec laquelle il avait vécu avec la demoiselle Le Mercher, tant qu'elle avait été femme du sieur de Bruyères.

Mais la fille du deuxième lit soutint que, par suite du défaut de registres de mariages dans la paroisse de Bourgtheroulde, le certificat devait en tenir lieu, ayant été délivré dans un temps non suspect ; qu'au surplus la preuve de l'adultère n'était pas admissible, ce crime ne formant un empêchement dirimant que lorsqu'il était joint à des promesses de mariage, ou à l'attentat sur la vie de l'un des conjoints ; qu'au surplus encore, sa possession d'état de fille légitime était notoire.

L'affaire ayant été renvoyée au Parlement de Dijon, celui ci rendit, le 11 août 1678, un arrêt qui débouta le sieur Nicolas Le Roux de sa demande en preuve, confirma le mariage et la légitimité de la demoiselle Le Roux.

Le 15 août, Pierre Flavigny, brodeur, de la paroisse Saint-Jean, quitta notre bourg pour aller habiter la Haye-Malherbe, où demeurait Robert Flavigny, son père, également brodeur.

L'original de la pièce qui suit est également conservé au notariat d'Elbeuf :

« Furent presents M^{res} Jacques Pollet, lieutenant, et Nicolas Bourdon, procureur fiscal du duché d'Elbeuf..., lesquels ayants eub cognoissance que monseig^r l'archevêque de Rouen, primat de Normandye, avoit jetté les yeux sur le reverend Père Jean François Scelles, ex definiteur general de l'ordre de Sainct François et gardien du grand couvent des Pères Cordeliers de la ville de Rouen, persuadé et convaincu de son merite et capacité, pour en faire son suffragant, non seullement pour l'imposition des mains, mais encore pour le regime et administration de son diocèze, et que, pour parvenir à l'execution de ce grand dessein, il estoit necessaire audict reverend Père Scellier d'obtenir des bulles de provision d'une eglize titulaire dans le pays des Infidèles et de se faire sacrer, et qu'en outre, pour maintenir la grandeur, l'esclat et la dignité épiscopalle, il luy estoit besoing d'avoir un tiltre de cinq cents écus pour la manutention de ladite qualité episcopalle..., pour la bonne amytié qu'ils luy portent ont donné et donnent la somme de quinze cents livres de rente », à prendre sur des terres sises à Caudebec. — Cette pièce est datée du 14 septembre 1678.

Le matin du 4 octobre, on trouva un enfant nouveau-né devant le portail de l'église Saint-Jean. Le 23 du même mois, on en trouva un autre au même endroit.

Le 8 octobre, Louis Patallier, cirier-chandelier, frère de François Patallier, prêtre, donna une demi-acre demi-vergée de terre au trésor de Saint-Jean, représenté par Nicolas Duchesne, curé, et Nicolas Boissel, trésorier, pour la fondation d'un service religieux.

Le lendemain 9, Jean Cèbe, demeurant paroisse Saint-Etienne, né à Mazamet en Languedoc, donna à ses neveu et nièce, enfants de son frère Alexandre, maître teinturier, de la paroisse Saint-Etienne également, tous les biens qu'il possédait. — Des descendants de cette famille se sont perpétués à Elbeuf jusqu'à nos jours.

Le 31 du même mois, Louis Hesbert, de la Haye-Malherbe, étant à son lit de mort, fit une nouvelle donation au trésor de Saint-Jean d'Elbeuf. — Elle fut revalidée le 26 septembre 1718.

Le 13 novembre, Marie Ferré, veuve de Samuel Roblot, abjura la Réforme en l'église Saint-Etienne, devant Robert Gosset, curé, Louis Fosse et Louis Caumont, prêtres de la paroisse, et en présence d'une grande affluence.

Le 27, à l'issue de la messe paroissiale, les paroissiens de Saint-Etienne, notamment Mathieu Frontin, Louis de la Rue, Michel Le Cerf, Charles Le Guay, Pierre Le Sueur, Adrian et Jean Osmont, Jacques Dugard, Thomas Lemonnier, Nicolas Cousture, Louis Flambart, etc., se réunirent en état de commun et conférèrent sur la diminution notable au rôle de la taille que s'étaient fait donner Jean Le Monnier et ses neveux, ainsi que la veuve et les enfants d'André Le Cointe, « par la taxe et moderation qu'ils ont surprize de Monseig^r l'Intendant soubz de faux esnoncés ». Ils nommèrent des procureurs, pour poursuivre en rétablissement d'impôt les Le Cointe et Le Monnier, par acte devant les notaires d'Elbeuf, daté du même jour.

Au 17 janvier 1679, François du Mansel, sieur du Busc, abbé commendataire de l'abbaye de N.-D. d'Escurey, au diocèse de Toul, était de nouveau à Elbeuf, où il bailla à loyer plusieurs terres qu'il possédait à Boscroger.

Par acte passé en notre bourg, le 20 février, en présence de François Duchesne, écuyer, sieur des Monts, bailli du duché, qui se porta caution pour le preneur, M⁰ François de Bouesset, curé du Thuit-Signol, démissionna de ce bénéfice en faveur de M⁰ François Harenc, son vicaire, moyennant 400 livres de pension annuelle. En attendant l'homologation et la confirmation de cet acte, Harenc s'engagea à entretenir le démissionnaire de tout ce qui lui serait nécessaire, et en outre de lui fournir chaque année « deux demy muids de vin et une pipe de bon sidre, pour régaler par ledit sieur de Bouesset ses amys quand ils luy rendront visite ».

Les deux prêtres s'engagèrent à vivre ensemble, mais le contrat prévoit le cas où ils viendraient à se brouiller. Le démissionnaire se retirerait alors dans le vicariat. Il fut entendu que Bouesset continuerait à célébrer la messe les dimanches et jours de fête, tant que sa santé le lui permettrait. La convention n'aurait qu'une durée de cinq années, après lesquelles le bailleur se retirerait tout à fait et ne jouirait que la pension de 400 livres.

Louis Patallier, cirier-chandelier au bourg d'Elbeuf, avait donné, par son testament, demi-acre demi-vergée de terre au trésor de Saint-Jean pour la fondation de trois hautes messes annuelles « à diacre, soubz diacre et chapiers ». L'acte fut ratifié, le 5 mars, en présence des notaires, de Nicolas du Chesne, curé; Nicolas Roussel, syndic; Jacques Pollet, lieutenant du duché, Pierre Dupont et Louis Flavigny, trésoriers en charge, et de François Patallier, prêtre, frère du défunt.

Pierre Delalande, « fermier du jaulge du duché d'Elbeuf », rétrocéda le 18 mai, à M⁰ Girard de Saint-Ouen, sergent royal au bourg d'Elbeuf, « sçavoir led. jaulge, tous droicts, profficts et esmoluments y attribués, sans reserve, sinon le droict de jaulge et courtage deub sur les boissons qui passent et se consument dans ce bourg ».

Un acte de cette époque mentionne une halle existant sur le quai de la Brigaudière.

Le 28 juillet, Jacques Pollet, lieutenant du duché, et son frère Nicolas, demeurant à Rouen « meus de devotion et pour satisfaire aux dernières volontés de M° Nicolas Pollet, prebtre, vivant curé de Saint Jean ; de M° Jacques Pollet, vivant bailly de Quatremares, leurs oncles ; de M° Jean Pollet, vivant aussy lieutenant dud. duché d'Elbeuf, leur père ; de M° Jean Pollet le jeune, pareillement lieutenant du mesme duché, et Pierre Pollet, leurs frères », aumonèrent à la fabrique de Saint-Jean une rente annuelle de 32 livres 2 sols 10 den. pour faire célébrer, chaque année, un obit le jour des Morts, et trente-quatre messes basses aux jours spécifiés dans le contrat. — Cette donation fut revalidée, pour partie, les 14 février 1703, 13 septembre 1720 et 8 février 1756, l'autre partie ayant été éteinte par le remboursement du capital.

A la date du 11 août, les registres paroissiaux de Saint-Jean mentionnent le « baptesme sous condition de Charlotte-Marguerite, aagée de quatre ans, fille naturelle de Messire Charles de Lorraine, duc d'Elbeuf, suivant la requisition qui en a esté faicte, estant pour lors en ce bourg, et nommée par Monsr de Revelois (?), intendant de la maison dudit seigneur d'Elbeuf, et damoiselle Marguerite Vallet, femme de Mr François Duchesne, escuyer, sieur des Monts, bailly d'Elbeuf, ses parrain et marraine ».

Année 1679

En ce même mois, Jean Flavigny signifia aux paroissiens de Saint-Jean qu'il avait quitté Elbeuf depuis onze ou douze ans, qu'il habitait depuis trois ans « Schelestadt, en Allemagne, sous la domination du Roy de France », que néanmoins on continuait à l'imposer au rôle de la paroisse Saint-Jean et qu'il entendait en être rayé.

Jean Bigot, avocat à la Cour, mourut à Elbeuf, le 1er septembre, à l'âge de 36 ans ; le lendemain, on l'inhuma dans l'église.

Le 29 août, Marie Védie, veuve de Jacques Flavigny fils Alexandre, donna 10 livres de rente au trésor de Saint-Jean, représenté par Nicolas Duchesne, curé ; Nicolas Roussel, syndic ; Jacques Pollet, lieutenant du duché, Pierre Dupont et Louis Flavigny, tous trésoriers. Cette donation fut faite sous charge de deux services et d'une haute messe chaque année.

Le contrat de mariage, à la date du 9 septembre, de Nicolas Flavigny, fils aîné de feu Nicolas, avec Marie Bourdon, fille de Nicolas Bourdon, procureur fiscal, mentionne comme témoins : Nicolas Flavigny, aïeul du futur ; Jean et Robert Flavigny, ses frères ; Nicolas Bourdon, avocat, frère de la future ; Jean Bourdon, curé de Crasville ; Jean Pollet, lieutenant ; Nicolas Pollet ; Jean Gemblet, avocat ; Pierre Hesbert et Louis Le Roy, ses oncles. La mariée recevrait 6.000 livres de dot, dont 2.000 deux ans après la célébration du mariage. Le grand père du jeune homme promit fournir gratuitement aux époux un logement avec tous meubles nécessaires.

A quelque temps de là, le beau-père et le gendre achetèrent un lot de bâtiments, que leur vendit le duc d'Elbeuf, toujours obéré, et qu'ils se partagèrent ensuite.

Le 7 octobre, François Duchesne, fils du bailli, décédé à l'âge de six ans, fut inhumé dans le chœur de l'église Saint-Jean.

Le 10, on vendit « une masure plantée de vignes, poiriers, pommiers, noyers et autres arbres, édifiée de maison, granges estables, close de murs, assise en la paroisse Saint Jean en la rue de la Barrière, ledit tenement vulgairement appelé le Maurepas, borné d'un bout lad. rue de la Barrière, d'autre bout le chemin... » Ce chemin était celui d'Elbeuf à Pont-de-l'Arche; c'est actuellement la rue de la Porte-Rouge.

Le 31 octobre, Louis Le Chartier, sieur de St Pierre-des-Cercueils, demeurant à Rouen, céda, du consentement de demoiselle Louise Le Roy, veuve de Louis Le Chartier, nièce du premier Le Chartier, aux Ursulines d'Elbeuf, le principal et arrérages de 100 livres de rente sur « Henry de Campion, escuier, sieur du Montpoignant et de Limare, ayant la garde noble des nobles enfants mineurs de feu Nicolas de Campion, escuyer, sieur du Montpoignant ».

Les Campion du Montpoignant blasonnaient : *D'or, au lion rampant d'azur, armé et lampassé de gueules, chargé de deux cotices du même.* Plusieurs descendants de cette famille, citée souvent dans l'histoire de Normandie, habitent encore la contrée. — La famille Le Chartier a également des descendants dans notre ville; l'un d'eux fut un ancien notaire qui mourut en 1895, étant agent d'affaires à Elbeuf. Le Louis Le Chartier dont il est parlé ci-dessus vendit la seigneurie de

Saint-Pierre-des-Cercueils à J.-J. Le Métayer écuyer, sieur des Champs et de Lormaye, lequel la revendit en 1715, à Antoine de Campion, qui la conserva jusqu'à la Révolution.

Suit le texte d'un contrat concernant le mesurage des grains aux halles de notre bourg :

« Aujourd'huy quinz^{me} de novembre 1679, l'intention de S. A^e Monseig^r le duc d'Elbeuf pour le droict de mesurage de grains dans les halles de ce bourg estant explicquée par son ordre receu devant les tabellions de ce lieu par acte de ce jour, il a esté, pour l'entière execution d'iceluy, arresté entre sad. A^e et Leon Maigret y nommé que... ledict Maigret faira tenir prests et preparés autant de boisseaux à chacque jour de marché dans lesdites halles que besoing sera pour le service du public, de sorte qu'il n'en arrive nulle plaincte à peine d'intherests, parce que sad. A^e sera tenue maintenir led. Maigret en la perception du denier attribué pour ledit mesurage par ledit ordre.

« En quoy faisant, led. Maigret se submit payer à S. A^e ou à son ordre la somme de trois cents livres par chacune des trois années restantes de son bail, qui finiront au dernier de décembre 1682, et cent livres pour le vin, lequel vin et les trois cents livres pour la première année ont esté presentement payés par led. Maigret à sad. A^e par advance.

« A cette stipulation qu'en fait de contestation à la perception dud. denier pour boisseau pour led. mesurage, led. Maigret ne sera tenu à aucune suitte pour le soustient dud. droict ».
— Suivent les signatures du duc d'Elbeuf de Maigret, de Saint-Ouen, etc.

Huit messes basses furent fondées, moyennant 100 livres, en l'église Saint-Jean, le 8 décembre, par Marguerite Pollet, veuve de Louis Bénard.

Le 15 décembre, François Pastallier, avocat au Parlement, vendit pour le prix de 4.500 livres divers immeubles, sis à Elbeuf et à Caudebec, au monastère de Sainte-Ursule, représenté par Charlotte Le Féron, supérieure; Elisabeth Duchesne, assistante; Catherine Le Féron, Geneviève Mullot, Catherine de Vincy, Marguerite Lecœur et Marguerite Lemoine, religieuses.

Un procès était sur le point de naître entre Charles Puchot, conseiller au Parlement, écuyer, seigneur du Plessis, d'Amfreville-la-Campagne et du fief Saint-Antoine d'Iville dit aussi de la Garenne, et Catherine de Plasnes, veuve de Jean du Chesne, écuyer, sieur des Chastelliers, propriétaire du grand moulin d'Ectomare, sujet envers la seigneurie de Saint-Antoine d'Iville à une redevance de 10 livres 3 sols 9 deniers, en vertu d'un contrat de fieffe passé en 1540.

Ce moulin « avoit esté, depuis sept à huict ans, bruslé par le mauvais mesnage des préposés de ladite damoiselle de Plasnes » et elle prétendait y renoncer. C'est pour la garantie de ses droits que Charles Puchot allait l'assigner; mais François du Chesne, sieur des Monts, bailli d'Elbeuf, fils de Catherine, intervint, et, le 28 décembre 1679, on signa un accord, par lequel la butte du moulin rentra dans le fief de Saint-Antoine; à ce moyen, Puchot déchargea Catherine de sa redevance.

Au 30 du même mois, François Duchesne, bailli, et Nicolas Bourdon, notaire, avaient la procuration du duc d'Elbeuf, dans une affaire concernant Guillaume Fréret, sergent de l'eau et rivière de Seine, demeurant à Freneuse.

Un contrat passé devant le tabellion d'Elbeuf, le 16 mars 1680, nous apprend que François Pastallier, avocat au Parlement, possédait « un clos contenant trois vergées de terre en nature de labour, plantées de vignes, pruniers et autres arbres, assiz paroisse Saint Jean, au triège de la Croix de Caudebec », qu'il s'obligea remettre aux Ursulines d'Elbeuf.

Les contrats de mariage dressés par le tabellion Bourdon, commençaient souvent ainsi : « Pour parvenir au mariage qui, au plaisir de de Dieu, sera faict et célébré en face N. M. S. E. C. A. et R. (Notre Mère Sainte Eglise catholique, apostolique et romaine) entre... etc. »

Le 18 mai, il reçut Pierre Pollet, curé de Caudebec, ainsi que Hélie et Alix, trésoriers de cette paroisse, pour spécifier l'emploi à faire d'une somme de cent livres que feu Simon Esloy, curé de Montaure, avait donnée, pendant sa maladie, à l'église de Caudebec. On décida de prélever 19 livres pour aider à acheter une bannière, et que le reste servirait à la constitution d'une rente annuelle que paierait Martin de Labarette, sergent traversier en la forêt des Monts-le-Comte, qui, à cet effet, reçut 81 livres.

Nous trouvons les passages suivants dans l'aveu au roi, par les religieux de l'abbaye de Saint-Taurin d'Evreux, le 4 mai 1680, indiquant les droits que ce monastère avait à Elbeuf et à Caudebec :

« ...Le droict de presenter à la cure de Sainct Jean d'Elbeuf, avec droict de dixme dans toute l'etendue de la dicte paroisse.

« Item, le droict de présenter à la cure de Sainct Etienne d'Elbœuf, toutesfois que vacation eschet, avec droict et jouissance des dixmes de la dicte paroisse.

« Item, le patronage et presentation de la cure de Nostre Dame de Caudebec, avec droict de dixme, dans l'etendue de la dicte paroisse...»

Cet aveu est signé : « Nicolas de Fresnoy, abbé de Sainct Taurin d'Evreux ».

Les registres paroissiaux de Saint-Jean contiennent l'acte d'abjuration qui suit :

« Ce 14e may 1680, Samuel Roblot, fils d'Abraham et de Anne Poitevin, de la Religion pretendue reformée, aagé de 26 ans, a fait abjuration solennelle de l'hérésie de Calvin et profession publique de foy catholique, apostolique et romaine, en cette eglise paroissialle de Sainct Jean, à l'issue de la messe de parroisse, entre les mains de Me Jacques Desfosses, prestre, délégué pour ce sujet, comme ayant receu l'autorité de pouvoir de Monseigneur Henry de Maupas de la Tour, évêque d'Evreux, en date du 7e de ce mois, dont il a receu l'absolution générale, après avoir auparavant suppléé la cérémonie du baptesme et receu la profession de foy signée de sa main, conformément au concile de Trente et au *Manuel* d'Evreux... En présence de Mre Nicolas Duchesne, prestre, curé de ladite parroisse, de Me Jean Viard, prestre, vicaire, Jean Beaucousin, Louis Buquet et autres ».

On dansait à Elbeuf, au son du violon, à cette époque, car un titre mentionne Jacques Cauchoix, « menestrier » ; il était frère de Jean Cauchoix, tapissier ; tous deux habitaient Caudebec. — Cauchoix est donc le plus ancien musicien instrumentiste de notre région dont le nom nous soit connu, si nous en exceptons les organistes.

Le 21 mai, Nicolas Bourdon, procureur fiscal du duché, fut choisi pour arbitre par Jean Ellias et Jean Houdard, bourgeois de Rouen, associés pour l'exploitation de la ferme des moulins, coutumes et prévôté d'Elbeuf, et par Pierre Chrestien, conseiller du roi en la table de marbre du palais à Rouen, administrateur de cette ferme pour le compte des deux associés.

Leblanc, intendant à Rouen, avait écrit à Colbert, dans le but de lui faire connaître la situation commerciale d'Elbeuf et de Louviers. Nous ne connaissons pas cette lettre, mais la Bibliothèque nationale possède la réponse, datée du 31 mai, qu'y fit le célèbre ministre. La voici :

« J'apprends par vostre lettre du 22 de ce mois, ce qui se passe dans les manufactures de Louviers et d'Elbeuf. Il seroit à souhaiter que celle de Louviers augmentast, parce qu'il entre dans ce royaume une très grande quantité de draps d'Angleterre et de Hollande et qu'il est toujours très avantageux à l'Estat de fabriquer au dedans du royaume des marchandises qui viennent du dehors.

« Vous ne pouvez rien faire de plus utile à l'Estat que d'exciter les principaux habitans de ce lieu là même et de Rouen, si vous y trouvez quelque facilité, à s'intéresser avec celuy qui a entrepris cette manufacture ».

L'industrie drapière était donc alors insuffisante à la consommation française ; mais il semble par les termes de la lettre de Colbert, que la fabrique d'Elbeuf produisait en grande quantité et qu'elle était prospère.

Mᵉ Marin Bénard, avocat au Parlement, fils de feu Bénard, marchand à Elbeuf, transporta une rente à la Charité de Saint-Etienne, stipulée par Jean Davoult, eschevin, et Robert Gosset, curé.

Le 15 juin, François Levoiturier, laboureur à Montaure, hameau de la Vallée, vendit à « Mᵉ Pierre de Mondion, agent des affaires de Monseigneur le duc d'Elbeuf, héritier de deffuncts Messeigneurs les comtes de Clermont et de La Marche, vivants abbés de l'abbaye de Bonport », une masure, pour payer 475 livres que le vendeur restait devoir « à cause du bail à lui fait par Mᵉ Berryer, économe du feu seigneur Roy de Pologne, aussy abbé de Bonport ».

Les trois abbés dont il vient d'être question furent :

1º Jean Casimir, roi de Pologne, fils de Sigismond III et de Constance d'Autriche, né en 1609. Cardinal avant d'être roi, il abdiqua la royauté et vint en France, où Louis XIV lui donna toutes les abbayes possédées par Henri de Bourbon, fils naturel de Henri IV, qui avait abandonné les ordres pour se marier. Jean Casimir, abbé de Bonport et autres abbayes, mourut le 14 décembre 1671.

2º Henri III de Bourbon, comte de Clermont, fils de Jules de Bourbon et d'Anne de Bavière, né le 3 juin 1672, abbé de Bonport, par permission du pape du 11 août 1673, à l'âge de 14 mois ; il mourut le 6 juin 1675, âgé de 3 ans, conséquemment.

3º Louis-Henri de Bourbon, comte de la Marche, frère du précédent, né le 9 novembre 1673, abbé de Bonport à l'âge de 18 mois, mort le 21 février 1677.

Année 1680

Par acte du 4 juillet, Guillaume Durand, curé de Manneville (ou Mandeville), fit une donation à Catherine Duchesne, fille du bailli d'Elbeuf.

Michel Martin, maître tapissier, de la paroisse Saint-Etienne, promit montrer à travailler à un ouvrier du nom de Jacques Delalande, par contrat du 4 août. L'apprenti recevrait 5 sols par jour, à condition qu'après l'année d'apprentissage, Jacques resterait encore deux ans chez son maître, qui, alors, le payerait « d'aussy hault prix qu'aux meilleurs compagnons de sa bouticque et l'entretiendrait de travail ». — Cet acte et d'autres du même genre prouvent que le nombre d'ouvriers tapissiers ne suffisait pas aux besoins des entrepreneurs.

Un acte mentionne « Me Louis Caumont, vicaire de Sainct Estienne, œconosme de l'Hostel Dieu, et Me Nicolas Bourdon, procureur fiscal », comme s'intéressant à la construction d'un bâtiment à l'hôpital.

Le 1er septembre, Jean Osmont, boulanger, fonda deux services à une haute messe par an, en l'église Saint-Etienne, au moyen d'une pièce de terre, sise à Boscroger, qu'il donna au trésor, représenté par le curé Gosset, Pierre Regnault le jeune, Antoine Godard, Thomas Lemonnier et Jacques Chrestien, trésoriers.

Un acte du mois de septembre mentionne Charles Pollet, conseiller du roi, lieutenant particulier au siège général des eaux et forêts de Normandie, comme héritier de feu Jacques Pollet, procureur fiscal au duché d'Elbeuf, et d'Isabeau Hesbert.

Antoine et Pierre de Lux, écuyers et frères,

héritiers de feu Pierre Bachelet, lieutenant à la table de marbre à Rouen, étaient propriétaires, au triège de la Vignette, d'un labour borné « d'un bout le grand chemin d'Elbœuf à Caudebec, d'autre bout la sente tendante à l'église de Caudebec », qu'ils vendirent le 26 septembre, à Guillaume Lefebvre fils Guillaume, d'Elbeuf.

Un des registres paroissiaux de Saint-Jean précise la date du décès de la duchesse d'Elbeuf :

« Le 28e jour d'octobre a esté célébré un service pour deffuncte très haute et puissante princesse Madame Elisabeth de la Tour d'Auvergne..., femme de très haut et puissant prince Messire Charles de Lorraine, duc d'Elbeuf, aagée de quarante deux ans, morte à Paris le 25e jour dudit mois ». — Il est probable qu'un pareil service fut célébré à Saint-Etienne, à Caudebec, à la Saussaye et dans les autres paroisses du duché.

Aussitôt après la mort de sa deuxième femme, Charles III de Lorraine songea à se remarier.

Il épousa la fille aînée du maréchal de Navailles, sœur de la célèbre Mme de Pompadour, dont le père passait, suivant Saint-Simon, pour l'un des hommes les plus avares de son époque. La cour de son hôtel, à Paris, n'était pas pavée ; on s'y embourbait littéralement. Les domestiques y mouraient de faim, et ses trois filles en étaient réduites à dérober des vivres pendant que leur mère était couchée.

Le 20 décembre, la Communauté des drapiers fabricants, conjointement avec celle des tapissiers, signèrent un acte, qui fut déposé au greffe d'Elbeuf, par lequel ils prenaient à titre de ferme « le droit de faire porter leurs marchandises d'Elbeuf à Paris, sous le bon plaisir de Mgr le duc d'Elbeuf ». Ce bail, signé de tous les fabricants de l'une et l'autre corporation, fut rendu exécutoire par sentence des juges de la haute justice du duché.

Dans une liasse d'obligations, de 1678 à 1682, sont désignés comme habitants d'Elbeuf :

Jean Capplet, clerc acolyte du diocèse d'Evreux, fils de feu Jean, greffier du duché; Louis Hamon, officier du duc d'Elbeuf, contrôleur des titres de la vicomté de Pont-de-l'Arche ; Pierre de Mondion, agent des affaires du duc ; Pierre Lefebvre, Louis Godard, Robert Gosset, Thomas Saint-Ouen, Louis Girard, tous chirurgiens ; Noël Bonneville, marchand tanneur ; Antoine Dévé, bourrelier, dont la signature représentait un collier de cheval.

A cette époque, Thomas Henry, souche d'une famille dont l'un des membres donna son nom à une rue moderne d'Elbeuf, était hôtelier à *la Bergerie*. — Robert Flavigny, originaire de notre bourg, qualifié de « brodeur de Sa Majesté », habitait la Haye-Malherbe. — Un procès était pendant entre Nicolas Flavigny, d'Elbeuf, et Jean Poullain, greffier de la Haye-Malherbe, au sujet du champart de Vraiville. — Enfin, Jean Bourdon, également d'Elbeuf était curé de Crasville.

CHAPITRE XXII
(1681-1683)

Charles III de Lorraine *(suite)*. — Mariage de Charlotte légitimée d'Elbeuf. — Le moulin du Pré-Bazile. — Les tailleurs d'habits. — Les droits du bourreau de Rouen a Elbeuf. — Deux ordonnances du bailli. — Charles III cède le duché a son fils Henri.

Le dernier acte concernant la paroisse Saint-Jean et figurant sur le grand Pouillé d'Evreux est le suivant :

« Le 5 janvier 1681, sur la présentation faitte par Mᵉ Nicolas du Fresnoy, abbé commendataire de Saint Taurin, en faveur de Jean Le Hecq, prestre, curé de Saint Ouen de Léry, à la cure de Saint Jean d'Elbeuf, vacante par la mort de Guillaume Durant, prestre, dernier curé, quoiqu'il n'en eut pas encore pris possession, la dite cure a été conferée à Jean Le Hecq, par MM. Duvaucel, Delangle et Vaillant, vicaires generaux, sous l'autorité du chapitre, le siège episcopal etant vacant ».

Le 17 du même mois, Louise Delamare, veuve de Michel Dugard, teinturier, désirant continuer le métier de son mari, prit à loyer de Louis Delarue « une maison et bouticque propre à faire tainture, avec deux grandes chaudières de viron neuf à dix ponsons chacque et autres ustencilles servant audit mestier de tainturier et trois cuves... », à la charge de payer les rentes seigneuriales pour l'immeuble et moyennant un loyer annuel de 300 livres.

Le même jour, Claude Blondel, bourgeois d'Elbeuf, présenta au sieur Roblot, sergent de la compagnie du sieur Varin, capitaine au régiment de la Marine, au lieu de son fils, engagé en ladite compagnie, le nommé Pierre Olivier, lequel promit d'aller au service du roi dans cette même compagnie, moyennant la somme de 40 livres tournois. Roblot reçut aussi 9 livres de Blondel père, pour la promesse qu'il lui fit de ne pas inquiéter le remplacé.

A cette date, Denis Vimard, « compagnon tapissier, demeurant à Lyon sur le Rosne », travaillait chez François Dugard, maître tapissier à Elbeuf.

Au 8 février, Pierre Hamon, curé de Touville, Jean Hamon, prêtre à Saint-Jean d'Elbeuf, Jacques et Vincent Hamon, tous quatre frères, étaient héritiers de Jacques Hamon, chanoine de la Saussaye.

Un acte du 25 mars, passé devant le tabellion de Boissey le-Châtel, eût pour objet l'affermage du droit de la messerie de la châtellenie de Boissey et ses dépendances.

Les archives de l'ancien tabellionage d'Elbeuf-Bec-Thomas conservent à la date du 14 avril 1681, copie d'un arrêt rendu par le Parlement de Paris, portant séparation de biens entre Charles de Beaulieu, marquis du Bec-Thomas, et Anne Bontemps, sa femme, et condamnation du marquis à restituer à la marquise la somme de 120.000 livres qu'elle avait apportée en mariage, par contrat du 28 avril 1655 et depuis.

En attendant la réalisation du douaire, le marquis était tenu de servir à sa femme et à ses enfants une pension alimentaire de 10.000 livres par an. Pour faciliter ce payement, l'arrêt ordonnait que les meubles du marquis, déjà saisis, seraient vendus et les deniers provenant de la vente donnés à la marquise.

Anne Bontemps, dont la signature est au bas de cette copie, avait longtemps vécu à la à la cour, où elle était dame de la reine Anne d'Autriche. Ce procès, dont on parla beaucoup dans toute notre région, continua la ruine de la maison de Beaulieu, qui fut achevée plus tard. Le marquisat du Bec-Thomas même disparut et redevint baronnie, après Charles II de Beaulieu, fils d'Anne Bontemps.

Marie Leduc, fille d'un huissier au Parlement de Rouen, qui, depuis deux ans et demi, était novice aux Ursulines d'Elbeuf, fut autorisée, en mai, à y faire sa profession, moyennant une pension annuelle de 160 livres fournie par sa famille.

Le 17 juin, Jean Beaucousin, prêtre habitué en l'église Saint-Jean, fit don de 12 livres de rente au trésor paroissial, pour la fondation d'une haute messe anniversaire de *Requiem* et cinq messes basses dans le courant de chaque année. Il fit donation d'une autre rente de 12 livres à la Charité de Fouqueville, paroisse dont il était originaire. Jean Beaucousin mourut le 25 du même mois, à l'âge de 77 ans ; son corps fut transporté à Fouqueville, le surlendemain.

Les trésoriers de Saint-Jean fieffèrent, le 27 juillet, une demi-vergée de terre, sise à Thuit-Anger, à Pierre Flambart, moyennant trois livres tournois de rente. — Cette fieffe fut revalidée le 14 janvier 1724. — Ladite terre avait été donnée à l'église, avant 1606, par Georges de Saint-Gilles.

Le 9 août, Charles Carbon, ci-devant verdier d'Elbeuf, reçut de François Duchesne, écuyer, sieur des Monts, bailli du duché, alors verdier, la somme de 4.000 livres à laquelle la charge de verdier avait été fixée. — Cette cession mit fin à un procès pendant au Parlement de Paris, entre le duc d'Elbeuf, Charles Carbon et François Duchesne.

Il semblerait que les Elbeuviens de cette époque étaient, au moins en partie, assez batailleurs, et bien souvent certains recevaient de graves blessures dans des rixes. Mais, presque toujours, ces sortes d'affaires se terminaient par des indemnités versées aux blessés, et le payement des frais de chirurgien et d'apothicaire.

A la suite d'un procès devant le bailli d'Elbeuf, intenté contre deux individus accusés de « maléfices de corps » envers un tiers, une somme de 110 livres fut payée par les agresseurs au blessé.

Le 4 septembre, Pierre Pollet, curé de Caudebec, et Thomas Pollard, procureur de Thomas de Fresnoy, abbé commendataire de Saint-Taurin d'Evreux, baillèrent à ferme, pour huit années, à Simon Guenet, bourgeois d'Elbeuf, les dîmes de Caudebec avec les granges dîmales, aux charges d'entretenir le chancel de l'église et les granges de menues réparations, de payer les 100 livres de pension dues par la grande dîme au curé de Saint-Jean d'Elbeuf, même en temps de guerre, peste, famine ou autres accidents, et de payer chaque année 2.400 livres de ferme, dont moitié à l'abbé de Saint-Taurin et moitié au curé de Caudebec. — Jean Gemblet, avocat à Elbeuf, plégea le preneur.

Thomas et Nicolas Lecointe, père et fils, avaient formé entr'eux une société de dix années pour la fabrication des draps, par acte passé à Pont-Saint-Pierre le 14 février 1679. Lecointe fils était intéressé pour 10.000 livres dans cette société. Son père, étant tombé très dangereusement malade, fit venir le tabellion ducal, qui était alors Mᵉ Louis Hamon, et déclara devant lui que, quoi qu'il pût arriver, la société aurait son cours jusqu'au jour indiqué par le contrat de 1679, même en cas de décès de l'un des associés.

Les vœux formés par le ministre Colbert pour l'extension de la fabrique de Louviers engagèrent des industriels à s'établir dans cette ville. Etant à Brisach, le 20 octobre, le roi permit aux sieurs Picard, Langlois et compagnie d'établir à Louviers une manufacture de draps façon d'Angleterre et de Hollande, de toutes façons et couleurs, et de les débiter en France et à l'étranger.

Le duc d'Elbeuf maria une fille naturelle, qu'il avait eue de sa liaison avec Marie Poulain, au seigneur d'Oissel. Voici le contrat de mariage qui fut dressé à cette occasion :

« Par devant Robert Bourdon, avocat à la Cour, notaire garde-notes du Roy, commis par Sa Majesté au bourg d'Elbeuf et dependances, et Girard Saint Ouen, sergent royal audit Elbeuf, pris pour adjoint.

« Furent presents Messire Leonord de Brevedent, chevalier, seigneur et patron d'Oissel, de Sigy, seigneur chastelain de Bethencourt, fils et heritier de deffunct Messire Robert de Brevedent, seigneur dudit Oissel, et de dame Suzanne de Biville, vivante dame et chastellaine de Bethencourt, dame et patronne de Sigy, demeurant ordinairement audit lieu seigneurial d'Oissel, estant de present à Elbeuf d'une part,

« Et damoiselle Charlotte de Lorraine d'Elbeuf, fille naturelle et legitimée de très haut, très puissant et très illustre prince Monseigneur Charles de Lorraine, duc d'Elbeuf, pair de France, gouverneur et lieutenant général pour le Roy des provinces de Picardie, Artois, Boulonnois, comté de Hainault, pais conquis et reconquis, et gouverneur particulier des ville et citadelle de Montreuil sur la Mer, et de dame Marie-Anne Poulain, marquise d'Igoville, sa mère, d'autre part.

« Ladite damoiselle soubz le bon plaisir et du consentement de mondit seigneur le duc d'Elbeuf, estant de present audit lieu d'Elbeuf, et en presence de très hauts, très puissants et très illustres princes Messeigneurs Charles de Lorraine, prince d'Elbeuf, chevalier de Malthe ; Henry de Lorraine, prince d'Elbeuf, gouverneur et lieutenant general des provinces de Picardie et autres gouvernements comme mondit seigneur son père ; François de Lorraine, comte d'Harcourt, marquis d'Aubenas et autres lieux, et   de Lorraine, prince de Montort ; messire Jacques de la Houssaye, chevalier, seigneur de Rougemontiers ; messire Jacques de Malortie, sieur de Roye; Anthoine Le Mercier, sieur de Gruchet; François du Chesne, sieur des Monts, baillif d'Elbeuf, et noble homme Toussaint-François Chastellain, conseiller du Roy, intendant de mondit seigneur le duc d'Elbeuf.

« Et ledit sieur d'Oissel en presence et assisté de messire Robert de Nollent, chevalier, seigneur de Valois et de Maillet, beau frère dudit futur époux, à cause de dame Suzanne de Brevedent son espouze; messire Marc-Antoine de Brevedent, chevalier, seigneur de Saint-Martin et de Vanecrot, conseiller du Roy et lieutenant general au bailliage et siège presidial de Normandie; messire François de Brevedent, conseiller à la Chambre des Comptes de Normandie, chevalier, seigneur de Sahurs; messire Jacques de Brevedent, chevalier, seigneur de Berville; messire Bequet de Brevedent, conseiller du Roy en sa Chambre des Comptes de Normandie, et autres.

« Lesquels se sont reciproquement promis foy et loy de mariage si Dieu et nostre mère sainte Esglize catholicque, apostolique et romaine leur en fait la grâce, et icelluy celebrer et solenniser, et s'espouser incessamment.

« En faveur duquel mariage mondit seigneur a promis et s'oblige par ces presentes donner à ladite damoiselle, sa fille, la somme de trente mil livres, sur laquelle somme de trente mil livres, mondit seigneur a presentement payé en presence dudit notaire et adjoint audit sieur d'Oissel et ladite damoiselle, laquelle, en temps que besoin fut ou seroit-il, a auctorisé et auctorise la somme de dix mille livres et louis d'or et d'argent et autres monnoye, et le surplus montant à vingt mil livres, en deux termes et payemens sur le present des Estats du pays d'Artois, savoir dix mil livres en l'année prochaine 1682 et pareille somme en l'année 1683, desquelles sommes mondit seigneur a presentement donné ses blancs signés et quittancés audit sieur d'Oissel pour recevoir ladite somme de vingt mil livres du receveur du pais des Etats d'Artois, et outre ce mondit seigneur y a obligé et hipotecqué tous ses biens meubles et immeubles presens et advenir...; consentant mondit seigneur qu'au cas que ladite damoiselle sa fille meure sans enfans auparavant ledit sieur d'Oissel, ladite somme de trente mil livres luy demeure et appartienne et aux siens ; et outre ce mondit seigneur s'est obligé et a promis donner à ladite damoiselle sa fille ses habits de nopces, bagues, joyaux et carosse à quatre chevaux ; comme pareillement le sieur d'Oissel que s'il decède avant ladite damoiselle future espouze, sans enfans, qu'elle reprenne tout ce qu'elle aura apporté en mariage et tout ce qu'il lui sera escheu et advenu par donation ou autrement, et outre son douaire suivant les coutumes des lieux où les biens dudit sieur d'Oissel sont situés presens et advenir, qu'il lui a dès à present afecté et hipotecqué sans qu'il soit besoin d'en faire aucune demande en justice, et sans prejudice de ses autres droicts coustumiers, comme aussy elle remportera la somme de quatre mil livres pour sa chambrée sur les biens dudit sieur d'Oissel, le tout en exemption et par preference à tous creanciers et debtes.

« Et outre a esté convenu et accordé que s'il y a des enfans lors vivans dudit futur mariage, ladite damoiselle remportera la somme de vingt mil livres faisant partie de la somme de trente mil livres cy dessus promise pour sa dot, lesquels ledit sieur futur espoux constitue sur tous ses biens presens et advenir du jour de la reception d'iceux sur dès à present pour ladite somme de dix mil livres, et pour les vingt mil livres du jour qu'il les aura receus outre son douaire cy dessus expliqué, raporter des meubles pour sa chambrée, comme il est cy devant dit, avec lesd. vingt mil livres.

« Et outre a esté encor convenu et arresté que s'il est fait des acquisitions pendant la communauté durant et constant ledit mariage ladite damoiselle future espouze y aura sa part et portion suivant les coutumes et usages des lieux où les acquets se trouveront situés et avoir esté faits.

« Ce que dessus a esté arresté suivant les articles qui en avoient esté dressés et signés entre mondit seigneur, ladite damoiselle et ledit sieur d'Oissel le 20e octobre dernier, recognu en ce tabellionage lesd. jour et an..., et ont lesdites parties esleu domicile, savoir mondit seigneur et ladite damoiselle en l'hostel de mondit seigneur scis rue de Vaugirard faubourg Saint Germain, et ledit sieur d'Oissel audit lieu seigneurial d'Oissel...

« Fait et passé audit bourg d'Elbeuf au logis de Monsieur le baillif dudit lieu, où est logé mondit seigneur le duc et ladite damoiselle, l'an 1681, le seiziesme novembre avant midy ». — Suivent les signatures.

La cérémonie nuptiale eut lieu à Saint-Etienne, le surlendemain, ainsi que le constate l'acte qui suit, transcrit des registres de cette paroisse :

« Le xviiie jour de novembre 1681, ont esté

mariés Leonard de Brevedent, chevalier, seigneur et patron d'Oissel, aagé de 30 ans, de la parroisse de Sainct Martin d'Oissel, suivant la permission du sieur Hallé, curé de lad. paroisse, en dable du seiziesme jour du present mois, et vertu de la dispense de deux bans obtenue du sieur official de Rouen, du douziesme de ce present mois et an ; et damoiselle Charlotte de Lorraine d'Elbeuf, fille de Son Altesse Monseigneur le duc d'Elbeuf, aagée de vingt-quatre ans, de la parroisse de Saint Sulpice de Paris, par dispense de tous bans de Monseigneur l'archevesque de Paris, en dable du douziesme de novembre, icelles dispenses deubment signez et scellez ; presence de Messires Robert de Nollent, escuyer, sieur de Vallois ; Anthoine Le Mercier, escuyer, seigneur du Gruchet ; François Duchesne, escuyer, sieur des Monts, bailly d'Elbeuf ; noble homme Toussaint François Chastellain, intendant de Son Altesse Monseigneur d'Elbœuf, et autres ».

Suivent les signatures des personnages ci-dessus désignés, plus celles des sieurs de la Houssaye-Rougemontier et Jean-Baptiste Conart.

Le 27 de ce même mois mourut, à l'âge de 44 ans, Girard de Saint-Ouen, chirurgien ; on l'inhuma dans l'église Saint Jean. — Laurent Pollet, également chirurgien, demeurait en la même paroisse. Il était parent de Nicolas Pollet, chanoine de la Saussaye.

Il y avait alors procès au Parlement de Rouen entre le duc d'Elbeuf, Nicolas et Abraham Bénard frères et Léon Maigret, fermier des moulins, coutumes et prévôté d'Elbeuf, à cause du chômage du moulin à huile du Pré-

Bazile ; mais une transaction intervint le 29 novembre.

Il fut convenu que les frères Bénard auraient la permission de remettre à huile le moulin anciennement à tan, et de le faire mouvoir « du provenant des eaux qui font moudre continuellement les moulins de mondict seigneur. Pour cet effet, il en faira restablir la roue, l'arbre tournant, piles, noë, escluzes et autres ouvrages, de telle nature de reedification qu'il advizera, moyennant que ladite reedification ne cauze ni apporte aucun prejudice aux moulins de mondict seigneur... Neanmoins, s'il plaisoit à mondict seigneur de s'approprier led. moulin à huille, faire le pourra toutes fois et quantes, en payant en argent comptant la valeur dud. moulin à estimation... » — Suivent les signatures de Charles de Lorraine et autres.

Le duc Charles était encore à Elbeuf au 7 décembre. Ce jour-là, il bailla à fieffe à Antoine Baudouin, lieutenant de sa verderie, demeurant paroisse Saint-Etienne, « une certaine place vaine, vuide et vague, dans la vallée de la Saussaye, entre les bois de S. A. et ceux delivrés aux sieurs chanoines de la Saulsaye, en longueur depuis le chemin qui descend de la chanoinye allant au Canouel, jusques au bout du friche qui finit au bout du bois desd. chanoines, et de largeur depuis led. bois des chanoines jusques au chemin qui faira la separation d'entre ladite place fieffée et lesdits bois de Son Altesse ».

Cette fieffe faite à condition des droits et devoirs sieuriaux et « par la faisance d'un boisseau d'avoine de rente sieurialle par an, passant par la recepte du Thuictanger... »

Année 1682

Le 13 janvier 1682, Louis de Hesbert, écuyer, sieur de la Garenne, demeurant à Caudebec, se présenta devant le bailli Duchesne, « porteur des provisions de Monsgr le duc d'Elbeuf, pour la conservation de ses chasses dans l'estendue et du côté vers Martot, Criquebeuf, Caudebec, la vallée d'Elbeuf et les environs de la forest des Monts-le-Comte, en date du 9 decembre dernier ». Hesbert demanda l'enregistrement de ces lettres et d'être reçu au serment.

Le bailli lui répondit qu'il allait ordonner une enquête sur ses mœurs, s'informer s'il était de la religion catholique, apostolique et romaine, et qu'ensuite, s'il y avait lieu, il serait fait droit à sa demande.

Nous avons dit que les tailleurs d'habits de notre bourg étaient réunis en corporation. Bien que leurs statuts et règlements fussent peu respectés, chaque année ils nommaient un nouveau garde.

Le 14 mars, « les maistres gardes du mestier de tailleur du bourg d'Elbeuf » assignèrent devant le bailli, Marie Pigerre, qu'ils avaient surprise « travaillant en bouticque », c'est-à-dire en atelier, avec plusieurs autres filles, contrairement, disaient les gardes, aux ordonnances concernant le métier et aux statuts des tailleurs d'Elbeuf, en date du 12 avril 1644, « deffendant de travailler dudit mestier sans avoir fait apprentissage, pour ensuite estre reçue maistre ou maistresse... »

Le bailli constata le délit ; mais, dit-il dans son jugement, « considerant que, depuis lesdits statuts, on n'avoit point tenu en vigueur iceux à l'esgard des femmes et filles ne travaillant qu'à leur usage », il acquitta Marie Pigerre.

Toutefois, il la prévint qu'en cas de récidive, elle encourrait les peines et confiscations indiquées par les ordonnances, et défendit à toute femme et fille, par voie de lecture publique, d'affichage et de publication, de se mettre dans le même cas que Marie, sous les mêmes peines.

Charles Cléon, charpentier à Saint-Aubin, acheta, le 15 mai, 2.790 marques de bois mérien, qui se trouvaient au quai de la Brigaudière, moyennant 22 sols 6 deniers la marque.

Pierre Flavigny et Robert Flavigny, son père, tous deux « brodeurs du Roy » et demeurant à la Haye-Malherbe, sont mentionnés dans une pièce datée du 6 juin, avec « Philippe de Saint-Ouen, écuyer, sieur de Raffetel, garde de la porte du Roy », originaire d'Elbeuf, mais demeurant à Bourgtheroulde.

Le 12 juin, ce Robert Flavigny, décédé la veille, à la Haye-Malherbe, à l'âge de 70 ans, fut inhumé dans la chapelle de la Vierge de l'église Saint-Jean d'Elbeuf.

Du 9 au 11 juillet, Pierre Flambard fils Pierre et Louis Flambard fils Louis furent reçus maîtres saveliers-careleurs, en présence du procureur fiscal et du consentement des maîtres saveliers suivants : Pierre Flambard père, Yvon de Saint-Pierre, Pierre Bonnet, Louis Bucquet fils Louis, Jacques Romé, Mathieu Bonnet, Jean Viard et Pierre Esnoult. Jacques Romé était alors garde du métier.

Le 18 août, le bailli rendit cette ordonnance : « D'aujourd'huy huictaine au soir, l'on faira les feux de joye en ce bourg pour la naissance de monseigneur le duc de Bourgogne ; pourquoi sera fait un feu public à la place ordinaire. Pour mieux s'acquitter du devoir deub en tel cas par les habitans de ce lieu, nous leur intimons de faire chaqun un feu particulier devant leur maison et y mettre des flambeaux ou lanternes allumées, à peine de xx livres d'amende pour chaque contrevenant'; et sera la presente publiée au prosne et à son de tambour... » — C'est la première mention d'un tambour communal à Elbeuf, à notre connaissance, du moins.

Un titre du 29 septembre concerne une maison « proche la croix qui sépare les paroisses de Saint Jean et de Saint Estienne ».

L'auberge du *Gros Denier*, situé rue Meleuse et bornée par la ruelle de l'Hôpital, appartenait alors à Pierre Paris, qui la bailla à loyer, le 1er octobre, à François et Thomas Bérenger frères, pour le prix de 110 livres par an.

Le bourreau de Rouen avait des droits sur les marchés d'Elbeuf ; nous les trouvons détaillés dans un extrait des registres du Parlement de Normandie, à la date du 7 octobre 1682 :

« Pour l'execution de l'arrest de la Chambre... sur la requisition du procureur general... tendant à ce que, veu qu'il luy auroit esté fait plusieurs plaintes des droits extraordinaires de havage que l'executeur des arrests de la Cour et sentences criminelles perçoit, et dans des jours ausquels il n'est point permis et qui ne luy sont point deus, ce qui fait que lesdits droits n'estant fixez, on refuse de payer audit executeur mesme ceux qui luy peuvent estre deubs, ce qui cause plusieurs tumultes... ; il auroit esté ordonné que par nous, en la presence du procureur general du Roy, lesdits droitz seroient fixez, pour en estre dressé une pancarte aux fins d'estre imprimée, publiée et affichée aux portes des halles, quais, marchez et autres lieux où il execute lesdites sentences criminelles... Nous avons trouvé qu'il est deu audit executeur... » (Suit la nomenclature des droits du bourreau sur les marchés et foires de Rouen) :

« Percevra aussy ledit malœuvre aux bourgs d'Elbœuf, Boscachard et Ducler lors des foires qui s'y tiennent, à sçavoir à Elbœuf le jour Saint Gilles et Saint Leu, au Boscachard le jour de Saint Mathieu, et Ducler le jour de Saint Denis, et le lendemain desdites foires qui est le record, à sçavoir :

« Sur chacun sac de bled ou d'autres grains: une cuillerée ; sur demy sac : une demy cuillerée ; au-dessous : rien ;

« Sur chacune somme de marchandises : 12 deniers ;

« Sur chacune charge d'homme ou panier d'œufs, beurres, volailles, fil ou fillasses et autres sortes de marchandises apportées dans le marché et autres places publiques : 6 deniers ;

« Sur chacune personne vendant lin ou chanvre : un cordon de lin ou poignée de chanvre ;

« Sur chacun etal y ayant marchandises dessus : 12 deniers.

« Lesquels mesmes droitz ledit malœuvre executeur prendra ausdits lieux d'Elbœuf, le Boscachard et Ducler aux trois marchez suivant immediatement les executions qu'il fera aux dits lieux.

« Tous lesquels droits cy dessus seront payez par touttes sortes de personnes, à la reserve des ecclesiastiques, nobles, bourgeois et habitants de la ville de Rouen, qui pourront vendre ou faire vendre sur leurs certifficats ce qui sera excru sur leurs heritages sans payer lesdits droits... »

Par acte passé devant les notaires de Pont-de-l'Arche, le 28 novembre, les Ursulines d'Elbeuf, ayant besoin d'argent pour achever un bâtiment commencé par elles dans l'enclos de leur monastère, vendirent à Jacques du Hecquet, avocat au Parlement, 2.000 livres de rente hypothécaire. — Elles remboursèrent le sieur du Hecquet le 3 juin 1691.

Le 10 décembre, se présentèrent devant le bailli du duché, les habitants de la paroisse de Caudebec « subjects au service de la prevosté du Becquet, qui demandèrent acte de ce qu'ils avaient nommé pour faire ledit service année presente : Louis Dugard, Louis Saint-Ouen et X... Mouchard, à cause de leurs heritages... »

Les registres de Saint-Etienne portent que « le dimanche second jour de janvier 1683, Françoise Auber, fille de deffunt Jean Auber et de deffunte Madeleine Petit, natifve de Dieppe, parroisse Saint Jacques, aagée viron de traize à quatorze ans, ayant esté baptizée et ellevée à la Religion prétendue reformée et ayant fait jusques à present profession d'icelle, a abjuré et renoncé à l'heresie calviniste en laquelle elle avoit esté ellevée et a presentement faict profession de la Religion catholique... »

Le 26 du même mois, le bailli du duché d'Elbeuf rendit cette ordonnance :

« ...Afin de faire cesser les abus, toutes les mesures seront uniformes ; les boisseaux auront quatorze poulces de largeur et de hauteur à proportion, et les autres mesures à l'equipolent. A laquelle fin tous nos justiciables qui se servent de boisseaux et autres mesures pour leurs bleds et grains, tant dans les halles, granges et autres greniers, seront tenus les apporter sous huictaine pour estre jaugés, estampés et etalonnés au desir de nostre presente ordonnance, sur peine de vingt livres d'amende ; et deffense au jaugeur d'exiger pour son droict de visite et jauge en plus outre que ce qui est reglé par les ordonnances ».

Une nouvelle inondation par la Seine causa de vives inquiétudes en février 1683.

Pierre Frontin donna à bail, le 13 février, à Jacques Lebarbier, maître teinturier, l'établissement de teinture, comportant deux chaudières, qu'il possédait sur le vivier, moyennant 200 livres par an.

Le 27, devant le bailli, se présenta « Jacques Le Clerc, natif de Sedan, maistre drapier et tondeur audit lieu, de la pretendue religion reformée, lequel, en la présence du sieur curé de Saint Jean et du procureur fiscal, declara estre venu dans ce bourg, avec sa femme et trois enfans, dans l'intention d'y demeurer et travailler, et qu'il a l'inclination d'embrasser la religion catholique, apostolique et romaine, dans laquelle il s'est fait depuis longtemps instruire... »

Pascal Védie, curé de Martot, passa un acte à Elbeuf, le 29 mai, par lequel il céda aux trois frères Cartier, habitant sa localité, le revenu temporel de son bénéfice-cure, sauf le manoir presbytéral, la cour, le jardin et les bâtiments qui en dépendaient, moyennant 360 livres par an et six aunes de toile estimée à 22 sols l'aune, également par an. — Témoin :

Germain Thelée, receveur du duché d'Elbeuf.

Nous n'avons pas mentionné toutes les abjurations qui sont parvenues à notre connaissance ; nous les rapporterons désormais avec plus d'exactitude.

A la date du 7 juin, nous trouvons celle de Jacques Leclerc, calviniste, faite entre les mains de Robert Gosset, curé de Saint Etienne, et en présence de tous les paroissiens.

Les protestants avaient, dit-on, un prêche à Elbeuf, mais nous n'avons pu recueillir d'autre renseignement sur ce temple que ces quelques lignes publiées par M. P. Maille : « Scott, seigneur de la Mésangère, conseiller au Parlement, huguenot, sous la seigneurie duquel fut détruit, en 1682, le presche établi à la Mésangère, dans les mêmes circonstances que celui d'Elbeuf ».

Henri de Campion, écuyer, seigneur de Limare, se trouvait le 28 juillet, à Elbeuf, où, comme tuteur des « nobles enfans de feu Nicolas de Campion, écuyer, sieur du Montpoignant », il bailla à loyer, à un bourgeois de notre bourg, le moulin de Montpoignant, par le prix de 500 livres chaque année, plus 50 livres pour le vin du marché.

Charles de Beaulieu, chevalier, marquis du Bec-Thomas, exempt des gardes du corps du roi, donna procuration, le 23 août, devant le tabellion d'Elbeuf, à un bourgeois de Rouen, pour gérer les affaires et domaine du marquisat de Becthomas, duquel il était en possession « par la demission que luy en avoient faitte M. le marquis et Mme la marquise de Bethomas, ses père et mère ». Le nouveau marquis signa : « Beaulieu du Becthomas ». — L'acte eut pour témoin Pierre Lefebvre, apothicaire à Elbeuf.

S'il faut s'en rapporter à un contrat du 6 décembre, la profession de cardier, c'est-à-dire de fabricant de cardes à main, était longue à apprendre, car Antoine Godard, maître en cette partie, demanda six ans d'apprentissage à Félix Hénard. Godard s'engagea à nourrir son apprenti pendant ces six années, et celui-ci à payer 60 livres d'indemnité à son maître, s'il le quittait avant le temps achevé.

Nous avons relevé quelques nouvelles inhumations faites dans l'église Saint-Jean, en l'année 1683, notamment celles de :

Jacques Bénard, greffier, âgé de 70 ans, décédé le 9 mars ; Nicolas Flavigny, mort le 18 du même mois, à l'âge de 82 ans, et inhumé dans la chapelle Saint-Nicolas ; Nicolas Hamon, écrivain, décédé le 1er mai, âgé de 83 ans ; Marie Bourdon, femme de Nicolas Flavigny, de la paroisse Saint-Etienne, décédée à l'âge de 28 ans, et inhumée dans la chapelle Saint-Nicolas.

Suivant M. Maille, Charles III, duc d'Elbeuf, fatigué et rebuté des poursuites nombreuses et acharnées des créanciers de son père, mort insolvable, aurait déposé la couronne ducale et cédé, dès 1681 ou en 1684, le duché à Henri de Lorraine, son fils aîné du second lit. Cependant, celui-ci n'en prit possession que plus tard, en 1692, après la mort de son père.

CHAPITRE XXIII
(1684)

Charles III et Henri de Lorraine, ducs d'Elbeuf. — Mariage du nouveau duc. — Les registres de la Communauté des fabricants d'Elbeuf. — Attentat contre le poteau d'infamie. — Discussions et affaires de la manufacture de draps. — Les volontés du duc Henri. — Menus faits.

Henri de Lorraine, qui portait le titre de duc d'Elbeuf du vivant de son père, par suite de la cession du duché que Charles III lui avait faite, épousa, en 1684, la fille du maréchal de Vivonne, nièce de Mme de Montespan alors confidente de la reine et qui devait bientôt devenir la concubine du roi.

Ce mariage se fit, dit M. Maille, par les soins et sur les représentations continuelles de Mme de Maintenon, à qui la demoiselle faisait pitié par la peine qu'une certaine fatalité donna pour l'établir.

« Rien cependant ne lui manquait, beauté, esprit, agréments. Mme de Montespan, qui ne l'aimait pas, ne l'a jamais blâmée que de n'avoir pas l'air assez noble,

« Le duc d'Elbeuf avait passé sa jeunesse à être le fléau des familles, par ses procédés avec les femmes et ses vanteries de faveurs qu'il n'avait souvent pas reçues. Comme il n'y avait pas moyen de mettre dans son catalogue celui de madame sa femme, il semble qu'il ait voulu s'en dédommager par les discours qu'il a tenus et par une conduite fort injuste à son égard.

« Mme de Maintenon conserva, avec le duc d'Elbeuf, une liberté qu'elle avait prise dans la maison de Mme de Montespan, où on ne l'appelait, en badinant, que « le goujat », pour marquer la vie qu'il menait et la compagnie qu'il voyait, et elle lui a fait souvent des réprimandes aussi inutiles que bien reçues ».

Mme de Caylus rapporte, de son côté, que le duc d'Elbeuf méritait ce surnom de « goujat », tant sa conduite était indécente avec les femmes et familière avec les valets.

Cependant le roi eût du faible pour ce prince ; il lui parla toujours avec bonté, lui pardonna ses fautes et ne lui refusa presque jamais ce qu'il lui demanda.

Le 10 mars, le duc d'Elbeuf présenta à la chapelle Sainte-Marguerite d'Orival, par suite du décès du sieur de La Mothe, dernier titulaire, « Me Louis-Philbert Marpon, clerc tonsuré et escolier juré en l'Université de Paris, estudiant en Sorbonne, chanoine de Saint Louis de la Saussaye lès Elbeuf ».

Le plus ancien registre de la Chambre des fabricants d'Elbeuf, parvenu jusqu'à nous, commence à la date du jeudi 9 mars 1684. Nous y trouvons des notes fort intéressantes.

Dans la séance tenue ce jour, devant François Duchesne, écuyer, sieur des Monts, avocat à la cour du Parlement, bailli du duché d'Elbeuf et juge de la Manufacture de notre bourg, Nicolas Poulain, maître drapier, fit une dénonciation que nous résumons suivant le texte même du registre :

« Dimanche la nuict venant sur le lundy dernier, on auroit apporté à sa porte le potteau qui avoit esté dressé au Cocq de St Estienne pour y appliquer les draps qui auroient esté jugez mal fabriquez, conformement aux arrests du Conseil ; lequel potteau n'a point esté rompu, mais araché ; mais comme ledit potteau doit aussi servir à appliquer les criminels qui auroient commis des fautes concernant les manufactures, on auroit lié audit potteau deux faisseaux de verges, et d'autant qu'il ne se trouvera pas avoir commis aucunne faute contre les règles de ladite Manufacture qui méritte tel chastiment et qu'il faut que ce soit des ennemys et malveillants qui luy ayent joué cette pièce, il espère que lorsqu'ils seront decouverts, ils seront punis de la mesme peine dont ils ont voulu noircir sa réputation ; et comme c'est une chose qui regarde la communauté des drappiers, demande qu'à leur adjonction il en soit informé ».

La Chambre des fabricants délibéra et ordonna « qu'il seroit informé de l'arrachement et transport dudit potteau, pour ce faict estre pourvu sur les demandes dudit Poullain, et cependant qu'aux frais de la Communauté ledit potteau seroit replanté au lieu d'où il a esté deplacé ».

Le 1er avril, Thomas Lecointe, ancien maître-garde, présenta Robert Lecointe pour « estre receu soubz luy apprenty du mestier de drappier, suivant son brevet passé devant les tabellion de ce bourg le dernier février », précédent. — Lesueur, garde en charge, n'empêcha point la réception et « vu le consentement du sieur Lemonnier, icelluy Robert fut receu et juré apprenty aux termes des statuts. A cette fin nous avons pris de luy le serment en tel cas requis ». — Suivent les signatures.

Le procès-verbal d'admission de Robert Lecointre est suivi de la copie de son contrat d'apprentissage, ainsi conçu :

« Par devant Robert Bourdon, advocat à la cour, tabellion du duché d'Elbeuf, et Louis Hamon, controolleur des titres audit Elbeuf, pris pour adjoint, fut present sieur Thomas Lecointe, maistre drappier en la manufacture d'Elbeuf, y demeurant parroisse de St Jean, lequel a promis monstrer à honneste homme Robert Lecointe, demeurant à la Londe, le mestier de drappier en toutes ses singulières partyes, circonstances et dependances, en sorte que, au moyen que son industrie corresponde aux soings que ledit sieur Thomas Lecointe s'oblige de prendre à ceste fin, il soit capable d'estre receu et agréé au corps des maistres de ladite Manufacture, parce que icelluy Robert Lecointe se submet de se rendre assidu et vacquer avec une entière application à tout ce qu'il luy commendera concernant ledit mestier, et ce pendant trois ans entiers et consecutifs à commencer du jour qu'il aura esté receu et juré apprenty ; declarant ledit sieur Thomas Lecointe que pour la bonne amitié qu'il porte au sieur Robert Lecointe, il se passe de la recompense ordinaire que les apprentys payent aux maistres en faveur des allous et luy en fait gratuitte remise... »

Le 27 avril, le Conseil de la manufacture

s'occupa du poteau arraché « au carrefour Sainct Etienne » et transporté à la porte de Poulain. Des charpentiers avaient été envoyés chez ce dernier pour reprendre le poteau, mais il ne voulut point le rendre. Ils lui donnèrent assignation à comparaître devant le bailli et la Chambre des drapiers ; Poulain fit réponse, par écrit au bas de l'exploit, qu'il avait défense du juge royal de Pont-de-l'Arche de s'en dessaisir.

Duchesne représenta à la Chambre des drapiers que cette action ressortissait de sa justice, non seulement en sa qualité de bailli, mais encore comme commis du Conseil royal, et manda à la Chambre de la manufacture de pourvoir à l'exécution de sa sentence. Celle-ci prit l'arrêté suivant :

« Nous avons, sans avoir égard à la réponse dudit Poulain, icelluy condamné et par corps de rendre ledit poteau, et pour l'y obliger qu'il sera executé jusqu'à la somme de cent livres tournois, dont sera achepté du bois et autres choses necessaires pour restablir ledit poteau, suivant l'intention de Sa Majesté, en cas de refus de le restituer ».

Le jeudi 4 mai suivant, devant le bailli et en présence de Nicolas Lemonnier, nouveau garde de la draperie d'Elbeuf, il fut dit qu'on avait envoyé chez le sieur Pierre Lesueur, ancien garde, mais qu'il était à la campagne. Duchesne, bailli, demanda la raison pour laquelle le poteau n'avait pas été rétabli au carrefour Saint-Etienne.

Le garde Lemonnier rappela le refus de Poulain et raconta ce qui s'en était suivi. L'arrêt du 27 avril avait été exécuté par Féré, sergent, par exploit du 28 du même mois, par la saisie d'un drap mis à la garde de Mathieu Frontin, maître drapier. Il ajouta qu'il ne pouvait pas continuer seul les poursuites, Lesueur lui ayant déclaré qu'il ne voulait pas s'en mêler. Lemonnier avait ouvert les coffres où devaient se trouver les papiers de la Communauté, mais un arrêt que l'on croyait y être renfermé ne s'y trouvait point. Le bailli Duchesne prit acte des refus faits par l'ancien garde et du garde alors en charge. L'arrêt recherché mentionnait l'établissement obligatoire du poteau : « Les marchandises étrangères défectueuses, seront comme celles de France, attachées au potteau ordonné estre planté devant le bureau de la Manufacture ».

D'un autre contrat d'apprentissage passé par Philippe Lefebvre, de Rouen, nous extrayons qu'il s'engageait « à se tenir assidu à travailler en la boutique Jean Davoult, maître drapier, ...et à lui payer la somme de 200 livres, moitié en commençant et moitié en terminant son apprentissage; ne sera ledit Davoult tenu de coucher ny nourrir chez luy ledit Lefebvre ».

On sait qu'après ses trois années d'apprentissage, le postulant à la maîtrise devait exécuter un chef-d'œuvre dans une fabrique désignée par le Bureau de la Manufacture, après examen duquel il était reçu maître.

Antoine Bucquet se présenta cette même année au Bureau de la draperie, pour être reçu apprenti drapier ; il lui fut opposé qu'il ne pouvait être admis en cette qualité, parce qu'il était marié et négociant, que c'était, du reste, la coutume de Rouen, et enfin que, précédemment, on avait refusé Jean Flavigny parce qu'il était également marié et négociant.

Bucquet répondit qu'il n'avait point l'intention de continuer le métier de tapissier qu'il avait exercé jusque-là, « ne pouvant y faire son compte », mais que son mariage ne l'empêcherait point de suivre assidûment les travaux de la draperie, et que les statuts ne défendaient point l'accès à la maîtrise des hommes mariés.

Le Bureau décida que Bucquet serait agréé comme apprenti, mais seulement à dater du jour où il aurait cessé de faire travailler en tapisserie. — Par son contrat, Bucquet s'engageait à payer 300 livres à son maître.

A la suite d'un procès entre Lancelevée, foulonnier, et Lemonnier, fabricant de draps, le Bureau de la Manufacture ordonna que les foulonniers auraient un registre restant à demeure à Elbeuf, sur lequel seraient inscrits les draps qu'on leur confierait pour fouler.

Le 25 août, jour de la fête de saint Louis, patron des drapiers d'Elbeuf, Jean Bizet fut élu garde pour succéder à Pierre Lesueur. Les fabricants présents à cette séance étaient : P. Lesueur, Nicolas Lemonnier, J. Lemonnier A. Lecointe, J. Lecointe, C. Lecointe, M. Lecerf, Thomas Cousturier, J. Davoust, Mathieu Frontin, Lamy, J. Delarue, Jean Couturier, F. Le Monnier, J. Duval, N. Dupont, Pierre Renault, Georges Renault, Jean Renault, F. Grandin, N. Flavigny, Pierre Delarue, Pierre Bizet, N. Tribout, J. Maigret, Varin, N. Lefebvre, N. Lefrançois, Jean Bizet, N. Poullain.

Le Bureau de la fabrique était alors en procès contre Abraham Desmare, mercier d'Elbeuf, qui était allé s'établir maître drapier à Orival. Desmare et neuf ou dix autres s'étaient portés devant le juge de la Londe, dans le ressort duquel était la paroisse d'Orival, où « sans aucune expérience, ils s'étoient faict recevoir maistres drappiers, sçavoir : Georges Viel, de ce bourg, à present tapissier ; Thomas Lemonnier, Nicolas et Daniel Roblot ; Jean Maille, aussy tapissier de ce bourg ; Pierre Duval, tisserent ; Duruflé, marchand de vin ; Martin Deshays, aussy tapissier, et plusieurs autres aussy inconnus, lesquels font deux sortes de préjudices considerables en cedit bourg, en ce qu'ils leur enlevent par toutes sortes de moyens leurs compagnons et en ce que les principaux taillables en ce bourg s'en allant audit Orival et la Londe, les habitants dudit bourg n'auront plus la force de supporter les grandes tailles dont ils demeureront chargés ; outre que marquant leurs draps de « Manufacture de la Londe-lez-Elbeuf » et travaillant mal, ils trompent le public à qui ils persuadent que ce sont draps de la Manufacture d'Elbeuf et ostent la reputation aux veritables draps d'Elbeuf. Pourquoi lesdits maistres et gardes de la fabrique d'Elbeuf donnent pouvoir à   de continuer jusqu'en definitive le jugement dudit procez, tant devant Monseigneur l'Intendant qu'au Conseil du Roy et partout ailleurs, promettant chacun en droit soy faire les advances necessaires pour ledit effet ».

Il y avait également procès entre les maitres-gardes de Rouen et Mathieu Frontin, drapier d'Elbeuf, sur lequel avaient été saisis des draps, défectueux probablement, et dont ils demandaient la confiscation.

A l'assemblée générale des drapiers, tenue le 30 septembre devant Duchesne, bailli, les maîtres en charge annoncèrent que le duc d'Elbeuf avait écrit au procureur fiscal que son intention était que Thomas Lemonnier et Jean Maille, celui-ci maître tapissier, fussent reçus comme maîtres drapiers. Cette nouvelle fut mal accueillie de la corporation des fabricants.

Les gardes et maîtres dirent « qu'ils ne manqueraient jamais de respect pour Son Altesse et d'obéissance à tous ses ordres » ; mais qu'il fallait députer deux de la compagnie et représenter au duc que c'était lui-même qui les soutenait dans un procès qu'ils avaient au Conseil contre quelques-uns qui avaient voulu s'établir drapiers à Orival, « pour faire casser cette Manufacture et maintenir celle d'Elbeuf, establie par le Conseil royal et qui était dans sa perfection par l'observance des Reglements et où l'on ne souffrait aucun abus, et qui avait sa réputation non seulement dans la France, mais encore dans les pays étrangers ».

Ils ajoutèrent que Lemonnier et Maille étaient allés, comme le sieur Desmare, s'établir à Orival, sans avoir aucune expérience pour faire travailler à la draperie. Le juge haut justicier de la Londe les avait reçus, aussi bien que quantité d'autres appartenant à toutes sortes de métiers, sans aucun chef-d'œuvre. Ils dirent encore que Lemonnier et Maille n'avaient fait la demande dont il s'agissait « que pour brouiller le procedz juste que les manufacturiers d'Elbeuf ont entamé pour faire casser la Manufacture establie indeubment audit Orival, dont les marques amenaient une confusion entre les draps d'Elbeuf et ceux de la Londe ou d'Orival, et abusaient le public ».

Enfin, ils exposèrent que si l'on admettait ces deux maîtres tapissiers au nombre des fabricants de draps, il n'y aurait plus de raison pour refuser de recevoir quantité d'autres marchands qui certainement se présenteraient. Ce serait la ruine de la Manufacture, car il n'y aurait plus besoin d'apprentissage, et loin de profiter au bourg, cette innovation le perdrait. Ils terminèrent en remontrant que toute modification serait une violation des Règlements, qui précisaient que nul ne pouvait devenir maître sans un apprentissage de trois années. — L'assemblée désigna deux députés pour aller trouver le duc et l'entretenir de l'affaire Thomas Lemonnier et Jean Maille.

Le 9 octobre, Nicolas Flavigny présenta Louis Flavigny, son frère, pour être reçu apprenti drapier. Le bureau de la Manufacture lui répondit qu'il ne serait fait droit à cette demande que lorsque le postulant, qui était maître tapissier, « aurait mis bas tous ses métiers de tapisserie ». Nicolas répondit que cela était déjà fait ; mais on ne le crut pas sur parole ; les deux gardes furent invités à aller faire une visite dans les ateliers de Louis Flavigny.

Le mois suivant, le procès entre un foulonnier de Darnétal et Frontin, fabricant d'Elbeuf, fut porté devant les échevins de Rouen. Le bailli d'Elbeuf et les gardes invitèrent Frontin à ne pas répondre à l'assignation, et Duchesne ordonna que les parties seraient entendues au bailliage d'Elbeuf et non ailleurs, sous peine de 500 livres d'amende. Ce procès nous apprend que les fabricants d'Elbeuf faisaient fouler à Pont-Saint-Pierre, à Acquigny, Hondouville, à Louviers et autres lieux, où, naturellement, les justices différaient de celle d'Elbeuf.

En novembre, le bailli Duchesne condamna le nommé Dumontier, tisserand, à aller travailler chez Poullain, fabricant de draps, où il avait fait son apprentissage, et défendit à tous autres maîtres drapiers de lui donner de l'ouvrage.

Le 23 du même mois, plusieurs maîtres drapiers, revenant de Paris, dirent au Bureau de la Manufacture, devant le bailli, que «quelque soing qu'ils ayent pris par le passé pour avoir la permission de vendre leurs draps aux merciers de Paris, ainsi que le faisoient les drappiers de Sedan, Carcassonne, Abbeville et autres, ils avoient toujours esté éconduits par le Conseil du Roy et partout ailleurs où ils s'etoient pourvus...

« Il se fait cependant dans le bourg d'Elbeuf une manufacture singulière, laquelle n'est point semblable de près ny de loing aux manufactures estrangères ny à celles des villes cy dessus nommées, parce que lesdits draps ont un apprest plus fort et plus serré, lesquels ont une qualité toute autre, pourquoy Sa Majesté, par des statuts particuliers, differents des generaux, omologués au Conseil royal de commerce, leur auroit donné des règles certaines à suivre, au moyen desquelles ils ont l'advantage de s'estre mis dans une si heureuse reputation qu'ils se voient sur le poinct d'estre recompensés de toutes les peines qu'ils ont pris et s'y conformer, en vendant heureusement leurs draps. Mais ils se voient à la veille d'en estre frustrez par les maistres des villes cy dessus nommées, lesquels, voulant imiter les manufactures d'Elbeuf, en font d'approchants qu'ils vendent indistinctement suivant leurs permissions et aux merciers et aux drappiers ; en sorte que lesdits marchands d'Elbeuf ne peuvent vendre auxdits merciers, et les autres manufacturiers remplissant les magasins des drappiers de Paris, les manufacturiers d'Elbeuf seroient en estat de ne plus avoir le débit de leurs marchandises, et de mettre bas et cesser.

« Pour à quoy remedier, ils croient qu'il seroit à propos de se pourvoir au Roy, à son Conseil, ou au juge de police, pour demander le soutien de ladite Manufacture d'Elbeuf, et pour empescher que d'autres maistres, qui ont des statuts, des règles, des longueurs et des largeurs differentes, ne travaillent de la mesme manière qui se fabrique dans le bourg d'Elbeuf.

« Et comme il y a desjà procedz meu à Paris entre les sieurs marchands drappiers et le sieur Devarobisek (de Van Robais ?), maistre manufacturier privilegié de la ville d'Abbeville, pour raison de l'imitation qu'il faict des draps d'Elbeuf, quoy qu'il ne luy soit permis par son privilège, de se joindre auxdits maistres drappiers de la ville de Paris et leur donner adjonction pour luy faire faire deffenses et à tous autres de travailler et faire travailler que suivant leurs privilèges et statuts, et non en conformité des drappiers d'Elbeuf.

« A cette fin, il sera depulté du corps de cette Manufacture pour porter les statuts et se joindre au procedz, mesme pour faire leur remonstrance sur les entreprises que font les sieurs de ville de Rouen au prejudice de la justice à nous attribuée ».— Cette proposition fut acceptée par tous les fabricants d'Elbeuf.

Roblot, présent à la séance, répondit qu'effectivement ayant appris « que l'on faisoit des maîtres sans apprentissage à la Londe, devant le juge dudit lieu, il y avoit couru comme plusieurs autres ; mais depuis, ayant connu et seu que les Reglements du Roy veullent qu'il y ait un apprentissage avant d'estre receu maistre », il déclara renoncer à la maîtrise de la Londe à laquelle il avait été reçu, et annonça qu'il allait mettre bas tous ses métiers de tapisserie.

En ce même mois, le Bureau de la fabrique fit quelques oppositions à la réception à la maîtrise de Jean Lamy, qui, disait-on, n'avait pas achevé son apprentissage, s'était marié pendant la durée, et avait fait travailler au métier de tapisserie pendant qu'il était apprenti drapier. Des gardes et des maîtres ajoutèrent qu'en tous cas il avait interrompu son apprentissage pendant quelque temps, et qu'il pouvait se faire « qu'il n'avoit plus les facilités pour travailler depuis le commencement jusqu'à la perfection d'un drap ». Cependant, on l'admit à faire son chef-d'œuvre ; la boutique de Jean Bizet lui fut assignée à cet effet.

Le 14 décembre, le protestant Mathieu Frontin, maître drapier, présenta Nicolas Roblot, également protestant, pour être apprenti. « Par les gardes et antiens de notre religion, lisons-nous sur le procès-verbal de cette séance, a esté dit qu'ils ont faict leur opposition et protestations en pareille reception d'apprentissage auxquelles, sans les reiterer, ils persistent, et disent de plus que ledit Roblot est tapissier travaillant en ce bourg et qu'il s'est fait recevoir maître drappier à la Londe, ce qui est incompatible... »

Nous terminerons ce chapitre par quelques notes sur cette même année 1684, que nous n'avons pas placées à leurs dates, afin de ne point couper celles provenant du registre de la Communauté des fabricants :

Les parents et amis de Catherine Boisselier firent, en avril, condamner Antoine Fournier à épouser cette jeune fille « pour raisons urgentes et nécessaires », et firent eux-mêmes dresser le contrat de mariage pour « encourager » le jeune homme à se soumettre au jugement prononcé contre lui.

Jean Saussay, menuisier, de la paroisse Saint-Jean, promit, le 24 juin, à Henri Lamy, de Rouen, de lui apprendre son métier, moyennant quatre années de son temps et 70 livres.

Louis Doinville, Guillaume Lefebvre et Jean Le Clerc, trésoriers de Saint-Jean, reçurent, le 31 juillet, une donation de 16 livres de rente, d'Alison Dupont, veuve de Robert Le Roy, pour la fondation d'une grande et de douze messes basses. Cette donation fut revalidée en 1724 et 1781.

Le mois suivant, le trésor de la même paroisse reçut 500 livres de Jean Dugard, pour un service funèbre pendant six semaines et cinquante-deux messes basses.

Salomon Delahaye, procureur de Nicolas Lebrument, fermier des aides de l'élection de Pont-de-l'Arche, bailla, le 23 septembre, à François Lacoudre, de notre bourg, « les droits d'entrée, quatriesmes aydes et autres y joints de touttes les eaux de vie et eaux de serize vendus et debitez par tous les cabaretiers d'Elbeuf, avec les amendes contre ceux qui auroient fraudé lesdits droits..., à l'exception du droit annuel, que le sieur Lebrument se reserve sur les vendeurs d'eau de vie aultres que Jean Besnard et Pierre Patallier qui demeureront au benefice dudit Lacoudre... » Ce bail fut consenti moyennant la somme de 950 livres par an. Le preneur fut cautionné par Jean Bizet, maître drapier, Jacques Dupont, boucher, et Germain Thelée, receveur du duché. — Quelques mois après, Delahaye donna à bail les mêmes droits à percevoir à Orival, moyennant 48 livres par an. — A cette époque, le droit des quatrièmes sur les cidres et poirés, vendus à Caudebec, était affermé par le prix de 90 livres par an.

Pierre Boisselier, neveu de Jacques Boisselier, curé de Quatremares, et fils d'Etienne Boisselier, d'Elbeuf, reçut 120 livres de ses parents, le 1er août, « pour la robbe et autres choses necessaires pour son entrée au couvent des R. P. capucins ».

Nicolas Flavigny, maître drapier, prit comme apprenti son frère Louis, moyennant 300 livres, mais de laquelle somme il lui fit don.

Robert Gosset, curé, Pierre Delarue, Jean Delarue, Jean Bizet et Daniel Guenet, trésoriers, reçurent, le 18 octobre, au nom du trésor de Saint-Etienne, une constitution de 21 livres de rente faite par Jeanne Bucquet, veuve de Pierre Regnault, drapier, pour la fondation de douze messes basses par an et à perpétuité.

Deux prêtres de Saint-Jean moururent en octobre : le 12, Jean Boutemont, âgé de 33 ans ; le 23, Pierre Bucquet, âgé de 27 ans ; ils furent inhumés dans le chœur. — Quelque temps après, on inhuma dans la chapelle de la Vierge, de la même église, Jeanne Viel, femme de Louis Flavigny, décédée à l'âge de 42 ans.

A cette époque, Laurent Pollet et Thomas Saint-Ouen exerçaient la chirurgie dans notre bourg.

Cette année-là, l'église d'Orival fut en grande partie détruite par un énorme quartier de roche qui, s'étant détaché de la côte, l'écrasa.

François Le Camus, fils de Robert Le Camus, huissier à la cour des Aides de Normandie, entra en apprentissage, le 9 novembre, pour être trois ans après reçu maître drapier, chez Jean Lemonnier, fabricant de la paroisse Saint-Etienne, moyennant la promesse de lui payer 150 livres.

A la date du 21 novembre, nous trouvons la constitution d'un titre sacerdotal en faveur de Charles Lamy, clerc tonsuré, de la paroisse Saint Etienne, et un acte concernant Jean Gemblet, avocat à la Cour, fermier des dîmes de Saint-Jean et de Caudebec.

Parmi les Elbeuviens qui, en cette même année, passèrent des actes devant le tabellion du duché, nous citerons : Louis Deriberpré, Jean Regnault, Nicolas Ermeroult et Jean Le Compte, tous maîtres tapissiers ; Georges Dubuc et Nicolas Tallon, boulangers ; Henri Mollet, armurier ; Nicolas Drouais et Simon Pain, meuniers.

ORIVAL ET SON ÉGLISE, vers 1864

CHAPITRE XXIV

(1685)

Charles III et Henri de Lorraine *(suite)*. — Affaires du Bureau de la manufacture de draps. — Mesures contre les protestants. — Erection de la fabrique de tapisseries d'Elbeuf en Manufacture royale. — Statuts des tapissiers.

Farin rapporte qu'en 1684 un vent violent s'éleva le 27 décembre et dura six semaines, sans discontinuer, et qu'un froid terrible régna pendant tout les mois de janvier et de février suivants, « de manière que la mer glaça plus d'une lieue loin du rivage ».

Le 11 janvier 1685, au Bureau de la Fabrique, Michel Lecerf, maître drapier, présenta Jean Caumont, son apprenti, pour être reçu maître. Caumont n'avait pas accompli ses trois années d'apprentissage, mais, dit le rapporteur, « il est assez heureux de s'être affidé de Catherine Delarue, fille defunct Louis Delarue et sœur de Jean, Louis, Pierre et Jacques Delarue, tous maîtres drappiers, et comme par les statuts generaux, ceux qui epousent les veuves ou filles de maistres ne sont point obligez d'attendre l'expiration de leur temps au moien qu'ils fassent chef d'œuvre, auquel obeit faire, demande qu'il soit reçeu... »

Les gardes et maîtres présents répondirent qu'ils ne pourraient recevoir Caumont qu'après son mariage, mais consentirent à ce qu'il commençât immédiatement son chef-d'œuvre.

On sait qu'à cette époque et longtemps après encore, deux ouvriers étaient nécessaires pour tisser une pièce de drap, ce qui amenait parfois des difficultés du genre de celle que nous allons rapporter brièvement.

Louis Guillot, compagnon tisserand, se présenta devant les gardes en charge et le Bureau de la manufacture, pour obtenir la permission de quitter Pierre Lesueur, chez lequel il travaillait, et prendre de l'ouvrage ailleurs, attendu que celui-ci ne voulait pas lui en donner.

Lesueur, interpellé, répondit que le nommé Pierre Galopin, travaillant avec Guillot, ayant abandonné sa chaîne, dont il avait même reçu le salaire, il n'empêchait pas que Guillot ne trouvât un homme ou fasse revenir Galopin pour achever le drap resté sur le métier ; mais il demandait qu'au refus de Guillot, il lui fut interdit d'aller travailler autre part.

Le Bureau ordonna que Guillot inviterait Galopin à revenir, et que s'il s'y refusait, le premier pourrait achever le drap avec un autre ouvrier, ou, à son gré, prendre du travail ailleurs.

Le 1er mars, on inhuma, dans l'église Saint-Jean, le corps de Nicolas Bourdon, de la paroisse Saint-Etienne, âgé de 29 ans, mort de la veille ; il était avocat au Parlement de Rouen.

Le 7 du même mois, Naudine Poullain, veuve de Nicolas Flavigny, bailla à ferme « une grange et deux petits jardins sis parroisse Saint Jean, au triège de la Barrière », moyennant 20 livres par an.

Peu de temps après, Louis Hesbert, écuyer, sieur de la Garenne, de Caudebec, et Marie Hertout, femme d'Antoine du Gruchet, seigneur de « Tourville la Nasse », furent parrain et marraine à Saint-Jean.

Il y avait alors procès devant le Parlement entre Charles de Beaulieu, marquis du Bec-Thomas, et Charles de la Porte, marquis de la Ferté, conseiller à la cour de ce même Parlement, au sujet de l'héritage de Marie Dubosc, mère du sieur de la Porte. Le marquis du Bec-Thomas donna procuration à son fils Charles pour le représenter, devant les tabellions d'Elbeuf, lesquels avaient également dans leur clientèle le marquis de La Londe, président de la Chambre des comptes de Normandie.

Le 25 avril, Marie Dubosc, veuve de Pierre Porteret, constitua une rente de 60 sols au profit « de la confrairie de St Crespin et St Crespinien, fondée en l'eglize paroissiale de St Estienne d'Elbeuf, stipulée par h. p. Jacques Lesage et Nicolas Revel, maistres gardes du mestier de carleur, Pierre Flambard, Louis Bucquet, Yvon de St Pierre, Mathieu Bonnet, Guillaume Grémont, Louis Flambard, Thomas Beaufils et Jean Viel, tous maistres et antiens gardes dudit mestier ». Cette constitution de rente était faite à cause d'une somme de 54 livres que la confrérie versa le même jour à Marie Dubosc.

Thomas Lecointe, maître drapier, possédait

un atelier de teinture, pourvu de deux cuves et de trois chaudières, qu'il donna à loyer, le 26 juin, à Alexandre Cèbe, maître teinturier, moyennant 200 livres par an. — Un autre contrat du même temps concerne Jean Godet, maître tapissier, demeurant en la paroisse Saint-Jean.

Dans un contrat du lendemain 27, figure « Pierre Flavigny, curé de Chrestienville, qui avait vendu à Pierre Flavigny, bourgeois d'Elbeuf, une partie du lot lui appartenant de la succession de feu Me Simon Flavigny, son père, escheu à Me Simon Flavigny, son frère, absent lors de lad. succession... »

Le 19 juillet, Jean Duval présenta Guillaume Lefebvre pour être reçu apprenti sous ses ordres. Les gardes en charge et maîtres objectèrent que Duval « ayant esté receu maistre par lettres de bulles », il ne lui appartenait pas de faire des apprentis, que c'était un privilège réservé aux maîtres qui eux-mêmes avaient été apprentis. Duval répliqua qu'il existait plusieurs précédents, que lui-même avait déjà fait agréer un apprenti.

Comme exemple des contestations qui, s'étant élevées entre fabricants et foulonniers, étaient soumises au Bureau de la manufacture d'Elbeuf, nous en citerons une concernant trois draps que Jean Delarue avait confiés à Lemaignen, « moulinier » aux Planches :

L'un, de couleur noisette claire, présentait une « rentreture » de cinq à six aunes, dont une partie avait été assez bien rentrée, « si ce n'est qu'elle est d'un autre estain ». Le second, de nuance plus foncée, était « rompu à la teste viron de sept quartiers par le milieu à un quart de la lizière. Enfin le troisième montrait « des trous et des cassures provenant de la negligence du moulinier, n'ayant esté bien degorgé, estant plein de savon... ».

François Duchesne, écuyer, sieur des Monts, avocat au Parlement, bailli d'Elbeuf et verdier des Eaux et forêts du duché, constitua, par acte du 21 juillet, une rente de 50 livres en faveur d'André Nicolle, de la paroisse de Longpaon-Darnétal, pour lui donner les moyens d'arriver à la prêtrise.

Le 27, Charles Lecointe, fabricant, appartenant à la religion réformée, donna une procuration à un de ses amis pour gérer ses biens pendant son absence, car il se disposait à partir pour l'étranger, malgré le danger qu'il y avait à prendre ce parti.

C'est que, à cette époque, Louis XIV préludait par diverses ordonnances contre les protestants à celle qui devait révoquer l'Edit de Nantes, donné par Henri IV son aïeul.

Déjà le roi avait voulu que les réformés ne pussent tenir leurs consistoires qu'une fois par quinzaine ; que les biens donnés aux pauvres de la religion protestante et ceux provenant des consistoires antérieurement supprimés fussent donnés aux hôpitaux. Il avait défendu qu'aucun protestant fût pris pour expert ; défendu aussi que les conseillers de la Réforme fussent nommés rapporteurs par les nouveaux convertis au catholicisme; défendu encore que les conseillers protestants connussent des procès concernant les ecclésiastiques. Il avait interdit aux ministres de la Réforme de recevoir dans leurs temples les catholiques « pervertis » et les enfants des nouveaux convertis à la religion romaine, et enfin défendu à tous Français, sous peine des galères à perpétuité, de quitter le royaume pour aller s'établir à l'étranger. Cette dernière ordonnance était du mois de mai précédent.

Depuis, dans le courant de juin, le roi avait rendu une déclaration portant interdiction de l'exercice de la religion réformée et ordonné la démolition des temples où il avait été fait des mariages entre catholiques et protestants, et fait des prêches séditieux.

En ce mois de juillet, le monarque avait fait défense aux réformés de se faire avocats ; défendu également aux officiers catholiques ayant épousé des protestantes, de connaître des procès des ecclésiastiques et de ceux des nouveaux convertis au catholicisme ; il avait ordonné que les enfants au-dessous de quatorze ans, dont le père était protestant et la mère catholique, fussent élevés dans la religion romaine ; défendu aux ministres protestants d'exercer leur ministère plus de trois ans au même lieu, et enfin interdit aux protestants de se rendre aux temples situés en dehors du bailliage où ils avaient leur domicile.

Ce fut à la suite de toutes ces ordonnances et d'autres encore rédigées contre les réformés que Charles Lecointe résolut de quitter la France, pour aller s'établir dans un pays plus tolérant.

De nouveaux édits furent bientôt lancés contre les protestants.

Le roi défendit aux ministres de leur religion de composer des livres, et d'user de termes blessants pour les catholiques ; il défendit de recevoir aucun médecin appartenant à la Réforme, et il confisqua les biens des protestants qui passaient à l'étranger.

Le 11 août, Robert Le Sueur dit Villas, de

Saint-Aubin, se rendit acquéreur, par devant le bailli du duché, « du basteau, chevaux, ustancilles et equipages servans à la voicture par eau du bourg d'Elbeuf en la ville de Rouen, vendus sur le sieur Périer, lequel Lesueur a revendu au sieur Jean Biard, fermier de lad. voicture... ».

Nous avons vu que le bourg d'Elbeuf, outre son industrie drapière, fabriquait aussi beaucoup de tapisseries. Cette branche avait pris une telle extension qu'elle engagea les « entrepreneurs de tapisseries » à s'ériger en corporation ayant des statuts spéciaux.

En juillet, Louis XIV répondant aux désirs des maîtres tapissiers d'Elbeuf, leur donna les statuts suivants :

« RÈGLEMENTS ET STATUTS

Concernant le mestier et fabrique des tapisseries, qui se font et se feront au bourg d'Elbeuf en Normandie et ès environs, pour y estre observez à l'avenir, sous le bon plaisir du Roy.

« Article Ier. — Le corps dudit mestier de tapisserie sera composé de tous ceux qui faisoient actuellement travailler au premier jour de janvier de l'année presente mil six cens quatre-vingt-cinq et ont depuis continué, lesquels sont et les avons reputez et declarez maîtres, et pour en connoistre la quantité, noms et surnoms et la verité de ce que dessus, sera fait une visite generalle dans ledit bourg par les juges du lieu, dont le procez verbal, mis au greffe du mesme lieu, vaudra de reception et incorporation audit mestier.

« Art. II. — Deffenses à tous les maistres d'employer les jours des festes et dimanches à aucun des travaux qui concernent ledit mestier, à eux et à leur ouvriers de hanter ny frequenter le cabaret, pendant le service divin desdits jours de festes et dimanches, et aux cabaretiers de les y recevoir ; comme aussi à tous lesdits maistres dudit mestier d'exposer en vente leurs marchandises, et à tous marchands tant dudit Elbeuf que forains d'en achepter lesdits jours de festes et dimanches cy-dessus, à peine de confiscation desdites marchandises.

« Art. III. — Sera la communauté dudit mestier, tenuë d'avoir un registre concernant les affaires d'icelle, sur lequel seront inscripts le procez verbal cy-dessus, les noms de tous ceux qui seront reçeus maistres à l'avenir, et les copies des actes notables qui interviendront, pour le bon ordre d'icelle.

« Art. IV. — Nul ne pourra aspirer à ladite maîtrise qu'auparavant il n'ait fait son aprentissage, qui sera de trois ans entiers et consecutifs chez l'un desdits maistres, et dont les conditions seront que tout apprentif passera brevet d'obligation de l'entretenir par devant nottaire, lequel n'aura cours que du jour de l'enregistrement qui en sera fait au greffe et sur ledit registre de communauté, après lequel temps de trois ans achevé, et ledit brevet rapporté, certifié et quittancé du maistre où l'aspirant aura servy, il pourra demander à faire chef d'œuvre, presence des gardes et de deux anciens maistres qui seront pour cet effet appellez, et avenant que ledit chef d'œuvre soit trouvé bien fait, il sera receu maistre inscript, et prestera le serment devant le juge d'Elbeuf, aux formes ordinaires.

« Art. V. — Seront les fils de maistres

exempts de la formalité requise pour l'apprentissage, mais seulement obligez pour devenir maistres de faire attester à suffire comme ils auront travaillé chez leur père pendant trois ans entiers et consecutifs, et de se faire juger capables d'exercer ledit mestier par les gardes en charge et autres maistres au nombre de quatre, après quoy presteront serment de bien et fidelement garder et observer les presens statuts et reglements devant le juge du lieu, pour ensuite estre par luy receus, presence du procureur fiscal, et inscripts tant audit greffe d'Elbeuf que sur ledit registre de communauté aux formes ordinaires.

« Art. VI.—La joüissance du privilège de ladite maistrise demeurera continue à l'egard des veuves des maistres decedez, dont les enfants ne seront privez d'apprendre chez elles comme auparavant, jusqu'à l'expiration des trois années qui leur seront ordonnées si fait n'a été, et où lesdites veuves changeroient de vacation, lesdits enfants seront tenus de choisir d'autres maistres pour achever leursdites trois années, après quoy il leur sera loisible de se faire recevoir maistres, pourvû qu'ils ayent atteint l'aage de quinze ans et non autrement, et au regard des autres apprentifs ayant commencé chez lesdits maistres decedez, à eux permis d'achever leur temps chez d'autres maistres en rapportant le brevet, et se faisant réinscrire et reconnoistre comme dessus.

« Art. VII. — Tous les maistres dudit mestier seront en obligation de comparoir au prétoire dudit lieu d'Elbeuf, tous les ans au jour d'audience la plus prochaine du jour de S. Martin, onzième de novembre, devant le juge dudit lieu d'Elbeuf, pour y faire, presence du procureur fiscal, eslection d'un des plus habiles d'entre eux pour estre garde ou maistre jurez au lieu et place du sortant à la pluralité des voix, lequel prestera le serment devant ledit juge d'Elbeuf, de bien et deûment faire garder et observer les presens statuts et reglemens, à laquelle audience seront pareillement tenus comparoir les ouvriers compagnons tapissiers, pour y apprendre l'observance qu'ils devront conforme aux mesmes statuts, qui y seront leus.

« Art. VIII. — Feront lesdits maistres gardes, toutes les semaines, la visite chez tous lesdits maistres de toutes les marchandises de tapisseries qu'ils fabriqueront, pour voir s'ils se comportent au desir des presens statuts, et s'ils en trouvent de deffectueuses, la saisie en sera par eux faite, et le jugement rendu par le juge sur leurs conclusions et celles du procureur fiscal, sans aucun delay ny retardement, parce que pour ladite visite ledit juge d'Elbeuf donnera auxdits maistres telle autorité et mandement d'ouverture qu'il le jugera à propos, à la reserve des cas portez aux articles 27 et 28 des presens statuts.

« Art. IX. — S'il arrive que dans lesdites courses et visites il se decouvre quelque abus concernant ledit mestier en general, qui procède de la faute des maistres ou des ouvriers, il en sera aussi-tost donné avis auxdits officiers, pour y estre pourveu et donné reglement à la diligence desdits gardes, toutes les autres questions et complaintes d'entre lesdits maistres et ouvriers, et desdits maistres entr' eux estans du cours et droit de la justice ordinaire.

« Art. X. — Chaque ouvrier qui sera trouvé

en debauche ou au jeu aux jours de son travail, sera mis en amende à la discretion du juge, pourquoy deffenses à tous cabaretiers de leur donner à boire et à manger pendant lesdits jours, hors les heures ordinaires du repas, sur les mesmes peines.

« Art. XI. — Il sera à la liberté desdits maistres de lever autant de mestiers, et pour cet effet employer autant d'ouvriers qu'ils en auront le vouloir, et aisement sans qu'ils puissent pour la necessité de leur travail ou sous quelqu'autre pretexte que ce soit, prendre ny attirer par promesse ou argent aucun ouvrier les uns des autres, sur peine d'interdiction d'un an de tous travaux, tant pour les maistres que pour les ouvriers.

« Art. XII. — Seront lesdits maistres tenus d'avoir des plombs ou seront empreintes d'un costé les armes d'Elbeuf et de l'autre leurs noms, qu'ils appliqueront chez eux et en leurs maisons, à chacune pièce de leurs marchandises, qui seront transportées pour la reconnoissance de la fabrique d'icelles par tout le royaume, sans qu'on puisse leur oster cette liberté de faire ladite application de plomb par leurs mains pour quelque cause ou pretexte que ce puisse estre.

« Art. XIII. — L'etablissement de ladite manufacture de tapisserie se fait non seulement pour ledit bourg d'Elbeuf, mais encore pour tous les lieux et villages des environs jusqu'où il y a villes ou bourgades, dans laquelle distance il ne sera permis à aucune personne de travailler ny faire travailler dudit mestier, s'il n'est maître compris et aggregé à ladite maistrise d'Elbeuf, sur peine de confiscation des mestiers, laines et ustencilles qui seront trouvez.

« Art. XIV. — Lesdits maistres seront exclus d'avoir plus d'un apprentif chez eux, auquel ils ne pourront donner aucune liberté sous pretexte de parenté ou autrement, de travailler pour son compte, ny les associer pour quelque cause ou occasion que ce soit, sur peine d'interdiction pour un an, comme dessus.

« Art. XV. — Quand les ouvriers compagnons tapissiers voudront changer de maistres, ils seront obligez de les avertir au commencement d'une chaîne qu'ils acheveront avant sortir, et le denonceront aussi au maistre garde, faute de quoy et en cas de sortie sans cette circonstance, le maistre qui prendra ledit ouvrier et ledit ouvrier demeureront interdits comme dessus, et sans que dans le present article soient compris les ouvrages de dessins nouveaux, dont sera parlé cy-après.

« Art. XVI. — Lesdits maistres ne pourront faire aucun autre mestier incompatible qui soit sujet à autre maistrise, non plus que les apprentifs, qui pendant leur apprentissage ne pourront faire aucun negoce.

« Art. XVII. — Les chaines simples d'une aune auront 39. portées qui, à 24. fils la portée, composeront 936. fils, et les chaines doubles aussi d'une aune auront 41. portées qui, à pareil nombre de 24. fils la portée, composeront 996. fils.

« Art. XVIII. — Les chaines simples de cinq quarts auront 47. portées qui, à 24. fils la portée, composeront 1128. fils, et les chaines doubles aussi de cinq quarts auront 50. portées, qui à pareil nombre de 24. fils, la portée composeront 1200. fils.

« Art. XIX. — Les chaines simples de sept quarts auront 51. portées et demie qui, à 24. fils la portée, composeront 1476. fils, et les chaines doubles aussi de sept quarts auront 69. portées qui, à pareil nombre de 24. fils la portée, composeront 1656.

« Art. XX. — Les tapisseries communes de laines appellées teurtin, doivent estre faites en cotton et laine, sans que le fil y puisse estre tissu seul en toillages et ouvrages ny en autre façon, et dont les chines seront de quatre ou cinq sortes, sans aucuns fils rompus de la chaine, ny aucune fausse rentreture ou grappes aux laines.

« Art. XXI. — Les tapisseries communes de laines appelées bergames seront composées de bonnes laines, bien nuées de verds et rouges, accompagnées de 4. ou 5. sortes de chines sans fils rompus dans lesdites chines, ny fausses rentraitures aux laines.

« Art. XXII. — Les tapisseries communes en soye, aussi appelées bergames, seront faites de bonnes laines sous les soyes, dont chaque nuance sera du moins de quatre couleurs, la nuance rouge devant estre composée du rouge brun de la couleur de feu de l'incarnat et de l'izabelle dont les trois dernières seront garancées.

« Art. XXIII. — Les tapisseries de ligature avec fleurs et figures ne seront faites que de bonnes laines en toillage et ouvrage, sans que l'on puisse employer plus de quatre duittes pour faire la separation desdites fleurs et figures tant en soye que laine, lesquelles duittes seront de mesme couleur, dans lesquelles ligatures il ne sera laissé aucunes rames ni laz rompus, soit à la planche, au cassin ou dans le sample.

« Art. XXIV. — Les tapisseries du point de Hongrie seront composées pour les maintenir dans leur perfection de deux chaisnes, dont l'une sera d'un fil de chanvre très fin, l'autre de laine retorse tirée au peigne longue et bien accommodée appelée fayette, sans meslange d'aucun fil de laine ou cotton, laquelle chaine de laine sera double dans chaque anelet de la broche de peigne, et ne doit l'ouvrier laisser courir un fil seul de laine la longueur de deux poulces.

« Art. XXV. — Les fleurs de lis et LL. couronnées à double chaisne de fil et double ouvrage, seront composées et faites de très bon fil, et de bonne laine, sans autre melange que d'un fil d'autruche en bleu, pourveu qu'elle soit fine.

« Art. XXVI. — Il est expressement deffendu à tous maistres de faire mettre du fil de quelque couleur que ce soit, tant en toillage qu'ouvrage, soit dans les tapisseries communes, simples et doubles, ou dans les ligatures ou fleurs; on pourra seulement s'en servir aux teurtins, pourvû qu'ils soient accompagnés d'un fil aurore ou autre couleur, qui sera retors et bien teint, lequel et autres moyennes teintures pourront estre faites par lesdits maistres, pour la commodité du negoce.

« Art. XXVII. — Si aucuns desdits maistres peut par son industrie trouver quelque secret nouveau d'une meilleure fabrique desdites tapisseries, dont la reussite ne se peut faire qu'en risquant et à grands frais, comme il est arrivé pour le point de Hongrie et autres, il sera permis de l'entreprendre, et s'y exercer aussi en secret, auquel cas de peur que les gardes et autres maistres n'en surprennent l'échantillon, toute visite leur en sera interdite, jusqu'à ce que ledit secret soit decouvert et rendu commun, au moins chez trois maistres l'inventeur compris.

« Art. XXVIII. — L'on pourra pour la confection des ouvrages du XXVII, article cydessus engager des ouvriers en nombre suffisant, par traité qui sera receu devant nottaires pour le temps de trois années, lequel sera executé sur peine d'interdiction de tout travail pour l'ouvrier qui aura quitté, et pour les autres maistres qui l'auront receu, jusqu'à ce que le maistre inventeur du secret soit païé des interests de la decouverte de sondit secret, ausquels lesdits maistres et ouvriers contrevenans seront sommairement condamnez par le juge du lieu, par indivis par corps.

« Art. XXIX. — Seront tant les maistres qu'ouvriers tenus de garder et observer les presens statuts et reglemens chacun en droit soy, sur peine d'amende, qui sera arbitrée par le juge presence du procureur fiscal et des gardes selon l'exigence des cas, lesdites amendes applicables, moitié aux pauvres dudit métier, l'autre moitié pour le corps et communauté.

« Art. XXX. — Il sera par lesdits maistres, à la première assemblée, avisé des moyens de fonder et entretenir une ou plusieurs messes et autre service divin, sous l'invocation et intercession d'un Saint Patron qu'ils choisiront lors, pour obtenir de Dieu la réussite et succez favorable de leur negoce, le tout dit et celebré dans l'eglise de Saint Jean, principale eglise dudit lieu.

« Art. XXXI. — S'il arrive par la suite que quelques particuliers s'entremettent de faire quelqu'autres ouvrages de ressemblance à ceux cy-dessus, qu'ils voudroient dire ne devoir estre du compris des presens reglemens, comme pourroient estre les tapisseries nommées moucades et autres qui ne sont de largeur semblable, lesdits particuliers ne pourront, sous ledit pretexte ou autre quelconque, s'exempter de ladite maistrise, laquelle ils seront tenus de suivre, sous les peines cy-dessus.

« Tout ce que dessus a esté fait, expedié et poursuivy comme il est dit au commencement des presentes, à la diligence et par les soins et sollicitations desdits Divory, Maille, Pollet, Riberpré et Viel, du nombre desquels lesdits Divory et Maille ont esté mis et eslûs gardes par preference par le susdit acte ».

Ces Règlements étaient accompagnés des lettres patentes suivantes :

« LOUIS par la grace de Dieu roy de France et de Navarre, à tous présens et à venir salut.

« Nos chers et bien aimez Nicollas Maille, Jacques Polet et Louis de Riberpré, marchands tapissiers du bourg d'Elbeuf en nôtre province de Normandie, faisants tant pour eux que pour les autres marchands tapissiers dudit bourg d'Elbeuf, Nous ont très-humblement representé que bien qu'ils ayent employez jusques à present toute leur aplication et industrie à trouver des secrets, et à former journellement de nouveaux desseins pour faire des tapisseries aussi belles qu'elles sont bonnes, neantmoins ils ont le déplaisir de voir plusieurs particuliers qui s'ingèrent dans la fabrique desdites tapisseries sans aucune connoissance, et y commettent plusieurs abus et malversations au grand préjudice du bien du commerce et de celuy du public, à cause qu'il n'y a sur ce sujet aucune règle ny police, ce qui oblige lesdits exposans dans la resolution qu'ils ont prise d'ériger en maistrise leurdit mestier et art de tapisseries, de faire dresser des reglemens et statuts concernant ledit mestier et fabrique des tapisseries, lesquels reglemens et statuts ils nous ont très-humblement supliez de vouloir authoriser, approuver et confirmer, à quoy ayant egard, et desirans les traiter favorablement :

« Sçavoir faisons que pour ces causes, après avoir fait voir et examiner en nôtre conseil lesdits reglemens et statuts concernants ledit mestier et fabrique de tapisseries audit bourg d'Elbeuf, lesquels sont cy-attachez sous le contreseel de nôtre chancellerie :

«Nous, de nôtre grace specialle, pleine puissance et autorité royalle, avons lesdits reglemens et statuts aprouvez, authorisez et confirmez, aprouvons, auctorisons et confirmons par ces presentes signées de nôtre main.

« Voulons pour cette fin qu'ils soient doresnavant gardez, observez et executez de point en point selon leur forme et teneur, sans qu'il y puisse estre contrevenu par les maistres et ouvriers desdites tapisseries ny autres pour quelque cause et sous quelque pretexte que ce soit, à la charge toutesfois qu'il n'y pourra avoir aucun dudit corps et mestier qui ne fasse profession de la religion catholique, apostolique et romaine, si donnons en mandement à nos amez et feaux les gens tenans nôtre cour de parlement de Rouen, baillif de ou son lieutenant, et à tous autres nos justiciers et officiers qu'il apartiendra, que ces presentes avec lesdits reglements et statuts, ils ayent à faire enregistrer, et de leur contenu joüir et user ceux dudit corps et mestier desdites tapisseries pleinement et paisiblement, cessant et faisant cesser tous troubles et empeschemens au contraire ; car tel est nôtre plaisir.

« Et afin que ce soit chose ferme et stable à toujours, nous avons fait mettre nôtre scel à ces dites presentes, sauf en autre chose nôtre droit, à l'autruy en toutes. Donné à Versailles au mois de juillet l'an de grace 1686, et de notre règne le quarante-quatrième ».

« Signé LOUIS, et sur le reply est escrit, par le roy. Signé, Le Tellier. Et scellé en queuë d'un grand seau de cire verde, avec un contre-sel de mesme cire ».

CHAPITRE XXV

(1685)

CHARLES III ET HENRI DE LORRAINE *(suite).* —
MESURES VEXATOIRES CONTRE LES DRAPIERS
PROTESTANTS. — RÉVOCATION DE L'EDIT DE
NANTES. — SES EFFETS A ELBEUF. — EMI-
GRATION DE PATRONS ET D'OUVRIERS DE LA
RELIGION RÉFORMÉE. — DRAGONNADES ET
MISSIONS. — ABJURATION DE NOMBREUX EL-
BEUVIENS.

Les mesures contre les protestants deve-
naient chaque jour plus rigoureuses. La suivante s'appliquait spécialement aux manufacturiers de notre bourg appartenant à la
religion réformée :

« René de Marillac, chevallier, seigneur
d'Olinville, Attichy et autres lieux, conseiller
d'Estat ordinaire et d'honneur en tous les
Parlements, commissaire departy pour l'execution des ordres de Sa Majesté en la province
de Normandie, generalité de Rouen, sur l'advis qui nous a esté donné que les drappiers
du bourg d'Elbeuf reçoivent des maistres de
leur mestier de la Relligion pretendue reformée, mesme elisent des gardes, quoyqu'il leur

soit deffendu par les edits, declarations et arrestés du Conseil.

« A quoy voulant pourvoir, nous ordonnons que les edits, declarations et arrestés du Conseil seront executés selon leur forme et teneur. En consequence, faisons deffenses aux maistres drappiers dudit lieu d'Elbeuf d'en recevoir ny garder de la Relligion pretendue reformée, à peine de nullité de l'eslection et trois cents livres d'amende.

« Enjoignons aux officiers de la juridiction dudit lieu d'Elbeuf de tenir la main à l'execution de nostre presente ordonnance, qui sera leue et publiée à la première assemblée des maistres et gardes, à la dilligence du procureur fiscal, à ce qu'ils n'en pretendent cause d'ignorance.

« Faict à Rouen en nostre hostel, le 20 aoust 1685. — DE MARILLAC ».

Le samedi 25 août, les gardes en charge et anciens et les maîtres de la draperie s'assemblèrent en la Chambre de la Manufacture, devant Duchesne, bailli de la haute justice d'Elbeuf, pour élire un garde en remplacement de Nicolas Lemonnier, protestant, dont l'exercice finissait.

Le procureur fiscal demanda d'abord acte de la lecture qu'il venait de faire « de l'ordonnance de Monseigneur de Marillac en date du 20 de ce moys, portant deffences de recevoir de maistres ny eslire de gardes qui soient de la Religion pretendue reformée, pour estre icelle ordonnance suivie et executée en tout son contenu ».

Lemonnier, ancien garde, répondit : « ...la relligion de Monseigneur de Marillac a esté surprise par un faux exposé employé dans son ordonnance que l'on a contrevenu aux ordonnances du Roy, l'exposant ou le denonciateur ne pouvant articuller aucun faict justificatif de ladite contravention, et c'est insulter justice que d'avoir mis un tel faict en avant, pourquoy est requis ».

Lemonnier ajouta : « Comme il est important de reconnaître l'exposant ou le denonciateur, que ce qu'il y a de presents ayent à declarer s'ils y ont pris part, pour poursuivre contre eux les interests d'un enoncé atroce et injurieux, qu'il y ait jamais eu de leur part contravention aux ordonnances de Sa Majesté, le contraire paroissant par le record qui est demandé à justice, que depuis qu'il a plu au Roy d'envoyer les Statuts et Reglements pour l'establissement de la Manufacture, l'execution s'en est toujours ensuivie, et les privilèges n'en ayant esté accordez qu'aux sieurs Lemonnier, Lecointe, Delarue, Bizet et Lecerf, lesdits privilèges ne peuvent estre revocqués que par une pareille declaration particulière, comme en a esté l'establissement, à joindre que si la reputation de la Manufacture d'Elbeuf s'est estendue, il n'y a point de maistre qui, en son particulier, ne reconnoisse ceux à qui l'obligation en est deue, et d'autant que par conformité auxdits Statuts, il a esté d'usage dans ladite Manufacture de nommer deux gardes, l'un de la Relligion catholique, apostolique et romaine, l'autre de la Relligion pretendue reformée, par chacun an, ce qui s'est faict sans aucune opposition jusqu'à present.

« Cet ordre, dit encore Lemonnier, estant interrompu par le faulx enoncé, pretexté de contravention aux ordonnances du Roy, il est important de connoistre qui a esté l'exposant, qui lui-mesme, contre les intentions de Sa Majesté, veut, par ledit exposé, prevenir ses desseins, n'estant pas servy semblablement que ce soit le corps de la Manufacture en general qui soit autheur dudit exposé, puisqu'il s'en trouvera plusieurs de la Relligion catholique, apostolique et romaine, lesquels, pour maintenir ladite Manufacture dans son crédit et pour en evitter la perte, qui par ce moyen seroit evident, donneront leur consentement à l'eslection d'un garde de la R. P. R. » (religion prétendue réformée.

Lemonnier demanda que ceux qui voudraient « authoriser la contravention portée en l'ordonnance de Mgr de Marillac ayent à en passer leur declaration, pour, leur declaration passée, prendre contre eux les mesures qu'il appartiendra, et cependant qu'il soit sursis à l'eslection d'un garde jusqu'à ce que la fausseté de l'enoncé soit connue à mondit seigneur de Marillac ».

Le procureur fiscal demanda acte du refus de Jean Bizet, ancien garde, de signer l'adjonction « que l'on a pour luy cy devant mal à propos employée, et demanda aux autres maistres que l'on suppose devoir consentir aux soutiens de Lemonnier, si, en effet, ils y consentent et y donnent leur adjonction ».

Les maîtres et gardes appartenant à la religion catholique dirent qu'ils n'avaient point d'autre déclaration à passer que celle d'obéir à l'ordonnance. Quelques-uns ajoutèrent qu'elle ne souffrait point d'explications, « disant qu'ayant aux années passées faict des elections alternatives, ils auroient faict cette année la mesme chose ».

Le procureur fiscal répondit qu'il n'y avait

aucun lieu en France où l'on contestât l'ordonnance, et que c'était mauvaise chose « que de vouloir entrer en contestation et explication à propos d'icelles, n'empeschant que ledit Lemonnier et autres qui voudroient y contredire de se retirer vers Mgr de Marillac, seul competent pour les entendre sur les contradictions qu'ils allèguent contre l'ordonnance, laquelle luy ayant esté addressée pour en estre poursuivie execution à sa diligence, il la demande ».

Il requit de recueillir les voix de « tous les maistres presents pour l'eslection d'un garde de la Relligion catholique, apostolique et romaine, à protestation, en cas de délation et d'inexecution de ladite ordonnance, de faire et se comporter ainsy qu'il appartiendra ».

Le bailli Duchesne, qui présidait, renvoya les maîtres drapiers protestants faire leurs remontrances au sieur de Marillac, mais décida que, par provision, son ordonnance serait exécutée. Il invita l'assemblée à procéder à l'élection d'un garde catholique.

Les manufacturiers protestants ne prirent point part à l'élection. Louis Delarue fut nommé et prêta serment en cette même séance. Duchesne ordonna à Lemonnier de rendre la marque du Bureau et les clés des coffres de la Manufacture.

Suivent, sur le registre où nous trouvons ces intéressants détails, les signatures de Jean Bizet, M. Le Cerf, J. Davoust, Jean Delarue, Pierre Lesueur, J. Duval, Grandin, J. Maigret, Bourdon, Georges Renault, Jacques Delarue, Flavigny, Lamy, fabricants, et celle de Duchesne, bailli.

Jean Bizet, ancien garde, présenta ses

comptes à l'assemblée des fabricants, ce même jour. Il avait dépensé, pour les besoins du Bureau, une somme de 275 livres 12 sols, y compris la confection d'une nouvelle marque. Il fut décidé que cette somme serait couverte au moyen d'une participation de 7 livres pour chaque fabricant et de 5 livres pour les veuves maîtresses de fabrique.

Le 27 de ce même mois d'août, « traité fut faict entre Luc Buquet et Pierre Pastallier, fermiers de la voiture par terre du bourg d'Elbeuf à Paris, d'une part, et Martin Delabarette, sergent traversier en la forêt des Monts le Comte, demeurant à Caudebec, d'autre part, par lequel ledit Delabarette se submit à fournir ses chevaux et charrette pour le roulage de ladite voicture toutesfois et quantes que lesdits Buquet et Pastallier en auront besoing, promettant de leur part de n'emploier aucun aultre que led. Delabarette ni d'avoir plus d'une charrette à eux, comme ils ont à present, sinon en temps qu'il se trouvera des marchandises à voicturer après que ledit Delabarette sera remply, pour lesquelles voictures iceluy Delabarette sera adverty un jour auparavant... Il sera paié aud. Delabarette pour chacun cent [pesant] des marchandises, tant draperies que tapisseries, la somme de cinquante sols ; au-dessus du prix il lui sera encor payé pour chaque voiage soixante sols, pour les frais de l'entrée de la porte de Paris... ; il y aura des marchandises à porter jusques à la fourniture de deux mille pesant, avant que l'on puisse l'obliger de porter... »

Le 13 septembre, Mathieu Frontin, drapier, de la paroisse Saint-Etienne, rétrocéda à Jean Delarue, drapier à Elbeuf, la jouissance totale du moulin à drap situé sur la rivière d'Iton, paroisse des Planches, lequel avait été précédemment pris à ferme par Frontin et Delarue, de dame Geneviève de Brilhac de Nouzière (?) épouse de Charles de Houel (?), marquis de Morainville, seigneur et patron des Planches, par bail passé devant les tabellions d'Harcourt, le 15 septembre 1683. Cette cession fut faite moyennant 300 livres que Delarue paya à Frontin.

Ce même jour fut dressé le contrat de mariage d'un des principaux bourgeois d'Elbeuf. Jacques Bourdon, drapier, fils de Jacques et de Geneviève Bérenger, épousait Marthe Delarue, veuve de Laurent Lemonnier, fille de feu Louis Delarue et de Marguerite Dupont. La future apportait 8.000 livres à son mari, en argent et objets mobiliers.

Jean Flavigny mourut le 15 septembre, à l'âge de 37 ans ; on l'inhuma le lendemain dans la chapelle Notre-Dame, à Saint-Jean, sa paroisse. — A partir de ce moment, on fit de nombreuses inhumations sous le porche de cette église. A l'une d'elles, Marin Bénard, bailli de la Londe, se trouvait présent.

Le 20 septembre, le garde Jean Bizet présenta à l'assemblée de la Manufacture « deux seels qu'il avait de nouveau faict graver des marques dont les draps doivent estre marqués, conformement, dit-il, aux statuts de la Manufacture, ensemble les anciennes marques, lesquels estoient effacées et dont nous avons faict la rupture et lime passée par dessus icelles. Lesquelles nouvelles marques ont esté mises entre les mains dudit Bizet, savoir : une où sont empreintes les armes du Roy sur le chouquet, et l'autre, pour estre gardée dans l'ormoire, qui porte les armes de Monseigneur le duc d'Elbeuf, dont les deux gardes ont chacun une clef... »

Voici un autre extrait du procès-verbal de cette même séance :

« Sur la plainte verballement faicte par le sieur Pierre Lesueur, sur laquelle nous luy aurions permis d'informer, qui consiste que le bruit court que ledit Lesueur auroit esté trouver Mr Lemonnier pour l'empescher de donner de la chandelle et mesme l'obliger à rabaisser du prix qu'on donne aux ouvriers, quoyque ledit Lesueur n'ait esté chez ledit Lemonnier qu'en consequence de l'ordonnance de Monseigneur l'Intendant pour le payement d'une somme de 1.000 livres à quoy ledit Lemonnier a esté condamné... »

Citons encore ce passage :

« Sur l'ordre que nous avons receu de Mgr de Marillac de faire faire par les gardes une visite exacte de l'augmentation ou diminution des mestiers de drapperie battants, nous en avons donné advis aux gardes de le faire et d'avoir leur mémoire prest pour samedi au département des tailles à Rouen ».

Ce dernier passage nous laisse supposer qu'à cette époque une certaine partie des fabricants protestants avaient quitté Elbeuf.

Sommation fut faite, le 12 octobre 1685, à Jacques et François Béranger frères, d'avoir à reconnaître une rente constituée au profit du trésor de Saint-Jean, en 1645, par leur père Thomas. Les deux frères s'y refusèrent, en alléguant que le trésor n'avait pas rempli exactement les conditions de la fondation, et notamment en ayant supprimé la vigile. Le trésor répliqua que, par suite de la réduction des fondations, faite le 22 septembre 1678, la vigile avait été supprimée. Il est probable que les frères Béranger perdirent leur procès, car, le 27 août 1725, Marguerite Béranger, veuve de Pierre Juvel, fabricant de drap, reconnut cette rente qui, plus tard, fut acquittée par Jean-Baptiste Béranger, prêtre, frère de Marguerite.

L'Edit du roi portant suppression de l'Edit de Nantes fut publié en séance du Parlement, à Rouen, le 22 octobre. On sait qu'il ordonnait la démolition de tous les temples protestants, qu'il portait défense aux réformés de s'assembler en quelque lieu et sous quelque prétexte que ce put être, de faire exercice de religion dans leurs propres maisons, sous peine de confiscation de biens. L'Edit ordonnait en outre aux ministres de se convertir à la religion catholique ou de sortir de France; ordonnait également aux curés de baptiser les enfants des protestants, et il portait interdiction, pour ceux-ci, de quitter le royaume.

Cette ordonnance monstrueuse jeta la terreur dans Elbeuf. Les patrons et ouvriers, appartenant à la Réforme et qui ne voulurent point abandonner leur culte, cherchèrent les moyens de s'enfuir et y réussirent presque tous; aussi le bourg subit-il une dépopulation préjudiciable à tous les intérêts. Seuls, quelques fabricants catholiques se montrèrent satisfaits du départ de leurs confrères protestants, dont la prospérité, due à leur activité et à leur intelligence, excitait chez eux un sentiment de jalousie.

Les religionnaires émigrèrent donc et allèrent faire prospérer le commerce étranger. A Amsterdam, à Leyde, à la Haye, à Rotterdam, à Berlin, dans le Brandebourg, à Londres et jusqu'au delà des océans, des familles françaises allèrent demander la paix et la liberté que la France leur refusait. « Là prospérèrent, exportées, ces industries, ces manufactures, nées autrefois à la voix de Colbert, bannies par Louvois, et que la France regrettait amèrement, trop tard, mais en vain, de s'être laissé ravir. Pour ne parler que de notre province, dit M. Goube, 184.000 religionnaires, environ, en étaient sortis ; plus de 26.000 habitations étaient désertes ; dans Rouen, on ne comptait plus que 60.000 hommes, au lieu de 80.000 qu'on y avait vu peu d'années auparavant... Rouen, Darnétal, Elbeuf, Louviers, Caudebec, Le Havre, Pont-Audemer, Caen, Saint-Lô, Alençon, Bayeux languissaient, les diverses branches d'industrie que, naguère, on y avait vues fleurir, ayant péri, par l'émigration du maître, que leurs habiles ouvriers avaient suivis en foule ».

Jacques Peuchet, dans son *Dictionnaire de la Géographie commerçante*, consacre un autre passage aux fabricants protestants d'Elbeuf et à leurs successeurs dans notre bourg :

« La révocation de l'Edit de Nantes détermina Lemonnier et Lecointe père et fils de passer en Hollande, avec toute leur famille qui était alors considérable. Leur retraite eût causé naturellement de grandes révolutions au commerce de la draperie si le ministre n'y eût promptement remédié en déterminant les sieurs Leclerc et Lesueur, riches marchands drapiers de Paris, de reprendre l'établissement abandonné par les Protestants.

« Ces deux négociants s'associèrent donc ensemble. Ils répondirent parfaitement à l'idée que le ministre avait conçue de leur intelligence, et la fuite de Lemonnier et Lecointe fut par cet expédient réparée ».

Il résulte d'un tableau généalogique, dressé par le notaire d'Elbeuf le 9 juin 1766, et certifié par de notables habitants de notre localité, que Charles Lecointe mourut en Brandebourg, que Thomas Lecointe mourut « au païs etranger » ; que d'André Lecointe, lequel avait épousé Anne Lemonnier, sortit un autre André Lecointe « mort hors le royaume », qui s'était marié à Marie Frontin ; que de Jean Lecointe, étaient nés Pierre, André, Nicolas et Charles Lecointe « tous absents avec ladite leur mère, à l'exception de Charles ».

Nous empruntons encore aux *Notes* de François Dupont l'intéressant passage qui suit, concernant aussi le grand désordre industriel dû à la bigoterie du roi et dont la France subit encore de nos jours les effets :

« Henri IV, par son Edit donné à Nantes, avait permis aux calvinistes appelés huguenots l'exercice public de leur religion, et d'édifier des temples dans des lieux indiqués. Le temple de Quevilli étoit commun aux prétendus réformés de Rouen, d'Elbeuf et des environs.

« En 1685, Louis XIV, ne voulant souffrir dans son royaume aucun autre exercice public de religion que celui de la religion catholique, apostolique et romaine, révoqua l'Edit de Nantes et ordonna la démolition de tous les temples. En même temps, pour rappeler ses sujets dévoyés à la vraie religion, il fit faire des missions par tout le Royaume, et il y en eut une célèbre dans l'église Saint-Jean, à la tête de laquelle étoit le Père Périer, religieux augustin. Les fruits en furent grands, si on en juge par le grand nombre d'abjurations qui se firent et consignés dans les registres de la paroisse.

« Après cette mission, il en parut une autre d'une nature bien différente ; ce fut celle des dragons envoyés pour prêcher et convaincre, par toutes sortes de moyens rigoureux, les opiniâtres qui avoient résisté aux raisons du Père Périer.

« Je ne vois pas que cette seconde mission ait produit bien des abjurations ; mais beaucoup d'évasions dans les royaumes voisins. Le grand nombre de familles qui préférèrent fuir chez l'étranger, jointes à celles qui abjurèrent entre les mains du Père Périer, dans la paroisse de Saint-Jean, et entre les mains de Mr le coadjuteur de l'archevêque de Rouen, dans la paroisse de Saint-Estienne, et à celles qui sont restées, me persuadent qu'il y avoit pour lors au moins deux dixièmes d'habitans d'Elbeuf qui professoient la religion prétendue réformée. Ce nombre se trouve aujourd'hui (1782) réduit à environ huit ou dix familles ».

C'est à Montaure que s'établit le quartier général des troupes envoyées par Louis XIV dans notre contrée, à la suite de la révocation de l'Edit de Nantes.

La fin de l'année 1685 vit, comme le dit Dupont, en l'église Saint-Jean, un grand nombre d'abjurations de la religion protestante, faites après des sermons de « religieuse personne frère Gabriel Périer, chanoine régulier de saint Augustin », délégué de l'évêque d'Evreux.

La première que nous rencontrons est celle de Marie Deslandes, âgée de 34 ans ; elle fut faite, suivant les prescriptions canoniques, en présence de Nicolas Duchesne, curé ; Louis Bucquet, Louis Pastallier, Jean Hamon, Michel de Saint-Ouen, Charles Regnault, tous prêtres de la paroisse.

La deuxième fut celle d'Etienne Vincent, âgé de 23 ans, en présence du clergé de Saint-Jean, dont faisaient également partie Michel de Boscguillaume et Jean Capplet, prêtres, Pierre Chandelier et Robert Viel, acolytes.

Citons tout de suite les noms des autres réformés qui abjurèrent à Saint-Jean :

5 novembre : Jean Goujon, sa femme et leurs deux enfants ;

6 novembre : Jean Viger, âgé de 36 ans ; Marthe Vannier, 24 ans, sa femme ; Judith Lefebvre, mère de Viger, et trois jeunes gens de leur famille ;

7 novembre : Anne Lhuillier et Marie Dupont, toutes deux âgées de 65 ans ;

9 novembre : Madeleine Lepissier, âgée de 30 ans ; elle était malade et abjura dans son lit ;

15 novembre : Thomas Mauger, 67 ans ;

25 novembre : Thomas Dugard, 40 ans, et Judith Roumier, 26 ans :

28 novembre : Anne Lefebvre et Anne Lhuillier ;

12 décembre : Anne Lemonnier, veuve d'André Lecointe ; André Lièbe, Jean Honoré et Anne Bourel, cette dernière servante de Thomas Lecointe ;

13 décembre : Mathieu Saint-Amand et Jean Lévesque.

Ce même jour, à Saint-Etienne, il y eut de nombreuses abjurations ; ce furent celles de Jean Duval et ses enfants, Pierre Féré, Marthe

Féré et sa fille, Madeleine Lefebvre, Rachel Triboult, Jean et Pierre Dugard, Catherine Lefrançois et sa fille, Judith Lévesque, Anne Petit, Anne Bénard, Anne Caillouel, Marie Lepipeur, Elisabeth Desmares, Pierre Lecomte et sa femme, les deux enfants d'Abraham Desmares.

Le mois précédent avait déjà fourni de nombreuses abjurations en cette dernière paroisse. Nous avons relevé celles de :

Madeleine Lhuillier, âgée de 20 ans.

Jean Barbenson, 42 ans ; Marie Delacour, sa femme, 38 ans ; Suzanne Barbenson, 8 ans, leur fille.

Charles Gaumont, 69 ans ; Madeleine Deschamps, sa femme, 66 ans ; Nicolas Gaumont, leur fils, 33 ans ; Anne Brière, femme de celui-ci, 26 ans ; Marie et Anne, filles de ces derniers, 6 et 2 ans.

Thomas Saint-Amand, 65 ans ; Anne Delescluze, sa femme, 70 ans ; Suzanne Larible, veuve Mathieu Saint-Amand, 60 ans ; Suzanne Saint-Amand, sa fille, 12 ans ; Thomas Saint-Amand jeune, 30 ans ; Marie Paris fille Jean, épouse du précédent, 34 ans ; Anne Saint-Amand, leur fille, 7 ans ; André, leur fils, 2 ans.

Jean Frété, 36 ans, Esther Frété, 12 ans ; Jacques Frété, 10 ans ; Marie Yon, femme dudit Jean Frété, 40 ans ; Jean Frété, leur fils, 14 ans.

Mathieu Godin, 35 ans,

Jean Selle, 30 ans ; Marguerite Lhuillier, sa femme, 26 ans ; Jean et Louis Selle, leurs enfants.

Pierre Frontin, 48 ans, et Jean Bertin.

Nous terminons ce chapitre en notant quelques autres faits de cette mémorable année 1685 :

Un accord, signé le 6 novembre, mit fin à un procès au bailliage d'Elbeuf qui s'était élevé entre « Pierre Flavigny, fils et héritier de feu Robert Flavigny, maistre brodeur, de la ville de Rouen, demeurant parroisse Saint-Godard, et Joseph Le Sueur, sieur du Becquet », à Thuit Anger.

Un autre acte de l'année suivante mentionne Pierre Flavigny, maître brodeur, à Rouen, rue des Carmes, paroisse Saint-Herbland.

Si les maîtres drapiers se montraient exigents envers les étrangers pour les admettre dans leur corporation, ils étaient remplis de complaisance pour les fils de maîtres. C'est ainsi que nous voyons, le 8 de ce mois de novembre, la Communauté recevoir comme maître drapier le fils de Pierre Lesueur, âgé de quinze ans seulement, dont l'expérience fut jugée suffisante, parce qu'il avait toujours travaillé dans la fabrique de son père. Cette réception était, du reste, conforme aux Règlements.

Voici un extrait des minutes de notre ancien tabellionage :

« D'une plaincte rendue au secret de justice au bailliage d'Elbeuf au nom de Laurent Tabouelle, par Martin et Nicolas Tabouelle ses enfants, le 12e novembre 1685, allencontre de André Duruflé fils Jean, pour excès commis par ledit Duruflé sur la personne dudit Laurent Tabouelle, qu'il a percé au corps d'un coup d'espée ; en consequence duquel faict led. Duruflé a été arresté et actuellement constitué prisonnier es prizons de ce lieu... »

Pour lui éviter un procès, Duruflé consentit à

payer le médecin qui soignait sa victime, à donner 30 livres à Tabouelle, et à le nourrir jusqu'à ce que celui-ci fut rétabli.

Duchesne, bailli du duché, sur des ordres donnés par l'intendant de Marillac, fit assembler les manufacturiers catholiques d'Elbeuf, le 24 du même mois, afin d'étudier les moyens qui seraient à prendre pour entretenir la fabrique « dans sa bonté et réputation où elle est partout le Royaume, supposé que ceux de la R. P. R. cessassent de faire travailler », ce qui laisse entendre que les manufacturiers protestants n'étaient pas encore tous partis, ou au moins que leurs ateliers n'étaient pas fermés.

Les fabricants de la religion permise répondirent qu'ils étaient en nombre suffisant pour entretenir la Manufacture, et « qu'ils n'avoient point besoing de l'aide des relligionnaires, ne prétendant pas qu'ils excellent en rien dans la fabrique d'icelle, se submettant de faire comparaison de leurs marchandises contre celles desdits relligionnaires, par marchands à ce connoissant et non intéressés ».

Ils ajoutèrent : « cependant, comme les laines ont esté d'un prix excessif et que les marchands drappiers n'ont pas haussé leurs draps à proportion, cela a pu faire glisser un petit abus, en ce que quelques-uns, soubz main, ont achepté et faict employer quelques laines de moindre qualité que celle portée par leurs statuts, pour à quoy remedier et afin que la Manufacture se maintienne dans sa première pureté, mesme augmente se faire se peut, demandent lesdits gardes et maistres que justice impose des peines, conformement aux statuts, à ceux qui employeront des laines de moindre qualité que fine Segovie...

Duchesne, faisant droit à cette réclamation, ordonna aux gardes en charge et à deux gardes anciens de visiter toutes les laines qui seraient apportées à Elbeuf, tant par eau que par terre, même celles qui étaient alors dans les magasins. Dans ce but, les fabricants furent invités, avant de faire décharger les laines qui leur arriveraient à l'avenir, d'en instruire les quatre gardes afin qu'ils pussent les visiter. A défaut, chaque contravention serait punie de 50 livres d'amende et de confiscation de la marchandise.

Et comme, ajouta le bailli, il se pourrait encore qu'il entrât des laines dans le bourg, « il est ordonné que les gardes, en marquant les draps, feront une visitte exacte sur iceux, pour, en cas qu'il y eut entré des laines défectueuses, estre pourvu à la confiscation ou à l'amende, ainsy qu'il appartiendra. Et fairont lesdits maistres regulièrement leurs visittes ; en quoy faisant, apporteront un estat des mestiers que font travailler les catholiques ».

Quelques jours après, deux balles de laine, appartenant à Desmares, fabricant à Orival, furent saisies et portées au Bureau de la manúfacture d'Elbeuf. On trouva que les balles portaient à l'entrée une couche de bonne laine, mais que le dessous était de qualité mauvaise. Desmares dit qu'il avait cru acheter de bonne laine et demanda qu'on citât le nommé Cailletot, son vendeur, qui l'avait trompé.

Par son testament, en date du 4 décembre 1685, Françoise Fauvel fonda six messes annuelles en l'église Saint-Etienne.

Le 15 décembre, en la chambre de la communauté des drapiers, devant le bailli et en présence des gardes, se présenta Abraham

Desmares ayant travaillé à Elbeuf « soubz son fils, receu maistre drappier, lequel par sa legereté ou ennui de voyager l'auroit abandonné, ce qui auroit esté cause que les maistres gardes l'auroient empesché de continuer la manufacture de drapperie en ce bourg, pourquoy il auroit esté obligé d'aller à Orival, où il auroit depuis continué à travailler ».

Et comme, dit-il encore, « il croit que la raison pour quoy on ne le voulloit souffrir à Elbeuf, estoit à cause qu'il estoit de la Religion pretendue reformée, ayant eu l'advantage de faire son abjuration et de rentrer dans le giron de l'Eglise, ayant mesme la promesse de Mgr de Marillac de le recevoir dans le corps de cette Manufacture, il espère qu'après avoir cinq ans travaillé et faict travailler dès l'année 1675, s'estant faict recevoir apprenty soubz le sieur André Lecointe, qu'on luy fera la grâce de le voulloir admettre maistre drappier, ayant dessein de quitter la paroisse d'Orival pour revenir demeurer dans la sienne en ce bourg ».

Les maîtres en charge demandèrent, avant de se prononcer, de conférer avec les anciens sur cette demande.

Cinq jours après, à une nouvelle assemblée, des maîtres drapiers déclarèrent que « vu le besoing que l'on a d'entretenir la Manufacture de ce bourg, ayant mesme vu en foire des draps dudit Desmare bien conditionnez, ils n'empeschent qu'il ne vienne s'establir en ce bourg, à la charge que dans le temps qu'il demande pour se demeubler en la parroisse d'Orival, il ne pourra marquer ny faire marquer d'autre marque que celle de ce bureau, à peine de descheoir de son privilège et de confiscation des marchandises ». Desmare prêta serment séance tenante et fut déclaré admis.

Depuis un certain temps déjà, nombre de fabricants s'abstenaient d'assister aux réunions générales de la Manufacture : dans la séance du 10 janvier 1686, les absents furent condamnés à 30 sols d'amende chacun.

Dans diverses obligations passées en l'année 1685, à Elbeuf, nous trouvons les noms de Charles Pollet, sieur du Thuit, lieutenant particulier aux Eaux et forêts de Normandie, à Rouen ; Jacques Bourdon, curé de Crasville ; Charles Capplet, fils de feu Jean Capplet, en son vivant greffier en chef du duché d'Elbeuf; Germain Telée, de la paroisse Saint-Jean, receveur de la seigneurie de Caudebec ; Nicolas Roussel, marchand cirier, et Louis Godard, chirurgien, tous deux également de la paroisse Saint-Jean.

CHAPITRE XXVI
(1686)

Charles III et Henri de Lorraine (suite). — Nouvelles abjurations.—Les « horsains ». — Réduction des heures de travail. — Grève des tisserands; troubles.— Plaintes des fabricants d'Elbeuf contre ceux de Rouen et de Darnétal. — Fondation de la confrérie de Saint-Roch, a Saint-Jean, par les ouvriers tisserands. — Le cimetière protestant. — Les volontés du duc Henri. — Charte royale pour les Ursulines.

Le premier jour de 1686 fut marqué par la renonciation à l'Eglise réformée et la soumission à l'Eglise catholique, apostolique et romaine, de Jean Lhuillier et de ses trois enfants ; cette abjuration fut faite à Saint-Jean entre les mains du chanoine Gabriel Périer, qui n'avait pas quitté Elbeuf depuis plus de six mois.

Jean Loisel, Suzanne Lebigot et Madeleine Triboult, celle-ci femme de Nicolas Bénard, drapier, abjurèrent également à Saint-Jean, le 6 du même mois.

Judith François et une de ses parentes firent de même le 11. Enfin, la série des abjurations dans cette paroisse paraît s'être close, le lendemain 12, par celles de Julienne Dugard, âgée de 80 ans, et de Marie Renaut, âgée de 25 ans.

A Saint-Etienne, le 9 du même mois, plusieurs abjurations avaient également eu lieu ; nous citerons celles de Pierre Portien, âgé de 60 ans ; de Suzanne Bénard sa femme ; de Nicolas Roblot, d'Augustin Dehors, de Madeleine Sanson, femme de Roblot ; de Daniel Roblot, âgé de 30 ans, et de Catherine Dugard, veuve Thomas Triboult, âgé de 63 ans.

Hélène Potel, veuve Martin, âgé de 56 ans, Madeleine Martin, sa fille, âgée de 20 ans, et Catherine Barjolle, âgée de 22 ans, avaient abjuré « volontairement » le 10, et Elisabeth Dehors, âgée de 30 ans, le lendemain 11.

Dans ce même mois, nous trouvons également le renoncement au protestantisme, en l'église Saint-Etienne, fait par Marie Allez ; et le mois suivant celui de Marie Roblot, femme Pierre Frontin, âgée de 26 ans, qui abjura aussi « l'hérésie calviniane ».

Beaucoup de familles protestantes d'Elbeuf avaient donc abjuré ou quitté la France ; d'autres ne prirent ni l'un ni l'autre de ces deux partis, et se contentèrent de ne pas appeler sur elles l'attention publique. Plus tard, plusieurs de leurs membres abandonnèrent aussi la Réforme, sous l'influence de diverses nécessités.

Suit un extrait des registres du Bureau de la Manufacture de draps, à la date du 20 janvier :

« Sur les plaintes faictes en ce Bureau par

quantité de compagnons drappiers taillables de ce bourg et des environs, de ce qu'ils ont le malheur que leurs maistres, qui estoient et qui sont encore de la R. P. R., ont cessé de faire travailler, en sorte qu'ils se voient en estat de ne plus pouvoir payer la taille ny subsister et leurs familles, nous representant qu'il y a en ce bourg plusieurs horsains non taillables, lesquels pourtant sont à eux preferés par les maistres catholiques qui continuent à faire travailler ; pourquoi nous supplient qu'ils soient preferez.

« Sur quoy ouy le procureur fiscal, nous avons ordonné que tous les maistres seront tenus, après l'ouvrage finy, de renvoyer et de donner congé à tous lesdits horsains et de prendre des compagnons payants actuellement taille en travaillant bien... Pour l'execution de quoy nous nous transporterons incessamment dans les boutiques des maistres, et ce en attendant qu'il y ait esté plus amplement pourvu par Monseigneur de Marillac ».

Cette ordonnance ne fut point exécutée, paraît-il, car, huit jours après, de nouvelles plaintes furent exprimées devant le bailli, qui donna de nouveaux ordres, ceux-ci tendant à réduire la durée de la journée de travail :

« A l'advenir, les fabricants ne permettront point dans leurs boutiques ny ailleurs qu'il soit travaillé que de jour, et non à la chandelle. En quoy faisant, ils ont promis d'augmenter de mestiers, en tant que on ne travaillera point pendant la nuict, pour occuper les compagnons taillables de ce bourg et des environs, sortis de chez les maistres tant huguenots fugitifs que des nouveaux convertis, lesquels ont cessé de faire travailler, et sera la presente publiée à ce qu'aucun n'en pretende cause d'ignorance ».

Comme on le voit, l'idée de réduire le nombre des heures de travail, afin d'occuper tous les ouvriers, n'est pas aussi neuve que beaucoup le croient.

Moyennant une donation de 6 livres de rente, Etienne Lamy fonda une haute messe en l'église Saint-Etienne, le 27 de ce même mois. Le trésor paroissial était représenté, à la rédaction de l'acte, par Robert Gosset, curé, Pierre Grandin, Daniel Guénel, Jean Delarue et Jacques Lebarbier, tous trésoriers en charge.

Louis Caumont, vicaire de Saint-Etienne, étant tombé malade, fit appeler les tabellions d'Elbeuf le 5 février, pour leur dicter son testament. Il désirait être inhumé dans l'église, à laquelle il donna, par augmentation à un don qu'il avait précédemment fait à la fabrique paroissiale, une somme de 118 livres, pour la fondation d'une haute messe à perpétuité. Il mourut le lendemain et fut inhumé le 8.

Un accord, signé le 6 mars, mit fin à un procès qui avait éclaté entre François Duchesne, écuyer, sieur des Monts, bailli d'Elbeuf et de Quatremares, héritier à cause de Françoise Vallet, sa femme, de feu Mᵉ François Vallet, d'une part, et Louis et Jean du Londel frères, d'autre part.

On procédait alors à la vente des biens meubles laissés par les manufacturiers protestants, car nous trouvons, à la date du 23 de ce même mois, une adjudication de 560 marques de bois appartenant à Thomas Lecointe, fugitif. Ces bois furent achetés par Thomas Lecouturier, fabricant catholique de la paroisse Saint-Etienne, qui en revendit la moitié à un charpentier de Saint-Aubin pour faire construire un bateau de 105 à 110 pieds de longueur.

Les ouvriers tisserands en drap ne « poussaient » alors que de deux livres à deux livres et demie de trame par jour — de quatre à cinq par métier ; — l'outillage ne leur permettait pas de produire davantage ; il leur était d'ailleurs défendu de travailler « à l'abattée ».

Le désaccord survenu entre eux et leurs patrons, à propos des « horsains », s'aggrava ; il en résulta une grève, à laquelle l'intendant essaya de mettre fin par cette ordonnance, datée du 2 avril :

« René de Marillac, chevallier, etc... Veu les registres et escriptures des maistres drappiers de la Manufacture d'Elbeuf et des compagnons tisserents de ladite manufacture, presentés au sieur bailly dudit lieu, son ordonnance estant au bas et les conclusions du procureur fiscal, le tout dabté du 9ᵉ mars dernier ; l'ordonnance du sieur Chéron, notre subdelegué, du 10ᵉ dudit moys, et après avoir entendu les parties qui ont comparu devant nous, et vu ce qui resulte desdites informations.

« Nous ordonnons auxdits compagnons de retourner incessamment audit Elbeuf porter respect à leurs maistres et se rendre chez eux pour y travailler au prix de huict sols de la livre de treime, qui seroit à raison de deux sols par perrot, pendant deux mois, et ce par provision, attendu l'estat present du negoce ; après lequel temps sera par nous faict information de l'estat de ladite Manufacture pour y estre pourvu.

« Cependant, faisons très expresses deffenses

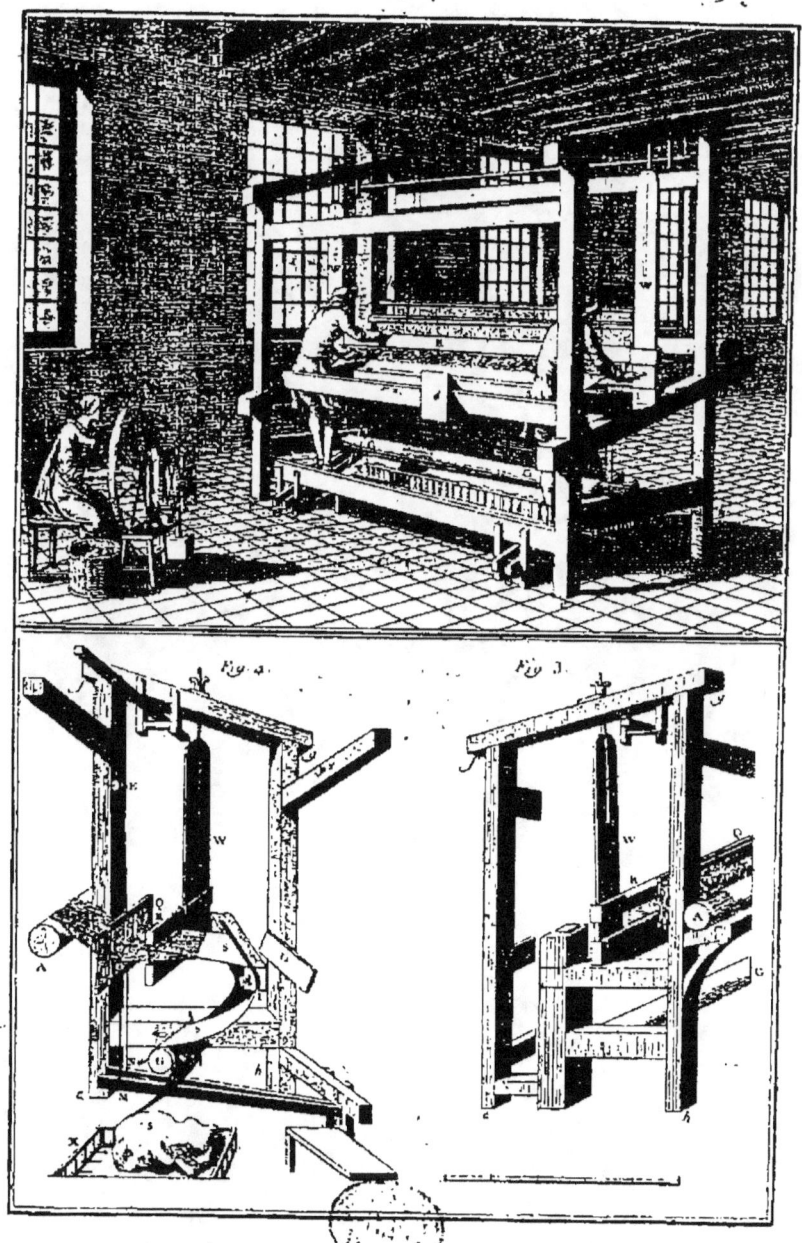

LE TISSAGE DU DRAP aux siècles derniers

à tous compagnons et ouvriers de ladite Manufacture d'inquietter en aucune manière lesdits maistres dans leur negoce, ny d'user d'aucune menace tant envers eux qu'autres compagnons qui s'offrent de travailler audit prix de huict solz, ny de s'attrouper à l'advenir en plus grand nombre que deux, à peine de punition exemplaire ou des galères s'il y eschet.

« Et en cas de contravention, enjoignons aux gardes et autres officiers de justice de saisir et arrester les contrevenants, pour estre leur procedz faict suivant la rigueur des ordonnances.

« Ordonnons au sieur Cheron et officiers dudit lieu [de veiller] à l'execution de notre presente ordonnance, laquelle sera leue, publiée et affichée aux carfours et lieux publics dudit lieu d'Elbeuf et partout ailleurs où besoing sera... »

Pendant que Féré, sergent, procédait à l'affichage de cette ordonnance près l'église Saint-Etienne, il entendit Pierre Patallier, de la Saussaye, et Jean Sautin, compagnons tisserands, qui passaient ensemble, s'écrier : « Nous nous f... bien d'une f... ordonnance comme celle là ! »

Les gardes et maîtres drapiers demandèrent au bailli qu'il leur fut permis d'informer tant sur ce fait que sur d'autres menaces que les ouvriers continuaient de proférer, au mépris de l'ordonnance. Il y avait entre autres les nommés François Duval, Saint-Ouen dit La Forêt et Robert Dehors qui allaient dans les boutiques, disait-on, pour empêcher les tisserands de travailler. Duchesne ordonna d'informer.

Ce même jour, Abraham Desmare envoya

au Bureau de la manufacture deux ou trois livres de laine filée trouvée en rivière de Seine, dans laquelle ces fils avaient été jetés par malveillance.

Le 8 de ce mois d'avril, le Bureau de la chambre de draperie fut requis d'enregistrer la commission d'inspecteur général dans la généralité de Rouen, donnée par le ministre Louvois au sieur Le Chéron, lequel se présenta en personne.

Le même jour, vingt fabricants représentèrent au bailli que malgré l'ordonnance de l'intendant, les ouvriers s'étaient révoltés. Duchesne rendit une nouvelle ordonnance :

« Attendu que les ouvriers d'Elbeuf auroient faict une espèce de sedition, lesquels auroient encore, après avoir commencé plusieurs pièces de draps, les auroient laissez et abandonnez en perdition, auroient mesme jeté dans la rivière plusieurs perrots de laine, appartenant au sieur Pierre Lesueur, de sorte que toute la Manufacture demeurant abandonnée d'ouvriers par leur pure malice, qui trouvent à y gaigner quinze à vingt sols par jour et qui la quittent pour aller gaigner huict sols ailleurs pour remuer des terres seulement, dans le dessein de ruiner leurs maistres, à quoy ceux-cy ne sauroient apporter remède, attendu que par notre ordonnance du 5ᵉ janvier dernier, sur la requeste desdits ouvriers, nous aurions ordonné qu'ils seroient preferez à tous les autres qui ne seroient habitans du pays, à moins qu'il ne vous plust leur permettre de se servir de tous les ouvriers forains et autres capables de ce faire, ainsy qu'ils en avoient le pouvoir par leurs statuts et avant notre dite ordonnance, qui ne fut donnée que sur la commiseration desdits tisserents et dont ils se sont rendus indignes, non seulement par l'abandonnement de leurs maistres, mais encore de la desobeissance formelle qu'ils ont faict aux ordres de Monseigneur de Marillac.

« Nous avons vu nostre dit procez verbal cy devant faict, informations encontre des assemblées indeubment faictes par lesdits compagnons, et ouy aussy le sieur Le Cheron, inspecteur des manufactures en cette generalité, et afin que le service du Roy et de l'Estat ne demeure, avons levé la deffence par nous faicte par la justice ordinaire, permis auxdits maistres se servir de telles personnes qu'ils adviseront bien pour l'amenagement de leurs manufactures, ainsy qu'ils estoient en liberté de faire auparavant ladite ordonnance... En en cas qu'aucun desdits ouvriers fussent inquiettez par ceux des lieux de leur travail seront saisis et arrestez pour estre leur procez faict comme desobeissants aux ordres du Roy et de Monseigneur de Marillac. — DUCHESNE. — LE CHÉRON ».

Cette ordonnance ne produisit que peu d'effet sur les ouvriers, car, le 20 du même mois, Bourdon, procureur fiscal, vint dire au Bureau de la manufacture, que, malgré l'obligation pour les compagnons tisserands de retourner travailler chez leurs patrons, ils n'en faisaient rien par mépris et qu'ils s'engageaient dans d'autres travaux dont le produit était beaucoup moindre que celui qu'ils pouvaient retirer du tissage des draps, et qu'en outre ils s'attroupaient comme auparavant.

Il requit le bailli d'entendre les maîtres drapiers pour qu'ils fissent connaître les noms des contrevenants, afin de les renvoyer aux officiers de la compagnie du sieur de Verucin, comme il lui était prescrit par mandement exprès de l'intendant de Rouen, et pour que les tisserands restés fidèles aux maîtres drapiers ne se trouvassent point compris dans les rigueurs que l'on allait exercer contre les rebelles.

Des patrons présents dirent que quelques ouvriers avaient repris le travail, mais que c'était le plus petit nombre, et qu'ils avaient jusque-là fait différer, autant qu'il était en leur pouvoir, l'effet des ordonnances, dans l'espérance que leurs ouvriers rentreraient bientôt.

Le procureur fiscal répondit que le temps pressait et que l'on devait satisfaire sans délai aux ordres de l'intendant; mais néanmoins et pour que les ouvriers ne pussent prétexter d'ignorance ni eussent lieu de se plaindre, il demandait qu'un temps de grâce leur fut accordé jusqu'au lundi suivant — on était au samedi — pour reprendre le tissage au prix imposé par l'intendant.

Le bailli Duchesne, conformément à ces conclusions, ordonna aux ouvriers de rentrer dans leurs boutiques le lundi suivant au matin, faute de quoi il manderait la compagnie de cuirassiers du sieur de Verucin, alors en garnison à Louviers, pour arrêter les contrevenants et les constituer prisonniers au bailliage de Rouen.

Par suite de l'interruption du travail, des draps commencés et restés sur leur ensouple s'étaient « flammés »; il en résulta plusieurs procès entre patrons et ouvriers.

Le 23 du même mois, Jeanne Le Chandelier, fille d'un apothicaire de Rouen, étant à son lit de mort au couvent des Ursulines d'Elbeuf, où elle était pensionnaire, donna 1.000 livres à ce monastère, à condition d'y être inhumée, et, afin de faire célébrer à son intention dans l'église du couvent deux messes basses chaque année, elle ajouta à sa donation une rente de 100 livres, racquittable par 2.000 livres, à prendre sur ses biens. Cet acte est signé de la donatrice, de Geneviève Mulot, Anne Malapert, Elisabeth Duchesne, Françoise Le Féron, Charlotte Le Féron, Catherine de Vincy, Marguerite Le Cœur, supérieure et religieuses du couvent de Sainte-Ursule.

Les anciens protestants d'Elbeuf, pour une grande partie, réfugiés alors aux Pays-Bas, causaient déjà à la France un grave préjudice. Le 9 mai, le comte d'Avaux, ambassadeur à La Haye, disait dans un rapport qu'il adressait à Seignelay, qu'il ne pouvait dissimuler la peine qu'il éprouvait de voir les manufactures de France s'établir en Hollande ; celle des « draps de meunier » (*sic*), disait-il, dont il se faisait un si grand débit par tout le monde et qui était inconnue en Hollande, est à cette heure à Rotterdam.

Ces draps appelés à tort « de meunier » ou « de monnier » étaient ceux des Lemonnier, anciens drapiers d'Elbeuf, et c'est par erreur que le peuple et le commerce les désignaient ainsi, et désigne même encore, dans la basse Normandie et dans d'autres contrées, les draps faits de laine ordinaire, mais d'assez belle qualité et presque inusables.

Louis XIV régla par un nouvel Edit, lu au Parlement de Normandie le 21 mai, l'étendue et la valeur de chaque tabellionage. Voici le passage concernant la circonscription du notariat d'Elbeuf, dont le prix fut fixé à 4.000 livres :

« L'office de Notaire-Gardenotes creé hereditaire pour resider au bourg d'Elbœuf où il y a foire et marché, et aux paroisses de Caudebec, Letuitanger, Boroger, Saint Martin la Corneille, Boscasselin, Saint Aubin, Cleon, Martot, Saint Pierre de Lierron (Lierroult), Saint Pierre des Cercoëuils, Lebethomas, Saint Cir la Champagne, Pasquier et Pouteuil — lire Poncheuil — pour en joüir par le pourvû dudit office avec faculté dans le ressort ».

Le 26 juin, on maria, dans la prison d'Elbeuf, Jacques Beaucousin et Marie Hesbert, en présence de Nicolas Duchesne, curé, et plusieurs autres prêtres de Saint-Jean.

Vers le milieu de juillet, des visites domiciliaires furent faites à Elbeuf, dans le but de découvrir des ateliers clandestins de fabrication de draps, dont les propriétaires n'étaient point reçus maîtres.

Le 23, Le Chéron ordonna que les statuts des drapiers seraient imprimés chez la veuve Viret, de Rouen, et que chaque maître serait tenu d'en avoir un exemplaire chez lui.

Il donna connaissance d'une lettre du ministre Louvois, se plaignant de ce que, dans beaucoup de manufactures de France, on faisait « de meschantes marchandises », et comme au regard de la Manufacture d'Elbeuf, elle était « estimée des plus belles de la France », le ministre enjoignait aux fabricants de ne se servir que de pure Ségovie, et non de laines inférieures, sous peine de confiscation des draps.

Louvois ordonnait encore aux fabricants, avant de faire ouvrer dans leurs ateliers les laines qui leur arrivaient, de les exposer «dans une seulle qui sera louée à cet effet aux despens de la Communauté, où lesdites laines seront visitées par les gardes, lesquels marqueront les balles de la marque de la Manufacture sur le ballin», en présence de l'inspecteur des manufactures et du procureur fiscal, et que les laines défectueuses seraient confisquées.

Les gardes et fabricants présents répondirent au sieur Le Chéron qu'ils obéiraient aux ordres du roi, auxquels ils avaient toujours tâché de se conformer ; mais que ce qui faisait perdre la réputation de la Manufacture d'Elbeuf c'était qu'il y avait dans ce pays, et particulièrement à Rouen et à Darnétal, des maîtres drapiers qui tentaient d'imiter le travail d'Elbeuf et ne faisaient que de « très meschantes marchandises, qu'ils colloraient en dérobant des plombs sur les draps d'Elbeuf, qu'ils attachaient ensuite sur les leurs et y joignaient un billet sur lequel ils inscrivaient : *Manufacture d'Elbeuf*, ce qu'ils ont vu en plusieurs lieux et mesme aux foires de Paris, et ainsy le particulier se trouvant trompé par l'usage qu'ils font desdits draps, cela oste toute la reputation des manufactures d'Elbeuf ».

Les fabricants prièrent Le Chéron de faire cesser ces abus et de défendre à tous maîtres autres que ceux d'Elbeuf de travailler autrement que suivant leurs statuts particuliers. Le Chéron invita les maîtres à se plaindre directement à l'intendant.

Par suite de la lettre de Louvois, le bailli d'Elbeuf défendit aux teinturiers de prendre des laines qui n'auraient pas été reçues par

le Bureau et ordonna la location d'une « seulle »
pour y placer toutes celles arrivant à Elbeuf,
afin qu'elles pussent y être visitées et leurs
sacs plombés.

Les maîtres drapiers de la fabrique d'Elbeuf ayant établi une confrérie sous l'invocation de saint Louis, roi de France, les ouvriers tisserands voulurent avoir la leur aussi. A cet effet, ils se réunirent, le 23 août, et établirent les statuts d'une confrérie en l'église Saint-Jean, sous le patronage de saint Roch. L'acte d'association est du 24 août. Les statuts furent approuvés par l'évêque d'Evreux le 19 mai 1687 et modifiés le 15 août suivant. Ils furent ainsi conçus :

« Au nom du Père, et du Fils, et du St Esprit, et à l'honneur du bienheureux St Roch.

« Reglements pour l'establissement de la confrerie de St Roch, dans l'eglise de St Jean d'Elbeuf, par les compagnons drappiers de la Manufacture royalle dudit Elbeuf, soubz le bon plaisir de monseigneur l'evesque d'Evreux.

« Comme les maistres drappiers de lad. Manufacture d'Elbeuf auroient cy devant estably leur confrerie soubz l'invocation de St Louis, roy de France, les compagnons travaillans à la drapperie, meus de devotion, souhaittants establir une autre confrerie dans l'eglize St Jean d'Elbeuf, soubs l'invocation et en l'honneur de St Roch, sont convenus et demeurez d'accord d'entretenir entreux et tous ceux qui cy après seront aggregez dans ladite confrerie, les articlemens qui ensuivent, sçavoir est :

« Que pour entretenir lad. confrerie, tous ceux qui auront devotion de se faire enrooler avec les confrères payeront, à leur entrée, la

Année 1686

somme de dix sols entre les mains du maistre en charge ou roy de lad. confrerie, et tous les ans la somme de cinq sols, pour subvenir aux frais de l'entretien d'icelle confrerie.

« Ils establiront un Roy qui sera receu par les confrères à son rang et degré de reception ou enroolement dans ladite confrerie, lequel aura soing de faire vuider les deniers de ladite confrerie et en tenir compte tous les ans à la fin de son année de maistrise, et d'autant qu'il y a plusieurs estrangers travaillant à lad. Manufacture, il leur sera donné un adjoinct bourgeois demeurant audit Elbeuf, qui fera la recepte des deniers de lad. confrerie au lieu dudit Roy, s'il estoit estranger et mesme insolvable quoyque bourgeois.

« Le Roy ne sera obligé à faire aucune despense ny repas pour raison de lad. confrerie, non plus que les autres associez, ausquels les assemblez de festins et repas seront interdits, et le Roy aura soing de les empescher autant qu'il pourra.

« Ceux qui s'estant enroolez dans lad. confrerie voudront amortir les cinq sols par an qu'ils promettront donner pour faire faire le service annuel, en seront quittes au moyen d'un escu blanc vallant soixante sols, et le Roy leur en donnera quittance qui leur vaudra pour estre participant à touttes les prières et bonnes œuvres qui se feront dans lad. confrerie, et en cas où ils refuseroient payer lesd. cinq sols par an, ils y seront contrainct par le procureur desd. confrères, qui pourra les y obliger, sans autre formalité de justice, même les contraindre comme pour donation fondée.

« Seront obligez tous lesd. confrères d'assister aux inhumations et services de ceux de lad. confrerie qui decederont ; les parens aurons soing d'en faire advertir le Roy, et luy d'advertir tous les confrères, qui seront obligez d'assister, à peine de cinq sols d'amende, s'ils n'ont cause legitime pour excuser leur absence, laquelle cause sera au jugement de sept des plus anciens de la confrerie pour estre jugée bonne ou mauvaise ; assisteront aussy aux convoy et inhumation des femmes desd. confrères seullement et non des enfans ny autres parens.

« Sy dans la suitte des temps il arrive que lesd. confrères fassent faire quelque service sollennel ledit jour de St Roch leur patron, tous seront obligez d'y assister, à peine de cinq sols d'amende, et au sortir dudit service, chacun desd. frères se retirera avec modestie dans sa maison, et ne feront aucune assemblée publicque dans les cabarets, afin d'esviter aux abus qui sont les causes de la ruine des plus sainctes confreries.

« Et comme lad. confrerie ne peut encore subsister sans le secours desd. frères, le Roy en charge fera une queste tous les dimanches chez les frères, qui donneront chacun un sol toutes les sepmaines pour faire un fond, aux fins d'establir les services qu'ils ont devotion de faire dans lad. eglise de St Jean d'Elbeuf.

« Quand quelqu'un des confrères se fera recevoir, il yra chez le Roy lui demander son agrément, et le Roy, du consentement de six de ses antiens, le recevra et fera signer au pied desdits Reglements cy dessus, et prestera le serment devant M. le curé ou celuy qui representera sa place en son absence.

« Et affin que Dieu benisse leurs travaux et qu'ils puissent meriter la protection de leur grand pattron S\[t] Roch, ils frequenteront les SS. Sacrements de penitence et de communion dans les bonnes et principalles festes de l'année, et particulièrement dans les festes de l'Assomption Nostre Dame et de S\[t] Roch.

« Quand quelqu'un desd. confrères mourra, tous les autres contribueront par partie esgalle pour luy faire dire une haute messe des Morts le lendemain de son inhumation, ou le jour le plus proche quand l'eglise sera occupée à d'autres offices privilliégez.

« Tous ceux qui signeront les presents Reglements et contribueront à l'entretien, augmentation et decoration de lad. confrerie, soient estrangers ou bourgeois, seront à perpetuitté participants de touttes les prières qui se feront en consideration de lad. confrerie; et quand quelqu'un desd. estrangers se voudra retirer dudit lieu d'Elbeuf, le Roy en charge sera obligé de luy deslivrer acte de son enroolement dans lad. confrerie, et ledit estranger faisant envoyer son billet lors de sondit decedz aura le mesme privillège que les autres pour la messe des Morts dont il est parlé cy dessus, pourveu qu'il aye plainement sattisfait aux charges de ladite confrerie cy dessus mentionnez.

« Et tous lesd. frères estant assemblez tous ensemble ont trouvé à propos d'eslire un desd. frères pour estre procureur de lad. confrerie, à la pluralité des voix d'an en an, et qui soit capable et suffisant pour recevoir et faire sortir lesdits deniers de lad. confrerie, et luy donneront un pouvoir, et que ceux qui l'esliront seront sa caution, et ledit procureur rendra conte dans son année afin de payer le service qui sera dit et celebré à l'honneur de

Monsr St Roch en lad. parroisse de St Jean d'Elbeuf pendant ladite année, sçavoir :

« La veille de la feste de St Roch, première vespre ; le jour, mattinnes, procession de St Jean à St Estienne, grande messe, seconde vespre et salut, le tout sollennellement dict ; et y aura diacre, soubz diacre et trois chappiers à la grande messe où il y aura les ensensements, tant ausdits vespres, mattinnes et grande messe, comme à l'ordinaire. Le tout sera sonné aux grosses cloches en vol première et seconde fois desd. vespres, mattinnes et grande messe, comme aux festes solennelles, et la troisième fois au grand carillon, et touttes les trois grosses cloches seront sonnez.

« Et sera dit aussy deux messes basses le jour de St Adrian et St Sebastien, où tous lesd. frères assisteront aussy.

« Et sera donné à M^r le curé pour son assistance à la messe du jour de St Roch, cy . . . . 40 sols
« A M^r le vicaire. . . . . 10 —
« A six prestres, chacun 10 sols . 3 liv.
« A Mr Hamon, clerc, pour faire sonner . . . . 40 sols
« Au trésor . . . . 15 —
« A la charité . . . . 30 sols
« Aux prestres qui diront lesd. 2 messes basses . . . . 20 —
« A frère Jean . . . . 5 —
« Aux petis clercs . . . . 5 —

« Et seront lesd. frères obligez d'avoir chacun un cierge à leurs despends pour assister aux inhumations et service qui se dira avant l'année.

« Et les enffans desdits frères succederont à place de leur père. En cas qu'il n'y aye point d'enfant, ceux qui voudront prendre leur place, soit heritiers ou autres, ils payeront la somme de trois livres.

« Et seront aussy obligez lesd. frères de payer par mois chacun cinq sols, qui font un escu par an, qu'ils payeront pour fonder led. service de lad. confrerie, jusqu'à ce qu'il y ait assez de deniers pour faire lad. fondation, dont lesdits confrères s'obligent corps et biens meubles et immeubles presents et advenir de payer chacun lad. somme d'un escu entre les mains dudit procureur, et à faute de payement de mois en mois, seront à cinq [sols] d'amende, à moins qu'il n'y aye cause legitime, soit de maladie ou hors de travail,

« Et seront lesdits frères au nombre de vingt-cinq dont les noms sont cy aprez desclarez :

« Premièrement Nicolas Moulin, Nicolas Dufour, Daniel Campion, Pierre Guerout, Guillaume Giriel, Anthoine Mointon, Jean Rouvin, Mathieu Rouvin, Charles Decaux, Jacques Sentier, Louis Duval, Pierre Hélie, Jean Delachair, Jacques Delaruelle, Nicolas St Ouen, Jean-Baptiste Vallée, Pierre Pattallier, Pierre Flambart, Louis Bunel, Louis Allain, Georges Allain, Jacques Hue, Nicolas Bunel, Jean Hue et François Duval.

« Et tous lesquels frères ont signé à la minutte des presentes ce 16e jour de septembre 1685 ».

Suivent quatorze signatures et onze « mercs » apposés par les confrères, qui, immédiatement, procédèrent à l'élection d'un procureur. Ce fut Guillaume Giriel qui obtint la majorité et en conséquence fut déclaré porteur des pouvoirs.

Ce jour 24 août, les confrères reconnurent, devant le tabellion et le contrôleur des titres, les Statuts et Règlements que l'on vient de lire et consentirent à leur homologation. — Suivent les signatures des intéressés.

Par suite de l'ordonnance concernant les laines, dont nous avons parlé, une première balle, défectueuse, appartenant à Georges Renault, fut saisie à la teinture dans le courant d'août. Le 17, Le Chéron en demanda la confiscation, et la condamnation de Renault à 300 livres d'amende. En outre, sur sa réquisition et celle de Bourdon, procureur fiscal, le bailli Duchesne ordonna que des visites seraient faites dans les teintureries.

Voici un autre extrait du procès-verbal de cette réunion du 17 août :

« Sur ce que nous a esté remonstré par des maistres et ouvriers que les hasples ne sont d'egalle hauteur, ordonné que lesdits hasples seront ferrés par les deux bouts de la longueur de cinq quarts, pour evitter aux abus, et ce dans la huictaine ».

Après avoir visité les teintureries, où ils ne trouvèrent que des laines prime Segovie, Le Chéron, Bourdon et plusieurs maîtres drapiers se transportèrent chez des ouvriers cardeurs et fileurs. Chez l'un d'eux, ils trouvèrent un ballot de laine marron sur lequel était ce billet : « Donné à François Hermier pour M^r le marquis de la Londe ». Malgré cette adresse, l'ouvrier avoua que cette laine, ainsi que d'autres que ses voisins travaillaient, provenait de Rouen et qu'elles appartenaient au nommé Guérard, drapier dans cette ville.

Les fabricants d'Elbeuf déposèrent une plainte et demandèrent l'autorisation de faire

saisir ces laines, qui étaient de même qualité
que celles qu'ils employaient et dont les fabricants de Rouen n'étaient pas en droit de se
servir. Ils alléguèrent, en outre, que cette
manœuvre nuisait à leur négoce et aliénait
des ouvriers fileurs qui, ainsi, ne travaillaient
plus pour la fabrique d'Elbeuf.

S'étant ensuite rendus à Caudebec, ils découvrirent chez Thomas Couturier, « une assemblée de filleuses tenant boutique, qui
furent trouvées travaillant confusément et
ensemble tant pour Rouen que pour Elbeuf ».
Les maîtres présents dirent qu'un tel travail
produirait des mélanges occasionnant « des
bringes et des barres sur les draps, en quoy
ils souffroient une perte inconcevable, à laquelle il falloit remedier, autrement ils seroient contraints d'abandonner leur negoce ».

Une femme Tassel, de Saint-Pierre-du-Bosguerard, fileuse pour Michel Davoust, d'Elbeuf,
avait prêté son hasple à d'autres, et il en était
résulté des parties bringées et barrées dans
les draps de son patron. Citée devant le bailli
de notre bourg, il lui fut fait défense de recommencer, sous peine de 100 livres d'amende
et d'être privée de travail pendant un an ; en
cas de récidive, elle serait expulsée du pays.
Ce jugement fut affiché et publié à Elbeuf et
aux environs.

Pierre Delarue fut nommé garde de la draperie le 26 août, et prêta serment le jour même.

Nicolas Flavigny, drapier, de la paroisse
Saint-Etienne, prit à fieffe le lendemain 27,
un bâtiment, une cour, un jardin, etc., composant « le tenement de l'*Escu de Lorraine*,
assis en la parroisse Saint Jean, proche la
place du Coq... »

A la date du 10 septembre, fut rédigé le contrat de mariage de Charles Routier, avocat au Parlement, fils de Jean Routier, conseiller du roi, vicomte de Pont-de-l'Arche, et de Barbe Auber, avec Catherine Bourdon, fille de Nicolas Bourdon, procureur fiscal au duché d'Elbeuf, et d'Isabeau Pollet. La dot de la jeune fille fut de 12.000 livres, dont moitié en mobilier et habillements.

Le 17, à la requête de Michel de Saint-Ouen, prêtre et économe de l'hospice d'Elbeuf, le bailli rendit une sentence portant fieffe du « cimetière des huguenots » moyennant 7 livres de rente, à Jean Maigret. Le cimetière des protestants avait été confisqué par ordonnance du roi et donné à l'hôpital. Il était situé tout près de l'église Saint-Etienne et contre la « grande maison » où étaient les ateliers de Nicolas Lemonnier.

Le 27, on inhuma dans l'église Saint-Jean Elisabeth de Villeneuve, femme de Jean Bourdon, avocat et procureur fiscal de Quatremares, décédée l'avant-veille, à l'âge de 20 ans.

Ce Jean Bourdon était non seulement procureur fiscal de Quatremares, mais encore de la Haye-du-Theil et de Boissey-le-Châtel. Il avait succédé dans ces charges, l'année précédente, à Nicolas Bourdon, son père.

Le surlendemain, on baptisa à Saint-Etienne trois jumeaux, nés de Marguerite Dumoulin et Marin Bence ; ces enfants ne vécurent que trois jours.

En octobre, on saisit plusieurs pièces de draps dits d'Evreux comme étant trop étroits d'un ou deux pouces. Ceux qui les avaient fabriqués furent condamnés à l'amende, et il fut ordonné que ces draps seraient mis à l'état de coupons ayant chacun deux aunes.

On se souvient que le duc d'Elbeuf avait demandé au corps de la draperie elbeuvienne d'accepter comme maîtres les sieurs Thomas Lemonnier et Jean Maille, anciens tapissiers. Sur les oppositions faites par les fabricants de notre bourg, ils étaient allés s'établir à Louviers, après être restés quelque temps à Orival.

En octobre, « Son Altesse monseigneur le prince d'Elbeuf » manda au Bureau de la manufacture de « voulloir aggreger dans leur corps Thomas Lemonnier et Jean Maille, et de vouloir bien insinuer aux maistres drappiers les sentiments de respect et d'obeissance pour leur prince et leur maistre ».

Le procureur fiscal, étant en la chambre de la Manufacture, représenta que « ça esté l'intention de S. A. Monseigneur le duc que cela soit dès il y a longtemps ; que ce qui oblige nostre dit seigneur à entrer dans cette volonté est que les Lemonnier et Maille sont ses vassaulx de père en fils, qu'ils sçavent leur mestier, qu'ils font de la drapperie pareille et qu'enfin qu'il y va de leur interest et de celuy de son bourg de les y faire revenir, sans tirer à consequence pour aucun acte contre ».

Les gardes et maîtres répondirent que le duc leur avait déjà écrit sur le même sujet ; mais qu'après les remontrances de la fabrique d'Elbeuf, exposant que l'admission des deux postulants serait contraire aux statuts et causerait un préjudice à la Manufacture et au bourg, « Monseigneur n'avoit pas trouvé à propos d'en parler davantage et s'en etoit desisté ; pourquoy demandent lesdits maistres de se retirer vers mondit seigneur pour lui faire pareille remontrance... » — Suivent les signatures des maîtres.

Les registres de la fabrique citent plusieurs nouveaux cas de fraude par les marchands de laine de Rouen, qui couvraient de fine Ségovie des laines inférieures. A plusieurs reprises, des balles furent saisies et confisquées sur les vendeurs.

Les porteurs travaillaient souvent de nuit ; il en résultait parfois des pertes de marchandises. Une plainte ayant été déposée, le bailli rendit une ordonnance, le 23 octobre, rappelant une précédente, du 12 décembre 1681, qui défendait aux porteurs « d'entrer dans la voiture (bateau) pour icelle charger et descharger, sçavoir auparavant six heures depuis Pasques jusqu'à la Saint-Michel, et sept heures depuis ledit jour jusqu'à Pasques, sous peine de 10 livres d'amende et intherests des marchandises chargées ou deschargées qui seroient esgarées ».

Le 10 décembre, Jeanne Bucquet, veuve de Pierre Renault, drappier, se plaignit de Dumont, un de ses tisserands, qui, après avoir bu pendant le jour, était venu le soir lui demander de la chandelle « et comme elle n'en avoit donné à aucuns cette année, dans l'intention qu'ils emploient tout le jour à travailler et qu'ils ne fissent pas comme aux années precedentes qui estoit de boire pendant le jour et ne travailler le plus souvent qu'à la chandelle, dont l'ouvrage est beaucoup plus mal faict, elle dit au sieur Dumont que s'il vouloit travailler à la chandelle, il s'en fourniroit ». Dumont lui avait répondu par des insolences et n'étoit sorti de la cuisine où il était entré que par suite de l'intermédiaire de son gendre et en employant la force ; alors, Dumont voulut briser la porte avec un pavé, que Jeanne Bucquet lui arracha des mains. Poussé dans la rue, Dumont continua ses insultes ; en raison desquels faits elle demandait protection aux gardes-jurés.

La manufacture d'Elbeuf fut accordée, par brevet royal, le 28 décembre, à Jean-Baptiste Lesueur, marchand-drapier, bourgeois de Paris, moyennant 300 livres par an, plus 300 livres « pour le vin du bail » et quatre aunes un quart de drap. Ce traité fut conclu pour neuf années, commençant le 1er janvier 1687.

A cette époque, des cuirassiers royaux avaient remplacé à Elbeuf les « dragons-missionnaires » qui y avaient séjourné avant eux. Les premiers revinrent dans notre bourg vers la fin de l'année ou au commencement de la suivante.

En ce même mois, la charte royale dont le texte suit fut donnée aux Ursulines de notre bourg :

« Louis, par la grâce de Dieu Roy de France et de Navarre, à tous presens et advenir salut ;

« Nos chères et bien amées les religieuses superieure et couvent des Ursulines establies au bourg d'Elbeuf, diocèze de Rouen, nous ont faict remontrer qu'en l'année 1648, par contrat du 1er avril, ayant acquis des religieuses Benedictines du Val de Grâce, presentement establies au faubourg de Bouvreuil les Rouen, une maison et enclos dans lesquels lesdites Benedictines auroient demeuré l'espace de quinze années, elles s'y seroient de ce jour establies à leur place, du consentement du sieur archevesque de Rouen, de nostre cher cousin le duc d'Elbeuf et des habitans dudit lieu, où elles sont au nombre de trente-six professes et de quinze pensionnaires exerçant les fonctions de leur institut avec autant de régularité que de pieté, enseignant tous les jours la jeunesse dans leurs classes et instruisant les nouvelles converties avec une application particulière, au contentement et satisfaction d'un chacun ;

« Mais comme elles n'ont point obtenu jusque à present aucunes lettres de confirmation de nous et que leur establissement a esté faict auparavant le temps prescrit par nostre declaration du mois de décembre 1666, elles nous ont très humblement supplié leur accorder nos lettres sur ce necessaires.

« A ces causes et de l'advis de nostre conseil, qui a veu les pièces justificatives..., nous, de nostre grâce specialle, pleine puissance et authorité Royalle, avons, par ces presentes signées de nostre main, agreé, confirmé et authorisé l'establissement des exposantes dans ledit bourg d'Elbeuf, pour y vivre par elles et celles qui leur succèderont selon la règle, discipline et institut de leur ordre, accepter touttes donations entre vifs ou à cause de mort, acquerir, tenir et posseder tous biens meubles et immeubles, en jouir et user sans qu'elles puissent estre troublées ny inquiettées pour quelque cause et pretexte que ce soit.

« Et en oultre, de notre même grâce et authoritté que dessus, avons amorty et amortissons à perpetuité le fond de terre et heritage où sont leur eglize, lieux claustraux, jardins et closture, comme estant à Dieu consacrés, pour en jouir par elles et ceux qui leur succedderont audit couvent, franchement et quittement, sans qu'elles soient tenues de vuider leurs mains, nous bailler homme vivant ou mourant, ny de nous payer, ny aux Roys nos successeurs, aucunes finances ny indemnités de Roys, de lots et ventes, quints et requints, francs fiefs, nouveaux acquêts ny autres droits quelconques, dont nous les avons afranchy et afranchissons, et à quelque somme qu'ils se puissent monter leur avons faict et faisons don, à la charge de payer les droits d'indemnité et autres devoirs dont lesdits fond et herittage peuvent estre tenus envers autres que nous.

« Sy donnons en mandement à nos amés et feaux les gens tenant nostre cour de Parlement et Chambre de nos comptes, presidents, tresoriers generaux de France au bureau de nos finances à Rouen et autres nos officiers et justiciers à qu'il appartiendra, que ces presentes ils ayent à faire registrer et du contenu en icelles jouir et uzer les exposantes religieuses et couvent et leurs successeurs plainement, paisiblement et perpetuellement, cessant et faisant cesser tous troubles au contraire ; car tel est nostre plaisir.

« Et afin que ce soit chose seure et establie et à toujours, nous avons faict mettre nostre scel à ces dictes presentes. Donné à Versailles l'an de grâce 1686 et de nostre reigne le 44e.
— Louis ».

L'original de cette pièce, en parchemin, auquel append par des fils de soie le grand sceau royal de Louis XIV, est conservé aux Archives départementales.

Dans le partage des biens de feus Robert Le Roy et Alison Dupont sa femme, nous trouvons :

« Une maison avec jardin, sise paroisse Saint Jean, bornée d'un costé la cohue, Mᵉ Marin Besnard, bailly de la Londe, Mᵉ Robert Bourdon, advocat; d'autre costé les representans Nicollas Regnault ; d'un bout le pavé de Monseigneur et d'autre bout le courant du moulin de mondit seigneur.

« Une maison, bornée d'un bout la rue de la Barrière et d'autre bout le chemin tendant à Caudebecq.

« Une pièce de terre à la Fosse-Lienard, bornée des deux bouts par le chemin du Bout du Gard.

« Une masure et un jardin nommé le jardin de la Rigolle, paroisse Saint Estienne, bornés d'un costé la chaussée du moulin de Monseigneur, d'autre costé la rue tendante à l'esglise Saint Estienne, d'un bout la rue de la Rigolle...

« Un clos nommé le Bocquet Chandelier, contenant une acre et demie, parroisse Saint Jean, borné par la forêt.

« Une pièce de terre, même paroisse, bornée à ses bouts par la sente Pacquet et la sente du Vallot ».

Nous avons dit qu'André Duruflé, compagnon tapissier, avait grièvement blessé Laurent Tabouelle et avait été emprisonné à Elbeuf, malgré la déposition de la victime, qui, en recevant l'extrême-onction, avait déclaré au prêtre que sa blessure provenait de sa propre faute. Au 3 mars 1687, Duruflé était encore prisonnier, mais ayant réclamé son élargissement, et la femme et les enfants de Tabouelle s'étant désistés de leur plainte, il fut rendu à la liberté.

Pendant sa maladie, Tabouelle avait été

visité par des médecins ; à titre de curiosité, nous avons transcrit une attestation donnée par les hommes de l'art :

« Nous soussignez Guillaume Jayson, docteur en médecine, faculté de Montpellier, Robert Gosset, chirurgien juré, visitteur commis de Monsieur du Roy, et Laurent Pollet, aussi chirurgien juré, tous trois demeurant à Elbeuf, certifions que nous avons veu, visitté et medicamanté, en sa maison, Laurent Tabouelle, aagé de 55 ans, demeurant en la parroisse de N. D. de Caudebec, hameau de Griollé, à cause d'une playe superficielle en l'hipogastre senestre, deux travers de doigts au-dessous des fausses costes, de grandeur en son orifice extérieur à introduire le bout du doigt *auricullaris*, sans inflammation, lividitté ny la moindre discoloration ; mais le troisiesme jour, nous avons remarqué une abondance de bille perracée et requitte qui sembloit avoir esté reteneue de longtemps dans l'esthomac et les vicaires *(sic)* qu'il a vomye, laquelle évomition, continuant le landemain, nous fist congnoistre que s'etoit abondance de vin qu'on luy avoit donné, luy qui ne buvoit que de l'eau ; et mesme à nos presences, ceux qui le gardois nous assurents qu'il n'en avoit beu despuis le matin jousque à dix heures avand midy q'une chopine, ce qui luy augmente l'inflammation du foys et les eruptions de bille, et l'on ne luy avoit permis q'un demiard par jour.

« Et cependant ladite playe n'a jamais eu aucune discoloration, et par les lavements qu'il a eus ont fait bien congnoistre que la partye interne et les intestins n'ont esté blessés. Pour aprofondir davantage la verité de ladite playe, nous avons requis les enfants et le frère dudit Tabouelle deffunct de faire l'ouverture du corps, ce qu'ils nous ont refusé et nous ont assuré que pour rien au monde la femme ne le permetteroit pas... » — Suivent les signatures des trois praticiens.

CHAPITRE XXVII
(1687)

Charles III et Henri de Lorraine *(suite)*. Les fabricants d'Elbeuf contre deux privilégiés et les nouveaux convertis. — Acte pour la confrérie des tisserands dite de Saint-Roch. — Fondation d'une société de secours mutuels entre les tondeurs. — Les apprentis de la fabrique. — Fondation de la confrérie de N.-D. de Liesse, a Saint-Etienne. — L'inventaire du curé Gosset. — Le nouveau prétoire.

L'inspecteur Le Chéron fit saisir, au commencement de janvier 1687, plusieurs pièces de drap qui n'étaient composées que de 80 portées de 32 fils, quoique ce fut l'usage presque général à Elbeuf ; mais comme les Règlements stipulaient 82 portées, il réclama une punition contre les fabricants. Les draps confisqués furent coupés par bouts de quatre aunes et vendus comme coupons. En outre, le bailli ordonna à tous les maîtres d'augmenter leurs lames et de donner, à l'avenir, 2.600 fils à leurs draps.

L'intérêt qui s'attache à la séance tenue en la chambre de la Manufacture le 7 du même mois, nous engage à en reproduire le procès-verbal tel que nous le trouvons sur les registres de la fabrique :

« Devant M. le bailly, les gardes donnent avis à la Communauté que les nommés Le Clerc, marchand mercier à Paris, et Lesueur, aussy mercier et garçon chez le sieur Coutard, marchand drappier audit Paris, se seroient presentez en ce bureau peu après le depart et la cessation de faire travailler par ceux de la R. P. R., pour estre receus maistres sans aucune formalité, afin, disoient-ils, d'entretenir dans ce bourg la manufacture de drapperie qu'ils disoient aller tomber en decadence.

« A quoy les gardes et maistres leur firent response que les statuts que le Roy leur avoit envoyés deffendoient absolument de recevoir aucun maistre sans avoir faict apprentissage de trois ans, faict chef-d'œuvre et trouvé capable ; que leur enoncé n'estoit pas vray que la manufacture d'Elbeuf tombait en decadence ; qu'ils estoient encore plus de trente-cinq maistres catholiques qui faisoient actuellement travailler, et qu'ayant esté mandés de la part de M. de Beuvron et de M. de Marillac, pour lors intendant, qui leur auroient faict entendre que l'intention de Sa Majesté estoit qu'ils debvoient s'efforcer de retablir pareil nombre de mestiers que ceux de la R. P. R. avaient mis bas ; pour à quoy obeir, chacun desdits maistres catholiques s'estoient sy bien efforcés qu'ils avoient tous augmenté chacun un nombre considerable de mestiers, en sorte que les compagnons de ceux de ladite R. P. R. qui s'en seroient allez sont tous presentement occupez, et peuvent se vanter qu'ils travaillent tout aussy bien que les Monniers, Lecointe et autres de ladite Relligion.

« Que si lesdits Leclerc et Lesueur estoient receus, ce seroit ruiner entierement les anciens manufacturiers et bourgeois de ce bourg, d'autant qu'ils sont maistres merciers, ils vendroient indistinctement et aux drappiers et merciers, ce qu'eux ne feroient faire qu'aux drappiers seullement ; qu'estant chargés de grande somme de taille qu'ils ne peuvent payer que par leur industrie, ils seroient forcez de s'enfuir, chacun de leur costé, parce que lesdits Le Cler et Lesueur emporteroient tout le profit ; que l'on voit bien que [ce] sont ceux de ladite R. P. R. qui les ont poussez en ce bureau, qui les y excitent, tant par la haine qu'ils ont contre les catholiques, ruiner le bourg et occuper leurs maisons.

« Que toutes ces raisons ayant esté representées à M. de Marillac, il ne voulut pas escouter lesdits Le Cler et Le Sueur, et, au contraire, escrivit en cour l'impossibilité qu'il y avoit de les admettre ; nonobstant quoy ils ont eu advis que iceux Lecler et Lesueur se sont pourvus au Conseil et sur des énoncés qu'ils espèrent faire connoistre non veritables, si le Roy leur faict l'honneur de les escouter ; ils ont obtenu un arrest sur requeste par lequel ils sont authorisez de faire venir travailler dans cedit bourg.

« Pourquoy demandent que la Communauté délibère des moiens de s'y opposer.

« Les gardes et maistres, d'un commun consentement, ont donné pouvoirs au porteur des presentes de presenter leur requeste au Roy en son Conseil et Monseigneur de Louvoy surintendant des Arts et Manufactures, et partout ailleurs ou besoing sera, pour empescher l'establissement en ce bourg desdits Leclerc et Lesueur, lesquels sont inexperimentés en ladite Manufacture, et lesquels, de necessité, debaucheroient tous les compagnons des autres maistres, ce fairoit un boulversement general de ladite Manufacture.

« Donnent aussy pouvoir lesdits maistres de representer que les maistres drappiers de Rouen et de Darnetal ne peuvent fabriquer que des draps d'une aulne, conformement au 2e article des statuts generaulx. Cependant, par un abus, et voulant faussement imiter la manufacture d'Elbeuf, ils derobent partie des compagnons et filleuses, et vendent leurs draps comme draps d'Elbeuf, en quoy ils trompent le public, et demandent que deffences leur soient faictes de faire travailler que conformement à leurs statuts ». — Suivent les signatures.

Le 9 du même mois, la corporation des fabricants décida d'assigner Thomas Lemonnier, demeurant à Rouen, tuteur de l'enfant de Nicolas Lemonnier, ce dernier ancien garde, et qui « pour la Relligion P. R. s'estoit enfuy du royaume ». Il s'agissait de recouvrer les Règlements de la Manufacture que Nicolas Lemonnier avait eus en mains pendant son année d'exercice et de faire rentrer des deniers qu'il avait reçus pour le compte du Bureau de la manufacture. Nicolas était alors à Leyde ; ainsi que nous l'apprend une lettre de lui, conservée aux Archives municipales.

Le 23, les maîtres donnèrent également pouvoir aux porteurs de leur procuration de représenter au Conseil du roi : « que les maistres drappiers de la R. P. R., apparemment convertis, avoient faict transporter au village d'Oissel, distant de ce bourg et de la ville de Rouen egallement de deux lieues, leurs mestiers, chaudières et autres ustancilles de drapperie, où l'on apprend qu'il y a des preparatifs d'y faire travailler, sans sçavoir sous quel nom ny quelle sorte de qualité de drapperie ; que mesme il s'est trouvé que quelques eschappez compagnons de cedit bourg commencent à s'establir aux lieux circonvoisins, lesquels sans aucuns statuts, experience, ny subjection de marque, ny visites de maistres, pretendent de faire travailler chacun selon son esprict, ce qui seroit contrevenir aux statuts particuliers audit bourg d'Elbeuf, lesquels doibvent estre executés dans l'estendue dudit bourg et aux environs et subjets aux mêmes règles.

« Pourquoy donnent pouvoir de s'opposer auxdits establissements, à moins d'estre receus par les formes porteez auxdits statuts, et subjets aux visittes et apporter leurs lames et draps pour estre visittez et marquez en ce Bureau ».

François Flavigny fut reçu chirurgien à Elbeuf, le 4 février ; il était fils et petit-fils de maîtres chirurgiens ayant aussi exercé dans notre bourg, ce qu'il avait exposé, avec une sorte de coquetterie, dans sa demande d'admission.

En cette même année, on fit divers travaux au moulin de Saint-Etienne, notamment une auge neuve, dans la traverse de la rue, par laquelle l'eau arrivait à la roue, qui elle-même fut remplacée par une autre. — Nous croyons avoir déjà dit que le moulin était situé sur le côté droit de la rue, en montant ; ce ne fut qu'au commencement de notre siècle qu'on le transféra du côté gauche.

A la date du 17 février fut signé le contrat de mariage entre François Flavigny, chirurgien juré, fils de feu François Flavigny, en son vivant aussi chirurgien, et de Catherine Bourdon, et Marguerite Capplet, fille de feu Jean Capplet, ancien greffier du duché, et de Barbe Flavigny, du consentement de Jacques Bourdon, curé de Crasville, de Nicolas Bourdon, procureur fiscal du duché d'Elbeuf, de Pierre Flavigny, curé de Chrestienville, tous trois oncles du futur ; de Philippe Capplet, curé de Serez, de Jean Capplet, prêtre, de Pierre Capplet, greffier du duché, et autres, frères et beaux-frères de la future. Le trousseau et l'apport de Marguerite fut estimé à 1.200 livres.

Fin février, le duc d'Elbeuf écrivit au bailli Duchesne pour l'informer que Le Clerc et Le Sueur avaient obtenu un arrêt du Conseil leur permettant de venir s'établir dans le bourg d'Elbeuf. Le duc demandait si l'arrivée de ces nouveaux fabricants serait utile ou dommageable aux habitants. L'assemblée des fabricants députa deux manufacturiers vers le duc, afin de lui représenter le tort que les établissements projetés feraient à son bourg et lui demander sa protection pour empêcher les postulants d'y venir. A l'effet de couvrir la dépense des députés, chacun des fabricants versa trois louis d'or entre les mains des gardes en charge.

Dans une visite que Le Chéron fit aux fabricants de notre bourg, le 8 mai, il lui fut représenté que les manufacturiers de Rouen et de Darnétal enfreignaient leurs Règlements ouvertement, en achetant et en mêlant des laines inférieures avec celles de Ségovie, et qu'ils corrompaient journellement les ouvriers tisserands et les fileurs d'Elbeuf.

Naturellement, ils l'entretinrent aussi de la prétention des sieurs Leclerc et Lesueur, « qui vouloient draper sous l'autorité d'un arrest du Conseil par eux surpris... par une supposition qu'ils ont faite à Mgr de Louvoy que la draperie de ce lieu seroit descheue ou du moins relaschée par le départ des Religionnaires, quand, tout au contraire, c'est leur départ qui les a encouragés... à augmenter leurs mestiers à proportion que lesdits fugitifs en avaient abandonné. »

Les manufacturiers parlèrent longtemps et donnèrent quantité de raisons pour que l'inspecteur prît leur parti. Notre soumission aux Règlements serait-elle la cause de notre ruine? dirent-ils.

Les établissements projetés à Oissel furent également l'objet de leurs amères critiques. Suivant eux, les nouveaux convertis n'étaient mus que par la haine d'avoir été obligés de changer de religion, et que ce n'avait été qu'après avoir fermé leurs fabriques d'Elbeuf, avoir fait feinte d'aller s'établir à Montmirail, avoir mis tout en œuvre pour « deloger hors du royaume » qu'ils s'étaient avisés d'offrir leurs services non seulement à Leclerc et à Lesueur, mais encore à des étrangers nullement catholiques, qui préméditaient de s'établir à Oissel, en leur prêtant leurs noms, leurs marques, leurs outils et le reste.

— Peut-on faire pire contre le pays natal ? demandèrent-ils à Le Chéron : Mais nous sommes résolus de continuer nos plaintes et et de faire de très humbles remontrances à Sa Majesté, selon l'avis de Monseigneur de Brou, le nouvel intendant de la généralité, et de lui faire voir que ces projets amèneraient la ruine de notre fabrique. Nous en parlerons aussi à Leurs Altesses nos seigneurs les duc et prince d'Elbeuf, afin qu'ils se joignent à nous pour demander la conservation de leur bourg.

Le Chéron écouta ces discours et s'informa si les visites de draps étaient régulièrement faites. Il annonça que lui-même en ferait une dans les ateliers, en compagnie des gardes en charge, pour comparer le nombre des métiers battants avec celui de 1685.

Cette enquête eut lieu le jour même. On trouva qu'en 1685, avant le départ des protestants, les maîtres catholiques n'occupaient en ville que 60 métiers à tisser et les religionnaires 93, soit un total de 153, et qu'on y comptait maintenant 160 métiers entretenus tous par des maîtres catholiques, plus les métiers existant en campagne. Dans les derniers six mois, il avait été fabriqué 2.209 pièces, plus quelques droguets.

Quelques jours après, Nicolas Poulain, drapier d'Elbeuf, assigna devant le bailli un nommé Bonnet, tisserand à la Londe, qui avait quitté son métier pour travailler au compte « des gens d'Oissel ». Bonnet s'excusa en disant qu'il n'avait pas été payé de sa chaîne précédente et n'avait encore reçu que 60 sols, sur 7 livres qui lui étaient dûes par Poulain pour la trame poussée dans la chaîne inachevée, et que c'était ce qui l'avait engagé à prendre un métier pour la « Manufacture d'Oissel ». Il fut condamné à achever la chaîne commencée.

Par son testament, en date du 13 mars, François Cavé exprima le désir d'être inhumé dans l'église Saint-Jean, sous le banc qu'occupait sa famille pendant les offices, et donna 100 livres au trésor de cette paroisse pour la fondation d'un obit annuel.

Le 8 avril, Jean Lemonnier, demeurant à Montmirail, bailla à loyer pour neuf ans à Henry Le Clerc et J.-B. Le Sueur, marchands à Paris, « un grand tenement consistant en la grande et principale maison, autres maisons et bastiments des deux costés, cour et jardin le tout assis en la parroisse Saint Estienne d'Elbeuf, borné d'un costé le presbitaire et cemitière de ladite parroisse, d. c. Thomas Cousturier, d'un bout la grande ruë et d. b. Guillaume Lefebvre... », moyennant 550 livres par an et la charge d'entretenir soigneusement le jardin. — C'est dans cette propriété qu'était la « grande maison », dont nous avons déjà parlé, et qui fut démolie lors de la construction du château ducal.

Jacques Bourdon, qui avait été député à Paris avec Jean Delarue, était de retour le 10 avril. Il annonça au Bureau de la Manufacture que son collègue était resté pour présenter au Conseil la requête des fabricants tendant à empêcher l'installation de Lesueur et de Leclerc.

L'assemblée décida de ne plus recevoir d'apprentis drapiers avant la fin de ce procès, car, dit-elle, ce serait abuser d'eux que de recevoir leur argent, si l'on peut devenir maître sans avoir fait d'apprentissage.

Le 22 du même mois, Jean Caumont, de Saint-Pierre-des-Cercueils, héritier de feu Louis Caumont, vicaire de Saint-Etienne, passa un contrat avec le trésor de cette paroisse, représenté par Robert Gosset, curé ; Jean Delarue fils Jacques, drapier ; Jacques Lebarbier, Jean Maigret et Jean Saint-Amand, trésoriers. — Un autre Louis Caumont, probablement neveu du décédé, était alors vicaire à Saint-Etienne.

A cette époque, « Antoine Godard, maistre du mestier de cartier » ; Jean Lamy, drapier ; Daniel Guenet, teinturier, et Pierre Legendre, tailleur d'habits, demeuraient paroisse Saint-Etienne. — Nicolas Flavigny et Nicolas Dupont, drapiers ; Jacques Divory et Ambroise Martin, tapissiers ; François Saint-Gilles, mégissier, et Jean Buquet, plâtrier, avaient leur domicile sur celle Saint-Jean.

Le 16 juin, « Pierre Fréret « de present au lit mallade et touttes fois sein d'esprit et d'entendement, et ne desirant pas partir de ce monde sans avoir dispozé d'une partye des biens qu'il a pleu à Dieu nostre Createur luy donner, et croyant qu'il n'y a rien de plus certain que la mort ny rien de plus incertain que l'heure, après avoir recommandé son âme à Dieu, à la glorieuse Vierge Marie, au trez heureux Saint Michel, archange, à Saint Pierre, son patron, et à tous les Saints et Saintes du Paradis... » C'était la formule. — Pierre Fréret aumôna 111 sols et 1 denier de rente, racquittable par 100 livres en principal, au trésor de Saint-Jean, stipulé par Nicolas Duchesne, curé, Guillaume Lefebvre, Jean Le Compte et Antoine Beranger, trésoriers, pour la fondation d'une grand'messe à perpétuité. — Cette fondation fut revalidée en 1726, par Guillaume Fréret.

Un acte de cette époque mentionne « David

Dautresme, marchand de bois, à Criquebeuf-sur-Seine ». Il eut pour fils un autre David, dont le fils aîné reçut le même prénom, lequel se perpétua dans cette famille, par ses aînés, jusqu'à notre époque.

Le 11 août, devant les tabellions de notre bourg, Jean Cauchoix dit Bontemps, Nicolas Rivette et J.-B. Duruflé, tous trois de Caudebec, fondèrent entre eux une « Societé pour fabricquer de la tapisserie..., et pour fond de ladite societé se submirent de fournir chacun la somme de 150 livres, et promirent lesd. Cauchois et Rivette, qui sont antiens compagnons et experts aud. mestier, contribuer pour le bien de lad. societé leur travail, et ledit Duruflé pozera à ses frais un homme pour travailler à son lieu et place jusqu'à ce qu'il soit devenu expert aud. mestier. Et pour l'achapt et revente des marchandizes chacun y vacquera à son tour, si aultrement ils ne conviennent... ; la despense de celuy qui ira à Rouen ou à Paris à cette fin, sera supportée sur la choze commune... ; sera compté entre eux tous les trois mois, et ce qui sera reçeu sera mis à la masse, sans que en puisse estre repris au proffict particulier d'aucun d'eux jusques à trois ans, au bout desquels ils seront libres de rompre la societé... »

Voici le texte d'un nouvel acte concernant la confrérie des compagnons drapiers tisserands d'Elbeuf fondée l'année précédente en l'église Saint-Jean :

« A tous ceux qui ces presentes lettres verront ou orront, François du Chesne, escuyer, sieur Desmonts, advocat à la Cour, bailly du duché d'Elbeuf, garde du seel aux obligations dudit bailliage, salut,

« Sçavoir faizons que par devant Robert Bourdon, advocat à la Cour, tabellion juré audict bailliage d'Elbeuf pour le siège dudict lieu, et Louis Hamon, controlleur des tiltres au mesme lieu, pris pour adjoinct, furent presents noble et discrette personne maistre Nicolas du Chesne, prestre, curé de la parroisse de Sainct Jean d'Elbeuf ; honorables hommes Guillaume Lefebvre, Jean Le Comte et Anthoine Berenger, thresoriers de present en charge de ladicte parroisse, lesquels, après avoir euh communication des statuts et reglements de la confrairie de sainct Roch, fondée par les compagnons drapiers tisserends de la Manufacture royalle de ce bourg d'Elbeuf, touchant le service qui doibt annuellement estre celebré en l'eglise de ladicte parroisse de Sainct Jean d'Elbeuf, suivant leur contrat recongneu en ce tabellionnage le 24° d'août 1686, approuvé par Monseigneur l'evesque d'Evreux le 19° de may dernier, n'ont voulu accepter la charge d'entretenir le service de ladicte confrairie pour la retribution portée audict contract comme n'estant suffizante ; ce qui ayant esté, par Daniel Campion, à present roy de ladicte confrairie, communiqué aux confrères d'icelle en general, et mesme par lesdicts sieurs curé et thresoriers aux sieurs prestres et antiens thresoriers de ladicte parroisse, il a esté finalement convenu et arresté que lesdicts confrères, par les mains du sieur roy, payeront par chacune année jusques à concurrence, sçavoir :

« A Monsieur le curé [la somme] de 60 sols; aux sieurs prestres habitués, au nombre de six, chacun vingt sols ; aux petits clercs et au coutre comme il est specifié audict contract ;

Année 1687 579

aux sieurs thresoriers dix sols et aux pauvres dix sols ; et au proffict dudict thresor, es mains du thresorier sindic, pour la fourniture des ornements, pour le luminaire qui bruslera sur l'autel pendant tout le service, et deux cierges qui seront portés des deux costés de la croix pendant la procession, quatre livres dix sols.

« Au moyen de quoy ladicte fondation a esté acceptée par le present, qui a esté respectivement signé par lesdicts sieurs curé, thresoriers et confrères, et de autant que la veille de la feste de Sainct Roch et le jour de l'Assumption et qu'il y a ce jour vespres solennelles, les premières vespres de la susdite fondation sont ostées et sera seulement ladicte veille sonné à sept heures en gros carillon.

« En tesmoing de ce nous, à la relation desdicts tabellion et adjoinct, avons mis à ces presentes lettres faictes pour ledict thresor, le seel dessus dict.

« Ce fut faict et passé à Elbeuf l'an de grace 1687 le 15e jour d'aoust, presence de Jean et Jacques Dupont, demeurant audict Elbeuf, tesmoings, qui ont avec lesdicts sieur curé et thresoriers en charge et antiens et lesdicts confrères signé à la minutte, lecture faicte suivant l'ordonnance ».

Suit la signature de Bourdon, tabellion. Ce parchemin porte le cachet des armes du duc d'Elbeuf, attaché à la pièce au moyen d'une épingle.

La première société de secours mutuels, fondée à Elbeuf, remonte au 16 août 1687 ; elle fut constituée par des compagnons tondeurs de draps des deux paroisses.

Cette association est une des plus anciennes

de toutes celles qui furent créées en France et dont les statuts ont été conservés.

La plus vieille association fondée en vue de secours mutuels, à Paris, est celle des menuisiers de Sainte-Anne, qui ne date que de 1694; celle des ouvriers tondeurs d'Elbeuf est donc de sept années plus ancienne. A ce titre encore, ses statuts offrent un certain intérêt, car ils servirent de modèle pour les règlements d'autres sociétés du même genre qui s'établirent dans notre contrée. En voici le texte complet :

« Du samedy saize aoust 1687, à Ellebeuf, devant les nottaires et gardes nottes du Roy...

« Furent presentz François Luce, Jean de la Rivière, Jean le Mareschal, Jacques Louvel, Richard Couvet, Louis Dorignon, Jean Quillotz, Pierre Fouré, Pierre Jupin, Jean Rondel, François Lefrançois, Robert Lepellerin, François Massé, François Mouchard, Marin Rogeré, Noel Coiselet, Mathieu Benard, François Cauillon, Nicolas Aulvy, Anthoine Le Fournier, André Le Carpentier, Nicollas Le Cartier, Guillaume Contremoullin, Jacques Rogeré, Jean Michel, Simon Dumontier, Girard de Saint-Ouen, Georges Fouquet et Guillaume Tallebot.

« Tous tondeurs de draps demeurant audit Ellebeuf es parroisses de Saint Jean et Saint Estienne, lesquels d'un commun accord et consentement ont entr'eux vollontairement arresté ce qui ensuit :

« C'est assavoir qu'ilz se sont submis et obligez de payer tous les mois chacun cinq sols à commencer le premier mois par advance ce jourdhui et ainsy à continuer cy après à pareil jour, aussy le tout par advance et à tous jours pour les ditz suz nommez.

« La collection desquelz deniers sera faitte par chacun d'iceux tondeurs à leur tour et ordre d'anciennetté de travaillant audit mestier, chacun leur mois ; et tous les deniers qui en seront par eux receuz seront mis par celluy qui en fera la coeulte es mains de Mr Louis Caumont, prebtre vicquaire dudit Saint Estienne d'E'lebeuf, qu'ilz ont choisy et nommé pour depositaire desditz deniers, le suppliant très humblement de l'accepter pour en faire par luy l'employ qui ensuit :

« Assavoir d'estre payé à la femme de celluy des dessus ditz qui sera mallade et qui ne poura travailler, sy ainsy attesté est par le reffert du chirurgien qui le pansera et medicamentera et en sera creu par son dit reffert de luy deubment signé et mis es mains dudit sieur Caumont, la somme de soixante sols par chaqcune sebmaine, lequel payement ne sera fait qu'en la presence de celluy pour lors chargé de faire ledit recouvrement. Sera aussy desditz deniers payé le chirurgien qui aura traitté ledit mallade.

« Aussitôt qu'un desditz tondeurs sera mallade et en peril de sa vye, celluy qui fera pour lors la coeulte sera tenu d'advertir tous les autres ses confrères pour assister au convoy du Saint Sacrement qui luy sera administré, et eux tous s'obligent après ledit advertissement d'y assister, à peyne de deux sols six deniers d'amende pour chacun deffaillant, dont il ne pourra estre dispensé à moins que d'absence ou cause legitime, laquelle amende sera conjointement fait payer à chacun de ceux qui l'aura encouruëe, avec lesdits cinq sols, pour estre le tout mis aux mains dudit sieur Caumont et employée comme ce que dessus est dit.

« Et depuis a esté convenu que le present arresté aura lieu pour le payement du premier jour de juillet dernier, et que pour cet effet il sera demain payé par chacun des dessus dits audit sieur Caumont dix sols pour ledit mois de juillet et le courant, et ainsy continuer à cinq sols par teste à l'advenir au commencement de chaque mois.

« A quoy faire et deubment entretenir ensemble de l'execution de touttes ces clauses et submitions cy devant emploiez lesd. tondeurs ont engagé l'un vers l'autre tous leurs biens meubles, etc. qui pouront estre saisis et contrainctz en vertu des presentes, faulte de l'accomplissement et innexecution des charges et clauses d'icelles, dont celluy qui fera la collection desdits deniers sera creu à sa legallitté et pour faire sortir ce payement desdits cinq sols par mois sur chaqcun desdits tondeurs.

« Sera dellivré au commencement de chacqun mois par ledit sieur Caumont à celluy qui en fera la coeulte un roolle ou liste de luy paraffée de tous les noms des ditz obligez pour estre croisé à fur et mesure du payement par ces termes et moyens.

« Le tout a esté ainsy convenu et demeuré d'accord par devant nous nottaires et tesmoings cy après nommez. Passé devant honnestes hommes Jean Hamon fils Nicolas et Nicolas Bucquet, demeurant audit Ellebeuf parroisse de Saint Jean, tesmoingz, qui ont avecq lesditz suz nommés et nous signé après lecture faitte suivant l'ordonnance ». — Suivent les signatures ; un tiers environ des ouvriers tondeurs savait signer.

Le 25 août, Nicolas Dupont fut nommé

garde de la Manufacture, en remplacement de Louis Delarue, garde sortant.

Ce même jour, les gardes en charge exposèrent que le nombre de métiers augmentant de jour en jour, ils ne pouvaient faire toutes les visites nécessaires et particulièrement celles des laines, et prièrent l'assemblée de désigner deux anciens maîtres afin de les aider dans ces visites. Michel Lecerf fut chargé de la visite des laines déposées dans la « seulle ». Le bailli défendit que les laines en dépôt dans ce magasin fussent retirées avant d'avoir été marquées « d'une croix de Lorraine fleurdelysée ».

Le lendemain, l'inspecteur Le Chéron fit saisir chez la veuve Pierre Renault, une balle de laine, dont la valeur n'était estimée « qu'à dix-sept ou dix-huict sols la livre ». Le bailli condamna la délinquante à 30 livres d'amende et ordonna que la laine serait renvoyée au vendeur, à Rouen.

Le même jour, à l'occasion d'un drap saisi sur lui, parce que l'étoffe n'avait qu'une aune et un huitième entre les lisières, Pierre Grandin objecta que cela avait pour cause l'emploi de laine nouvelle, « qui fouloit beaucoup plus que l'ancienne, et l'eloignement des foulons à plus de cinq lieues, ce qui rendoit impossible de contrôler l'operation du foulage ». Grandin fut condamné à 6 livres 10 sols d'amende, et son drap coupé de deux en deux aunes.

Comme autre détail sur la fabrication drapière d'Elbeuf à cette époque, nous dirons quelques mots d'un procès intenté à l'occasion de quatre draps : un trouvé dans la boutique de Jean Caumont, maître drapier, mais appartenant à Gilles Lemallicieux, apprenti sous

Pierre Grandin ; deux saisis en la maison de Louis Flavigny, apprenti sous Nicolas, son frère, et le quatrième trouvé chez Antoine Bucquet, apprenti sous Georges Renault, dont l'inspecteur et les gardes en charge demandaient la confiscation, avec amende. Ils demandèrent, en outre, au bailli, que défense fut faite aux apprentis de travailler pour leur compte.

Lemallicieux répondit qu'ayant vu d'autres apprentis, que les gardes et les maîtres laissaient travailler à leur compte personnel, il avait fait de même, et que, jusqu'à présent, il avait ainsi produit vingt-six draps, dont quatre avaient été marqués du nom de Caumont, son maître, et le reste au nom de Pierre Grandin. Cette déclaration fut confirmée par Caumont et par Grandin.

Bucquet, interrogé à son tour, dit qu'il était resté un an et demi chez son maître ; mais que se voyant chargé d'enfants et de grosse somme de taille, il lui était impossible d'attendre encore dix-huit mois pour gagner son pain ; que d'ailleurs, il n'avait fait qu'imiter d'autres apprentis, travaillant pour leur compte, et qu'en cela il avait été conseillé par plusieurs des principaux fabricants d'Elbeuf. Jusqu'à ce jour, il avait fabriqué 70 ou 80 draps, sur lesquels il avait apposé la marque de Georges Renault, du consentement de celui-ci, sans pour cela avoir discontinué son apprentissage.

Georges Renault, interpellé, répondit que, voyant Louis Flavigny travailler pour lui-même et connaissant l'état de nécessité dans lequel se trouvait Bucquet, son oncle, il lui avait permis de fabriquer.

Louis Flavigny, interrogé, se disculpa à peu

près ainsi : Dans le commencement de son apprentissage, les maîtres de la Religion prétendue réformée ayant tous mis bas, il se trouva une grande quantité d'ouvriers réduits à la dernière nécessité, faute de travail. Plusieurs de ses amis, sachant qu'il avait quelque argent, lui persuadèrent, comme étant un acte de charité, d'employer les pauvres ouvriers ; ce qu'il fit, sans espérance de gain, d'autant plus que les religionnaires « pour retirer leurs effets » vendirent leurs marchandises à vil prix, ce qui l'obligea de vendre lui-même la sienne à perte.

Les gardes en exercice et les anciens répliquèrent que c'était contraire aux Règlements et « à l'intention du Roi, à laquelle il n'est pas permis de déroger »; que d'ailleurs les numéros 212 et 219 des draps saisis sur Flavigny indiquaient qu'il travaillait pour son compte avant la cessation des fabricants protestants.

Chacun des apprentis fut condamné à 30 livres d'amende, et leurs maîtres, pour avoir prêté leur nom, à chacun 15 livres. Il fut dit en outre, qu'en cas de récidive, les contrevenants seraient rayés de la corporation.

Quelques jours après, le bailli dit au Bureau de la fabrique que l'usage était « par toutes les manufactures de France, que tous les apprentys demeurent, boivent, mangent et couchent en la maison des maistres soubz lesquels ils sont receus ». Il demanda la réforme des brevets qui ne portaient pas cette condition, afin d'empêcher les apprentis de travailler chez eux pour leur compte particulier.

En exécution d'un arrêt du Conseil d'Etat du roi, donné à Versailles le 9 août, Duchesne, bailli d'Elbeuf, se transporta, avec les gardes en charge, en la maison de Leclerc et Lesueur, où ils trouvèrent le dernier numéro des draps fabriqués, qui était 232, « lesquels sont de leur première fabrique, sous le nom de Monnier, desquels autant qu'il s'en est trouvé aujourd'huy en apprêts au nombre de 107, ont esté mis sur le registre des marques, et ayant fait la suputation des fils qui sont sur les mestiers de cinq quarts, ils se sont trouvés de 80 portées à 32 fils chaque, et les draps forts d'une aulne ».

Une nouvelle confrérie fut établie en la paroisse Saint-Etienne, en ce même mois, sous l'invocation de Notre-Dame de Liesse. Voici le texte de l'acte de fondation :

« Du 27ᵉ d'aoust 1687, à Elbeuf, devant les tabellions du lieu :

« Comme ainsy soit que V. et D. P. Mᵉ Pierre Lamy, pbre habitué en la parr. de Sᵗ Estienne d'Elbeuf ; le sieur François Patas, bourgeois marchand, demeurant en la parroisse de Sᵗ Etienne des Toneliers en la ville de Rouen ; honnestes femmes Louise Delamare, veuve du sieur Michel Dugard ; Marthe Boissel, veuve du sieur Jacques Delarue ; Catherine Lesueur, veuve du sieur Richard Lamy ; Elisabeth Michel, femme du sieur Jean Delarue ; Marguerite Bigot, ...e de Mᵉ Nicolas Bourdon, advocat ; Marguerite Martel, femme du sieur André Lemonnier ; Anne Leguay, femme du sieur Thomas Lemonnier ; Catherine Mansel, femme du sieur Pierre Feret ; Catherine Fournier, femme du sieur Pierre Delacroix ; Anne Delacroix, femme du sieur Jean Mallet ; Catherine Boissel, femme du sieur Anthoine Bucquet ; Marguerite Mouette, femme du sieur Jean Lamy ; Marguerite de St Pierre, veuve du sieur Jacques Viard ; Marie Vitecoq, Madeleine Lhermitte et Jeanne St Amand, femme du sieur Louis Flambart, lesdites Martel et Leguay demeurantes à Louviers, ladite Bigot en la parroisse Sainct Jean, et toutes les autres en ladite parroisse de St Estienne d'Elbeuf,

« Lesquelles, meues de devotion, ayant faict le voyage de Nostre Dame de Liesse et formé de suitte le sainct dessein d'establir entre elles et les personnes qui, à leur exemple, voudront faire le mesme voyage, une confrairie qui portera, soubz le bon plaisir de Dieu et de la très saincte Vierge, le tiltre de la confrairie de Nostre Dame de Liesse, et icelle fondée en l'eglize parroissialle dud. lieu de St Estienne d'Elbeuf.

« Et comme les statuts et reglements qu'ils ont dessein de faire ne sont encore redigez et arrestez, et qu'il n'y a encor fond suffizant pour ce qu'ils ont dessein ; ils ont, en attendant, à la plus grande gloire de Dieu, après en avoir conferé avec V. et discrette personne Mre Robert Gosset, pbre, curé de lad. parroisse et h. h. Jean Maigret, thresorier comptable, Jean St Amand, Michel Davoust et Georges Regnault, thresoriers en charge, fondé en ladite eglize le service qui ensuict, scavoir :

« Qu'au moyen de la somme de 360 livres que lesd. sieurs Lamy et Patas et lesdites dames dessus-nommées ont fourny et payé tant ce jourdhuy qu'au precedent, au sieur Maigret, thresorier comptable, dont il en a desjà remplacé 200 livres en rente sur Jacques Boisguillaume, suivant le contrat passé à ce tabellionnage le 15ᵉ de juillet dernier, et remplacera incessamment les 160 livres de surplus.

« Ledit thresor sera tenu et à quoy lesdits sieurs curé et thresoriers ont engagé et affecté generalement tous ses biens et specialement lesd. remplacements faicts ou à faire, de faire celebrer annuellement et à perpetuité, le second jour de juillet, feste de la Visitation de la saincte Vierge, l'office entier de ladite feste, consistant en premières vespres, matines, grand'messe, avant laquelle sera faicte une procession solemnelle autour de la Croix qui faict la separation de ladite parroisse de Sᵗ Estienne de Saint Jean dudit Elbeuf, pendant laquelle procession on chantera en partant un responds de la Sᵗᵉ Vierge, ensuite l'*Ave Maria Stella*..., le tout repeté alternativement. Le celebrant y assistera en aube, estole et chappe, les diacres et soubzdiacres en tunicques, et tous les autres pbres en chappes ; sera chanté à la fin de lad. grand' messe trois fois le *Domine salvum fac regem*, avec le verset et l'oraison pour le Roy.

« A trois heures seront dictes les secondes vespres et à huit heures le salut, qui commencera, si le sainct Sacrement ny est poinct expozé, par le reponds *Summ... trinitatis* (?), puis se faira la procession autour de l'eglize, pendant laquelle on chantera les litanies de la sainte Vierge, que l'on viendra achever devant l'autel de la sainte Vierge ; ensuitte de quoy on chantera le *Magnificat* avec l'antienne *Beatus Stephanus*; ensuitte sera chanté l'*Exaudiat*, à la fin duquel on dira les versets et oraisons de la saincte Vierge, de sainct Estienne et pour le Roy, et finira ledit salut par le *De profundis* avec les versets et oraisons ordinaires.

« Et au cas que le très St Sacrement soit expozé, ledit salut commencera par l'expozition pendant laquelle on chantera trois fois *O salutaris hostia*, puis commencera la procession autour de l'eglize par le respons *Homo quidam* (?), ensuitte on chantera le *Panguœ lingua* (?) repeté alternativement, et estant arrivé à l'autel de la Ste Vierge, on y fera station et ce qui est marqué cy-dessus y adjoustant seulement le verset *Ecce panis angelorum* qu'on repetera trois fois avant que de donner la benediction du très St Sacrement.

« Tous les pbtres y assisteront en chappes ainsy que à la procession du matin, et tout l'office marqué cy dessus sera chanté très solennellement, sonné en grosses cloches, comme aussy les midys et sept heures. On y donnera les plus beaux ornemens, à la reserve que s'il faict mauvais temps, on ne donnera que les moiens pour la procession qui se fera dans la rue; et seront faicts les encensements des fêtes triples de la première classe, aux *Magnificat, Te Deum, Benedictus*, et à la grand'messe.

« Pour tous lesquelles chozes il sera distribué et payé par les thresoriers en charge de chacune année, le jour de la feste de la Visitation ou le lendemain, scavoir :

« A M. le curé, pour la recommandation de ladite solemnité et service le dimanche prochain precedent au prosne de la grand'messe, pour sa haulte messe et assistance au surplus de l'office, cinquante sols ;

« A Mess. les prestres habitués actuellement assistants, au nombre de cinq, chacun dix-huit sols,

« A Monsr le clerc, pour ses aydes, orner et decorer les autels, vingt-quatre sols ;

« A la charité de Ste Croix, vingt-neuf sols, et aux eschevins, prevost et frères saize sols, parce que lesd. frères de charité assisteront à la procession qui sera faicte dans la rue et autour de la parroisse et à celle du salut, avec leurs torches ardentes en la main de chacun, comme aussy assisteront à la grand'messe ; ce qui a esté par Marin Du Ruflé et Louis Fosse, echevin et prevost en charge, ainsy accepté pour et au nom de lad. Charité et frères.

« Comme aussy sera payé pour le sonnage en gros carillon trente-cinq sols ; au fossoyeur pour sonner les appels des frères de charité cinq sols ; au sieur thresorier cinq sols ; au coutre six sols.

« Le tout agreé et accepté par lesd. sieurs curé et thresorier, lesquels d'abondant ont consenty et permis à la dame directrice de la confrairie de quester ou faire quester, par celles d'entre elles qu'elle advisera bien, aux vespres à chaque dimanche et chaque feste de l'année, parce que les deniers de la collecte seront employés quand besoing sera aux decorations de lad. eglize, comme sont les linges, ornemens, argenterye ou autres choses qui seront trouvées plus utiles et necessaires, selon les temps et par l'advis de M^{re} le curé et thresoriers lors en charge. Desquels deniers lad. dame directrice donnera tous les ans un estat fidelle au sieur thresorier comptable, au temps qu'elle sortira de sa direction.

« Dont du tout », etc. — Suivent les signatures des dames fondatrices. Neuf d'entre elles, qui ne savaient signer, apposèrent leur « merc » au bas de l'acte.

Ainsi qu'on l'a vu par cet acte, la condition essentielle pour entrer dans cette confrérie était d'avoir fait le voyage de Notre-Dame de Liesse. Cette localité est actuellement une commune d'environ 1.500 habitants, du canton de Sissonne, située à quatre lieues de Laon, chef-lieu de l'Aisne.

Dans l'église paroissiale de N.-D. de Liesse, on voit une statue de la Vierge, que les pélerins considèrent comme miraculeuse, et de nombreux *ex-veto*, notamment un tableau donné par Louis XIII et Anne d'Autriche.

La confrérie des porteurs de grains se composait alors de trente membres ayant sac et office de porteurs.

Naudine Poullain, veuve de Nicolas Flavigny, mourut le 10 septembre, à l'âge de 87 ans, et fut inhumée, le lendemain, dans la chapelle Saint-Nicolas de l'église Saint-Jean.

Le 12 de ce mois, le curé de Saint-Etienne, Jean Delarue fils Louis, Michel Le Cerf, Jacques Dugard, Jean Osmont, Georges Renault, Jean Mallet, Pierre Grandin, Pierre Delarue, Jean Delarue, Louis Flambard et autres paroissiens, donnèrent pouvoir à Jean Maigret, trésorier en charge, de bailler à rente les 160 livres restant des 360 livres données à l'église par les sœurs et dames de la confrérie de Notre-Dame de Liesse, à Jean Caumont, de Saint-Pierre-des-Cercueils, parent du vicaire du même nom.

Nous trouvons, à la date du 30 septembre, un contrat d'apprenti drapier tisserand, passé entre Jacques Dumont, compagnon tisserand, et Pierre Maille, auquel le premier promit montrer son métier, pendant quinze mois aux conditions suivantes :

« Dumont aura seul le salaire de la chaisne qui est presentement sur le mestier et des deux prochaines suivantes ; et pour celles qu'ils fairont ensuite jusqu'à la fin des quinze mois, il y aura les deux tiers pour ledit Dumont et l'autre tiers pour led. Maille.

« Si ledit Dumont manque un jour à la bouticque pour travailler, il paiera 10 sols pour led. jour aud. Maille, et si led. Maille y manque il payera vingt sols aud. Dumont par chacque jour ; le tout sauf le cas de maladye ou autre cause juste et raisonnable ». En tous cas, il serait suppléé au temps perdu par une prolongation.

Vers la fin de septembre, le duc d'Elbeuf reçut ces lettres du roi :

« Louis par la grâce de Dieu Roy de France et de Navarre, à nos feaux conseillers les gens tenants notre Chambre des comptes à Rouen et tresoriers generaux de France au bureau de nos finances, salut.

« Voulant gratifier et traiter favorablement notre très cher et bien amé cousin le prince d'Elbeuf, à ces causes nous luy avons donné et octroyé, donnons et octroyons, par ces presentes signées de notre main, les droits de lots et ventes, quints, requints, treiziesmes et autres droits et devoirs seigneuriaux à nous deubs par la vente, adjudication ou autre mutation faicte du duché d'Elbeuf et comté de Lislebonne, ainsy qu'il apert par le contrat cy attaché sous le contreseel de notre chancellier pour, par notre dit cousin le prince d'Elbeuf, jouir et user desdits droits aux clauses et conditions portées par l'edit du mois d'aoust m vi^c soixante-neuf concernant **nos domaines.**

« Sy nous mandons que ces presentes vous ayez à faire registrer et du contenu en icelles jouir et user notre dict Cousin plainement et paisiblement, et raportant par le receveur de notre domaine ou autre comptable qu'il appartiendra ces presentes ou copies d'icelles deuement collationnées, avec quittance dudict sieur prince d'Elbeuf de la somme à laquelle monteront lesd. droits, nous voulons qu'il en soit tenu quitte et deschargé en ses comptes par vousdits gens de nos comptes, vous mandant ainsy le faire sans difficulté, nonosbstant clameur de haro, chartre normande, prise à partye ou autres choses à ce contraire, car tel est notre plaisir.

« Donné à Versailles le 29ᵉ jour de septembre de l'an de grâce M. VIᶜ quatre vingt sept et de notre règne le quarante cinquiesme. — Louis. Et plus bas : « Par le Roy : Colbert ». —

Ces lettres, « scellées en queue d'un grand sceau de cire jaulne avec un contreseel », furent enregistrées à la cour des comptes de Rouen le 5 avril 1688.

Pour exécution de plusieurs arrêts du Parlement de Paris, il fut procédé le lundi 20 octobre, en l'hôtel du lieutenant général, à Rouen, au bail général du duché d'Elbeuf, pour huit années, à dater du 1ᵉʳ janvier 1689.

Le cahier de charges portait que le fermage devrait être payé à Mᵉ Baglan, notaire à Paris, sequestre nommé par les arrêts de la Cour ; que les preneurs n'auraient droit à aucune diminution pour cas fortuits : guerre, peste, famine, gelées, grêle, inondation, etc. ; qu'ils entretiendraient de toutes réparations les bâtiments, les halles, les moulins, le pavé d'entre les halles, les ponts et les chaussées ;

qu'ils feraient curer à leurs frais les étangs et cours d'eau ; qu'ils fourniraient « voitures de bateaux et chevaux » pour le service public ; qu'ils apporteraient gratuitement de Rouen les meules destinées aux moulins du duché, etc. Enfin, la mise à prix fut fixée à 30.000 livres. — Un exemplaire de l'affiche annonçant l'adjudication de ce fermage est conservé aux Archives départementales.

Le 26, à Elbeuf, par devant Robert Bourdon, notaire du duché, en présence de François Duchesne des Monts, bailli, et de Nicolas Bourdon, procureur fiscal, qui signèrent à l'acte, des pouvoirs furent donnés à Me Louis Poulletier, procureur au Parlement de Normandie, par « très haut, très puissant et très illustre prince Monseigneur Henry de Lorraine, prince d'Elbeuf, gouverneur et lieutenant general pour le Roy en province de Picardie, Artois, Boullonnois, païs conquis et reconquis, et des villes et citadelle de Montreuil sur mer, tant pour luy que se faisant fors de très hauts, très puissans et très illustres prince et princesse Monseigneur Charles-Henry de Lorraine, prince de Vaudemont, et de Madame Marie-Anne-Elizabeth de Lorraine son espouse... ». Le duc signa : « Henry de Lorraine, prince d'Elbeuf ».

Robert Gosset, curé de Saint-Etienne, mourut le 5 novembre, à l'âge de 80 ans. Trois jours après, on dressa l'inventaire de son mobilier, dans lequel figurent six fourchettes en argent. C'est la première fois qu'il est fait mention de fourchettes dans les très nombreux actes que nous avons parcourus, et encore celles du curé Gosset n'étaient-elles pas d'un usage journalier, car elles étaient précieusement conservées dans une armoire avec le reste de son argenterie.

Le défunt, sans être très riche, était fort à son aise. On trouva chez lui une grosse somme en louis d'or. Dans son grenier, il y avait 17 quarres de foin, 5 boisseaux de blé en sacs, 6 autres boisseaux de même grain battu non vanné, 80 gerbes de blé, de l'avoine, 2 boisseaux de pois blancs, etc.

Son armoire était assez bien montée : il possédait 6 nappes, 30 serviettes, 12 paires de manchettes, et le reste à l'avenant ; mais il n'avait que deux paires de bas et... pas un seul mouchoir de poche.

Ce détail indique donc que M. le curé suivait encore la coutume du père Adam et, qu'il fût en chaire, à la procession ou à l'autel, quand le besoin s'en faisait sentir, il procédait, pour se moucher, à la façon de certains charretiers de notre époque.

Inutile de dire que si le curé de Saint-Etienne ne possédait pas de mouchoirs, celui de Saint-Jean, très probablement, n'en avait pas non plus, et les bourgeois de notre bourg point davantage. L'usage des mouchoirs de poche ne commença, d'ailleurs, qu'après celui du tabac à priser, et les premiers que nous rencontrons à Elbeuf, au nombre de quatre, ne sont cités qu'en 1689, dans l'inventaire d'un riche fabricant de notre bourg.

On trouve également dans l'inventaire du curé Gosset sept tableaux, dont un est le portrait du défunt, et une quantité de livres, parmi lesquels nous citerons : *La vie des Saints ; la Défense de M. Fouquet,* en cinq volumes ; *le Nouveau Testament,* 2 volumes; *le Catéchisme du concile de Trente ; le Caté chisme*, de Richelieu ; *Pratique de la communion*, par Arnaud ; *Traditions de l'Eglise*, par le même ; *la Philosophie des Esprits* ; *le Théâtre du Monde; le Tombeau des Hérétiques; les Pensées de l'Ame affligée; Traité de la Communion sous les deux espèces; l'Echelle sainte ou les Degrés pour monter au Ciel; Traité de matières bénéficiales, dimales et décimales; Blâmes de saint Prosper contre les ingrats; Epîtres de saint Augustin; Histoire romaine; les Dynasties des Gaules; Histoire de France,* 4 vol. ; *Etat de l'Eglise; Vie des Hommes illustres*, de Plutarque, et une vingtaine d'autres ouvrages de théologie, tant en français qu'en latin.

Dans ses papiers, on trouva une liasse de dix-sept pièces de procédure, concernant un différend entre les paroissiens de Saint-Etienne et Etienne Richot, ingénieur du roi, représentant l'adjudicataire d'une partie des bois de la forêt de la Londe, au sujet « des empeschements qu'il avoit pretendu faire auxdits paroissiens de jouir desdits bois conformement à leurs coustumes et privillèges ».

Enfin, sur un registre, étaient inscrites toutes les dîmes dues annuellement au curé pour les jardinages et masures de la paroisse, et les recettes que le défunt en avait faites.

L'inhumation du curé Gosset eut lieu en présence d'André Nicolle, sous-diacre, de Louis Fosse, Michel Osmont et Louis Caumont iie du nom, prêtres à Saint-Etienne. Ce dernier fut commis par l'archevêque de Rouen pour desservir la paroisse pendant l'année du déport.

On célébra à Saint-Jean, le 25 novembre, le mariage de Charles Routier, fils de Jean

Routier, vicomte de Pont-de-l'Arche, en présence de Louis Routier, prêtre, Jean Le Cordier, receveur des tailles en l'élection de Pont-de-l'Arche, et autres.

Le lundi 1er décembre, les fabricants de draps s'assemblèrent pour délibérer sur « une affaire qui leur etoit de consequence en la ville de Paris et à la Cour », et décidèrent d'avancer 300 livres pour les premiers frais. Chacun, pour contribuer à la formation de cette somme, s'engagea à verser 30 sols par métier ; il fut dit que ceux qui feraient une fausse déclaration du nombre de leurs métiers battant seraient condamnés au quadruple, c'est-à-dire à payer 6 livres, pour chaque métier existant en plus de ceux déclarés. Quelques jours après, on décida d'envoyer à Paris 1.000 livres, au moyen des 300 deja souscrites et de 700 autres provenant des apprentis Louis Flavigny, Antoine Busquet et Gilles Lemellicieux, qui avaient été remises aux mains de Dupont, garde en charge.

Le 10, Jean-Augustin Lalour (?), doyen, Louis Bigot, Nicolas Pollet, Robert de Ricardeau, prêtres, et Jacques de Routier, sous-diacre, tous chanoines de la Saussaye, donnèrent leur procuration à J.-B. de La Chapelle, avocat à la Cour. L'acte fut dressé à Elbeuf.

Le 12, conformément à des ordres donnés par Henri de Lorraine et du consentement des créanciers du duc, le bailli rendit une ordonnance « pour le restablissement du pretoire de cette haute justice ».

A cet effet, il se rendit « au bout de la grande halle de ce bourg, sur laquelle il avoit esté dit par ledit ordre que l'on doit le construire. Où estant, en presence du procureur fiscal, par les nommez Charles Cleon, François Cauchois, Michel Bailly et Laurent Delalande, charpentiers, et par Marin Lefèvre, Mathieu Guerout et Jean Houel, maçons, il a esté dit qu'il seroit à propos de faire la construction dudit pretoire en la manière cy après, qui seroit de faire sur ladite halle une elevation de bastiments à la Mansarde, laquelle seroit de 35 pieds de longueur ou viron, sur quatre des sommiers de ladite halle, faisant trois pagées de soliveaux. En quoy faisant, il s'y trouveroit, avec un pretoire, une chambre du conseil, laquelle seroit attenante à iceluy. Pour monter ausquels pretoire et chambre du conseil, sera faite une montée à l'un des coins du dessous de ladite halle, la plus degagée et la moins nuisible au public que faire se pourra... »

Sur le devis, qui fut dressé séance tenante, le charpentage est estimé à 815 livres et la maçonnerie à 450.

Le 26, « M° Salomon de la Haie, interressé directeur des aydes de l'election du Pont de l'Arche, bailla à ferme pour cinq ans et dix mois, à Nicollas Bucquet, cabarettier d'eau de vye à Elbeuf, paroisse Saint Jean, les droits des quatriesmes et aultres y joints en ladite paroisse Saint Jean ». Ce bail fut consenti moyennant 120 livres par an, sans y comprendre les droits annuels.

Le même jour, Salomon de la Haie afferma les quatrièmes, y compris l'eau-de-vie de la paroisse Saint-Jean à Pierre Sentier, également cabaretier, pour 150 livres par an.

Par un autre acte du même jour, Salomon bailla à ferme « les quatriesmes y joint de l'eau de vye qui se vendra au destail en la paroisse Saint Estienne, à Nicollas Blondel, Pierre Boisguillaume et Guillaume Quaisix, tous vendeurs d'eau de vye en lad. paroisse, moyennant 420 livres tournois par an ».

L'année précédente, Elbeuf avait eu une garnison de cuirassiers royaux. En 1687, il revit des « dragons-missionnaires ».

Fin du Tome III

TABLE DES GRAVURES

DU TOME III

1. La rue Saint-Jean, avant la construction des aqueducs. . . . . , ... Au titre
2. Rouen, vers 1640 . . . . p. 80
3. Armes de Charles II de Lorraine. . . p. 219
4. L'ancienne « Audience » d'Orival, siège de la haute justice du marquisat de La Londe. . p. 231
5. Fabrication de tapisseries, planche I. p. 287
6. Fabrication de tapisseries, pl. II. . . p 289
7. Fabrication de tapisseries, pl. III. . p. 291
8. Fabrication de tapisseries, pl. IV. . p. 292
9. Fabrication de tapisseries : métiers de haute lisse. . . . . p. 363
10. Fabrication de tapisseries : métiers de basse lisse. p. 364
11. Orival et son église, vers 1864 . . . p. 500
12. Le tissage du drap, aux siècles derniers. . . . . p. 542

Nota.— *Cette table servira d'avis au relieur.*

TABLE DES MATIÈRES

DU TOME III.

I. (1630-1632). — Charles II de Lorraine, duc d'Elbeuf (*suite*). — Les comptes de Me Bradechal. — Révolte des drapiers de Rouen et de Darnétal. — La misère du peuple. — Le duc d'Elbeuf, la reine mère et Gaston d'Orléans contre Louis XIII.— Dégradation de Charles de Lorraine. — Les deux duchesses d'Elbeuf. — Le duc prend les armes contre le roi. — Sa fuite à l'étranger. . . . . . p. 1

II. (1633-1635).— Charles II de Lorraine (*suite*). — Sa condamnation à mort. — Henri de Campion. — La condition du peuple. — Procès entre la duchesse douairière d'Elbeuf et Henri d'Harcourt, son fils ; le roi préside les débats. — Condamnation de Marguerite Chabot . . . . p. 27

III. (1635-1638). — Charles II de Lorraine à l'étranger (*suite*). — Exploits de son frère le comte d'Harcourt. — Une pluie de sang à Elbeuf. — Nouvelle épidémie. — Création de l'octroi. — Fondation d'un couvent de Bénédictines. — Hostilité des Elbeuviens contre ces religieuses. — La duchesse douairière d'Elbeuf, le comte d'Harcourt et Richelieu. — Acquisitions par les Bénédictines. p. 45

IV. (1639-1640). — Charles II de Lorraine à l'étranger (*suite*). - Mariage de son frère Henri d'Harcourt. — Révolte des drapiers de Rouen. — Les Nu-pieds. — Le général Gassion à Elbeuf. — Dévastations par ses soldats. — Le chancelier Séguier. — Henri d'Harcourt sauve Casal et prend Turin.................. p. 72

V. (1641-1644). — Charles II de Lorraine à l'étranger (*suite*). — Les drapiers de Louviers. — Mort de Richelieu. — Le duc d'Elbeuf rentre en France — Sa campagne en Flandre. — Lettres du cardinal de Mazarin. — Henri d'Harcourt en Espagne................... p. 86

VI (1645-1648).— Charles II de Lorraine (*suite*). — Départ des religieuses du Val-de-Grâce. — Un chantier de navires de guerre à Elbeuf. — Henri d'Harcourt et Leganez. — Les chapelles des environs d'Elbeuf. — Des Ursulines s'établissent dans notre bourg. — Quelques comptes du nouveau couvent................ p. 102

VII. (1649). — Charles II de Lorraine et la première Fronde. — Il trahit la cour ; se fait nommer général de l'armée de Paris. — Le cardinal de Retz. — Le duc d'Elbeuf prend la Bastille. — Mazarinades et chansons burlesques. — L'avidité du duc d'Elbeuf. — Les jugements de ses contemporains................. p 115

VIII. (1649). — La guerre de Normandie. — Le comte d'Harcourt à Elbeuf. — Il prend, pille et brûle Quillebeuf. — Faits de guerre aux environs d'Elbeuf — Le duc de Longueville. — « Grande affaire à la Bouille ».— Terribles ravages dans notre région — Nouveaux couplets burlesques. p. 153

IX. (1649-1650). — Charles II de Lorraine (*suite*). — L'inhumation des prêtres. — Le vin pour la communion pascale. — Culture du tabac, aux Antilles, par des Elbeuviens. — Grande inondation à Elbeuf. — Agrandissement de l'église Saint-Jean. — Fondation de confréries du Saint-Sacrement à Saint-Jean et à Saint-Etienne. — Actes politiques et autres.................. p. 167

X. (1651-1655). — Charles II de Lorraine (*suite*). — Il subit un nouvel affront. — Ses correspondances avec Mazarin.— Le comte Henri d'Harcourt.

— Mort de Marguerite Chabot, duchesse douairière d'Elbeuf. — Faits divers. . . . . p. 188

XI. (1656-1657). — Charles II de Lorraine (*suite*). — Les nouvelles cloches de Saint-Jean. — Echange entre les Elbeuviens et les Ursulines — Mort du duc d'Elbeuf. — Ses funérailles à la Saussaye. — Procès des chanoines contre les héritiers du duc.— Encore un portrait de Charles II ; ses armes ; ses enfants — Etat et partage de ses biens . p. 206

XII. (1657-1660). — Charles III de Lorraine, duc d'Elbeuf. — Ses trois frères et ses deux premières femmes — Nouvelle et terrible inondation. — Le duc Charles et les chanoines de la Saussaye. — Son affaire avec de Villequier — Fondation de la confrérie de Saint-Michel, à Saint-Jean. — Le poids d'Elbeuf — Les moulins à tan et de Saint-Jean. — Les maréchaux-ferrants. — Querelle entre les chirurgiens et les apothicaires d'Elbeuf . . . p. 226

XIII. (1660-1663). — Charles III de Lorraine (*suite*). — Un livre rare et curieux. — Sermons du vicomte de Brionne aux protestants d'Elbeuf. — Le duc et la duchesse viennent en ce bourg. — La garenne de Cléon. — Les chanoines de la Saussaye contre le fermier des moulins d'Elbeuf. — Les affaires de la maison d'Elbeuf. — Mœurs des chanoines de Saint-Louis . . . . p. 258

XIV. (1664-1666). — Charles III de Lorraine (*suite*). — L'industrie elbeuvienne des tapis. — Nouveau séjour à Elbeuf du duc et de la duchesse. — Charles de Lorraine et ses chanoines. — Modification aux statuts de la confrérie de Saint-Michel. — Confirmation de l'établissement des Ursulines. — Vente du fief de la Saussaye. — Mort du général comte d'Harcourt . . . . p. 284

XV. (1667). — Charles III de Lorraine (*suite*). — Achèvement de la tour de Saint-Jean — Extraits des registres paroissiaux — Un contrat de fondation de messes. — Le colbertisme. — Fondation et Règlements de la manufacture royale de draps d'Elbeuf. — Réclamation des fabricants de la paroisse Saint-Etienne . . . . p. 312

XVI (1667-1668) — Charles III de Lorraine (suite). — Enquête sur les Ursulines. — Les officiers de la haute justice d'Elbeuf. — Triste état des rues du bourg. — Charlotte d'Elbeuf au couvent des Ursulines. — Première réélection des gardes de la Manufacture. — Agitation par les ouvriers tapissiers d'Elbeuf. — L'Elbeuvien François du Mansel, abbé d'Ecurey. . . . . p 335

XVII. (1669-1670). — Charles III de Lorraine (suite). — Un intérieur de maison bourgeoise. — Un vicaire député d'Elbeuf. — Encore la confrérie de Saint-Michel. — Tapisseries de haute et de basse lisses. — Le duc et l'octroi d'Elbeuf. — Le registre de la Charité de Saint Jean ; l'extension de cette association ; l'affichage des « fréries » ; curieux détails . . . . , ... p. 351

XVIII. (1671-1673). — Charles III de Lorraine (suite). — Contrats divers. — Le chartrier ducal d'Elbeuf. — Le receveur du chapitre de la Saussaye. — La « Grande Maison » d'Elbeuf. — Une mission à Saint-Jean. — Le Père Eudes. — Deux faits extraordinaires. — Les Trois-Cornets. — La chapelle Sainte-Marguerite . . . . p. 376

XIX. (1674-1675). — Charles III de Lorraine (suite). — Corporations professionnelles elbeuviennes. — Introduction des premiers métiers « à la tire ». — Inhumations dans les églises. — Un autre député d'Elbeuf. — Le jeune Henri de Lorraine et son oncle Turenne. — Les dîmes de Saint-Jean et de Saint-Etienne.—Une liste d'Elbeuviens. p. 401

XX. (1676-1677).— Charles III de Lorraine (suite). — La voiture par terre d'Elbeuf à Paris — Deux confréries de charité à Saint-Etienne. — Une liste de protestants elbeuviens. — Le temple de Boscroger ; procédure contre ce prêche. — Rectification d'une erreur. . . . . , ... p. 420

XXI. 1678-1680). — Charles III de Lorraine

(*suite*). — Une association de maîtres drapiers. — L'office de saint François de Sales à Saint Jean. — Actes divers — Un procès scandaleux. — Un évêque. — Une abjuration. — Trois abbés de Bonport. — Deuxième veuvage et troisièmes noces du duc d'Elbeuf. . . . . p. 441

XXII. (1681-1683). — Charles III de Lorraine (*suite*). — Mariage de Charlotte légitimée d'Elbeuf. — Le moulin du Pré-Bazile — Les tailleurs d'habits. — Les droits du bourreau de Rouen à Elbeuf. — Deux ordonnances du bailli. — Charles III cède le duché à son fils Henri. . . . . p. 466

XXIII. (1684). — Charles III et Henri de Lorraine, ducs d'Elbeuf — Mariage du nouveau duc. — Les registres de la Communauté des fabricants d'Elbeuf. — Attentat contre le poteau d'infamie. — Discussions et affaires de la Manufacture de draps. — Les volontés du duc Henri. — Menus faits. . . p. 485

XXIV. (1685). — Charles III et Henri de Lorraine (*suite*). — Affaires du Bureau de la manufacture de draps. — Mesures contre les protestants. — Erection de la fabrique de tapisseries d'Elbeuf en Manufacture royale. — Statuts des tapissiers. p. 501

XXV. (1685). — Charles III et Henri de Lorraine (*suite*). — Mesures vexatoires contre les drapiers protestants — Révocation de l'Edit de Nantes. — Ses effets à Elbeuf. — Emigration de patrons et d'ouvriers de la Religion réformée. — Dragonnades et missions. — Abjurations de nombreux Elbeuviens . . . . p. 519

XXVI. (1686). — Charles III et Henri de Lorraine (*suite*). — Nouvelles abjurations — Les « horsains ». — Réduction des heures de travail. — Grève des tisserands ; troubles — Plaintes des fabricants d'Elbeuf contre ceux de Rouen et de Darnétal. — Fondation de la confrérie de Saint-Roch, à Saint-Jean, par les ouvriers tisserands. — Le cimetière protestant. — Les volontés du duc Henri. — Charte royale pour les Ursulines . . . . p. 538

XXVII. (1687). — Charles III et Henri de Lorraine (suite). — Les fabricants d'Elbeuf contre deux priviligiés et les nouveaux convertis. — Acte pour la confrérie des tisserands dite de Saint-Roch. — Fondation d'une société de secours mutuels entre les tondeurs. — Les apprentis de la fabrique. — Fondation de la confrérie de N.-D. de Liesse, à Saint-Etienne. - L'inventaire du curé Gosset. — Le nouveau prétoire . . . . p. 567

Table des gravures du tome III. . . . . p. 601

Table des matières du tome III. . . . . p. 603

Fin de la Table

Elbeuf. — Imprimerie H. SAINT-DENIS.

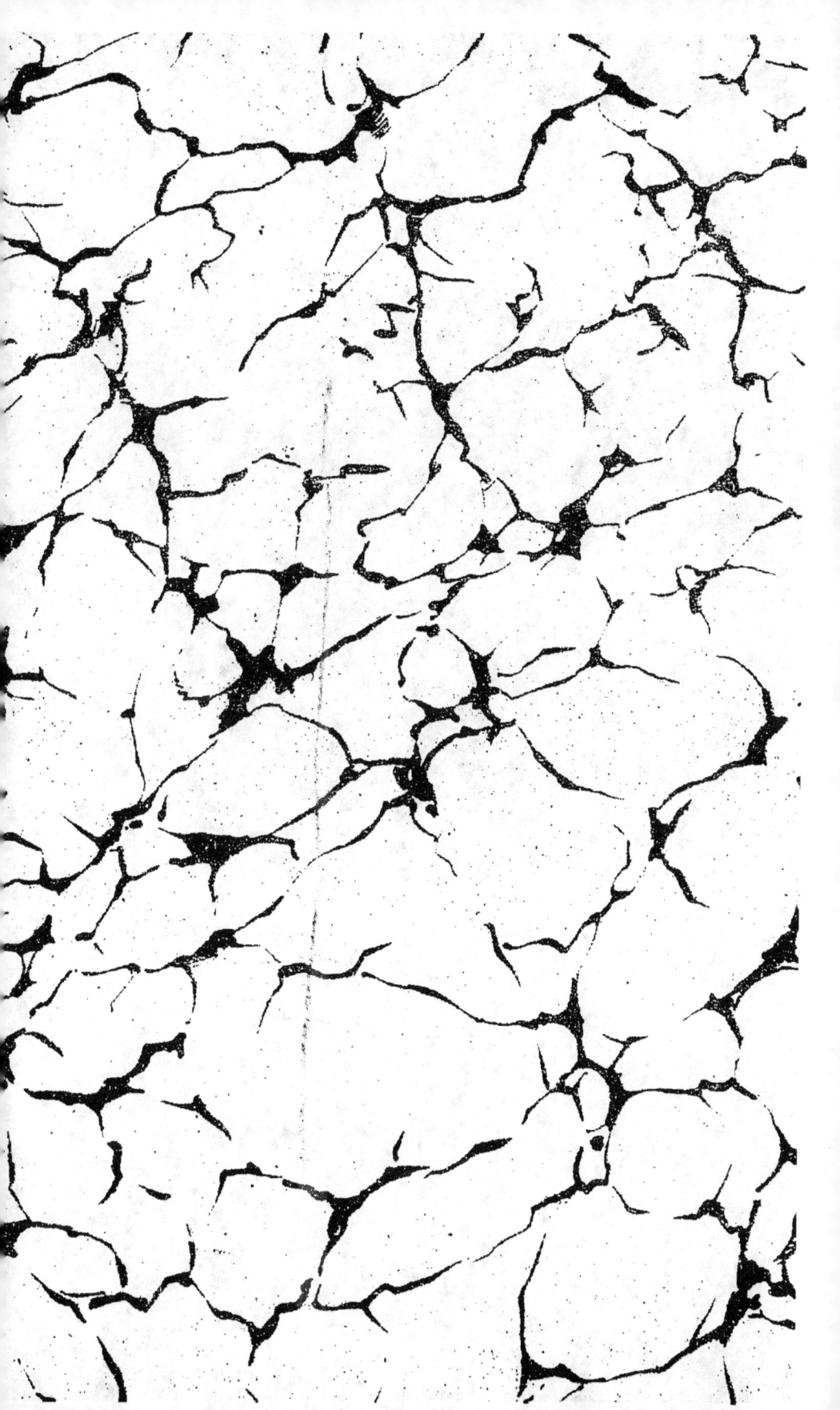